에티카

에티카 / 지성교정론

지은이   B. 스피노자
옮긴이   황 태연
펴낸이   황 태연
펴낸곳   비홍출판사
주소   전주시 완산구 전주객사3길 91-3
전화   063-271-6670
팩스   063-271-6671
ISBN 978-89-6926-003-1

인쇄 2024년 10월 01일
발행 2024년 10월 05일

정가 25,000 원

차례

옮긴이의 말 ··· 4

지성교정론 ··· 9

에 티 카

제1부 신에 관하여 ··· 55

제2부 정신의 본성 및 기원에 대하여 ···················· 101

제3부 감정의 기원과 본성에 관하여 ····················· 158

제4부 인간의 예속 또는 감정의 힘에 대하여 ············ 232

제5부 지성의 능력 또는 인간의 자유에 대하여 ·········· 304

옮긴이의 말

우리가 신을 인식하고, 인간으로서 인간의 정신과 감정과 본성에 대해 이해한다는 것은 어떠한 의미와 가치가 있는가? 신을 아는 사람과 모르는 사람, 인간의 감정과 욕망과 본성을 아는 사람과 모르는 사람은 어떤 차이가 있는가? 이에 대하여 스피노자는 이렇게 말한다. "무지한 자는 외부의 원인들에 의하여 여러 가지 방식으로 교란되어 결코 정신의 참다운 만족을 향유하지 못할 뿐만 아니라, 마치 자신과 신과 사물을 의식하지 못하는 것처럼 생활하고, 작용받는 것을 멈추자마자 동시에 존재하는 것도 멈춘다. 이에 반하여, 현자는 현자로서 고찰되는 한에 있어서 정신이 거의 동요되지 않고, 자기와 신과 사물을 어떤 영원한 필연성에 의하여 의식하며, 결코 존재하는 것을 멈추지 않고 언제나 정신의 참다운 만족을 향유하고 있다."(에티카, 제5부 정리 42의 주석에서)

인간이 세상을 살아가는 방식들, 살면서 만족을 위해 맹렬히 노력하는 모습들은 참으로 다양하다. 인간이 자기의 목적을 이루기 위하여 노력하고 마침내 목적을 달성했을 때는 누구나 나름대로 어느 정도는 기쁨을 맛볼 수 있다.

그러나 우리가 무지하고 어리석은 사람으로서 존재하고 활동하는 한에 있어서 나름대로 노력하여 얻은 기쁨은 온전히 우리의 것이 되지 못하고 시간이 흘러감에 따라서 사라지거나, 슬픔 또는 고통으로 변하는 것이 상당히 자연스러운 과정인 것 같다. 또, 자연 속에서 자연의 한 부분으로서 살아가는 우리의 무지와 어리석음이라는 것은 결국 자연의 법칙과 질서, 사물의 이치, 인간의 정신과 감정과 본성 등에 대한 무지와 착각을 의미하는 것이므로, 무지한 우리는 자연스럽게 그리고 필연적으로 우리보다 훨씬 더 강력하고 절대적인, 자연의 필연적 이치와 상황이 요구하는 것에 의해 압도되어 그것을 따르지 않을 수 없게 된다.

그러나 물질 및 정신세계에 대한 우리의 인식이 진보하면 할수록, 우리는 더욱더 갖가지 예속에서 벗어나 온전히 자유로운 사람이 되기를 바라며, 헛되거나 거짓된 기쁨이 아닌 참되고 지속적인 기쁨을 향유하기를 바란다. 그런 면에서 우리가 진정 만족할 수 있는 것은 자연의 이치와 정신의 본성상 이미 결정된 것으로서 우리에게 주어져 있다. 말하자면 우리는 어떤 부당한 목적을 위해 이용당하는 것을 알면서 기뻐할 수 없고, 우리가 무지와 착각 속에서 경험하는 기쁨은 우리가 그것들에서 벗어나 참된 인식을 얻거나 기쁨이 슬픔으로 변하는 순간 헛된 것이었음이 판명날 수밖에 없다.

그러므로 우리는 어렵더라도 외적으로는 우주의 본질 및 특성들을, 그리고 내적으로는 인간의 정신과 감정과 본성을, 정확히 인식하여 자연의 법칙과 질서, 사물의 이치에 어긋나지 않는 자세를 취하고 그러면서도 자유롭고 만족스러운 삶을 향유하겠다는 의지를 가지는 것이다. 어떻게든 이러한 의지가 실현된다면 그 때 우리는 우리의 노력과 능력만큼의 만족을 얻어 누리고, 동시에 아무것도 한탄할 수 없는 평온한 마음에 이르게 될 것이다. 자연의 법칙과 질서에 절대적으로 따르는 우리가 그런 줄 알면서 어떻게 자신의 노력과 능력 이상의 것을 성취하기를 바랄 수 있으며, 자연의 법칙과 질서를 거스르는 것을 욕구하고 제 마음대로 되지 않는다는 이유로 한탄할 수 있겠는가? 그것은 오직 신과 자기와 사물을 거의 의식(인식)하지 못하는 무지하고 어리석은 자로서만 추구할 수 있는 것이다.

그러한 자들은 맹렬하게 전심전력으로 헛되거나 허망하거나 무가치한 목적에 집착하고 열광하지만 그 어떤 방법으로도 자연의 법칙과 질서, 즉 신의 섭리와 명령을 거스르고 어기며 뜻을 이루어 참된 만족을 얻을 수는 없는 법이다. 자연의 법칙이나 신의 섭리를 거스르는 자세는 자연의 이치에 대한 도전, 신의 섭리에 대한 도전이 아닐 수 없다. 그러나 자기의 능력을 과대평가하고 과신하는 허술한 자가 자기를 포함한 전체 자연을 절대적으로 지배하는 강력한 자연 자체나 신을 어떻게 능가할 수 있겠는가? 그런 자는 헛수고에 헛되게 집착하는, 허구와 허위에 매몰된 자일뿐이다. 이런 사람이 바로 스피노자가 말하는 무지한 자, 수동적인 정신을 가진 자, 작용받는 것을 멈추자마자 동시에 존재하는 것도 멈추는 자, 수동적인 감정에 예속되어 휘둘리는 자일 것이다.

  그렇다면 현명한 자, 능동적인 정신을 가진 자, 작용받는 것보다는 작용하는 것이 더 많은 자, 지성을 발휘하여 수동적인 감정을 극복하고 그것에서 벗어나는 자, 정신의 참다운 만족과 자유를 향유하는 자는 어떻게 하여 그런 경지에 이를 수 있겠는가? 우리의 스승 스피노자는 여기 ≪지성교정론≫과 ≪에티카≫에서의 논리적인 증명과 설명으로써 우리가 신에 대해서, 그리고 인간의 정신과 감정과 본성과 예속과 자유에 대해서 보다 정확히 인식할 수 있도록 함으로써 우리를 참된 인식과 자유와 만족의 길로 이끌고 있다.

옮긴이 黃 泰 淵

지은이와 옮긴이에 대하여

B. 스피노자(Benedictus de Spinoza, 1632-1677)

스피노자는 1632년 네덜란드의 암스테르담에서 태어난 유대인 철학자이다. 1660년 ≪신·인간 및 인간의 행복에 관한 소논문≫, ≪지성교정론≫을 썼으며, 1663년에는 ≪데카르트의 철학원리≫를 출판했다. 1670년 함부르크에서 ≪신학정치론≫을 출간했으나 얼마 지나지 않아 '금서목록'에 추가되어 당국으로부터 판매금지를 당했다. 1673년에는 하이델베르크대학에 철학교수로 초빙되었으나 철학함의 자유를 지키기 위해 거절하였다. 1675년 ≪에티카(윤리학)≫를 완성했지만 사람들의 의견이 적대적이어서 출판하지 못했다. 그 뒤 ≪정치론(국가론)≫ 집필에 착수했으나 미처 완성하지 못하고 죽음을 맞았다. 그가 죽은 뒤에 친구들이 ≪지성교정론≫, ≪정치론(국가론)≫, ≪윤리학≫, ≪무지개에 관한 논문≫, 서간 등을 모아서 ≪유고집≫을 출판하였다.

황태연

어린 시절부터 신은 이 세상 자체, 즉 우주적 자연이라고 생각해왔으며, 그런 생각을 체계적으로 정리하여 표현한 스피노자에게 마음이 끌려 그의 사상(思想)을 지속적으로 열심히 연구하였다. 그러던 중에 스피노자의 ≪신학정치론≫, ≪지성교정론≫, ≪에티카≫, ≪정치론≫ 등을 번역했으며, ≪에티카≫를 열심히 연구하다가 영감을 얻어 ≪인간의 본성 및 자연의 진리에 대하여≫를 지었다.

원문

세 가지 영역(英譯) 원문을 모두 반영하여 번역하였음.
1. The Collected Works of Spinoza; translated by Edwin Curley.
그 중의 Treatise on the Emendation of the Intellect 및 Ethics.
2. Complete works/spinoza; translated by Samuel Shirley.
그 중의 Treatise on the Emendation of the Intellect 및 Ethics.
3. Hafner Publishing Company(1949)의
On the Improvement of the Understanding(by R. H. M. Elwes,1884) 및 Ethics(by William Hale White,1883)

참조문헌

Spinoza, Benedictus de, 1632-1677
Tractatus de intellectus emendatione 및
Ethica ordine geometrico demonstrata 라틴어 판본;
http://www.spinozaetnous.org/wiki

일러두기

OP=Opera Posthuma ; 라틴어 유고집.
NS=Nagelate Schriften ; 네덜란드어로 번역되어 출판된 유고집.
< >; NS, 즉 네덜란드어 유고집에만 있는 구절을 참고용으로 인용하여 추가할 때 사용한 기호.

독자 여러분에게

친애하는 독자 여러분, 우리가 여기에 미완인 채로 여러분 앞에 내놓는 이 '지성의 교정에 관한 논문'은 몇 년 전에 저자에 의해 쓰인 것입니다. 저자는 늘 이 논문을 완성하려고 하였으나, 다른 일에 쫓겨 미루던 중에, 마침내는 유명(幽明)을 달리하게 되어 바라던 대로 이 논문을 종결짓지 못하였습니다. 그러나 이 논문에는 진지하게 진리를 탐구하는 사람에게 적지 않은 도움을 주게 될 탁월하고 유용한 것들이 많이 포함되어 있음을 우리는 확신하기 때문에, 그것들이 반드시 독자 여러분에게 전해지기를 소망했습니다. 그러므로 이 논문의 여기저기에서 불명료하고 세련되지 못한 것들이 보이더라도 너그럽게 용서해 주기를 바라며, 이러한 사정에 대해 독자 여러분에게 알려드리는 바입니다.

지성교정론

지성의 교정에 관한, 그리고 지성을 사물에 대한 참된 인식으로 가장 잘 인도해 주는 길에 관한 논문.

[1] 일상생활 속에서 흔히 마주치는 온갖 일들이 공허하고 무의미하다는 것을 경험을 통해 배우고, 나의 두려움의 원인 또는 대상이었던 모든 것이, 그것들로 인해 [나의] 마음이 동요되었던 때를 제외하고는, 그 자체로는 선도 악도 아니었음을 깨달은 후에, 나는 마침내, '참된 선이 되어 그 자신을 알릴 수 있는 것이며, 다른 모든 것이 물리쳐질 때 홀로 정신을 감동시키는 어떤 것'이 존재하는지 어떤지, 한 번 발견하고 획득하면, 끊임없는 최고의 기쁨을 영원히 향유할 수 있는 어떤 것이 존재하는지 어떤지 탐구하기로 결심했

지 성 교 정 론

다.
 [2] 나는 '나는 마침내 결심했다'라고 말한다. 왜냐하면 언뜻 보기에 그 때에는 불확실한 것을 위해 확실한 것을 포기하는 것이 현명하지 못한 것으로 보였기 때문이다. 물론, 나는 명예와 부(富)가 가져오는 이익들을, 그리고 내가 만일 다른 새로운 것을 위해 진지하게 전념한다면 그러한 이익들의 추구를 포기하지 않을 수 없다는 것을 알고 있었다. 만약 최고의 행복이 우연히 그것들 속에 포함되어 있다면, 나는 필연적으로 그것을 잃게 된다는 것도 알고 있었다. 그러나 만일 그것이 그것들 속에 없는데도, 내가 그것들을 얻기 위해 정력을 바친다면, 나는 마찬가지로 최고의 행복을 얻지 못하게 된다.
 [3] 그러므로 나는 다른 사람들과 공유하고 있는 행동 및 생활방식을 바꾸지 않고 나의 새로운 목표—혹은 어쨌든 그것을 달성하는 것에 관한 확실성—에 도달하는 것이 가능한지 어떤지 알고 싶었다. 그러나 여러 번의 노력에도 불구하고 헛되이 되고 말았다. 인생에서 나타나는 대부분의 것들과, 사람들의 행동들로 보아, 사람들이 최고의 선으로 생각하는 대부분의 것들은 다음의 세 가지로 환원될 수 있다: 부, 명예, 그리고 감각적 쾌락. 정신은 이 세 가지에 단단히 사로잡혀 다른 어떤 선에 대해서는 조금도 생각할 수가 없다.
 [4] 감각적 쾌락에 관련해서, 정신은 그것에 마냥 안주해도 되는 것처럼 너무나도 열중하여, 그 밖의 어떤 것도 생각하지 못하도록 크게 방해받는다. 그러나 향락이 끝난 다음에는 극심한 슬픔이 뒤따른다. 설사 이것이 정신을 완전히 사로잡지는 않을지라도, 여전히 그것은 철저하게 정신을 혼란시키고 흐리게 한다.
 정신은 명예와 부의 추구에 의해서도 역시 적지 않게 혼란되는데, 특히 후자가(1) 단지 그 자체를 위해서만 추구될 때 그러하며, 그 까닭은 그것이 최고의 선으로 생각되기 때문이다.
1. 나는 이것을 더욱 자세하고 명확하게, 즉, 부가 그 자체를 위해서, 또는 명예를 위해서, 혹은 감각적 쾌락을 위해서, 또는 건강을 위해서나 예술 및 학문의 진보를 위해서 추구되는 경우를 구별해서 설명할 수 있었다. 그러나 이것에 대해서는 나중에 적당한 곳에서 논하려 한다. 여기서 이것을 그

지성교정론

렇게까지 정확하게 고찰하는 것은 적절하지 않기 때문이다.

[5] 그러나 정신은 명예에 의하여 더욱더 혼란된다. 왜냐하면 이것은 항상 그 자체로 선이라고 생각되어 모든 것이 지향해야 할 궁극의 목적이라고 여겨지기 때문이다. 또한 명예와 부에는, 감각적 쾌락과는 다르게, 후회가 따르지 않는다. 우리가 이것들 중 어느 것을 소유하면 할수록, 우리의 기쁨은 증대하며, 그에 따라 우리는 그것들을 더욱더 증대시키도록 고무된다.

그러나 우리의 희망이 좌절되면, 우리는 극심한 슬픔에 빠져들게 된다. 그리고 마지막으로 명예는 이러한 커다란 단점을 가지고 있다.: 그것을 추구하기 위해, 우리는 사람들이 보통 피하는 것을 피하고 보통 구하는 것을 구하면서, 다른 사람들의 이해력에 맞추어 우리의 삶을 관리하지 않으면 안 된다.

[6] 이 모든 것들이 새로운 목표를 위한 활동을 방해하며, 진실로 서로 반대되어 어느 한 쪽을 포기하지 않으면 안 된다는 것을 알았기 때문에, 나는 무엇이 나에게 더 유익한가를 묻지 않을 수 없었다. 왜냐하면 내가 말한 것처럼, 불확실한 선을 위해 확실한 선을 기꺼이 포기하는 것처럼 생각되었기 때문이다. 그러나 문제를 조금 숙고해 본 후에, 내가 처음으로 깨달은 것이, 만일 내가 새로운 계획에 전념하고, 지금까지의 것을 포기한다면 나는(여태까지 말한 것에 의해 명확히 추론되듯이) 본성상 불확실하지는 않으나(왜냐하면 나는 확고한 선을 구하고 있기 때문에) 단지 그것의 획득에 관하여 불확실한 선을 위해 본성상 불확실한 선을 포기하게 된다는 것이다.

[7] 하지만 끈질기게 심사숙고함으로써, 나는 내가 충분하게 숙고할 수 있기만 하다면 확실한 선을 위해 확실한 악들을 단념할 것이라는 결론에 이르렀다. 왜냐하면 나는 내가 중대한 위기 속에 있으며, 마치 어떤 치료약을 쓰지 않으면 확실히 죽게 된다는 것을 예견하고 있는, 치명적인 질병과 사투하고 있는 환자가, 아무리 불확실하더라도, 모든 희망을 걸고서 전력을 다하여 치료약을 구하지 않을 수 없는 것처럼 나도, 아무리 불확실하더라도, 전력을 다하여 치료약을 구하지 않을 수 없다는 것을 알았기 때문이다. 그러나 사

지 성 교 정 론

람들이 통상 추구하는 모든 것은, 우리의 존재를 보존하기 위한 치료약을 제공하지 못할 뿐 아니라, 사실상 장애가 되며, 그것들을 소유한 사람들에게는 종종 파멸의 원인이 되고,(2) 그것들에 의해 소유당한 사람들에게는 언제나 파멸의 원인이 된다.

2. 이 점은 더욱 정확하게 설명되어야 한다.

[8] 부(富) 때문에 박해를 받아 죽은 사람들이나, 재물을 얻기 위해 갖가지 위험과 맞서다가 결국에는 우행(愚行)의 대가로 생명을 바친 사람들의 예는 수두룩하다. 명예를 얻기 위해 혹은 지키기 위해 비참함을 맛본 사람들의 예도 그에 못지않다. 또한 과도한 감각적 쾌락으로 인해 죽음을 재촉한 사람들의 예는 셀 수조차 없다.

[9] 더군다나, 이러한 악들은 행복 또는 불행이 전적으로 우리가 사랑을 가지고 집착하는 대상의 성질에 달려 있다는 사실로부터 생겼던 것 같았다. 왜냐하면 사랑하지 않는 것 때문에 싸움이 일어나지는 않을 것이며, 설령 그것이 사라진다고 해도 슬픔은 없을 것이고, 다른 사람이 그것을 소유하고 있다고 해도 질투가 생기지 않을 것이며, 아무런 두려움도 아무런 미움도, 한 마디로 정신의 어떠한 동요도 일어나지 않을 것이기 때문이다. 진실로, 이 모든 것들은, 우리가 방금 이야기한 것들과 같은, 가멸적 사물(可滅的 事物)에 대한 사랑의 경우에만 생긴다.

[10] 그러나 영원하고 무한한 것에 대한 사랑은 전혀 슬픔이 없는 기쁨으로 정신을 만족시킨다. 이것이야말로 대단히 바람직한 것이며, 모든 힘을 기울여 구해야 할 것이다. 그러나 나는 '진지하게 숙고할 수 있기만 하다면'이라는 말을 이유 없이 사용하지는 않았다. 왜냐하면 정신적으로는 앞에서 말한 것들을 아주 명확히 인지했음에도 불구하고, 나는 여전히, 그 때문에, 모든 탐욕, 관능욕 및 명예욕을 제거할 수는 없었기 때문이다.

[11] 하지만 이것만은 알았던 것이, 정신이 이러한 사상(思想)을 지향하고 있는 동안은, 그러한 것들을 멀리하고, 새로운 목표에 관해 진지하게 사유하고 있었다는 것이다. 이것은 나에게 커다란 위안이었다. 왜냐하면 나는 그러한 악들에 대해 치료약이 효과가 있다는 것을 알았기 때문이다. 그리고 처음에는 이러한 간격들이 드

지성교정론

물고, 아주 짧은 시간 동안만 지속했지만, 참된 선이 더욱더 나에게 알려지게 된 이후에는, 간격들이 더욱 잦아지고 길어지게 되었으며, 특히 금전의 획득, 감각적 쾌락, 그리고 명예는 수단으로서가 아니라 그 자체를 위해 추구되는 한 단지 장애물일 뿐이라는 것을 내가 안 이후에 그러했다. 그러나 만일 그것들이 수단으로서 추구된다면, 그것들은 한계를 가질 것이고, 전혀 장애물이 되지 않을 것이다. 반대로, 그것들은, 내가 적당한 때에 보여주려는 바와 같이, 그것들을 추구하는 목적을 이루는 데에 대단히 유용할 것이다.

[12] 여기서 나는 내가 참된 선을 어떻게 이해하고 있는지, 그리고 동시에, 최고의 선은 무엇인지 간단히 말하려고 한다. 이것을 올바르게 이해하기 위해서 우리는, 선과 악이 단지 관계 속에서만 사물에 대해 말할 수 있는 것이며, 따라서 동일한 사물이 다른 관계에 따라 선으로도 악으로도 불릴 수 있는 것임에 주의해야 한다. 똑같은 것이 완전함과 불완전함에도 적용된다. 왜냐하면 그 어떤 것이라도, 그것의 본성 안에서 고찰될 때는, 완전하다거나 불완전하다고 불릴 수 없으며, 일어나는 모든 것은 영원한 질서에 따라, 또한 자연의 확고한 법칙에 따라 일어난다는 것을 우리가 인식한 다음에는 특히 그러하기 때문이다.

[13] 그러나 인간의 둔함은 자기의 사유로써 그러한 질서를 파악하지 못하지만, 그 동안에 인간은 자기의 것보다 훨씬 강력하고 더욱 영구적인 인간의 본성을 생각하며, 동시에 자신이 그러한 본성을 획득하지 못하도록 방해하는 것이 아무것도 없음을 알게 되므로, 그는 자신을 그러한 완전성에 인도해 줄 수단을 구하도록 고무된다. 그가 그것을 달성하는 데에 수단이 될 수 있는 것은 뭐든지 참된 선으로 불린다. 그러나 최고의 선은—가능하다면 다른 사람들과 함께— 그러한 본성의 향유에 도달하는 것이다. 그 본성이 어떤 것인지 우리는 적당한 곳에서 제시할 것이다, 즉, 그것은 정신과 전체 자연의 합일에 대한 인식이라는 것을.(3)

3. 이 점은 적당한 곳에서 더욱 자세히 설명될 것이다.

[14] 그렇기 때문에 내가 지향하고 있는 것은 그러한 본성을 획득하고, 많은 사람들이 나와 함께 그것을 획득하도록 노력하는 것이

지 성 교 정 론

다. 다시 말해서, 다른 많은 사람들이 내가 이해하는 것처럼 이해할 수 있도록 하여, 결국 그들의 지성과 욕망이 전적으로 나의 지성 및 욕망과 일치하도록 애쓰는 것이 나의 행복의 일부분이다. 이것을 해내기 위해서, (4)첫째로 그러한 본성을 획득하기에 충분할 만큼 자연에 대해 이해하는 것이 필요하고, 다음으로, 가능한 한 많은 사람들이 될 수 있는 대로 쉽고 안전하게 그것을 획득할 수 있도록 바람직한 사회를 조직하는 것이 필요하다.

4. 주의. 여기서 나는 우리의 목적을 위해 필요한 학문들을 열거할 뿐, 순서에는 주의하지 않는다.

[15] 셋째로, 도덕철학과 아동교육학에 유의해야만 한다. 넷째로, 건강은 이 목적을 달성하기 위한 중요한 수단이므로, 모든 의학이 확충되어야만 한다. 많은 어려운 일들이 기계장치에 의해 수월해져서, 우리가 살아가는 동안에 많은 시간과 편의를 얻을 수 있게 되므로, 다섯째로, 기계학을 결코 등한시해서는 안 된다.

[16] 그러나, 무엇보다도 먼저, 우리는 지성이 사물을 오류 없이 가능한 한 완전하게 인식하도록, 처음에 우리가 할 수 있는 만큼, 지성을 교정하고 정화하는 방법을 안출해 내야만 한다. 이제 모두는 내가 모든 학문을 하나의 목적 및(5) 목표에 집중시켜서, 우리가 말했듯이, 인간에게 있을 수 있는 최고의 완전성에 도달하기를 바란다는 것을 알 수 있을 것이다. 그러므로 학문들 중에 우리를 목표 쪽으로 진보시키는 데에 아무것도 하지 못하는 것은 쓸모없는 것으로서 거절되어야 한다. 요컨대, 모든 우리의 활동과 사상(思想)이 이 목적을 위해 집중되어야 한다.

5. 학문에는 단 하나의 목적이 있으며, 모든 학문은 이 목적을 지향해야 한다.

[17] 그러나 이 목적을 추구하고, 지성을 바른 길로 이끄는 데에 전념하는 동안에도, 우리는 삶을 이어나가야 한다. 그러므로 우리는, 무엇보다도 먼저, 약간의 생활의 규칙을 유익한 것으로 전제하지 않으면 안 된다.

1. 보통 사람들의 이해력에 따라 이야기하고, 우리의 목적을 달성하

지성교정론

는 데에 방해가 되지 않는 것은 무엇이든지 따를 것. 왜냐하면 가능한 한 그들의 이해력에 순응하면, 우리가 적지 않은 편의를 얻을 것이기 때문이다. 이렇게 하면, 그들은 우리가 진리를 말할 때 호의적으로 들어줄 것이다.

2. 건강을 유지하기 위해 필요한 만큼만 쾌락을 향유할 것.

3. 마지막으로, 생명과 건강을 유지하기 위해, 또한 우리의 목적에 반대되지 않는 공동체의 풍습을 따르기 위해 필요한 만큼의 돈과 그 밖의 것을 구할 것.

[18] 이러한 규칙들을 정해 놓고, 나는 이제 다른 어떤 것보다도 우선하여 해야 할 것, 즉 지성을 교정하고 지성이 우리의 목적 달성에 적합한 방식으로 사물을 인식할 수 있도록 하는 일에 착수한다. 자연스러운 순서로서 나는 여기서 내가 지금까지 의심 없이 어떤 것을 긍정하거나 부정하기 위해 사용해 온 모든 지각양식을 다시 알아보려고 하며, 이렇게 함으로써 나는 모든 것 중에 최선의 것을 선택할 수 있고, 동시에 나의 능력과 내가 완성하기를 바라는 본성에 대해 비로소 알 수 있게 된다.

[19] 자세히 고찰해보면, 그 모든 것들은 네 종류로 환원될 수 있다.

1. 전문(傳聞)으로부터 또는 제멋대로 불리는 기호(記號)로부터 얻은 지각.

2. 닥치는 대로의 경험으로부터, 즉, 지성에 의해 설명되지 않은 경험으로부터 얻은 지각. 그러나 그것은 우연한 사건에 지나지 않고, 우리가 그것에 모순되는 다른 실험[경험]을 갖고 있지 않다는 이유로 이런 이름을 가진다. 따라서 그것은 우리와 함께 여전히 흔들림이 없다.

3. 사물의 본질이 다른 사물로부터 —그러나 타당하지 않게— 추론될 때 우리가 얻는 지각. 이것은 우리가 어떤 결과로부터 원인을

지 성 교 정 론

추론할 때,(6) 또는 항상 어떤 특성을 수반하고 있는 어떤 일반개념 으로부터 어떤 것을 추론할 때 생긴다.

4. 마지막으로, 하나의 사물이 그것의 본질에 의해서만, 혹은 그것의 가장 가까운 원인의 인식에 의해서만 지각될 때 우리가 얻는 지각.

6. 이런 경우에 우리는 원인에 대해서 결과 속에서 고찰하는 것 외에는 아무것도 이해하지 못한다. 이것은 그 경우의 원인이 '그러므로 어떤 것이 존재한다', '그러므로 어떤 힘이 존재한다'와 같은 매우 일반적인 말로만 설명된다는 것에 의해 충분히 명백하다. 또는 그 말이 원인을 '그러므로 그것은 이것 또는 저것이 아니다'와 같이 부정적으로 표현한다는 것에 의해서도 명백하다. 두 번째 경우에서 명확하게 파악된 어떤 것이, 우리가 나중에 예를 들려는 것처럼, 결과 때문에 원인에 돌려지지만, 그것은 단지 특성일 뿐이고, 사물의 특수한 본질은 아니다.

[20] 나는 이 모든 것들을 예를 들어 설명하고자 한다. 나는 단지 전문(傳聞)에 의해서 나의 생일과, 나의 부모가 누구였는지를, 그리고 내가 결코 의심해 본 적이 없는 유사한 것들을 안다. 닥치는 대로의 경험에 의해서 나는 내가 죽을 것이라는 것을 안다. 이것을 나는 나와 유사한 다른 사람들이 죽는 것을 보아 왔기 때문에 긍정한다. 비록 그들이 모두 동일한 기간을 살거나 모두 똑같은 병으로 죽지는 않았지만 말이다. 또, 나는 닥치는 대로의 경험에 의해 기름은 불을 타오르게 할 수 있으며, 물은 불을 끌 수 있다는 것도 안다. 또한 나는 개는 짖는 동물이며, 사람은 이성적 동물임을 안다. 그리고 이런 식으로 나는 삶에 유용한 거의 모든 것들을 안다.

[21] 그러나 우리는 다음과 같은 방식으로 다른 것으로부터 추론한다.: 우리가 이러이러한 신체를 느끼고, 다른 것을 느끼지 못한다는 것을 명확히 인지하는 경우, 그 다음에 이것으로부터 우리는 정신이 신체와 합일되어(7) 있으며, 이러한 합일이 이러이러한 감각의 원인임을 명확히 추론한다.; 그러나 우리는 이것으로부터 그 감각과 합일이 무엇인지(8) 절대적으로 이해하지는 못한다. 또는, 우리가 시각(視覺)의 본성을 알고, 그것에는 동일한 사물이라도 먼 거리에서 바라보면 가까이에서 볼 때보다 작게 보이는 특성이 있음을 알게

지 성 교 정 론

된 이후에, 우리는 태양이 보이는 것보다 훨씬 크다는 것을 추리하며, 똑같은 종류의 다른 것들도 그리한다.

7. 이 예에 의해 내가 방금 주의했던 것을 명확히 알 수 있다. 왜냐하면 우리는 그 합일에 의해 감각 자체, 즉, 결과 외에는 아무것도 이해하지 못하며, 그 결과로부터 우리가 아무것도 이해하지 못하는 원인을 추론했기 때문이다.

8. 이러한 결론은 확실하지만, 우리가 매우 조심하지 않으면, 그것은 여전히 충분히 안전하지 않다. 왜냐하면 우리가 충분히 조심하지 않는 한 곧 오류에 빠질 것이기 때문이다. 사물이 그것의 참된 본질을 통해서가 아니라 추상적으로 파악될 때, 그것은 상상력에 의해 곧 혼동된다. 그 자체로 하나인 것을 사람들은 여러 가지로 상상한다. 왜냐하면 추상적으로, 따로따로, 혼란하게 파악된 사물들에 대해, 그들은 다른 좀 더 친숙한 사물을 표시하기 위해 사용한 이름을 부여하기 때문이다. 따라서 그들은 처음으로 이름을 부여받은 사물을 상상하는 데 익숙한 방식으로 그것들을 상상한다.

[22] 마지막으로, 하나의 사물이 그것의 본질에 의해서만 지각되는 것은, 내가 무엇인가를 알고 있다는 사실로부터, 무엇인가를 알고 있다는 것이 어떤 것인지 내가 알 때이거나, 또는 내가 정신의 본질을 알고 있다는 사실로부터, 정신이 신체와 합일되어 있음을 내가 아는 때이다. 동일한 종류의 인식에 의해, 우리는 이와 삼을 합하면 오가 되고, 두 선이 제3의 선과 평행이면, 그것들도 또한 서로 평행이라는 것 등을 안다. 그러나 내가 여태까지 이러한 세 번째 종류의 인식에 의해 알 수 있었던 것들은 매우 적었다.

[23] 당신이 이 모든 것을 더 잘 이해할 수 있도록, 단 하나의 예를 들어보려고 한다. 세 개의 수가 주어져 있고, 두 번째 수가 첫 번째 수와 관계된 것과 같이 세 번째 수와 관계된 네 번째 수를 구하고 있다고 해보자. 여기서 상인들은 네 번째 수를 찾아내기 위해 어떻게 해야 하는지 알고 있다고 보통으로 말할 것이다. 이는 그들이, 어떠한 증명도 없이, 단순히 자신들의 선생으로부터 들었던 절차를 아직까지 잊지 않았기 때문이다. 다른 사람들은 2, 4, 3, 6의 경우에서처럼, 네 번째 수가 그 자체로 명백한, 단순한 수들에 대한 경험에 의해 일반적인 원리를 만든다. 여기서 그들은 두 번째 수와 세 번째 수를 곱하고, 그 결과를 첫 번째 수로 나누면, 몫이 6이라

는 것을 해보고서 발견한다. 그들은 이것이 이러한 절차 없이 비례수로서 알고 있었던 것과 똑같은 수를 산출한다는 것을 알고, 이 절차가 언제나 네 번째 비례수를 찾아내는 적절한 방법이라고 추론한다.

[24] 하지만 수학자들은, 유클리드 제7권 정리 19의 증명에 의거하여, 어떤 수들이 서로 비례하는지를, 비례의 본성과 그것의 특성에 의해, 즉, 첫 번째와 네 번째 수의 곱이 두 번째와 세 번째 수의 곱과 같다는 것에 의해 안다. 그럼에도 불구하고, 그들은 주어진 수들의 적당한 비례를 알지 못한다. 그리고 만일 그들이 이것을 안다면, 그 정리에 의해서가 아니라, 직관적으로 어떠한 절차도 거치지 않고, 그것을 안다.

[25] 이것들 중에서 최선의 지각양식을 선택하기 위해, 우리는 우리의 목적을 달성하기 위해 필요한 수단을 간단히 열거할 필요가 있다.

1. 우리가 완성하기를 바라는 우리의 본성을 정확히 알고, 동시에 사물의 본성에 대하여 필요한 만큼의 인식을 가져야 한다.

2. 그것으로부터 사물들의 상이점, 일치점, 반대점을 올바르게 추론해야 한다.

3. 사물이 견딜 수 있는 것과 견딜 수 없는 것을 정확히 파악해야 한다.

4. 이것을 인간의 본성 및 능력과 비교해야 한다. 이렇게 하면, 인간이 도달할 수 있는 최고의 완전성이 쉽게 밝혀질 것이다.

[26] 이러한 고려사항들을 고찰했으므로, 우리가 선택해야 하는 지각양식을 알아보도록 하자.

첫째 양식에 관하여 말하면, 전문(傳聞)—이것이 매우 불확실한 것이라는 사실은 별문제로 하고—에 의해서는, 우리가 든 예에 의해 밝혀지듯이, 우리는 사물의 어떠한 본질도 지각하지 못한다는 것이 그 자체로 명백하다. 그리고 어떠한 개물의 실체도(우리가 나중에

지성교정론

알게 되겠지만) 그것의 본질이 인식되지 않으면 이해되지 않으므로, 우리는 이것에 의해 우리가 전문으로부터 얻은 일체의 확실성이 학문에서 배제되어야 함을 명확히 추론할 수 있다. 왜냐하면 누구라도, 자신의 지성이 선행하지 않았다면, 단순한 전문에 의해서는 결코 감동될 수 없을 것이기 때문이다.

[27] 제2의 양식에 대해 말하면,(9) 이것에 의해 우리가 구하고 있는 비례의 관념을 얻는다고 말할 수는 없다. 그것이 매우 불확실하고, 결말이 없다는 것은 별문제로 하고라도, 이런 식으로 우리는 자연의 사물들에 대해 우유성(偶有性)만을 지각할 것이다. 그러나 이러한 것들은 그것들의 본질이 우선 인식되지 않으면 결코 명확히 이해되지 않는다. 그러므로 이 양식도 역시 배제되어야만 한다.

9. 여기서 나는 경험에 대해 좀 더 자세하게 논할 것이며, 경험주의자들의 진행 방법 및 최근의 철학자들의 진행 방법도 고찰할 생각이다.

[28] 그런데 제3의 양식에 대해서 우리는, 어떤 의미에서, 우리가 사물의 관념을 가지고 있으며, 오류의 위험 없이 추론할 수 있다고도 말할 수 있다. 그러나 여전히, 그것은 그 자체로서 우리가 우리의 완전성에 도달하는 수단이 되지 못할 것이다.

[29] 오직 제4의 양식만이 사물의 타당한 본질을 파악하며, 또한 오류의 위험이 없다. 그러므로 이 양식이 우리가 주로 사용해야 하는 것이다. 따라서 우리가 이런 종류의 인식을 써서 미지의 사물들을 이해하기 위해, 또한 가능한 한 직접석으로 그리하기 위해 그것이 어떻게 사용되어야 하는지 설명하고자 한다.;[30] 어떤 인식이 우리를 위해 필요한지 인식한 후에, 우리가 인식해야 할 사물들에 대해 이런 종류의 인식을 달성하기 위한 길과 방법을 우리는 제시해야 한다. 이것을 하기 위해, 우리가 제일 먼저 고려해야만 할 것은 여기서 무한한 역행은 없다는 것이다. 즉, 진리탐구의 최선의 방법을 발견하기 위해, 진리탐구의 방법을 탐구하기 위한 또 다른 방법이 필요하지 않으며, 제2의 방법을 탐구하기 위한 제3의 방법이 필요하지 않고, 이렇게 무한히 이어진다. 왜냐하면 그런 식으로는 우리가 결코 진리의 인식에 도달하지 못할 것이며, 진실로 어떠한 인식에도 도달하지 못할 것이기 때문이다.

지성교정론

 물질들도 물질적 도구를 필요로 할 때 같은 입장에 있는데, 누군가는 똑같은 방식으로 논할지도 모른다. 왜냐하면 쇠를 다루기 위해서는 망치가 필요하고, 망치를 갖기 위해서는 그것을 만들어야만 한다.; 또, 이 망치를 만들기 위해서는, 다른 도구들이 필요하다.; 그리고 이 도구들을 갖기 위해서도 역시 다른 도구들이 필요할 것이며, 이렇게 무한히 이어진다.; 이런 식으로 누군가는 사람들이 쇠를 다루는 능력이 없음을 증명하려고 할지도 모르지만, 헛수고다.
 [31] 사람들은, 최초에, 본유의 도구로써(아무리 곤란하고 불완전해도) 가장 손쉬운 물건들을 만들 수 있었으며, 일단 이것들을 만든 다음에는, 좀 더 만들기 어려운 물건들을 힘을 덜 들이면서도 더욱 완전하게 만들었다. 그렇게 사람들은 가장 단순한 일에서 도구로, 그리고 도구에서 다른 일과 도구로 점차 나아가면서, 적은 노동으로 많은 어려운 일들을 이룩하게 되었다. 똑같은 방식으로 지성도 본유의 능력으로(10) 자기를 위하여 지적 도구들을 만들며, 그것으로써 다른 지적 작업을(11) 위한 다른 능력을 얻고, 이 작업으로부터 다시 다른 도구들 또는 그 이상의 탐구능력을 얻으며, 그렇게 지혜의 절정에 이를 때까지 점진적으로 나아간다.
10. 본유의 능력을 나는 외부적 원인들에 의해 우리 안에 생긴 것이 아닌 것으로 해석한다. 이에 대해서는 나중에 나의 철학에서 설명할 것이다.
11. 여기서 나는 그것들을 작업이라고 부른다. 나의 철학에서는 그것들이 무엇인지 설명하겠다.
 [32] 이것이 지성의 입장임은, 우리가 진리탐구의 방법이 무엇인지, 또 그러한 본유의 도구들이 무엇인지를 인식하고, 지성은 단지 한층 더 진보하기 위해 그것들로부터 다른 도구들을 만들기 위해서만 그것들을 필요로 한다는 점을 인식한다면, 쉽게 이해될 것이다. 이것을 밝히기 위해, 나는 다음과 같이 나아간다.
 [33] 참된(12) 관념(왜냐하면 우리는 참된 관념을 가지고 있으므로)은 그것의 대상과는 다른 어떤 것이다. 왜냐하면 원과 원의 관념은 다른 것이기 때문이다. 원의 관념은 원과 같이 원주와 중심을 가진 것이 아니다. 신체의 관념도 신체 자체는 아니다. 그리고 그것은 그것의 대상과는 다른 것이기 때문에, 그것 역시 그 자체로서 이해할

지성교정론

수 있는 어떤 것이다.; 즉, 관념은, 그것의 형상적 본질이 관계되는 한, 다른 상념적 본질의 대상이 될 수 있고, 또 이 다른 상념적 본질도 역시, 그 자체로 보면, 실재적(實在的)이며 이해할 수 있는 것이다. 이렇게 무한히 계속된다.

12. 여기서 우리는 우리가 방금 말한 것을 설명할 뿐만 아니라, 우리가 지금까지 바르게 진행해 왔음을 보여주며, 동시에 알아야 할 필요가 있는 다른 중요한 것들을 보여주려 한다는 것에 주의하시라.

 [34] 예컨대, 베드로는 실재적인 어떤 것이다.; 그러나 베드로의 참된 관념은 베드로의 상념적 본질이며, 그 자체로 실재적인 어떤 것이고, 베드로 자신과는 전혀 다른 어떤 것이다. 따라서 베드로의 관념은 실재적이며, 그 자체의 특수한 본질을 가진 어떤 것이기 때문에, 그것 역시 이해할 수 있는 것, 즉 두 번째 관념의 대상이 될 것이며, 두 번째 관념은 베드로의 관념이 형상적으로 갖는 모든 것을 자체 안에 상념적으로 가질 것이다.; 그리고 또, 베드로의 관념의 관념도 그것의 본질을 가질 것이며, 그 본질도 역시 다른 관념의 대상이 될 수 있을 것이고, 이렇게 무한히 계속된다. 이것은 누구나 경험할 수 있는 것인데, 베드로가 무엇인지 알고, 자신이 알고 있음도 알고, 그리고 또 자신이 알고 있음을 아는 것을 아는 것에 대해 깨달을 때 경험할 수 있다.

 이것으로부터 베드로의 본질을 이해하기 위해서는, 베드로의 관념을 이해할 필요가 없고, 베드로의 관념의 관념은 더군다나 이해할 필요가 없음이 명백하다. 이것은, 내가 알기 위해서는, 내가 안다는 것을 알 필요가 없으며, 더군다나 내가 안다는 것을 알고 있음을 알 필요가 없는 것과 같으며, 삼각형의 본질을 이해하기 위해 원의 본질을 이해할 필요가 없는 것과도 같다.(13) 진실로, 이러한 관념들에 있어서 사정은 반대이다. 왜냐하면 내가 알고 있음을 알기 위해서, 나는 우선 알아야만 하기 때문이다.

13. 여기서 우리는 최초의 상념적 본질이 어떻게 해서 우리에게 있어 본유적인지를 연구하고 있는 것이 아니라는 것에 주의하시라. 왜냐하면 그것은 자연의 탐구에 속하기 때문이다. 그 곳에서 우리는 이러한 것들을 더욱 충분히 설명하고, 동시에 관념 없이는 긍정도, 부정도, 어떠한 의지도 있을 수 없음을 밝힐 것이다.

지성교정론

[35] 이것으로부터 확실성은 단지 상념적 본질 자체일 뿐이라는 것, 바꿔 말하면, 우리가 형상적 본질을 알고 있는 방식이 확실성 자체라는 것이 분명해진다. 그리고 또 이것으로부터, 진리의 확실성을 위해서는, 참된 관념을 갖는 것 외에 다른 표지가 필요하지 않다는 것이 명백해진다. 왜냐하면, 우리가 밝힌 바와 같이, 내가 알기 위해서는, 내가 알고 있음을 알 필요가 없다. 이것으로부터 또, 어떤 사물에 대한 타당한 관념 또는 상념적 본질을 갖지 못하는 한 아무도 최고의 확실성이 무엇인지 알 수 없다는 것이 명백해진다. 왜냐하면 확실성과 상념적 본질은 동일한 것이기 때문이다.

[36] 따라서 진리는 어떠한 표지도 필요로 하지 않고, 온갖 의심을 제거하기 위해서는, 사물의 상념적 본질, 또는—같은 것이지만— 관념을 갖는 것으로 충분하므로, 참된 방법은 관념의 획득 후에 진리의 표지를 구하는 것이 아니라, 오히려 진리 자체 또는 사물의 상념적 본질, 혹은 관념(이것들은 모두 같은 것을 의미한다)을 적당한 질서를 가지고(14) 추구하는 길이야말로 참된 방법이라는 결론이 내려진다.

14. 정신 속에서 추구하는 것에 대해서는 나의 철학에서 설명된다.

[37] 또, 방법은 필연적으로 추리나 이해에 대해 이야기하지 않으면 안 된다.; 즉, 방법은 사물의 원인을 이해하기 위한 추리 자체가 아니며, 더군다나 사물의 원인을 이해하는 것도 아니다.; 그것은 다른 지각들과 참된 관념을 구별함으로써 참된 관념이 무엇인지 이해하는 것이며, 참된 관념의 본성을 탐구함으로써 우리가 우리의 이해능력을 알 수 있도록 하고, 정신이 이해해야 할 모든 것을 그 규범에 따라 이해할 수 있도록 정신을 제어하는 것이며, 또한 정신이 무익한 일로 지치지 않도록 보조수단으로서 일정한 규칙을 만드는 것이다.

[38] 이것으로부터 방법은 반성적 인식, 또는 관념의 관념일 뿐이라는 결론을 내릴 수 있다.; 그리고 최초에 관념이 없으면 관념의 관념은 없으므로, 최초에 관념이 없으면 방법이 있을 수 없다. 그러므로 주어진 참된 관념의 규범에 따라 정신이 어떻게 인도되어야 하는지를 우리에게 보여주는 방법이 올바른 방법이 될 것이다. 또,

지 성 교 정 론

두 관념 사이의 관계는 그 관념들의 형상적 본질들 사이의 관계와 같으므로, 가장 완전한 실재의 관념에 대한 반성적 인식이 다른 어떤 관념들에 대한 반성적 인식보다 우수하다는 결론이 내려진다. 즉, 가장 완전한 방법은 주어진 가장 완전한 실재의 관념의 규범에 따라 정신이 어떻게 인도되어야 하는지를 보여주는 방법이다.

 [39] 이것으로부터 어떻게 정신이, 더 많은 사물들을 이해함에 따라, 동시에 다른 도구들―이것들을 가지고 정신은 더 쉽게 이해하기 위해 나아간다―을 획득하는지 쉽게 이해할 수 있다. 왜냐하면, 앞에서 이미 말한 것으로부터 추론할 수 있듯이, 무엇보다도 먼저 우리 안에, 본유(本有)의 도구로서, 참된 관념이 있어야만 하기 때문이다.; 일단 이러한 참된 관념이 이해되면, 우리는 그러한 종류의 지각과 다른 모든 것들 사이의 차이를 이해할 수 있다. 그러한 차이를 이해하는 것이 방법의 일부를 구성한다.

 그리고 정신이 자연에 대해 더 많은 것을 이해할수록, 정신은 자기를 더 잘 이해한다는 것이 자명하므로, 그것으로부터 정신이 더 많은 사물을 이해함에 따라 방법의 이 부분이 더욱 완전하게 될 것이며, 정신이 가장 완전한 실재의 인식에 주의하거나 이것을 반성할 때 가장 완전하게 될 것임이 명백하다.

 [40] 다음으로, 정신이 더 많은 것을 인식할수록, 그것은 자신의 능력과 자연의 질서를 더 잘 이해한다. 정신이 자신의 능력을 더 잘 이해할수록, 더 쉽게 자신을 관리할 수 있고 자신을 위한 규칙을 만들 수 있다.; 정신이 자연의 질서를 더 잘 이해할수록, 더 쉽게 무익한 일을 자제할 수 있다. 이러한 것들에, 우리가 말했듯이, 방법의 전부가 있다.

 [41] 게다가, 관념은 그것의 대상이 실제로 존재하는 것과 같은 방식으로 상념적으로 존재한다. 그러므로 만일 자연 안의 다른 사물들과 상호관계를 갖지 않는 어떤 것이 있다면, 그리고 자체의 형상적 본질과 전적으로 일치해야 하는 그 사물의 상념적 본질이 있다면, 그 경우 그 상념적 본질은 다른 관념들과(15) 상호관계를 갖지 않을 것이다. 즉 우리는 그것에 관해 어떠한 것도 추론할 수 없을 것이다. 그에 반하여, 자연에 존재하는 모든 사물들과 같이 다른 사

지성교정론

물들과 상호관계를 갖는 그러한 사물들은 이해될 것이며, 그것들의 상념적 본질들도 동일한 상호관계를 가질 것이다. 즉 그것들로부터 다른 관념들이 도출될 것이며, 이것들은 또 다른 관념들과 상호관계를 가질 것이고, 그에 따라 더욱 진보하기 위한 도구들이 증가할 것이다. 이것이 우리가 증명하려고 노력했던 것이다.

15. 다른 사물들과 상호관계를 갖는다는 것은 다른 사물들을 생기게 한다는 것, 또는 다른 사물들에 의해 생긴다는 것이다.

 [42] 다음으로, 우리가 방금 말했던 것, 즉 관념이 전적으로 그것의 형상적 본질과 일치해야만 한다는 것으로부터, 우리의 정신이 자연의 이상(理想)을 전적으로 재현하기 위해서는, 전체 자연의 원천 및 근원을 재현하는 관념으로부터 정신의 모든 관념들을 이끌어내서, 그 관념이 마찬가지로 다른 관념들의 원천이 되도록 해야 한다는 것이 명백해진다.

 [43] 아마도, 여기서 누군가는, 올바른 방법은 주어진 참된 관념의 규범에 따라 정신이 어떻게 인도되어야 하는지를 보여주는 것임을 말한 후에, 우리가 추론으로 이것을 증명해야 하는 것에 대해 놀랄 것이다. 왜냐하면 이것은 그것이 그 자체로 명백하지 않음을 보여주는 것처럼 보이기 때문이다. 그러므로 우리의 추론이 올바른지 어떤지에 관해 의문이 제기될 수 있다. 만약 우리의 추론이 올바르다면, 우리는 주어진 관념으로부터 시작해야만 한다.; 그리고 주어진 관념으로부터 시작하는 것은 증명을 필요로 하기 때문에, 우리는 또 우리의 추론을 증명해야만 하며, 그 다음에 한 번 더 그 추론을 증명해야만 하고, 이런 식으로 무한히 계속된다.

 [44] 이에 대해 나는 이렇게 대답한다.: 어떤 행운에 의해, 누군가 자연의 탐구에 있어서 이런 방식을 채택했다면, 즉 주어진 참된 관념의 규범에 따라, 적당한 순서로 다른 관념들을 획득했다면, 그는 결코 자신이 가진 진리를 의심하지 않았을(16) 것이며(왜냐하면 진리는, 우리가 밝혔듯이, 자기 자신을 드러내기 때문에) 모든 것이 자연히 그를 향해 흘렀을 것이다.

 그러나 이러한 일은 결코 일어나지 않거나 드물게만 일어나므로, 나는 그런 식으로 앞서 말한 것을 주장하지 않을 수 없었다. 그렇게 함으로써 나는 우리가 운에 의해 획득할 수 없는 것을 심사숙고한 계획에 의해 획득할 수 있도록 하였고, 동시에 진리와 올바른 추론을 증명하기 위해서 우리는 진리 자체와 올바른 추론 이외의 다른 도구들을 필요로 하지 않는다는 것이 명백해지도록 하였다. 왜냐하면 나는 올바르게 추론함으로써 올바른 추론을 증명해 왔고, 여전히 증명하려고 노력하기 때문이다.

16. 여기서 우리도 역시 우리의 진리를 의심하지 않는 것과 같이.

[45] 게다가, 이런 식으로 사람들은 자기성찰에 익숙해지게 된다.

그러나 자연이 적당한 질서로 탐구되는 일이 드문 이유는, 첫째, 사람들이 선입견을 갖고 있기 때문인데, 그 원인들을 나는 나중에 나의 철학에서 설명할 것이다. 그리고 또, 우리가 뒤에 설명하겠지만, 그 일은 정확하게 구별하기 위한 상당한 능력과 많은 노력을 요한다. 마지막으로, 우리가 이미 설명한 바와 같이, 매우 가변적인 인간사의 사정이 있기 때문이다. 다른 이유들도 있지만, 자세히 조사하지는 않겠다.

[46] 어떤 사람이 혹시 왜 나는 즉시 무엇보다 먼저 자연의 진리들을 그러한 질서에 따라 보여주는지(왜냐하면 진리는 자기 자신을 드러내기 때문에) 묻는다면, 나는 그에게 다음과 같이 대답하고 경고한다. 즉, 여기저기서 나타나는 역설들 때문에 이것들을 허위로 여겨 물리치지 말고, 그보다 앞서 우리의 증명질서를 고찰하게 되면, 그 다음에 당신은 우리가 진리에 도달했음을 확실히 알게 될 것이다. 이것이 내가 이러한 것들을 먼저 제시한 이유이다.

[47] 그러나 만일 그 후에 어떤 회의론자(懷疑論者)가 최초의 진리 자체와 우리가 최초의 진리의 규범에 따라 도출한 모든 것을 여전히 의심한다면, 그가 자신의 의식과는 어긋나게 말하고 있거나, 또는 우리는 나면서부터, 혹은 선입견 때문에, 즉 어떤 외적인 사건 때문에 정신마저도 완전히 장님이 된 사람들이 있다는 것을 자인하지 않을 수 없다. 왜냐하면 그들은 자기 자신조차도 의식하지 못하고 있기 때문이다. 설령 그들이 무엇인가를 긍정하거나 의심한다고 해도, 그들은 자신들이 긍정하거나 의심하고 있다는 것을 알지 못한다. 그들은 자신들이 아무것도 모른다고 말하고, 자신들이 아무것

지성교정론

도 모른다는 것조차도 자신들은 모른다고 말한다. 그리고는 이것조차도 그들은 절대적으로 단언하지 못한다. 왜냐하면 그들은 자신들이 아무것도 모르는 한에서, 자신들이 존재한다는 것을 자인하기를 두려워하기 때문이다. 결국에 가서, 그들은, 우연히 진리의 냄새를 풍길 수도 있는 어떤 것을 가정하지 않도록, 입을 다물고 있어야만 한다.

[48] 마지막으로, 그들과는 학문에 대해 이야기할 수 없다. (왜냐하면 그들은 생존과 사회생활의 영위를 계속하는 한, 필요에 의해서 자신들이 존재함을 인정하고, 자신들의 이익을 구하지 않으면 안 되며, 맹세를 하는 중에도 많은 것을 긍정하고 부정하지 않으면 안 되기 때문이다.) 왜냐하면, 누군가 그들에게 어떤 것을 증명해 보여도, 그들은 그 논증이 결함이 있는지 바른 증명인지 모르기 때문이다. 그들은 부정하거나, 인정하거나, 반대하면서도, 자신들이 부정하거나, 인정하거나, 반대한다는 것을 알지 못한다. 따라서 그들은 정신이 없는 자동인형으로 간주되어야 한다.

[49] 이제 우리의 주제로 되돌아가자. 지금까지 우리는, 첫째, 우리의 모든 사상이 지향해야 할 목적을 밝혔다. 둘째, 우리의 완전성에 도달할 수 있도록 우리를 도울 수 있는 최선의 지각양식이 어떤 것인지 알았다. 셋째, 우리의 정신이 바르게 시작하기 위해 거쳐야 할 최초의 길이 어떠한 것인지 알았다. 즉 우리는 주어진 참된 관념을 규범으로 해서, 정확한 법칙들에 따라 탐구를 진행해야 한다.

이 일을 올바르게 하려면, 첫째, 우리의 방법은 다른 모든 지각들과 참된 관념을 구별하는 방법, 그리고 다른 지각들로부터 정신을 멀리하는 방법을 밝혀야 한다.; 둘째, 우리가 그러한 규범에 따라 미지의 사물들을 지각할 수 있도록 규칙들을 가르쳐야 한다.; 셋째 우리가 무익한 일 때문에 지치지 않도록 질서를 세워야 한다. 우리가 이 방법을 알게 되었을 때, 우리는, 넷째로, 그것이 우리가 가장 완전한 실재의 관념을 가지고 있을 때 가장 완전할 것임을 알았다. 그러므로 처음에 우리는 가능한 한 빨리 그러한 실재의 인식에 도달할 수 있도록 최대로 주의해야 한다.

[50] 그러므로 방법의 제1부부터 시작하기로 하자. 이것은, 우리가

지성교정론

말했듯이, 다른 모든 지각들과 참된 관념을 구별하고 분리하는 것이며, 허위의 관념, 허구의 관념 및 의심스러운 관념을 참된 관념과 혼동하지 않도록 정신을 제어하는 것이다. 이것을 나는 여기서 충분히 설명하려고 하는데, 독자들을 필요한 만큼 이 일의 사색에 붙들어두기 위해서이며, 참된 지각과 다른 모든 것들 사이의 구별에 주의하지 않음으로 인해 참된 관념조차도 의심하는 사람들이 많이 있기 때문이다. 그러므로 그들은 이런 사람들과, 즉 깨어 있을 때는 자신들이 깨어 있음을 의심하지 않았으나, (종종 일어나듯이) 꿈속에서는 일단 자신들이 확실히 깨어 있다고 생각했는데, 나중에 그것이 거짓이었음을 알고는 자신들의 각성상태에 대해서조차 의심했던 사람들과 비슷하다. 이런 일은 그들이 꿈과 각성상태를 결코 구별해 본 적이 없기 때문에 일어난다.

 [51] 여기서 나는 각각의 지각의 본질을 논하지 않을 것이며, 그것을 가장 가까운 원인에 의해 설명하지 않을 것임을 독자에게 말해둔다. 왜냐하면 그것은 철학에 속하기 때문이다. 나는 단지 그 방법이 요구하는 것에 대해, 즉, 허위의 관념, 허구의 관념 및 의심스러운 관념이 무엇에 관계가 있으며, 어떻게 우리가 그것들의 각각으로부터 자유롭게 될 것인가에 대해 논할 것이다. 첫째, 허구의 관념에 대해 조사해보자.

 [52] 모든 지각은 존재한다고 생각되는 사물에 대한 것이거나 또는 단지 본질에 대한 것이고, 허구는 존재한다고 생각되는 사물들에 관하여 더욱 자주 일어나므로, 내가 그것들 중에 우선 말하려고 하는 것은, 단지 존재만이 허구되고, 그러한 행동에 대해서는 허구되고 있는 사물이 이해되거나, 이해된다고 가정되고 있는 경우이다. 예컨대, 나는 내가 알고 있는 베드로가 집에 가고 있는 것, 나를 방문하기 위해 오고 있는 것, 그리고 그와 비슷한 것을 허구한다.(17) 여기서 나는 묻는다. 그러한 관념은 무엇에 관계가 있는가? 나는 그것이 단지 가능한 것에만 관계가 있을 뿐, 필연적인 것이나 불가능한 것에는 관계가 없다는 것을 깨닫는다.

17. 뒤에 있는 가설들에 관한 주의를 참조하시라. 그 가설들에 대해 우리는 명확히 이해하고 있지만, 그런 것들이 천체들[의 본성] 속에 존재한다고 말

하는 것에 허구가 있다.

[53] 내가 불가능한 것이라고 부르는 사물은 존재하는 것이 그것의 본성에 모순되는 것이며, 필연적이라고 부르는 것은 존재하지 않는 것이 그것의 본성에 모순되는 것이고, 가능한 것이라고 부르는 것은 그것이 존재하든 존재하지 않든 본성상 모순되지는 않으나, 그것의 존재의 필연성 또는 불가능성이, 우리가 그것의 존재를 허구하는 한, 우리에게 알려지지 않은 원인들에 달려 있는 것이다. 그러므로 외적 원인들에 달려 있는 그것의 필연성 또는 불가능성이 우리에게 알려지면, 우리는 그것에 관하여 아무것도 허구할 수 없다.

[54] 이것으로부터, 만일 신 또는 전지(全知)의 존재가 있다면, 그는 절대로 아무것도 허구할 수 없다는 결론이 내려진다. 우리에 관해서 말한다면, 나는 내가 존재함을 알고 있는 이상,(18) 나의 존재나 부존재를 허구할 수 없다. 같은 이치로 나는 바늘귀를 통과하는 코끼리를 허구할 수 없다. 또한, 나는 신의 본성을 알고 있는 이상, 신의 존재 또는 부존재를 허구할 수 없다.(19) 존재하는 것이 자체의 본성에 모순되는 키메라에 대해서도 같은 말을 하지 않을 수 없다. 이것에 의해 내가 말한 것이 명백해진다. 즉 우리가 여기서 이야기하고 있는 허구는 영원한 진리에(20) 관해서는 생길 수 없다. 나는 곧 허구는 영원한 진리와는 관계가 없다는 것을 밝힐 것이다.

18. 사물은, 일단 이해되기만 하면, 자명해지므로, 우리는 다른 증명 없이, 단지 하나의 예만을 필요로 한다. 그 반대의 경우도 마찬가지이다. 그것이 허위임을 명확히 하기 위해서는 단지 그것을 고찰할 필요가 있을 뿐이다. 이것은 우리가 본질에 관한 허구를 논할 때 곧 명백해질 것이다.

19. 주의. 많은 사람들이 신의 존재에 대하여 의심스럽다고 말하지만, 그들은 단지 이름만을 알고 있거나, 자신들이 신이라고 부르는 어떤 것을 허구하고 있다. 이것은, 내가 뒤에 적당한 곳에서 밝히려는 것처럼, 신의 본성과 일치하지 않는다.

20. 나는 곧 허구가 영원한 진리와는 전혀 관계할 수 없다는 것을 밝힐 것이다. 영원한 진리란, 만일 그것이 긍정적이면, 결코 부정적일 수 없는 것을 의미한다. 따라서 신이 존재한다는 것은 첫째가는 영원한 진리이지만, 아담이 생각한다는 것은 영원한 진리가 아니다. 키메라가 존재하지 않는다

지성교정론

는 것은 영원한 진리이지만, 아담이 생각하지 않는다는 것은 영원한 진리가 아니다.

[55] 그러나 앞으로 더 나아가기 전에, 여기서 알아두지 않으면 안 될 것은, 한 사물의 본질과 또 다른 사물의 본질 사이에 존재하는 차이는 한 사물의 현실 혹은 존재와 다른 것의 현실 또는 존재 사이에도 마찬가지로 존재한다는 것이다. 그러므로 예를 들어, 우리가 아담의 존재를 일반적인 존재를 통하여 파악하려고 한다면, 그것은 마치, 그의 본질을 파악하기 위해, 우리가 존재의 본성에 주의하고, 결국에 가서 아담을 하나의 존재라고 정의하는 것과 같다. 그러므로 존재가 일반적으로 파악되면 될수록, 그것은 더욱더 혼란하게 파악되며, 더욱더 쉽게 아무 것에나 귀속될 수 있다. 반대로, 존재가 특수하게 파악되면 될수록, 그것은 더욱더 명확하게 이해되며, 우리가, 자연의 질서에 주의하지 않을 때도, 그것 자체 외의 어떤 것에 그것을 귀속시키는 것이 더욱더 어려워진다. 이것이 주의할 가치가 있는 것이다.

[56] 그런데 사물이 우리가 표상하고 있는 것과 같지 않다는 것을 우리가 명확히 이해하고 있는데도 불구하고, 통상 허구라고 말하는 사물들을 우리는 여기서 고찰해야 한다. 예컨대, 나는 지구가 둥글다는 것을 알고 있지만, 내가 사람들에게 지구는 반구이며, 접시 위에 놓인 절반의 귤과 같다고 말하거나, 태양이 지구 주위를 돈다고 말하거나, 이와 비슷한 것을 말하는 것을 방해하는 것은 아무것도 없다. 이런 것들에 주의하면, 우리는 이미 말한 것과 조화되지 않는 것은 아무것도 찾아내지 못할 것이다, 우리가 때때로 잘못을 저질렀을 수가 있으며, 지금 그 잘못들에 대해 의식하고 있음을 알아차리고, 그 다음에 다른 사람들이 똑같은 잘못을 저지르고 있는 중이거나, 우리가 이전에 그랬듯이, 잘못을 저지를 수 있다는 것을 우리가 허구할 수 있거나, 적어도 생각할 수 있기만 하다면.

우리는 이것을, 말하건대, 불가능성도 필연성도 알지 못하는 한에서만 허구할 수 있다. 그러므로 내가 누군가에게 지구가 둥글지 않다는 것 등을 말할 때, 나는 단지, 어쩌면 내가 범했거나, 범했을지도 모르는 오류를 상기하고, 이후 나에게서 이것을 들은 그가 아직

지성교정론

도 동일한 오류를 범하고 있거나, 범할 수 있음을 허구하거나 생각한다. 내가 말했듯이, 이것을 나는 불가능성도 필연성도 알지 못하는 한에서만 허구한다.; 이것을 내가 확실히 이해했다면, 나는 절대로 아무것도 허구할 수 없었을 것이며, 단지 어떤 시도를 해보았다고 말해야 한다.

[57] 그런데 문제에서 가정되고 있는 것들에도 주의해야 할 것이 있다. 때로는 불가능한 일들에 대해서조차 가정되기 때문이다. 예를 들면, 우리가, "불타고 있는 양초가 불타고 있지 않다고 가정해 보자"라고 말하거나, 또는 "그것이 어떤 상상의 공간 속에서, 혹은 어떠한 물체도 없는 곳에서 불타고 있다고 가정해 보자"라고 말할 때이다. 후자와 같은 일이 불가능한 것임을 명확히 이해하고 있음에도 불구하고, 우리는 때때로 그러한 가정을 한다. 그러나 이런 경우에는 아무것도 허구되어 있지 않다. 왜냐하면, 첫 번째의 경우에서, 나는 단지 타고 있지 않은 또 다른 양초를 기억하여(21) 상기하고 (또는 앞서의 양초를 불꽃 없이 상상하고), 내가 그 양초에 대해 사유한 것을, 불꽃에 주의하지 않는 한에서, 앞서의 양초에 관해 이해하기 때문이다.

두 번째의 경우에서, 정신은 그 자체만으로 관찰되는, 양초의 고찰에 집중하기 위해서 주위의 물체들로부터 사상(思想)을 떼어내는 것일 뿐이다. 그 다음에 정신은 양초가 스스로 궤멸할 아무런 이유가 없다는 것, 따라서 만일 주위의 물체들이 없다면, 이 양초와 그것의 불꽃은 언제나 불변이리라는 것, 또는 이와 유사한 것을 결론짓는다. 그러므로 여기에는 허구가 아니라 참되고(22) 순수한 주장들이 있다.

21. 나중에, 우리가 본질에 관한 허구에 대해 이야기할 때 명백해질 터이지만, 허구는 결코 새로운 어떤 것을, 만들거나, 정신에 제시하지 않는다. 오히려 두뇌 또는 상상력 속에 있는 것들만이 기억에 상기되고, 정신은 그 모든 것들에 대해 동시에 혼란하게 주의한다는 것이 명백해질 것이다. 예를 들면, 말하는 능력과 나무가 기억에 상기되고, 정신이 구별 없이 혼란하게 그것들에 주의할 때, 나무가 말한다고 생각한다. 똑같은 것을 존재에 대해서도 말할 수 있는데, 특히, 우리가 말한 것처럼, 그것이 일반적인 실재로서 파악될 때 그러하다. 그 경우 그것은 기억에 일제히 떠오르는 모든

것에 쉽게 적용된다. 이것은 매우 주의해야 할 점이다.

22. 똑같은 것을 천체들의 현상과 일치하는 일정한 운동을 설명하기 위해 만들어진 가설에 대해서도 말할 수 있다. 다만 그것을 천체들의 운동에 적용하여, 그것으로부터 천체들의 본성을 이끌어내는 것은 제외한다. 그 본성은 같지 않을 수가 있다. 특히 그러한 운동을 설명하기 위해 다른 많은 원인들을 생각할 수 있기 때문이다.

[58] 이제는 본질에만 관계하거나, 또는 동시에 어떤 현실 혹은 존재와 더불어 본질에 관계하는 허구에 대해 검토해 보기로 하자. 이것들에 관한 가장 중요한 고려사항은 정신이 이해하는 것이 적을수록, 또한 지각하는 것이 많을수록, 정신의 허구능력은 더욱 증대하며, 또한 정신이 이해하는 것이 많을수록 정신의 허구능력은 더욱 감소한다는 것이다.

예를 들면, 우리가 이전에 보았듯이, 우리는, 우리가 생각하고 있는 한, 우리가 생각하고 있다는 것과 우리가 생각하고 있지 않다는 것을 허구할 수 없다. 같은 방식으로, 우리가 물체의 본성을 알고 있는 이상, 우리는 무한대의 파리를 허구할 수 없으며, 또한 우리가 영혼의 본성을 알고 있는(23) 이상, 우리는 그것이 사각형이라고 허구할 수 없다, 비록 말로 표현할 수 없는 것이 없기는 해도.

그러나 우리가 말했듯이, 사람들이 자연에 대해 이해하고 있는 것이 적을수록, 그들은 더욱 쉽게 많은 것을 허구할 수 있다, 예컨대, 나무들이 이야기한다고, 인간이 일순간에 돌과 샘으로 변한다고, 무(無)에서 유(有)가 생긴다고, 신들조차도 짐승들과 사람들로 변한다고, 이 같은 종류의 무한히 많은 다른 것들을.

23. 인간이 영혼이라는 말을 기억에 떠올리고, 동시에 어떤 유형(有形)적 심상을 형성하는 것은 자주 일어나는 일이다. 그러나 이 두 사물이 함께 표상되기 때문에, 그는 쉽게 자신이 유형적 영혼을 상상하고 허구하고 있다고 생각한다.: 이것은 그가 이름과 사물 자체를 구별하지 못하기 때문이다. 여기서 나는 독자들에게 이것을 서둘러 논박하지 말기를 바란다. 독자들도, 바라건대, 주어진 예들에 가능한 한 정확하게 주의한다면, 뒤따르는 것들에 대해 그렇게 하지는 않을 것이다.

[59] 누군가는, 아마, 허구는 허구에 의해 한정되는 것이지, 지성에 의해 한정되는 것은 아니라고 생각할 것이다. 즉, 내가 어떤 것을

허구하고, 이것이 자연에서 이런 방식으로 존재하고 있음에 대해 동의하기로 어떤 자유에 의해 결의한 이상, 이에 따른 결과로 이후 나는 그것을 다른 어떤 방식으로도 생각할 수 없게 된다. 예컨대, 내가 (그들이 한 대로 말하자면)물체가 그러한 본성을 가지고 있으며, 그것이 실제로 이런 방식으로 존재하고 있음에 대해, 나의 자유에 의해, 확신하고 있기로 결의한 뒤에, 나는 더 이상 무한대의 파리를 허구할 수 없고, 또한 내가 영혼의 본질을 허구한 다음에, 나는 더 이상 그것이 사각형이라고 허구할 수 없다.

[60] 그러나 이것에 대해서는 음미해볼 필요가 있다. 첫째, 그들은 우리가 어떤 것을 이해할 수 있음을 부정하든가 아니면 인정한다. 만일 그들이 그것을 인정한다면, 그 다음에는 필연적으로 그들이 허구에 대해 말한 것을 지성에 대해서도 말해야 한다. 그러나 만약 그들이 부정한다면, 우리가 무언가를 알고 있음을 알고 있는 우리는 그들이 말한 것이 어떤 것인지 살펴보기로 하자. 분명히, 그들이 말하는 것은, 정신은 그 자신이나 존재하는 사물들이 아니라, 그 자신 속에도 다른 어떤 곳에도 존재하지 않는 것들만을 많은 방식으로 감각하고 지각할 수 있다는 것이다. 즉, 정신은, 자신의 힘만으로, 사물들과 무관한 감각들 또는 관념들을 창조할 수 있다는 것이다. 따라서 그들은 정신을 어느 정도까지는, 신처럼 여기고 있다.

다음으로, 그들이 말하는 것은, 우리 또는 우리의 정신이 우리 또는 정신 자체, 진실로 그 자체의 자유를 구속하는 자유를 갖고 있다는 것이다. 왜냐하면 정신이 어떤 것을 허구하고, 그것을 승인한 다음에, 정신은 그것을 다른 어떤 방식으로도 사유하거나 허구할 수 없고, 또 그 허구에 의해 구속되어 다른 사물들도 최초의 허구와 모순되지 않도록 그러한 방식으로 사유하지 않을 수 없기 때문이다, 여기서도 역시 그들의 허구 때문에, 내가 여기서 재검토하고 있는 부조리들을 그들이 인정하지 않을 수 없는 것과 같이. 그러나 우리는 이 부조리들을 굳이 증명으로써 논박하지는 않을 것이다.(24)

24. 내가 이것을 경험으로부터 추론하는 것 같고, 어떤 사람은, 증명이 결여되어 있기 때문에, 이것이 아무것도 아니라고 말할지 모르지만, 그가 만

지성교정론

일 원한다면, 다음과 같이 증명하겠다.: 자연에는 자연의 법칙을 거스르는 것이 아무것도 있을 수 없고, 모든 것은 불변의 자연법칙에 따라 일어나기 때문에, 사물들은 절대 확고한 연결 속에서 확정된 법칙에 따라 일정한 결과들을 산출한다. 이것으로부터 정신이 사물을 참되게 파악할 때는 언제나, 그것의 결과들을 상념적으로 계속 형성해 나간다는 결론이 내려진다. 허위의 관념에 대해 논하고 있는 아래를 참조하시라.

[61] 오히려, 그들을 정신이상에 남겨 놓고, 우리는 그들과 주고받은 말에서 참되고 우리의 목적에 기여하는 어떤 것을 끌어내는 데 마음을 쓸 것이다. 즉, 정신이 본성에 있어서 거짓인 것에 주의하여, 그것을 면밀하게 고찰하고, 이해하고, 그것으로부터 도출되어야 할 것들을 적당한 질서로 이끌어낸 때에는, 그것이 허위임을 쉽게 밝혀낼 것이다. 또 만일 허구된 것이 본성에 있어서 참이라면, 그 다음에 정신이 그것에 주의하여, 그것을 이해하고, 그것에서 나오는 것들을 적당한 질서로 그것으로부터 이끌어내기 시작한 때에, 정신은, 어떠한 중단도 없이, 성공적으로 나아갈 것이다. 이는 지성이, 방금 언급한 거짓의 허구로부터, 그것의 부조리를 보여주는 데 집중하고, 그것으로부터 다른 것들을 도출한다는 것을 우리가 보았던 것과 같다.

[62] 그러므로 우리는 사물을 뚜렷하고 명확하게 지각하는 한, 우리가 어떤 것을 허구하고 있다고 두려워할 필요가 없다. 왜냐하면 우리가, 혹시, 인간이 순식간에 짐승으로 변화된다고 말한다 해도, 이것은 매우 막연한 말이어서, 정신 속에 개념, 즉, 관념 또는 주어와 술어의 연결이 없기 때문이다. 왜냐하면 만일 어떤 개념이 있다면, 정신은 수단 및 원인과 함께, 어떻게 그리고 어찌하여 그런 일이 일어났는지 알 것이기 때문이다. 또 한편으로 우리는 주어 및 술어의 본성에 주의하지 않고 있다.

[63] 다음으로, 최초의 관념이 허구적인 것이 아니고, 다른 모든 관념들이 그것으로부터 도출된다면, 사물을 허구하는 경솔함은 점차 사라질 것이다. 그리고 허구의 관념은 뚜렷 명확할 수가 없고, 단지 혼란하기 때문에, 또한 완전한 사물 또는 많은 부분들로 구성된 사물을 정신이 단지 부분적으로만 인식할 뿐이고, 알려진 것과

지성교정론

알려지지 않은 것을 구별하지 못하며, 각 사물에 포함되어 있는 많은 사물에 대해 아무런 구별도 하지 않고, 동시에 주의한다는 사실로부터 모든 혼란이 생기기 때문에, 이것으로부터, 첫째, 관념이 가장 단순한 사물에 대한 것이라면, 그것은 뚜렷하고 명확할 수밖에 없다는 결론이 내려진다. 왜냐하면 그러한 사물은 부분적으로는 인식되지 않고, 전적으로 인식되든가 아니면 전혀 인식되지 않아야 할 것이기 때문이다.

[64] 둘째로, 만일 우리가 많은 사물들로 구성된 한 사물을, 사유 속에서, 가장 단순한 모든 부분들로 나누고, 이것들 각각에 대해 따로따로 주의한다면, 모든 혼란은 사라질 것이라는 결론이 내려진다. 셋째로, 허구는 단순할 수가 없고, 반대로 자연에 존재하는 다양한 사물들과 작용들에 대한 여러 혼란한 관념들의 합성으로부터, 또는 오히려, 그런 여러 가지의 관념들에 대해, 승인 없이,(25) 동시에 주의함으로 인하여 생긴다는 결론이 내려진다. 왜냐하면 만일 그것이 단순하다면, 뚜렷하고 명확할 것이며, 따라서 참될 것이기 때문이다. 또 만일 그것이 명확한 관념들의 합성으로부터 생긴다면, 그 합성도 역시 뚜렷하고 명확할 것이며, 그러므로 참될 것이다. 예를 들면, 일단 우리가 원의 본성을 인식하고 사각형의 본성 또한 인식하면, 그 다음에 우리는 이 두 가지를 합성할 수 없으며, 사각의 원 또는 사각의 영혼 그 밖의 이와 비슷한 것을 생각할 수 없다.

25. 허구는, 그 자체로 보면, 꿈과 크게 다르지 않다. 다만 감각의 도움에 의해 깨어있는 사람에게는 나타나는 원인들이 꿈속에서는 나타나지 않으며, 그것들로부터 그러한 표상이 현재 자기의 외부에 있는 사물들에 의해 생기지 않았음을 그가 추론하는 것이 차이점이다. 그러나 오류는, 곧 명백해질 터이지만, 깨어있는 동안에 꿈을 꾸는 것이다. 그리고 만일 그것이 아주 분명한 경우에는 정신착란이라고 불린다.

[65] 다시 간단히 요약하고, 왜 우리는 허구가 참된 관념들과 혼동되는 것을 걱정할 필요가 없는지 살펴보자. 그 이유는 앞서 우리가 처음 이야기했던 것, 즉, 사물이 명확하게 파악되는 경우에, 만일 명확하게 파악되는 그 사물이(또한 그것의 존재도) 그 자체로 영원한 진리라면, 우리는 그러한 사물에 관하여 아무것도 허구할 수 없

지성교정론

다는 것을 알았기 때문이다. 그러나 만일 파악된 그 사물의 존재가 영원한 진리가 아니라면, 우리는 단지 그 사물의 존재를 그것의 본질과 비교하는 데에 주의를 기울이며, 동시에 자연의 질서에 주의하면 된다.

두 번째 허구에 관련해서, 우리는 그것이 자연에 존재하는 다양한 사물들과 작용들에 대한 여러 혼란한 관념들에 대해, 승인 없이, 동시에 주의하는 것임을 알았다. 우리는 또 가장 단순한 사물은 허구될 수 없으며, 오히려 이해된다는 것과, 합성된 사물도 만일 우리가 각각의 가장 단순한 부분들에 주의한다면, 이해될 수 있다는 것을 알았다.

[66] 이러한 문제들이 이해되었으므로, 이제는 허위의 관념에 대한 고찰로 옮겨가서, 그것이 무엇에 관계가 있는지, 또한 어떻게 하여 우리가 허위의 지각에 빠지지 않도록 조심할 수 있는지 등을 알아보자. 허구의 관념을 고찰한 다음인, 현재의 우리로서는 이러한 일들이 어렵지 않을 것이다. 왜냐하면 허구의 관념과 허위의 관념 사이에는 후자가 승인을 가정[포함]하는 것 이외에 다른 차이가 없기 때문이다. 즉, (우리가 이미 언급했듯이) 표상들이 그에게 나타나는 동안, 그것들이 외부의 사물들로부터 생기지 않는다는 것을 그가(허구하고 있는 사람이 할 수 있듯이) 판단할 수 있게 해주는 원인들은 나타나지 않는다. 이것은 눈을 뜬 채로, 혹은 깨어 있는 동안에 꿈을 꾸는 것과 거의 다를 바가 없다. 그러므로 허위의 관념은 본질이 인식되어 있는 사물의 존재에 관계가 있거나, 또는(더 적절히 말하자면)관계되어 있다. 아니면 그것은 허구의 관념과 동일한 방식으로 본질에 관계되어 있다.

[67] 존재에 관계되어 있는 것은 허구와 같은 방식으로 교정된다. 왜냐하면 만일 인식되어 있는 사물의 본성이 필연적 존재를 전제로 하고 있다면, 그 사물의 존재에 관하여 우리가 잘못 생각하는 것은 불가능하다. 그러나 사물의 존재가 (그것의 본질처럼) 영원한 진리가 아니어서, 존재의 필연성 또는 불가능성이 외부의 원인들에 달려있는 경우라면, 모든 것을 우리가 허구에 대해 논할 때 말했던 것과 같은 방식으로 생각하면 된다. 왜냐하면 그것은 동일한 방식

지성교정론

으로 교정될 수 있기 때문이다.

 [68] 본질에 관계되어 있거나, 또는 작용에도 관계되어 있는, 다른 종류의 허위의 관념에 대해 말한다면, 그러한 지각들은, 자연에 존재하는 사물들에 대한 여러 혼란한 지각들의 합성이므로, 필연적으로 항상 혼란하다. 예컨대, 사람들이 나무들, 조각상들, 짐승들 및 다른 것들 속에 신령(神靈)들이 있다고 믿을 때, 단지 합성하기만 하면 지성이 생기는 물체들이 있다고 믿을 때, 혹은 죽은 사람들이 추리하고 산책하고 이야기한다고 믿을 때, 또는 신이 속는다고 믿을 때, 그 밖의 이와 유사한 일을 믿을 때와 같다. 그러나 뚜렷하고 명확한 관념들은 결코 허위일 수가 없다. 왜냐하면 뚜렷하고 명확하게 파악되는 사물의 관념은 극히 단순하거나, 또는 극히 단순한 관념들로 합성되어 있기 때문이다. 다시 말해서 극히 단순한 관념들로부터 도출되기 때문이다. 그러나 극히 단순한 관념이 허위가 될 수 없다는 것은, 무엇이 진리 또는 지성인지, 또한 무엇이 허위인지 이해하는 사람은 누구든지 알 수 있는 것이다.

 [69] 참된 것의 형상을 구성하는 것에 대해 말하면, 참된 사유는 단지 외적인 특징에 의해서만 거짓 사유와 구별되는 것이 아니라 주로 내적인 특징에 의해 구별된다는 것이 확실하다. 왜냐하면 만일 어떤 건축가가 정연한 방식으로 어떤 건물을 구상한다면, 그 때에 그러한 건물이 결코 존재하지 않았거나, 앞으로도 결코 존재하지 않을지라도, 그럼에도 불구하고 그것에 대한 사유는 참되며, 또한 그 사유는, 그 건물의 존재 여부와 관계없이, 동일한 것이기 때문이다. 그에 반하여, 예컨대, 누군가 베드로가 존재한다고 말하면서도, 베드로가 존재한다는 것을 알지 못한다면, 이러한 사유는 그에 관한 한 거짓이며, 또는—당신이 원한다면— 설혹 베드로가 실제로 존재하더라도 참이 아니다. 베드로가 존재한다는 이러한 진술은, 베드로가 존재한다는 것을 확실히 알고 있는 사람에 관해서만 참이다.

 [70] 이것으로부터, 관념 속에는 실재적인 어떤 것이 있으며, 그것에 의해 참된 것이 거짓된 것과 구별된다는 결론이 내려진다. 이에 대해 이제 조사해야 하며, 이는 우리가 진리의 최선의 규범을 가질

지성교정론

수 있도록 (왜냐하면 우리는 주어진 참된 관념의 규범에 따라 우리의 사상(思想)을 결정하지 않으면 안 된다는 것과, 방법은 반성적 인식이라는 것을 말했기 때문이다), 또한 지성의 특성들을 알 수 있도록 하는 것이다. 그러나 참된 사유는 사물을 그것의 최초의 원인을 통하여 인식하는 것(이점에서, 진실로, 그것은, 내가 이전에 설명했듯이, 거짓된 것과 크게 다르다)이라는 사실로부터 참된 관념과 거짓된 관념 사이의 차이가 생긴다고 우리는 말해서는 안 된다.; 왜냐하면 원인을 갖지 않고, 그 자체를 통해서 및 그 자체로 인식되는 어떤 원리의 본질을 상념적으로 포함하는 사상(思想)도 역시 참이라고 일컬어지기 때문이다.

[71] 그러므로 참된 사유의 형상은 다른 사물들과 관계없이 그 사유 자체 내에 있지 않으면 안 되며, 또한 그것은 그것의 대상을 원인으로 인정하지 않고, 오히려 지성의 능력 및 본성에 의거하지 않으면 안 된다. 왜냐하면 신이 사물들을 창조하기 전에, 어떤 사람이 신의 지성을 파악하듯이(왜냐하면 그러한 지각은 말할 것도 없이, 어떠한 대상으로부터도 생길 수 없었기 때문에) 지성이, 결코 존재한 적이 없는, 어떤 새로운 실재를 지각했으며, 그러한 지각으로부터 정당하게 다른 것들을 도출했다고 우리가 가정한다면, 모든 그러한 사상들은 참이고, 외부의 대상에 의해 결정되는 것이 아니라, 오로지 지성의 능력 및 본성에만 의거할 것이기 때문이다. 따라서 참된 사유의 형상을 구성하는 것은 그 사유 자체 내에서 구해지지 않으면 안 되며, 지성의 본성으로부터 도출되지 않으면 안 된다.

[72] 그러므로 이것을 연구하기 위해, 참된 관념으로서 그것의 대상이 우리의 사유능력에 의거해 있으며, 자연에는 대상이 없다는 것을 우리가 아주 확실히 알고 있는 어떤 참된 관념을 고찰해 보자. 왜냐하면 이미 말한 것에서 나타나듯이, 그러한 관념 속에서야말로 우리가 연구하고 싶어 하는 것을 더욱 쉽게 연구할 수 있으리라는 것이 명백하기 때문이다. 예를 들면, 구(球)의 개념을 형성하기 위해, 나는 임의로 원인을 허구하여, 반원이 중심축 둘레를 회전하며, 이 회전에 의해, 말하자면, 구가 생긴다고 생각한다. 이것은 확실히 참된 관념이다. 우리는 자연에서의 어떠한 구도 이런 식으

지성교정론

로 생긴 적이 없음을 알고 있지만, 그럼에도 불구하고, 이것은 참된 지각이며, 구의 개념을 형성하는 가장 쉬운 방법이다.

그런데 주목해야 할 것은 이 지각이 반원의 회전을 긍정한다는 것인데, 이 긍정은, 만일 이것이 구의 개념 또는 그러한 운동을 결정하는 원인과 결합되어 있지 않으면, 혹은 절대적으로, 만일 이 긍정이 분리되어 있으면, 거짓이다. 왜냐하면 그 경우에 정신은 단지, 반원의 개념 속에 포함되어 있지도 않고 그 운동을 결정하는 원인의 개념에서 생기지도 않는 반원의 운동만을 긍정하기 쉽기 때문이다. 그러므로 허위는 단지 이것(즉, 반원의 운동 또는 정지처럼 우리가 사물에 대해 형성한 개념 속에 포함되어 있지 않은 어떤 것을 사물에 대해 긍정하는 것)에만 있다.

이것으로부터 단순한 사상들은 참일 수밖에 없다는 결론이 내려진다. 예를 들면, 단순한, 반원의 관념, 운동의 관념, 양의 관념 등이다. 그것들이 포함하는 어떠한 긍정이라도 그것들의 개념과 일치하며, 그 이상으로 확장되지는 않는다. 그러므로 우리는, 오류의 두려움 없이, 임의로 단순한 관념들을 형성할 수 있다.

[73] 그러므로 어떤 능력에 의해 우리의 정신이 이러한 것들을 형성할 수 있으며 이 능력이 어디까지 미칠 수 있는지 묻는 것만이 남아 있다. 왜냐하면 일단 이것이 발견되면, 우리는 우리가 도달할 수 있는 최고의 인식을 쉽사리 알 수 있을 것이기 때문이다. 이 능력이 무한에 이르기까지 미치지 않음은 확실하다. 왜냐하면 우리가 한 사물에 대해 형성한 개념 속에 포함되어 있지 않은 어떤 것을 그 사물에 대해 긍정하는 경우, 그것은 우리의 지각의 결함, 혹은 우리가, 말하자면, 훼손되고 손상된 사상 또는 관념을 가지고 있음을 나타내기 때문이다. 왜냐하면 반원의 운동이 정신 속에서 분리되어 존재할 때는 거짓이지만, 만일 그것이 구의 개념 또는 그러한 운동을 결정하고 있는 어떤 원인의 개념과 결합되어 있으면 참이라는 것을 우리는 알았기 때문이다. 그러나 얼핏 보기에도 그렇듯이, 참되거나 타당한 사상을 형성하는 것이 사유하는 실재의 본성이라면, 타당하지 못한 관념은 단지 우리가 사유하는 실재의 일부분이며, 이 사유자의 어떤 사상들은 전적으로, 다른 어떤 것들은 부분적

지 성 교 정 론

으로만 우리의 정신을 구성한다는 것 때문에 우리 속에 생긴다는 것이 확실하다.

[74] 그러나 우리에게는 아직도 고찰할 필요가 있는 어떤 것이 있는데, 이것은 허구에 관련해서는 주의할 만한 가치가 없었지만, 극심한 기만을 일으키는 것이다(말하자면, 상상 속에서 나타나는 어떤 것들이 지성 속에도 존재하는 경우, 즉, 그것들이 뚜렷하고 명확하게 생각되는 경우). 왜냐하면 그 경우에, 명확한 것이 혼란한 것과 구별되지 않는 한, 확실성, 즉, 참된 관념은 명확하지 않은 것과 혼동된다.

예를 들면, 스토아학파의 어떤 사람들은, 아마 '영혼'이라는 단어를 듣고, 영혼은 불멸이라는 것도 들었지만, 그것을 단지 혼란하게만 상상했다.; 그들은 지극히 미세한 입자들이 다른 모든 것들에 침투하며, 그 어떤 것에 의해서도 침투되지 않는다고 상상함과 동시에 이해했다. 그들은 이 모든 것들을 동시에 상상했기 때문에—이 원리에 대한 확신이 남아 있는 동안—, 그들은 곧 정신이 그 지극히 미세한 입자들이라는 것과, 그 지극히 미세한 입자들은 분할되지 않는다는 것을 확신하게 되었다.

[75] 그러나 우리는 이것으로부터도 역시 자유롭다. 우리가 모든 우리의 지각들을 주어진 참된 관념의 규범에 따라 고찰하도록 노력하며, 처음에 말했듯이, 전문(傳聞) 또는 닥치는 대로의 경험으로부터 얻은 것들에 대하여 경계하는 한 그러하다. 더욱이, 그러한 착오는 그들이 사물을 너무 추상적으로 생각하는 것에 의해 생긴다. 왜냐하면, 내가 틀림없는 대상에 있어서 생각할 수 있는 것을 그 외의 어떤 것에 적용할 수 없다는 것은 그 자체로 충분히 명확하기 때문이다. 마지막으로, 그것은 그들이 전체 자연의 제1요소들을 이해하지 못한다는 것에 의해서도 생긴다.; 그들은 질서 없이 진행하며, 자연을 추상적 원리와 혼동하기 때문에(그것이 비록 참된 원리일지라도), 그들은 스스로 혼란에 빠져서 자연의 질서를 곡해한다. 하지만 우리가 가능한 한 추상적이지 않은 방식으로 진행하며, 될 수록 빨리 제1요소들에서부터, 즉 자연의 원천 및 근원에서부터 시작한다면, 우리는 그러한 어떤 착오도 두려워할 필요가 없다.

지성교정론

 [76] 그러나 자연의 근원에 대한 인식에 관한 한, 우리는 그것을 추상적 원리와 혼동하는 것에 대해 조금도 두려워할 필요가 없다. 왜냐하면 사물이 추상적으로 파악되는 경우(모든 일반개념이 그렇듯이), 그것은 언제나 우리의 지성 속에서 그것의 특수적인 것이 자연에서 실제로 가질 수 있는 것보다 더 광범위한 외연을 갖기 때문이다. 또, 자연에는 지성이 거의 지각할 수 없을 정도로 사소한 차이를 가진 사물들이 많기 때문에, 만일 그것들을 추상적으로 파악하면, 그것들은 쉽게 혼동될 수가 있다. 그러나 나중에 알게 되겠지만, 자연의 근원은 추상적으로, 또는 일반적으로 파악될 수 없고, 실제로 존재하고 있는 것보다 더 넓게 지성 속에서 확장될 수도 없기 때문에, 우리가 이미 밝혀 놓은 진리의 규범을 갖고 있기만 하면, 우리는 결코 그것의 관념에 관하여 혼동할 염려가 없다. 왜냐하면 이것은 유일하고도 무한한(26) 존재이기 때문이다.; 다시 말해서, 그것은 보편적 실재이며, 이것 이외에는 아무것도 존재하지 않는다.(27)

26. 이것들은 신의 본질을 나타내는 신의 속성들이 아니다. 이에 대해서는 철학에서 밝힐 것이다.

27. 이것은 앞에서 이미 증명되었다. 왜냐하면 만일 그러한 실재가 존재하지 않는다면, 그것은 결코 산출될 수 없기 때문이다. 따라서 정신은 자연이 제공할 수 있는 것보다 더 많은 것을 이해할 수 있게 되는데, 이것이 허위임을 우리는 앞에서 밝혔다.

 [77] 지금까지 우리는 허위의 관념에 대해 이야기했다. 이제는 의심스러운 관념을 고찰하는 것, 즉, 무엇이 우리를 의혹 속으로 끌어들이는지 물음과 동시에 어떻게 의혹을 제거할 수 있는지 묻는 것이 남아 있다. 내가 이야기하는 것은 정신 속에 존재하는 실제적인 의혹에 대해서이지, 우리가 흔히 보듯이, 누군가 말로는 자신이 의심하고 있다고 말하면서도, 마음으로는 의심하지 않는 경우에 대해서가 아니다. 왜냐하면 이것을 교정하는 것은 방법의 임무가 아니며, 오히려 완고함을 연구하고 교정하는 일에 속하기 때문이다.

 [78] 그러므로 정신 속의 의혹은 의혹 받고 있는 사물 그 자체에 의해서는 생기지 않는다. 즉, 만일 정신 속에 단 하나의 관념만이

지 성 교 정 론

존재한다면, 그것이 참이든 거짓이든 어떠한 의혹도 확실성도 없을 것이며, 단지 어떤 하나의 감각만이 존재할 것이다. 왜냐하면 관념은 그 자체로서는 어떤 종류의 감각일 뿐이기 때문이다.

그러나 의혹은 의혹 받고 있는 사물에 대해 우리가 확실한 어떤 것을 추론할 수 있을 만큼 충분히 뚜렷 명확하지 못한 다른 관념 때문에 생길 것이다. 즉, 우리를 의혹 속에 빠뜨리는 관념은 뚜렷 명확하지 못하다. 예컨대, 경험에 의해서든, 그 밖의 어떤 것에 의해서든, 감각의 기만에 대해 생각해 본 적이 없는 사람이라면, 태양이 보이는 것보다 더 큰지 아니면 더 작은지 결코 의심하지 않을 것이다. 그러므로 시골 사람들은 일반적으로 태양이 지구보다 훨씬 더 크다는 말을 들으면 의외로 생각한다. 그러나 감각의 기만에 관하여 생각함으로 말미암아 의혹이 생긴다. 즉 자신의 감각이 이따금 자신을 속인다는 것을 알지만, 그는 이것을 혼란하게 알고 있을 뿐이다. 왜냐하면 그는 감각이 어떻게 속이는지 모르기 때문이다. 그리고 만일 누군가, 의심한 이후에, 감각에 대해서 그리고 멀리 떨어진 사물이 감각을 통해 어떻게 나타나는지에 대해서 참된 인식을 획득하면, 그 때에 다시 그 의혹이 제거된다.

[79] 이것으로부터, 극히 확실한 사물에 있어서조차도 우리를 그릇되게 인도하는 어떤 기만적인 신이 존재할지도 모른다고 생각하며 참된 관념을 의심할 수 있는 것은, 우리가 신에 대한 뚜렷하고 명확한 관념을 갖고 있지 못한 경우에 한해서라는 결론이 내려진다. 즉, 그것은 우리가 모든 사물의 근원에 대해 가지고 있는 인식에 주의하고도—우리가, 삼각형의 본성에 주의하고, 그것의 세 각의 합이 두 개의 직각과 같음을 알 때 가지는 인식과 동일한 인식으로써 — 그가 기만자가 아님을 우리에게 확신시키는 것을 아무것도 발견하지 못하는 경우에 일어난다. 그러나 만일 우리가, 삼각형에 대해 갖고 있는 것과 같은 종류의, 신에 대한 인식을 갖는다면, 모든 의혹은 제거된다. 그리고 우리가 어떤 최고의 기만자가 우리를 그릇되게 인도하는지 어떤지 확실히 알 수 없으면서도 삼각형에 대한 그러한 인식에 도달할 수 있는 것과 같이, 우리는 어떤 최고의 기만자가 존재하는지 어떤지 알 수 없으면서도 신에 대한 그러한 인

지성교정론

식에 도달할 수 있다. 우리가 그러한 인식을 갖고 있다면, 그것은, 내가 말한 것처럼, 우리가 뚜렷하고 명확한 관념들에 대해 가질 수 있는 온갖 의혹을 제거하기에 충분할 것이다.

[80] 게다가, 어떤 사람이 처음에 탐구해야 할 것들을 중단 없이 사물들의 관계에 따라 탐구함으로써 올바르게 진행하며, 또한 그것들에 대한 인식을 구하기 전에 문제들을 정확하게 규정하는 방법을 안다면, 그는 극히 확실한 관념들, 즉 뚜렷하고 명확한 관념들만을 갖게 될 것이다. 왜냐하면 의혹은 어떤 긍정 또는 부정에 관한 정신의 미결일 뿐이며, 어떤 일에 대한 무지가 그 사물에 대한 정신의 인식을 불완전하게 만들고야 마는 그런 일이 정신에 일어나지 않았더라면, 정신은 긍정 또는 부정을 결정했을 것이기 때문이다. 이것으로부터 의혹은 항상 사물을 질서 없이 탐구함으로 인해 생긴다는 결론이 내려진다.

[81] 이상은 내가 방법의 제1부에서 논하기로 약속했던 문제들이다. 그러나 지성과 그것의 능력들에 대한 인식에 도움이 될 수 있는 것을 아무것도 빼먹지 않기 위해, 나는 기억과 망각에 대해 약간 덧붙여 말하고자 한다. 가장 중요하게 고려할 것은 기억이 지성의 도움을 받아서도 강화되고 지성의 도움 없이도 강화된다는 것이다. 전자에 대해 말하면, 사물은 이해할 수 있는 것이면 그만큼 더 쉽게 기억에 남고, 역으로, 이해하기 어려운 것이면 그럴수록 더 쉽게 잊혀진다. 예컨대, 만일 내가 어떤 사람에게 연결되지 않은 많은 말을 전한다면, 그는 내가 같은 말을 이야기 형식으로 전할 때보다 훨씬 더 기억하기가 힘들 것이다.

[82] 기억은 지성의 도움 없이도 강화되는데, 이는 상상력[표상력] 또는 공통감각이라 불리는 것이 어떤 유형적(有形的)인 개별적 사물로부터 자극을 받는 그 힘에 의해서이다. 나는 '개별적'이라 말한다. 왜냐하면 상상력은 오직 개별적 사물로부터만 자극받기 때문이다. 예컨대, 어떤 사람이 단 하나의 인생극만을 읽었다면, 그는 그 종류의 다른 여러 가지를 읽지 않는 한, 그것을 가장 잘 기억할 것이다. 왜냐하면 그 때 그것이 상상력 속에서 홀로 번성할 것이기 때문이다. 그러나 만일 같은 종류의 것이 여러 가지가 있다면, 우리

지성교정론

는 그것들을 한꺼번에 상상하고 그것들은 쉽게 혼동된다. 또한 나는 '유형적'이라고 말한다. 왜냐하면 상상력은 오직 형체 있는 것으로부터만 자극받기 때문이다. 따라서 기억은 지성에 의해서도 강화되고 지성의 도움 없이도 강화되므로 우리는 그것이 지성과는 다른 어떤 것이며, 그 자체로 고려된 지성 속에는 기억도 망각도 없다고 결론지을 수 있다.

 [83] 그렇다면 기억이란 무엇인가? 그것은 뇌에 있는 인상들의 감각일 뿐이며, 그 감각의 일정한 지속에 대한 생각을(28) 수반하는 것이다. 이것은 상기(想起)에 의해서도 밝혀진다. 왜냐하면 거기서 정신은 그 감각에 대해 생각하지만, 끊임없는 지속 아래에서는 아니다. 따라서 그 감각의 관념은 감각의 지속 자체, 즉, 기억 자체가 아니다. 그러나 관념 자체가 궤멸하는지 어떤지에 대해서는, 철학에서 알게 될 것이다.

28. 그러나 만일 지속[때]이 불명확하다면, 사물에 대한 기억도 불완전하다. 이것을 우리들 각자는 본성으로부터 배웠던 것 같다. 왜냐하면 흔히, 어떤 사람이 말하는 것을 더 잘 믿기 위해, 우리는 그것이 언제 어디서 일어났는지 묻기 때문이다. 관념들 자체도 정신 속에서 지속하지만, 그럼에도 불구하고, 우리는 지속을 운동에 대한 어떤 측정의 도움으로 결정하는 데 익숙하고, 이것도 역시 상상력의 도움으로 이루어지므로, 우리는 여전히 순수한 정신에 속하는 기억을 알지 못한다.

 이것이 누군가에게는 아주 부조리하게 보일지라도, 우리의 목적을 위해서는, 방금 말한 인생극의 예에 의해 명백한 것처럼, 사물이 개별적일수록 더 쉽게 기억된다는 것을 생각한다면 그것으로 충분할 것이다. 그리고 또, 사물은 더 많이 이해할 수 있는 것일수록, 더욱 쉽게 기억된다. 따라서 가장 개별적인 사물은 만일 그것이 이해할 수 있는 것이기도 하다면 기억되지 않을 수가 없다.

 [84] 따라서 이런 식으로 우리는 참된 관념과 다른 지각들을 구별했고, 또한, 허구의 관념, 허위의 관념, 그리고 다른 관념들은 상상력에, 즉, 우연하고 (말하자면)연결되지 않은 어떤 감각들에 근원을 두고 있음을 밝혔다.; 왜냐하면 그것들은 정신의 능력 자체로부터가 아니라, (깨어 있든 혹은 꿈꾸고 있든) 신체가 여러 가지 운동들을 받아들임에 따라서, 외부의 원인들로부터 생기기 때문이다.

지성교정론

그러나 상상력은 지성과는 다른 어떤 것이며, 정신이 그것에 대해 수동적인 관계를 가지는 것이기만 하면, 상상력을 여기서 당신이 바라는 대로 해석해도 무방하다. 왜냐하면, 우리가 그것이 닥치는 대로의 것이며, 정신이 그것에 대해 수동적이라는 것을 알고 있고, 동시에 어떻게 우리가 지성의 도움을 받아 그것으로부터 자유로울 수 있는지를 알고 있는 이상, 당신이 그것을 어떻게 해석하든 매한가지이기 때문이다. 그러므로 내가 신체와 다른 필요한 사물들이 있음을 아직 증명하지 않은 여기서, 상상력, 신체 및 신체의 구성에 대해 이야기하는 것을 아무도 이상하게 여기지 않으리라. 진실로, 내가 말했듯이, 우리가 그것이 닥치는 대로의 어떤 것임을 알고 있는 이상, 그것을 어떻게 해석하든 마찬가지이다.

[85] 참된 관념은 단순한 것이며, 단순한 관념들로 구성되어 있다는 것, 그것은 어떻게 해서 왜 어떤 것이 존재하거나 발생하는지 설명한다는 것, 그리고 그것의 상념적 결과들이 그것의 대상의 형상성에 따라 진행한다는 것 등을 우리는 밝혔다. 이것은 옛 사람들이 말했던 것, 즉, 참된 인식은 원인에서부터 결과로 나아간다는 것과 같은 것이다. 다만 내가 알고 있는 한 그들은 결코 정신이(여기서 우리가 하듯이) 일정한 법칙에 따라 작용하며, 마치 영적 자동기계와 같다는 것을 파악하지는 못했다.

[86] 이로써 우리는 처음에 가능한 만큼의 우리의 지성에 대한 인식을 얻었고, 또한 참된 관념의 규범을 얻게 되어 이제 우리는 참된 관념을 허위의 또는 허구의 관념과 혼동하는 것을 두려워하지 않게 되었다. 또 우리는 어찌하여 우리가 결코 상상력 아래에 들어오지 않는 것들을 이해하는지, 어찌하여 완전히 지성에 반대되는 것들이 상상 속에서 존재하는지 이상하게 여기지 않을 것이다. 왜냐하면 심상을 만들어 내는 작용은 지성의 법칙과는 전혀 다른 법칙에 따라 일어나며, 상상에 관하여 정신은 단지 수동적인 역할을 가지고 있을 뿐이라는 것을 우리는 알기 때문이다.

[87] 이것에 의해 상상력과 지성을 정확하게 구별하지 않았던 사람들이 얼마나 쉽게 중대한 오류에 빠져들 수 있는지가 밝혀진다. 예를 들면, 연장(延長)은 반드시 한 장소 안에 있어야 한다는 것,

지 성 교 정 론

그것은 유한하지 않으면 안 된다는 것, 그것의 부분들은 서로 실제로 구별된다는 것, 그것은 모든 사물의 제1의 유일한 기초라는 것, 그것은 어느 때에 다른 때보다 더 큰 공간을 차지한다는 것, 그 밖의 이와 유사한 다른 것들이 많이 있지만, 이 모든 것들은 우리가 적당한 곳에서 밝힐 것처럼, 전적으로 진리에 반대된다.

[88] 또, 말은 상상의 일부이므로, 즉, 우리는 신체의 어떤 상태에 의해 기억 속에서의 말들이 되는 대로 합성됨에 따라 많은 개념들을 만들어내므로, 말도 우리가 매우 조심하지 않으면, 상상과 마찬가지로, 많고도 중대한 오류들의 원인이 될 수 있다는 것은 의심의 여지가 없다.

[89] 더욱이, 그것들은 보통 사람들의 기호와 이해능력에 따라 구성되어 있어서, 단지 상상 속에서만 존재하고 지성 속에서는 존재하지 않는 사물들의 기호일 뿐이다. 이는 지성 속에만 있고 상상 속에는 없는 사물들에 주어진 이름들이 자주 부정적(예를 들면, 무한한, 비물체적, 등등)이라는 사실에 의해, 또한 그것들이 실제로는 긍정적인 많은 사물들을 부정적으로 표현하며, 역으로도 표현한다(예를 들면, 창조되지 않은, 의존하지 않는, 한없는, 죽지 않는)는 사실에 의해서도 명백하다. 그 이유는 이것들의 반대가 훨씬 더 쉽게 상상되어, 최초의 사람들 머리에 처음으로 떠올랐고, 그들이 긍정적인 명칭들을 사용했기 때문이다. 우리가 많은 사물들을 긍정하고 부정하는 것은, 사물의 본성이 아닌 말의 본성이 그렇게 하도록 허락하기 때문이다. 우리가 이것에 대해 알지 못하는 한, 우리는 쉽게 허위의 어떤 것을 참된 것으로 여길 수가 있다.

[90] 그 위에 또, 우리는 지성이 자기에 대해 반성하는 것을 방해하는 혼란의 또 다른 커다란 원인을 피하지 않으면 안 된다. 우리가 상상력과 지성을 구별하지 못하는 경우, 우리는 보다 쉽게 상상되는 사물을 우리에 대해 더욱 명료하다고 생각하며, 상상하고 있는 것을 이해하고 있다고 생각한다. 그 때문에, 우리는 나중에 해야 할 것을 먼저 하게 되어, 진행의 참된 질서를 전도하고 정당한 결론을 이끌어내지 못하게 된다.

[91] (29)마지막으로 이 방법의 제2부로 옮겨가기 위해, 나는 우선

지성교정론

이 방법에 있어서의 우리의 목적을 밝히고, 그 다음에는 그것을 달성하기 위한 수단을 말하고자 한다. 그 목적은 뚜렷하고 명확한 관념들, 즉, 신체의 우연한 운동에 의해서가 아니라, 순수한 지성에 의해서 생긴 관념들을 갖는 것이다. 또한, 모든 관념들을 하나로 환원시키기 위해, 우리는 우리의 정신이 가능한 한 자연의 형상성을 전체에 대해서도, 부분들에 대해서도 상념적으로 재현할 수 있도록 관념들을 연결하고 정리하기 위해 노력할 것이다.

29. 이 부(部)의 주요 규칙은, 제1부로부터 나오듯이, 우리 안의 순수 지성에서 발견되는 모든 관념들을 검토하는 것이다(우리가 상상한 것들과 구별하기 위해). 이 구별은 각각의 특성들, 즉, 상상력과 지성의 특성들로부터 이끌어내져야 할 것이다.

[92] 처음 일에 관해 말하면, 우리의 궁극적 목적을 위해서는, 우리가 이미 말했듯이, 사물이 전적으로 그것의 본질에 의해서든, 또는 그것의 가장 가까운 원인에 의해서든 파악될 필요가 있다. 만일 사물이 그 자체로 존재하고 있다면, 또는 흔히 말하듯이, 자기원인이라면, 그것은 전적으로 그것의 본질에 의해서만 이해되어야 한다. 그러나 만일 그것이 그 자체로 존재하지 않고, 존재하기 위해 원인을 필요로 한다면, 그것은 그것의 가장 가까운 원인을 통해 이해되어야 한다. 왜냐하면 실제로 결과를 인식하는(30) 것은 원인에 대한 보다 완전한 인식을 얻는 것일 뿐이기 때문이다.

30. 이것으로부터 우리는, 동시에 제1원인, 또는 신에 대해 더욱 충분히 인식하지 않고서는, 자연에 대해 아무것도<정당하게 또는 타당하게> 이해할 수 없음이 명백하다는 것에 주의하시라.

[93] 그러므로 우리는 사물의 탐구에 종사하는 한, 결코 추상적 개념으로부터 어떤 결론을 이끌어내서는 안 되며, 단지 지성 속에만 존재하는 것을 실재하는 것과 혼동하지 않도록 최대한으로 조심하지 않으면 안 된다. 그러나 최선의 결론은 어떤 특수한 긍정적 본질로부터, 또는 참되고 정당한 정의로부터 이끌어내져야 한다. 왜냐하면 단지 일반적 공리로부터는 지성이 개체로 강하할 수 없기 때문이고, 이는 또 공리들이 무한한 범위에 걸쳐 있어서, 지성이 다른 것에 우선하여 어떤 개체를 고찰하도록 결정하지 않기 때문이다.

[94] 그러므로, 올바른 발견의 길은 어떤 주어진 정의로부터 사상

지성교정론

(思想)들을 형성하는 것이다.; 이것은 우리가 사물을 더 잘 정의할수록, 더욱 성공적이고도 용이하게 진행될 것이다. 따라서 방법의 제2부의 요점은 전적으로 좋은 정의의 조건들을 인식하는 것과 좋은 정의를 발견하는 방법에 관계가 있다. 그러므로 첫째, 나는 정의의 조건들을 다룰 것이다.

[95] 정의(定義)가 완전하다고 일컬어지기 위해서는, 사물의 가장 깊은 본질을 나타내야만 하며, 그것 대신에 어떤 특성들을 사용하지 않도록 주의해야 한다. 이것을 설명하기 위해 나는 다른 사람의 오류를 들추어내려는 것처럼 보이는 예들을 생략하고, 단지 어떻게 정의되든 마찬가지인 추상적 사물을 예로 들겠다. 예를 들면, 원이 그러한 것인데, 만일 원이 중심에서부터 원주까지 그어진 직선들이 길이가 같은 도형으로 정의된다면, 이러한 정의는 원의 본질을 전혀 나타내지 못하고, 단지 그것의 특성 중의 하나만을 나타내고 있다는 것을 누구나 알 수가 있다. 그리고 내가 말했듯이, 이것은 도형들이나 그 밖의 이성적 존재들에 대해서는 별로 중요하지 않지만, 자연적 및 실재적 존재들에 대해서는 매우 중요하다. 왜냐하면 사물의 특성들은, 그것의 본질이 인식되지 않는 한, 이해되지 않기 때문이다. 만일 우리가 이러한 본질을 간과한다면, 우리는 자연의 연결을 재현해야 할 지성의 연결을 필연적으로 전도하고, 우리의 목표로부터 완전히 벗어나게 된다.

[96] 이러한 결점으로부터 해방되기 위해, 정의에 있어서는 다음의 요건들을 충족시켜야 한다.

1. 만일 창조된 사물이라면, 정의는, 우리가 말했듯이, 가장 가까운 원인들을 포함하지 않으면 안 된다. 예를 들면, 원은, 이 규칙에 따라, 다음과 같이 정의되어야 한다.: 그것은 한 끝이 고정되고 다른 끝이 움직이는 어떤 직선에 의해 그려지는 도형이다. 이 정의는 명확하게 가장 가까운 원인을 포함하고 있다.

2. 사물의 개념 또는 정의는, 다른 사물들과 관련짓지 않고, 그것만을 고려하여, 그것으로부터 그 사물의 모든 특성들이 도출될 수 있는 것이어야 한다. 이는 앞에서 말한 원의 정의에서 알 수 있는 것

지성교정론

이다. 왜냐하면 그것으로부터 우리는 중심에서부터 원주까지 그어진 모든 직선들이 길이가 같음을 명확하게 추론할 수 있기 때문이다.

 이것이 정의의 필연적인 요건임은 주의 깊은 사람에게는 그 자체로 명백하므로 그것을 애써 증명할 필요는 없는 것 같고, 또한 이러한 제2의 요건에 의해 모든 정의는 긍정적이어야 한다는 것을 밝히기 위해 애쓸 필요도 없는 것 같다.

 나는 지성적인 긍정에 대해 말하고 있지만, 그것이 긍정적으로 이해되면서도, 언어의 결핍 때문에 때때로, 어쩌면, 부정적으로 표현될 수도 있는 언어상의 문제에 대해서는 전혀 고려하고 있지 않다.

 [97] 창조되지 않은 사물의 정의를 위한 요건들은 다음과 같다.

1. 그것은 모든 원인을 배제해야 한다는 것, 즉, 그 사물은 자체의 설명을 위해 자체의 본질 이외의 아무것도 필요로 해서는 안 된다는 것.

2. 그 사물의 정의가 내려진 이상, 그것이 존재하는지의 여부에 관한 의문의 여지가 있어서는 안 된다는 것.

3. 그 정의는, 정신에 관한 한, 형용사도 될 수 있는 명사들을 포함해서는 안 된다는 것. 다시 말해서, 그것은 어떤 추상적 개념을 통해서 설명되어서는 안 된다는 것.

4. 마지막으로(이것에 주의하는 것은 별로 필요하지 않지만) 그것의 정의로부터 그것의 모든 특성들이 도출될 수 있어야 한다는 것.

이 모든 것은 이것들에 정확하게 주의하는 사람 누구에게나 명백한 것이리라.

 [98] 나는 또한 어떤 특수한 긍정적 본질로부터 최선의 결론을 이끌어내야 한다는 점도 말했다. 왜냐하면 관념은 특수할수록 더욱 뚜렷하고 명확하기 때문이다. 그러므로 우리는 가능한 한 많은 특수성의 인식을 위해 힘써야 한다.

 [99] 참된 질서에 관하여 말하면, 모든 우리의 지각들을 통합하고

지 성 교 정 론

정리하기 위해서, 이성이 요구하는 바, 우리는 가능한 한 빨리, 모든 사물들의 원인이며, 그것의 상념적 본질이 모든 우리의 관념들의 원인이기도 한, 어떤 실재가 존재하는지 어떤지, 동시에, 그것이 어떤 종류의 실재인지 탐구해야 한다.

그 때에 우리의 정신은 (우리가 말했듯이) 가장 완벽하게 자연을 재현할 것이다.; 왜냐하면 우리의 정신은 자연의 본질, 질서 및 통일성을 상념적으로 가질 것이기 때문이다. 이것으로부터 우리는 모든 우리의 관념들을 항상 자연적 사물들로부터, 즉, 실재적 존재들로부터 이끌어내는 것이 무엇보다 먼저 필요하다는 것을 알 수 있다. 또한 우리는 가능한 한 원인들의 연쇄에 따라 하나의 실재적 존재로부터 다른 실재적 존재로 나아가야 하며, 결코 추상적 개념들이나 일반적 개념들로 옮겨가서는 안 된다. 우리는 그것들로부터 실재적인 어떤 것을 추론하거나, 실재적인 어떤 것으로부터 그것들을 추론해서는 안 된다. 왜냐하면 양쪽 모두 지성의 참된 진행을 방해하기 때문이다.

[100] 그러나 주의해야 할 것은 내가 여기서 원인들의 연쇄 및 실재적 존재들의 연쇄로써 나타내려고 하는 것이 개별적이고 가변적인 사물들의 연쇄가 아니라 단지 확고하고 영원한 사물들의 연쇄라는 것이다. 무력한 인간이 개별적이고 가변적인 사물들의 연쇄를 파악하는 것은 불가능하다. 이는 그것들이 셀 수 없을 정도로 무수히 많을 뿐 아니라, 하나의 동일한 사물 속에도 무한히 많은 상태들이 있어서 각각의 상태가 그것의 존재 또는 부존재의 원인이 될 수 있기 때문이다. 왜냐하면 그것들의 존재는 그것들의 본질과 아무런 관련이 없기 때문이다. 즉, (우리가 이미 말했듯이)그것들의 존재는 영원한 진리가 아니기 때문이다.

[101] 그러나 우리가 그것들의 연쇄를 이해할 필요도 없다. 왜냐하면 개별적이고 가변적인 사물들의 본질은 그것들의 연쇄 또는 존재의 순서로부터 이끌어내질 수 없으며, 그것은 우리에게 외부적 특징, 관계, 또는 기껏해야 상태 등 사물의 가장 깊은 본질과 동떨어진 것만을 보여주기 때문이다. 이 본질은 오직 확고하고 영원한 사물들로부터, 동시에 이 사물들의 속에 이것들의 참된 법전(이것에

지성교정론

따라서 모든 개별적 사물들이 발생하고 정리된다) 속에처럼 새겨져 있는 법칙으로부터만 탐구될 수 있다. 진실로 이러한 개별적이고 가변적인 사물들은 아주 밀접하게, 또한(말하자면) 본질적으로 확고한 사물들에 의존하므로 후자가 없으면 전자는 존재할 수도 없고 생각될 수도 없다. 그러므로 이러한 확고하고 영원한 사물들은, 비록 개별적일지라도, 그것들의 편재(遍在)와 극히 광범위한 능력 때문에 우리에게는 보편개념, 혹은 개별적이고 가변적인 사물들의 정의의 유(類)와 같으며, 또한 모든 사물들의 가장 가까운 원인들이다.

[102] 그러나 이와 같다고 해도, 우리가 이러한 개별적 사물들의 인식에 이를 수 있기 위해서는 적지 않은 곤란이 있는 것 같다. 왜냐하면 그것들 모두를 동시에 파악하는 것은 인간 지성의 능력을 훨씬 넘어서는 일이기 때문이다. 그러나 어떤 것이 다른 것에 앞서 이해되는 순서는, 우리가 말했듯이, 그것들의 존재의 연쇄로부터 탐구되어서는 안 되며, 영원한 사물들로부터 탐구되어서도 안 된다. 왜냐하면 영원한 사물들은 본래 동시에 존재하기 때문이다. 그러므로 영원한 사물들과 그것들의 법칙을 이해하기 위해 우리가 사용하는 보조역(補助役)들 이외에 다른 보조역들이 필요하다.

그러나, 여기는 그것들을 다룰 곳이 아니고, 그것들을 다루는 것은 우리가 영원한 사물들과 그것들의 절대 확실한 법칙에 대해 충분한 인식을 얻고, 우리의 감각의 본성을 알게 되기까지는 필요하지 않다.

[103] 우리가 개별적 사물들에 대한 인식을 위해 준비하기 전에, 그러한 보조역들에 대해 이야기할 기회가 있을 터인데, 그것들 전부는 우리의 감각을 사용하는 방법과 우리가 탐구하고 있는 사물을 정확히 알기에 충분할 실험들을 일정한 법칙과 질서에 따라 행하는 방법을 알도록 우리를 도울 것이다. 그에 따라 우리는 마침내 그 사물이 영원한 사물들의 어떤 법칙에 따라 발생했는지 추론할 수 있고, 또한 그 사물의 가장 깊은 본성을 알 수 있다. 이에 대해서는 적당한 곳에서 밝힐 것이다.

여기서는, 우리의 주제로 되돌아가서, 나는 단지 우리가 영원한 사

지성교정론

물들의 인식에 도달할 수 있기 위해 필요하며, 또한 앞에서 제시한 조건들에 따라 그것들의 정의를 형성하기 위해 필요하다고 생각되는 것들만을 다루려고 한다.

[104] 이것을 이루기 위해서, 우리는 앞에서 말했던 것을 상기해야만 한다. 즉, 정신이 어떤 사상(思想)에 대해, 그것을 숙고하고 그것으로부터 정당하게 도출되는 것들을 적당한 질서에 따라 도출하기 위해, 주의하는 경우, 만일 그것이 허위라면, 정신은 그것의 허위성을 밝혀낼 것이다.; 그러나 그것이 만일 참이라면, 정신은, 어떠한 중단도 없이, 그것으로부터 진리들을 순조롭게 도출해나갈 것이다. 이것이야말로 우리의 목적을 위해 필요한 것이다. 왜냐하면 우리의 사상은 다른 어떤 기초에 의해서도 결정될 수 없기 때문이다.

[105] 그러므로 만일 우리가 모든 것 중에서 제1의 사물을 탐구하고자 한다면, 우리의 사상을 그것에 인도하는 어떤 기초가 반드시 있어야만 한다.

다음으로, 방법은 반성적 인식 자체이므로, 우리의 사상을 인도해야 하는 이 기초는, 진리의 형상을 구성하는 것의 인식과, 지성과 그것의 특성들 및 능력들의 인식일 수밖에 없다. 왜냐하면 일단 우리가 이것을 획득하게 되면, 우리의 사상이 도출될 수 있는 기초를 갖게 될 것이며, 또한 지성이, 자신의 능력만큼, 영원한 사물들의 인식에 도달할 수 있는—물론 자신의 능력을 고려하면서— 길을 갖게 될 것이기 때문이다.

[106] 그러나, 제1부에서 밝혔듯이, 참된 관념을 형성하는 것이 사유의 본성에 속한다면, 여기서 우리는 지성의 힘과 능력을 어떻게 이해할 것인지에 대해 탐구해야 한다. 우리의 방법의 주요 부분은 지성의 능력과 그것의 본성을 정확하게 이해하는 것이므로, 우리는 필연적으로, (내가 여기 방법의 제2부에서 말한 것에 의해)사유 및 지성의 정의 자체로부터 이것들을 이끌어내야 한다.

[107] 그러나 지금까지 우리는 정의를 발견하기 위한 아무런 규칙도 갖지 못했고, 우리는 그러한 규칙을 지성의 본성 또는 정의와 그것의 능력이 인식되지 않으면 말할 수 없으므로, 지성의 정의가 그 자체로 명확해야 하거나, 또는 우리가 아무것도 이해할 수 없다

지성교정론

는 결론이 나온다. 그럼에도 불구하고 그것은 그 자체로 완전히 명확하지 않다. 그러나 지성의 특성들은, 우리가 지성에 의해 가지고 있는 온갖 것들과 같이, 그것들의 본성이 인식되지 않으면 뚜렷하고 명확하게 지각될 수 없으므로, 만일 우리가 뚜렷하고 명확하게 이해하고 있는 지성의 특성들에 주의한다면, 지성의 정의는 자연적으로 알게 될 것이다. 그러므로 우리는 여기서 지성의 여러 특성들을 열거하고, 고찰하며, 우리의 본유적인 도구들을 논하고자 한다.

[108] 내가 주로 주의했고, 또한 명확히 이해한 지성의 특성들은 다음과 같다.

1. 지성은 확실성을 포함한다. 즉 지성은 사물이 지성 안에 상념적으로 포함되어 있는 것과 같이 형상적으로 존재한다는 것을 안다.

2. 지성은 어떤 사물을 절대적으로 지각하거나, 또는 어떤 관념을 절대적으로 형성한다. 또한 그것은 다른 관념으로부터 어떤 관념을 형성한다. 말하자면, 그것은 양(量)의 관념을, 다른 사상들에 주의하지 않고, 절대적으로 형성하지만, 양의 관념에 주의함으로써만, 운동의 관념을 형성한다.

3. 지성이 절대적으로 형성하는 관념은 무한성을 표현한다. 그러나 한정된 관념은 다른 관념으로부터 형성된다. 왜냐하면 만일 그것이 원인을 통해 양의 관념을 지각한다면, 그 때에 그것은 양의 관념을 통해 그 관념을 한정하기 때문이다. 이러한 예는 그것이 어떤 평면의 운동으로부터 입체가, 직선의 운동으로부터 평면이, 또한 마지막으로, 점의 운동으로부터 선이 생기는 것을 지각할 때이다. 그러나 이러한 지각들은 양을 이해하는 데 도움이 되지 못하고, 단지 그것을 한정하는 데에만 쓸모가 있다. 이것은, 우리가 그것들을, 말하자면, 운동에 의해 생기는 것으로 생각하지만, 운동은 양이 지각되지 않으면 지각되지 않는다는 것에 의해 명백하며, 또 우리는 선을 형성하기 위한 운동을 무한히 계속할 수 있지만, 만일 우리가 무한한 양의 관념을 갖지 못했다면, 전혀 그렇게 할 수 없었다는 것 때문에도 역시 명백하다.

지성교정론

4. 지성은 부정적인 관념보다 먼저 적극적인 관념을 형성한다.

5. 지성은 사물을 지속의 아래에서보다는 어떤 영원의 상(像)[관점] 아래에서, 또한 무한한 수에 있어서 지각한다. 혹은 오히려, 사물을 지각함에 있어서, 그것은 수나 지속에 주의하지 않는다. 그러나 그것이 사물을 상상할 때에는 일정한 수, 일정한 지속 및 양 아래에서 사물을 지각한다.

6. 우리가 뚜렷하고 명확하게 형성하는 관념은 우리의 본성의 필연성에서만 나오는 듯이 생각되며 절대적으로 우리의 능력에만 의거하는 것 같다. 그러나 혼란한 관념에 있어서는 정반대이다. 그것은 종종 우리의 뜻에 어긋나게 형성된다.

7. 지성이 다른 관념으로부터 형성한 사물의 관념을 정신은 여러 가지 방식으로 한정할 수 있다. 예를 들면, 타원형의 평면을 한정하기 위해, 그것은 끈에 부착된 연필이 두 개의 중심 둘레를 움직인다고 허구하거나, 또는 어떤 주어진 직선에 대해 항상 동일한 일정한 관계를 갖는 무한히 많은 점들을 생각하거나, 혹은 경사면의 각이 원뿔의 꼭지각보다 큰 어떤 기울어진 평면에 의해 잘린 원뿔을 생각하는 등 무수한 방식으로 한정한다.

8. 관념은 대상의 보다 많은 완전성을 표현하면 할수록, 그만큼 더 완전하다. 왜냐하면 우리는 작은 예배당을 설계한 건축가에 대해 웅장한 신전을 설계한 건축가에 대해서만큼 감탄하지는 않기 때문이다.

 [109] 나는 사유에 관련되어 있는 그 밖의 것들, 이를테면 사랑, 기쁨 등에는 마음 쓰지 않겠다. 왜냐하면 그것들은 우리의 현재의 목적과 관련이 없고, 지성이 지각되지 않으면 파악될 수조차 없기 때문이다. 만일 지각이 전적으로 제거되면, 이 모든 것들도 제거된다.

 [110] 허위의 관념 및 허구의 관념은(우리가 충분히 밝혔듯이) 허

지성교정론

위 또는 허구라고 불릴 만한 적극적인 것을 전혀 갖고 있지 않으며, 단지 우리의 인식의 결함에 의해서만 허위 또는 허구로 고찰된다. 그러므로 허위의 관념 및 허구의 관념은, 허위이고 허구인 한에 있어서, 사유의 본질에 관하여 우리에게 아무것도 가르치지 못한다. 오히려 그것은 방금 검토한 적극적인 특성들에서 탐구되어야 한다. 다시 말해서, 우리는 이러한 특성들이 필연적으로 나오는, 또는 그것이 주어지면 이것들도 필연적으로 주어지고, 그것이 제거되면 이것들도 제거되는 공통의 어떤 것을 확립하지 않으면 안 된다.

[나머지는 결여되어 있음]

에티카

기하학적 질서로 증명되고 다섯 부분으로 나누어지며,
다음의 내용들을 다룬다.

1. 신에 관하여
2. 정신의 본성 및 기원에 대하여
3. 감정의 기원과 본성에 관하여
4. 인간의 예속에 대하여, 또는 감정의 힘에 대하여
5. 지성의 능력에 대하여, 또는 인간의 자유에 대하여

제1부
신에 관하여

정의

1. 자기원인이란, 그것의 본질이 존재를 포함하는 것, 또는 그것의 본성이, 존재를 제외하고는, 생각될 수 없는 것이라고 나는 이해한다.
2. 동일한 본성의 다른 것에 의하여 한정될 수 있는 사물은 자기의 유(類) 안에서 유한하다고 일컬어진다. 예컨대, 어떤 물체는 우리가 항상 그것보다 더 큰 다른 물체를 생각하기 때문에 유한하다고 일컬어진다. 그런 식으로 사유는 다른 사유에 의해 한정된다. 그러나 물체는 사유에 의해 한정되지 않으며, 사유는 물체에 의해 한정되지 않는다.
3. 실체란, 그 자체 안에 있으며 그 자체에 의하여 파악되는 것, 즉, 그것의 개념을 형성하기 위하여 다른 것의 개념을 필요로 하지 않

는 것이라고 나는 이해한다.
4. 속성(屬性)이란, 지성이 실체에 대하여 그것의 본질을 구성하고 있는 것으로서 지각하는 것이라고 나는 이해한다.
5. 양태(樣態)란, 실체의 변용(變容), 또는 다른 것 안에 있으면서 다른 것을 통하여 파악되는 것이라고 나는 이해한다.
6. 신이란, 절대적으로 무한한 존재, 즉 제각각 영원하고도 무한한 본질을 표현하는 무한한 속성들로 이루어져 있는 실체라고 나는 이해한다.

해명: 나는 자기의 유(類) 안에서 무한하다고 말하지 않고, 절대적으로 무한하다고 말한다. 왜냐하면 어떤 것이 단지 자기의 유(類) 안에서만 무한하다면, 우리는 그것에 대하여 무한한 속성들을 부정할 수가 있기 때문이다.<즉, 우리는 그것의 본성에 속하지 않는 무한한 속성들을 생각할 수가 있다.> 그러나 어떤 것이 절대적으로 무한하다면, 그것의 본질에는 본질을 표현하되 어떠한 부정도 포함하지 않는 모든 것이 속한다.
7. 자신의 본성의 필연성에 의해서만 존재하며, 자기 자신에 의해서만 행동하도록 결정되는 것을 우리는 '자유롭다'고 말한다. 그러나 일정하고 결정된 방식으로 존재하고 작용하도록 다른 것에 의하여 결정되는 것을 우리는 '필연적'이라거나, 오히려 '강제된다'고 말한다.
8. 영원성이란, 존재가 영원한 것의 정의로부터만 필연적으로 나온다고 생각되는 한에 있어서, 존재 그 자체라고 나는 이해한다.

해명: 왜냐하면 그와 같은 존재는, 사물의 본질과 마찬가지로, 영원한 진리로 생각되며, 그런 이유로 지속이나 시간에 의해서는 설명될 수 없기 때문이다, 설령 그 지속을 처음도 끝도 없는 것으로 생각한다고 할지라도.

공리

1. 존재하는 모든 것은 그 자체 안에 존재하거나 아니면 다른 것

제 1 부 신에 관하여

안에 존재한다.
2. 다른 것을 통하여 파악될 수 없는 것은, 그 자체에 의하여 파악되지 않으면 안 된다.
3. 주어진 결정적인 원인으로부터 필연적으로 결과가 나온다. 이에 반하여, 결정적인 원인이 아무것도 주어지지 않는다면, 어떤 결과가 나오는 것이 불가능하다.
4. 어떤 결과의 인식은 그것의 원인에 대한 인식에 의존하며, 또한 그것을 포함한다.
5. 서로 아무런 공통점도 없는 것들은 서로를 통해서 인식될 수도 없다. 즉 한 쪽의 개념은 다른 쪽의 개념을 포함하지 않는다.
6. 참된 관념은 그것의 대상과 일치하지 않으면 안 된다.
7. 어떤 사물이 존재하지 않는다고 생각될 수 있다면, 그것의 본질은 존재를 포함하지 않는다.

정리 1. 실체는 본성에 있어서 그것의 변용들에 앞선다.

증명: 이것은 정의 3과 5에 의해 명백하다.

정리 2. 서로 다른 속성들을 가지고 있는 두 실체는 피차간에 공통점이 전혀 없다.

증명: 이것도 역시 정의 3에 의해 명백하다. 왜냐하면 각각의 실체는 그 자체 안에 존재하지 않으면 안 되며, 또한 그 자체에 의하여 파악되지 않으면 안 되기 때문이다. 즉, 한 실체의 개념은 다른 실체의 개념을 포함하지 않기 때문이다.

정리 3. 피차간에 공통점이 전혀 없는 사물들은 그것들 중 하나가 다른 것의 원인이 될 수 없다.

증명: 만일 그것들이 피차간에 공통점이 전혀 없다면, 그것들은 (공리 5에 의하여) 서로를 통하여 인식될 수가 없다. 그러므로 (공리 4

에 의하여) 그것들 중 하나는 다른 것의 원인이 될 수 없다. Q.E.D (Quod erat demonstrandum; 이것이 증명되어야 할 것이었다.)

정리 4. 서로 다른 둘 또는 다수의 사물들은 실체의 속성들의 차이에 의해서 또는 실체의 변용들의 차이에 의해서 구별된다.

증명: (공리 1에 의하여) 존재하는 모든 것은 그 자체 안에 아니면 다른 것 안에 존재한다. 즉 (정의 3 및 5에 의하여) 지성을 제외하고는 실체와 그것의 변용들 이외의 아무것도 존재하지 않는다. 그러므로 지성을 제외하고는 실체, 또는 같은 것이지만 (정의 4에 의해), 그것의 속성들, 그리고 그것의 변용들 이외에는 다수의 사물들이 서로 구별될 수 있는 것이 아무것도 없다. Q.E.D

정리 5. 자연에는 동일한 본성이나 속성을 가지는 둘 또는 다수의 실체가 존재할 수 없다.

증명: 만일 서로 다른 둘 또는 다수의 실체들이 존재한다면, 그것들은 속성의 차이에 의하여 또는 변용의 차이에 의하여 서로 구별되어야만 할 것이다(정리 4에 의해). 만일 단지 속성의 차이에 의해서만 구별된다면, 동일한 속성을 가지는 실체는 단 하나만 존재한다는 것이 인정된다. 그러나 만일 변용의 차이에 의해서 구별된다면, 실체는 본성에 있어서 그것의 변용에 앞서기 때문에 (정리 1에 의해), 변용을 도외시하고 실체를 그 자체로 고찰한다면, 즉 (정의 3 및 공리 6에 의해) 실체를 올바르게 고찰한다면, 그 실체를 다른 실체와 구별되는 것으로 생각할 수가 없다. 즉 (정리 4에 의해) [동일한 본성이나 속성을 가지는] 다수의 실체는 존재할 수 없고, 오직 하나의 실체만 존재할 수 있다. Q.E.D

정리 6. 하나의 실체는 다른 실체로부터 산출될 수가 없다.

증명: 자연에는 동일한 속성을 지니는 두 개의 실체가 존재할 수

없다(정리 5에 의해). 즉 (정리 2에 의해) 서로 공통되는 것을 가지는 두 실체는 존재할 수 없다. 그러므로 (정리 3에 의해) 한 실체는 다른 실체의 원인이 될 수 없다. 즉, 한 실체는 다른 실체로부터 산출될 수가 없다. Q.E.D

계: 이것으로부터 실체는 그 밖의 어떤 것으로부터도 산출될 수 없다는 결론이 내려진다. 왜냐하면 공리 1과 정의 3 및 정의 5에 의해 충분히 알 수 있듯이, 자연에는 실체와 그것의 변용들 이외에는 아무것도 존재하지 않기 때문이다. 그러나 이 실체는 다른 실체에서 산출될 수가 없다(정리 6에 의해). 그러므로 실체는 그 밖의 어떤 것에서도 절대로 산출될 수 없다. Q.E.D

또 다른 증명: 이것은 반대의 경우가 부조리하다는 것에 의해 보다 더 쉽게 증명된다. 왜냐하면 만일 실체가 그 밖의 어떤 것으로부터 산출될 수 있다면, 실체의 인식은 그것의 원인에 대한 인식에 의존하지 않을 수 없어서 (공리 4에 의해), (정의 3에 의해) 그것은 실체가 아니기 때문이다.

정리 7. 실체의 본성에는 존재한다는 것이 속한다.

증명: 실체는 그 밖의 어떤 것으로부터 산출될 수가 없다(정리 6의 계에 의해). 그러므로 그것은 자기원인이다. 즉 (정의 1에 의해) 그것의 본질이 필연적으로 존재를 포함하거나, 혹은 그것의 본성에 존재한다는 것이 속한다. Q.E.D

정리 8. 모든 실체는 필연적으로 무한하다.

증명: 동일한 속성을 가지는 실체는 오직 하나밖에 존재하지 않으며 (정리 5에 의해), 또한 그것의 본성에는 존재한다는 것이 속한다 (정리 7에 의해). 그러므로 실체는 본성에 있어서 유한한 것으로서, 아니면 무한한 것으로서 존재한다. 그러나 유한한 것으로서 존재할 수는 없다. 왜냐하면 유한한 것으로서 존재하면 (정의 2에 의해) 실체는 동일한 본성의 다른 실체에 의해 한정되지 않으면 안 되고,

이 실체도 또한 필연적으로 존재하지 않으면 안 되므로 (정리 7에 의해), 동일한 본성을 가지는 두 실체가 존재하게 되는데, 이는 불합리하기 때문이다(정리 5에 의해). 그러므로 실체는 무한한 것으로서 존재한다. Q.E.D

주석 1. 유한하다는 것은 실제로 부분적인 부정이며, 무한하다는 것은 어떤 본성의 존재의 절대적인 긍정이기 때문에, 오로지 정리 7에 의해서 모든 실체는 무한하지 않으면 안 된다는 결론이 내려진다.<왜냐하면, 만일 우리가 실체를 유한하다고 가정한다면, 실체의 본성에 대해 존재를, 부분적으로, 부정하게 되는데, 이는 (정리 7에 의해) 부조리하기 때문이다.>

주석 2. 사물을 혼란하게 판단하고, 사물을 그것의 제1원인을 통하여 인식하는 데 익숙해 있지 않은 사람들은 모두 정리 7의 증명을 파악하는 것이 어려울 것이라는 것을 나는 의심하지 않는다. 왜냐하면 그들은 실체의 변형과 실체 자체를 구별하지 못하며, 사물들이 어떻게 산출되는지도 모르기 때문이다. 그러므로 그들은 자연물에 시초가 있는 것을 보고 실체에도 시초가 있다고 허구적으로 생각한다. 왜냐하면 사물의 참된 원인을 모르는 사람들은 모든 것을 혼동하고, 어떠한 정신의 반발도 없이 나무가 사람처럼 이야기하는 것을 허구하며, 인간이, 씨앗으로부터처럼, 돌로부터 만들어진다고 공상하며, 또한 임의의 형상이 다른 임의의 형상으로 변한다고 상상하기 때문이다. 마찬가지로, 신적 본성과 인간의 본성을 혼동하는 사람들은 인간적 감정을 쉽게 신에게 부여하는데, 특히 감정이 정신 속에 어떻게 생기는지 모르는 동안 그러하다.

그러나 만일 사람들이 실체의 본성에 주의한다면, 정리 7의 진리에 대해 조금도 의심하지 않을 것이다. 진실로, 이 정리는 모든 사람에게 있어 공리일 것이며, 공통개념들 중 하나로 여겨질 것이다. 왜냐하면 그들은 '실체'라는 것을 그 자체 안에 존재하는 것 그리고 그 자체에 의하여 파악되는 것, 즉, 그것에 대한 인식이 다른 것의 인식을 필요로 하지 않는 것이라고 이해할 것이기 때문이다. 그러나 그들은 변형이라는 것을 다른 것 속에 있는 것, 그것이 속해 있는 것의 개념에 의하여 그것의 개념이 형성되는 것이라고 이해할

제1부 신에 관하여

것이다. 그러므로 우리는 존재하지 않는 변형들에 대해서도 참다운 관념을 가질 수가 있다. 왜냐하면 비록 그것들이 지성 이외에는 현실적으로 존재하지 않는다고 할지라도, 그럼에도 불구하고 그것들의 본질은 다른 것 속에 포함되어 있어서 그것을 통하여 파악될 수 있기 때문이다. 그러나 실체는 자체에 의해서 파악되기 때문에, 실체의 진리는 지성을 제외하고는 실체 자체 속에만 존재한다. 그러므로 만일 어떤 사람이 자신은 실체에 대해 뚜렷하고 명확한, 즉 참다운 관념을 가지고 있지만, 그럼에도 불구하고 그러한 실체가 존재하는지 어떤지 의심하고 있다고 말한다면, 그것은 실로 자신은 참다운 관념을 가지고 있지만, 그럼에도 불구하고 그것이 허위의 관념이 아닐까 하며 의심하고 있다고 말하는 것과 똑같다(이는 충분히 주의를 기울이는 사람에게는 명백하다). 또는 만일 어떤 사람이 실체가 창조된다고 주장한다면, 그는 동시에 허위의 관념이 참된 관념이 되었다고 주장하는 것이다. 참으로 이보다 더 불합리한 것은 아무것도 생각할 수 없다. 그러므로 실체의 존재는, 그것의 본질과 마찬가지로, 영원한 진리임을 우리는 필연적으로 인정하지 않으면 안 된다. 또 이것으로부터 우리는 동일한 본성을 가진 실체는 단 하나밖에 없음을 다른 방식으로 추론할 수 있는데, 나는 이것을 여기에 제시하는 일이 그럴 만한 가치가 있다고 생각한다. 그러나 이것을 정연하게 하기 위해서는, 다음의 사항들에 주의하지 않으면 안 된다.

1. 각 사물에 대한 참된 정의는 정의된 사물의 본성 이외에는 아무것도 포함하거나 표현하지 않는다. 이것으로부터 다음 사항이 따라 나온다.
2. 정의는 정의된 사물의 본성 이외에 아무것도 표현하지 않으므로, 정의는 어떠한 확정된 수의 개체들도 포함하거나 표현하지 않는다. 예를 들면, 삼각형의 정의는 삼각형의 단순한 본성만을 표현할 뿐, 어떠한 확정된 수의 삼각형들도 표현하지 않는다.
3. 존재하는 각각의 사물에는 그것이 존재하게 된 이유로서의 어떤 확정된 원인이 있어야만 한다는 것에 주의해야 한다.

4. 마지막으로, 어떤 사물이 존재하게 된 이유로서의 이 원인은 존재하는 그 사물의 본성 자체와 정의 안에 포함되어 있거나(존재하는 것이 명백히 그 사물의 본성에 속하는 경우이다), 혹은 그 사물의 외부에 있어야만 된다는 것에 주의해야 한다.

 이러한 전제들로부터, 만일 자연에 어떤 확정된 수의 개체들이 존재한다면, 어찌하여 그 개체들이 존재하며, 왜 그보다 많지도 않고 적지도 않은 개체들이 존재하는지에 대한 원인이 필연적으로 있어야만 한다는 결론이 내려진다.
 예컨대, 만일 자연에 20명의 사람들이 존재한다면(더욱 분명히 하기 위해서, 나는 그들이 동시에 존재하며, 이전에는 자연에 다른 사람들이 아무도 없었다고 가정한다), (말하자면 왜 20명의 사람들이 존재하는지에 대한 이유를 해명하기 위해서는) 인간 본성의 원인을 일반적으로 제시하는 것만으로는 충분하지 못할 것이고, 이에 더하여 왜 20명보다 많지도 않고 적지도 않은 사람들이 존재하는지에 관한 원인을 제시할 필요가 있을 것이다. 왜냐하면(주의 3에 의해) 각각의 <특별한>사람이 왜 존재하는지에 대한 원인이 필연적으로 있어야만 하기 때문이다. 그러나 이 원인은 (주의 2 및 3에 의해), 인간에 대한 참된 정의가 20이라는 수를 포함하지 않기 때문에, 인간의 본성 자체 안에 포함될 수 없다.
 그러므로 (주의 4에 의해) 왜 이들 20명의 사람들이 존재하는지, 따라서, 왜 그들 각자가 존재하는지에 대한 원인은 필연적으로 그들 각자의 외부에 있지 않으면 안 된다. 이러한 이유로 우리가 절대적으로 [확실하게] 내릴 수 있는 결론은, 다수의 개체들이 존재할 수 있는 그런 본성을 가진 것은 모두, 존재하기 위해서, 필연적으로 존재를 위한 외부의 원인을 갖지 않으면 안 된다는 것이다. 그런데 실체의 본성에는 (이미 이 주석에서 제시한 것에 의해) 존재하는 것이 속하기 때문에, 실체의 정의는 필연적으로 존재를 포함하지 않으면 안 되며, 따라서 실체의 존재는 오직 실체의 정의에 의해서만 도출되어야 한다. 그러나 실체의 정의로부터는 (우리가 이미 주의 2 및 3에서 제시한 것처럼) 여러 실체들의 존재가 도출될 수 없다. 그러므로 이것으로부터 동일한 본성을 가진 실체는 단 하나만 존재한다는 결론이 내려지는데, 이것이 우리가 꾀했던 것이다.

정리 9. 각각의 사물이 더 많은 실재성 또는 유(有)를 가지면 가질수록, 그만큼 더 많은 속성들이 그 사물에 속한다.

증명: 이것은 정의 4에 의해 명백하다.

정리 10. 실체의 각 속성은 그 자체에 의해서 파악되지 않으면 안 된다.

증명: 왜냐하면 속성이란 지성이 실체에 대하여 그것의 본질을 구성하고 있는 것으로서 지각하는 것이기 때문이다(정의 4에 의해). 따라서 그것은 (정의 3에 의해) 그 자체에 의해서 파악되지 않으면 안 된다. Q.E.D

주석: 이러한 정리들로부터 아주 분명해지는 것은, 설사 두 속성이 실제로 서로 다른 것으로 파악된다고 할지라도(즉, 한 속성이 다른 속성의 도움 없이도 생각된다고 할지라도), 그래도 우리는 이것으로부터 그 두 속성이 두 개의 존재, 또는 두 개의 서로 다른 실체를 구성한다고 결론지을 수는 없다는 것이다. 왜냐하면 각각의 속성이 그 자체에 의하여 파악되는 것은 실체의 본성에 관한 것이기 때문인데, 그 이유는 실체가 갖고 있는 모든 속성들은 항상 동시에 실체 안에 있으며, 하나가 다른 것으로부터 산출될 수 없고, 오히려 각각의 속성이 실체의 실재성 또는 유(有)를 표현하기 때문이다.

그러므로 하나의 실체에 다수의 속성들을 귀속시키는 것은 조금도 불합리한 일이 아니다. 반대로, 각각의 존재가 어떤 속성 아래에 생각되지 않으면 안 된다는 것, 그리고 그것이 더 많은 실재성 또는 유(有)를 가지면 가질수록, 필연성 또는 영원성 및 무한성을 표현하는 더 많은 속성들을 소유한다는 것보다 더 명백한 것은 자연에 없다. 따라서 절대적으로 무한한 존재는 (정의 6에서 다루었던 것처럼) '제각각 영원하고 무한하며 일정한 본질을 표현하는 무한한 속성들'로 이루어진 존재로 정의되지 않으면 안 된다는 것보다 더 명백한 것은 없다. 그러나 지금 어떤 사람이 어떤 표지에 의해 우리가 실체들의 차이를 식별할 수 있느냐고 묻는다면, 그는 다음의 정리들을 읽고 이해해야 한다. 다음의 정리들은, 자연에는 단 하나의 실체만 존재하며, 그 실체는 절대적으로 무한하다는 것을 밝혀준다. 그러므로 그러한 표지를 찾는 일은 허사가 될 것이다.

정리 11. 신, 또는 제각각 영원하고도 무한한 본질을 표현하는 무한한 속성들로 이루어진 실체는 필연적으로 존재한다.

증명: 이것을 부정하는 사람은, 할 수 있다면, 신이 존재하지 않는다고 생각하라. 그러면 (공리 7에 의해) 신의 본질은 존재를 포함하지 않는다. 그러나 이것은 (정리 7에 의해) 부조리하다. 그러므로 신은 필연적으로 존재한다. Q.E.D

또 다른 증명: 각각의 사물에 대하여 왜 그것이 존재하거나 또는 존재하지 않는지에 관한 원인, 또는 이유가 주어지지 않으면 안 된다. 예컨대, 만일 삼각형이 존재한다면, 왜 그것이 존재하는지에 관한 이유 또는 원인이 반드시 있어야만 한다. 그러나 만일 그것이 존재하지 않는다면, 마찬가지로 그것이 존재하는 것을 방해하거나 그것의 존재를 없애버리는 이유 또는 원인이 반드시 있어야만 한다.

그러나 이러한 이유 또는 원인은 사물의 본성 안에 포함되어 있거나, 그렇지 않으면 사물의 외부에 있지 않으면 안 된다. 예컨대, 사각의 원의 본성 자체가 왜 사각의 원이 존재하지 않는지에 관한 이유를 나타낸다. 즉, 사각의 원은 모순을 내포하기 때문이다. 이에 반하여, 왜 실체가 존재하는지에 관한 이유는 역시 오직 실체의 본성에서만 나온다. 왜냐하면 실체의 본성은 존재를 내포하기 때문이다(정리 7 참조). 그러나 왜 원 또는 삼각형이 존재하는지, 혹은 왜 존재하지 않는지에 관한 이유는 이것들의 본성에서 나오지 않고 물질적 자연 전체의 질서에서 나온다. 왜냐하면 이것으로부터, 삼각형이 현재 필연적으로 존재한다는 것이든 또는 그것이 현재 존재하는 것이 불가능하다는 것이든 나오지 않으면 안 되기 때문이다. 또한 이것은 그 자체에 의하여 명백하다. 이로부터, 사물은 그것이 존재하는 것을 방해하는 아무런 이유 또는 원인이 없으면 필연적으로 존재한다는 결론이 내려진다. 그러므로 만일 신이 존재하는 것을 방해하거나, 또는 신의 존재를 없애버리는 아무런 이유 또는 원인이 없다면, 우리는 신이 필연적으로 존재한다고 전적으로 결론을 내리지 않으면 안 된다. 그러나 만일 그러한 이유 또는 원인이 있다면, 그것은 신의 본성 자체 안에 있거나 아니면 그것의 외부에, 즉 다른 본성을 가진 다른 실체 안에 있지 않으면 안 된다.

왜냐하면 만일 그것이 동일한 본성을 가진 실체라면, 그러한 사실 자체에 의해, 신이 존재한다는 것이 인정되기 때문이다. 그러나 <신의 본성과는>다른 본성을 가진 실체는 신과의 공통점이 전혀 없으므로 (정리 2에 의해), 신의 존재를 성립시킬 수도 없고 제거할 수도 없다. 그렇다면 신의 존재를 제거하는 이유 또는 원인은 신의 본성의 외부에는 있을 수 없으므로, 그것은 필연적으로—만일 진실로 신이 존재하지 않는다면— 신의 본성 자체 안에 있지 않으면 안 되고, 따라서 신의 본성은 <두 번째 예에서처럼>모순을 내포하게 될 것이다. 그러나 이것을 절대적으로 무한하고 최고로 완전한 절대자에 대하여 긍정하는 것은 불합리하다. 그런고로 신 안이든 신 밖이든, 신의 존재를 제거하는 어떠한 원인 또는 이유도 있을 수 없다. 따라서 신은 필연적으로 존재한다. Q.E.D

또 다른 증명: 존재할 수 없는 것은 무능력이고, 존재할 수 있는 것은 능력이다(이는 그 자체에 의해 이해된다). 그러므로 만일 지금 필연적으로 존재하는 것이 유한한 존재들뿐이라면, 유한한 존재들은 절대적으로 무한한 절대자보다 더 유능한 것이 된다. 그러나 이것은, 그 자체에 의해 이해되듯이, 불합리하다. 그러므로 아무것도 존재하지 않거나, 또는 절대적으로 무한한 절대자도 또한 존재한다. 그러나 우리는 우리 자신 안에, 아니면 필연적으로 존재하는 다른 것 안에 존재한다(공리 1 및 정리 7 참조). 그런고로 절대적으로 무한한 절대자, 즉, (정의 6에 의해) 신은 필연적으로 존재한다. Q.E.D

주석: 이 마지막 증명에서 나는 신의 존재를 후천적으로[a

posteriori] 제시하려고 했는데, 이는 증명이 더욱 쉽게 이해되도록 하기 위함이며, 신의 존재가 동일한 근거로부터 선천적으로[a priori] 나오지 않기 때문은 아니다. 왜냐하면 존재할 수 있는 것은 능력이기 때문에, 어떤 사물의 본성에 더 많은 실재성이 속하면 속할수록, 그 사물은, 스스로, 존재하기 위한 더 많은 능력을 갖게 되고, 따라서 절대적으로 무한한 절대자 또는 신은, 스스로, 절대적으로 무한한 존재의 능력을 가지게 되며, 이런 이유로 신은 절대적으로 존재하기 때문이다.

그런데도 많은 사람들은 아마 외적인 원인들로부터 생기는 사물들만을 관찰하는 데에 익숙해져 있기 때문에 이 증명의 명백성을 쉽사리 이해하지 못할 것이다. 그리고 그러한 사물들 중에서, 그들은 빨리 생성하는 것, 즉 쉽게 존재하는 것은 역시 쉽사리 소멸하는 것을 보며, 또한 반대로 그들은 보다 많은 속성들이 속한다고 생각되는 것은 그만큼 생성되기 어렵다고, 즉 존재하는 것이 그렇게 쉽지 않다고 판단한다. 그러나 그들을 이러한 편견에서 벗어나게 하기 위해, '빨리 생성하는 것은 빨리 소멸한다'는 격언이 어떤 의미에서 참인지, 또한 전체 자연에 관해서 모든 사물이 똑같이 용이한지 그렇지 않은지를 여기서 밝힐 필요는 없다.

그러나 여기서는 다만, 외적 원인들에 의해 생기는 사물들에 대해 내가 말하고 있는 것이 아니라, 어떠한 외적 원인에 의해서도 산출될 수 없는 (정리 6에 의해) 실체에 대해서만 논하고 있다는 것에 주의하는 것으로 충분하다. 왜냐하면 외적 원인들에 의해 산출되는 사물들은, 그것들이 많은 부분들로 구성되어 있든 적은 부분들로 구성되어 있든, 그것들이 가진 일체의 완전성 또는 실재성을 외적 원인의 힘에 의존하므로, 그것들의 존재는 오직 외적 원인의 완전성에서만 생기고, 그것들 스스로의 완전성에서는 생기지 않기 때문이다. 이에 반하여, 실체가 가진 모든 완전성은 어떠한 외적 원인에도 의존하지 않는다. 그러므로 실체의 존재는 오직 실체의 본성에서만 나오지 않으면 안 된다. 따라서 실체의 존재는 실체의 본질일 뿐이다. 그러므로, 완전성은 사물의 존재를 제거하지 않고, 도리어 그것을 확립하며, 이에 반하여 불완전성은 사물의 존재를 제거한다.

그런고로 우리는 그 어떤 사물의 존재에 대해서도, 절대적으로 무한한 또는 완전한 절대자, 즉 신의 존재에 대해서만큼 확실할 수가 없다. 왜냐하면 신의 본질은 일체의 불완전성을 배제하고, 절대적인 완전성을 포함하므로, 바로 이 사실로 인해 신의 존재를 의심하는 모든 원인을 제거하여, 신의 존재에 관해서 최고의 확실성을 부여하기 때문이다. 나는 이것이 보통으로 주의를 기울이는 사람들에게도 명백하리라고 믿는다.

정리 12. 어떤 실체의 속성에 근거하여 그 실체가 분할될 수 있다는 결론이 내려지는 한, 그 실체의 어떠한 속성도 참되게 파악될 수 없다.

증명: 왜냐하면 그렇게 파악된 실체의 분할된 부분들은 실체의 본성을 유지하거나 또는 유지하지 않을 것이기 때문이다. 만일 첫 번째 경우라면<즉 그것들이 실체의 본성을 유지하는 경우>, (정리 8에 의해) 각각의 부분은 무한하지 않으면 안 될 것이며, 또한 (정리 6에 의해)자기 원인이 아니면 안 될 것이고, (정리 5에 의해)각각의 부분은 서로 다른 속성으로 이루어지지 않으면 안 된다. 따라서 한 실체에서 다수의 실체들이 생성될 수 있게 되는데, 이것은 불합리하다(정리 6에 의해). 더군다나, 그 부분들은 (정리 2에 의해) 그것들의 전체와 아무런 공통점이 없을 것이고, 또한 그 전체는 (정의 4와 정리 10에 의해) 그것의 부분들 없이 존재할 수 있고 생각될 수 있을 터인데, 이것이 불합리하다는 것은 아무도 의심할 수 없을 것이다. 그러나 두 번째 경우, 즉, 그 부분들이 실체의 본성을 유지하지 않는 경우라면, 실체 전체는 동등한 부분들로 분할되어, 실체의 본성을 상실하고, 존재하기를 멈출 것인데, 이것은 (정리 7에 의해) 불합리하다.

정리 13. 절대적으로 무한한 실체는 분할될 수 없다.

증명: 왜냐하면 만일 그것이 분할될 수 있다면, 분할된 부분들은 절

대적으로 무한한 실체의 본성을 유지하거나 또는 유지하지 않을 것이다. 만일 첫 번째 경우라면, 동일한 본성의 여러 실체들이 존재할 터인데, 이것은 (정리 5에 의해) 불합리하다. 그러나 만일 두 번째 경우라면, (위<정리 12>에서 말한 것처럼) 절대적으로 무한한 실체가 존재하기를 멈출 수 있게 되는데, 이것 역시 (정리 11에 의해) 불합리하다.

계: 이것들로부터 어떠한 실체도, 따라서 어떠한 물질적 실체도, 그것이 실체인 한에 있어서, 분할될 수 없다는 결론이 내려진다.

주석: 실체가 분할될 수 없다는 것은 다음의 사실에 의해 더욱 쉽게 이해된다. 즉, 실체의 본성은 무한한 것으로만 생각될 수 있으며, 실체의 부분은 오직 유한한 실체로만 이해될 수 있는데, 이것은 (정리 8에 의해) 명백한 모순을 내포한다는 것.

정리 14. 신 이외에는, 어떠한 실체도 존재할 수 없으며, 또한 파악될 수 없다.

증명: 신은 실체의 본질을 표현하는 온갖 속성을 지니는 절대적으로 무한한 존재이며 (정의 6에 의해), 또한 필연적으로 존재하므로 (정리 11에 의해), 만일 신 이외의 다른 어떤 실체가 있다면, 그것은 신의 어떤 속성을 통하여 설명되어야 하고, 그리되면 동일한 속성을 가진 두 개의 실체가 존재하게 되는데, 이것은 (정리 5에 의해) 불합리하다. 그러므로 신 이외에는, 어떠한 실체도 존재할 수 없으며, 따라서 어떤 실체도 파악될 수 없다. 왜냐하면 만일 다른 어떤 실체가 파악될 수 있다면, 그것은 필연적으로 존재하는 것으로 파악되지 않으면 안 되기 때문이다. 그러나 이것은 (이 증명의 처음 부분에 의해) 부조리하다. 그러므로 신 이외에는 어떠한 실체도 존재할 수 없고 또한 파악될 수 없다. Q.E.D

계 1: 이로부터 극히 명백하게 내려지는 결론은, 첫째로, 신은 유일하다는 것, 즉, (정의 6에 의해) 자연에는 단 하나의 실체만 존재하며 그것은 절대적으로 무한하다는 것이다. 이것을 우리는 정리 10의 주석에서 이미 암시했다.

계 2: 둘째로, 연장된 사물과 사유하는 사물은 신의 속성이거나, 그렇지 않으면 (공리 1에 의해) 신의 속성의 변용이라는 것이다.

정리 15. 존재하는 것은 모두 신 안에 있으며, 신 없이는 아무것도 존재할 수도 또 파악될 수도 없다.

증명: 신 이외에는, 어떤 실체도 존재할 수 없으며, 또한 파악될 수도 없다(정리 14에 의해). 즉 신 이외에는 (정의 3에 의해) 그 자체 안에 있으며 그 자체에 의하여 파악되는 어떠한 것도 없다. 그러나 양태는 (정의 5에 의해) 실체 없이는 존재할 수도 없고 파악될 수도 없다. 그러므로 양태는 신의 본성 안에서만 존재할 수 있고, 또한 신의 본성을 통해서만 파악될 수 있다. 그러나 실체와 양태 이외에는 아무것도 존재하지 않는다(공리 1에 의해). 그러므로 <모든 것은 신 안에 있고> 신 없이는 아무것도 존재할 수도 또 파악될 수도 없다. Q.E.D.

주석: 신이 인간처럼 육체와 정신으로 이루어져 있으며, 또한 수동적 감정에 의해 지배된다고 허구하는 사람들이 있다. 그러나 그들이 신에 대한 참다운 인식으로부터 얼마나 멀리 떨어져 있는지는 이미 증명된 것에 의해 충분히 입증된다. 그러나 이것들을 나는 무시한다. 왜냐하면 신의 본성에 대해 조금이라도 고찰한 사람은 모두 신이 육체적이라는 것을 부정하기 때문이다. 그들은 이것을 다음의 사실에 의해, 즉 우리는 물체라는 것을 어떤 일정한 형태로 한정된, 길이와 폭과 깊이를 가진 어떤 양(量)으로 이해하는데, 절대적으로 무한한 존재인 신에 대해 이렇게 말하는 것보다 더 불합리한 것은 아무것도 없다는 사실에 의해 가장 잘 증명한다. 그러나 그 동안에, 그들은 이러한 추단을 증명하기 위해 사용한 다른 논거들에 의하여, 자신들이 물질적 실체 자체 또는 연장적 실체 자체를 신의 본성에서 완전히 제외한다는 것을 명백히 밝히며, 또한 그것이 신에 의해 창조되었다고 주장한다. 그러나 어떠한 신의 능력에 의해 그것이 창조될 수 있었는지에 대해 그들은 전혀 알지 못한다. 이것은 그들이 스스로가 말하고 있는 것을 이해하지 못하고 있음을

명백히 보여준다. 나는 —적어도, 나의 판단으로는— 어떤 실체도 그 밖의 어떤 것에 의해 산출되거나 창조될 수 없다는 것을 충분히 명확하게 증명했다(정리 6의 계와 정리 8의 주석 2를 참조). 게다가 정리 14에서 우리는 신 이외에는 어떠한 실체도 존재할 수 없으며 또한 파악될 수 없음을 증명했고, 그에 따라 연장적 실체는 신의 무한한 속성들 중의 하나라는 것을 결론지었다. 그러나 더욱더 충분히 설명하기 위해서, 나는 반대자들의 논거들을 반박하고자 한다. 그들의 논거는 모두 다음으로 귀착된다.

첫째로, 그들은 물질적 실체가, 실체인 한에 있어서, 부분들로 이루어져 있다고 생각한다. 그러므로 그들은 그것이 무한할 수 있음을, 따라서 그것이 신에게 속할 수 있음을 부정한다. 이것을 그들은 여러 예를 들어 설명한다. 그 중의 한두 가지를 제시해 보겠다. 그들은 이렇게 말한다. 만일 물질적 실체가 무한하다면, 우리는 그것이 분할된다고 생각해보자. 각 부분은 유한하거나 아니면 무한할 것이다. 만일 전자라면 무한한 것이 두 개의 유한한 부분들로 구성되어 있는 것인데, 이것은 불합리하다. 만일 후자라면<즉, 만일 각 부분이 무한하다면>, 어떤 무한한 것보다 두 배로 무한한 것이 존재하게 되는데, 이것 역시 불합리하다. 다음으로, 만일 어떤 무한한 양을 피트 단위로 측정한다면, 그것은 무한히 많은 피트로 이루어질 것이며, 만일 그것을 인치로 측정한다면, 그것은 무한히 많은 인치로 이루어질 것이다. 그러므로 하나의 무한한 수가 다른 무한한 수보다 12배 큰 것이 된다. <이것도 마찬가지로 불합리하다> 마지막으로, 만일 무한한 양(量)의 한 점으로부터 두 직선 AB와 AC가 처음에는 한정된 거리만큼 서로 떨어져 있다가, 이후 무한히 연장된다면, B와 C 사이의 거리는 끊임없이 증가하여, 결국 한정된 거리에서 벗어나 한정할 수 없는 게 될 것이 확실하다. 이러한 부조리는 그들이 생각하기에 무한한 양을 가정한 것으로부터 나오므로, 그들은 물질적 실체는 유한하지 않으면 안 되며, 따라서 신의 본질에 속할 수 없다고 결론짓는다. 그들은 두 번째 논거도 역시 신의 최고의 완전성

제1부 신에 관하여

에서 이끌어내었다. 그들은 다음과 같이 말한다. 신은 최고로 완전한 존재이기 때문에, 작용을 받을 수가 없다. 그러나 물질적 실체는 분할할 수 있는 것이므로, 작용을 받을 수 있다. 그러므로 그것은 신의 본질에 속하지 않는다는 결론이 내려진다. 이러한 것들이 내가 저술가들 사이에서 발견하는 논거들인데, 그들은 이러한 것들로써 물질적 실체가 신의 본성에 알맞지 않으며, 그것에 속할 수 없음을 밝히려고 노력한다. 그러나 적절하게 주의를 기울이는 사람이라면 누구라도 내가 이미 이러한 논거들에 대해 답했음을 발견할 것이다. 왜냐하면 이러한 논거들은 모두 물질적 실체가 부분들로 구성되어 있다는 가정에 근거를 두고 있기 때문인데, 그러한 가정이 불합리하다는 것을 나는 이미 정리 12와 정리 13의 계에서 밝혔다.

 게다가 사태를 올바르게 생각하는 사람이라면 누구나 다음을 알게 될 것이다. 즉, 그들이 연장적 실체가 유한하다는 결론을 이끌어 내려했던 근거인 이 모든 부조리들(지금 문제 삼고 있는 점은 아니지만, 진실로 그것들이 모두 부조리한 것이라면)은 결코 무한한 양을 가정한 것으로부터 나오는 것이 아니고, 무한한 양이 측정 가능하며 유한한 부분들로 이루어져 있다는 가정으로부터 나온다는 것을. 그러므로 이 가정에서 생기는 부조리들로부터 그들이 내릴 수 있는 유일한 결론은 무한한 양은 측정 가능한 것이 아니며, 유한한 부분들로 구성되어 있지 않다는 것이다. 이것은 우리가 앞에서(정리 12 및 기타) 이미 증명한 것과 동일하다. 그러므로 그들이 우리를 향하여 던진 창이 실제로는 그들 자신을 향해서 날아간다. 그런고로 만일 그들이 그럼에도 불구하고 자신들의 이 부조리에서 연장적 실체는 유한하지 않으면 안 된다고 결론을 내리려한다면, 그것은 참으로 어떤 사람이 원을 사각형의 특성들을 가진 것으로 허구하고, 그로부터 원은 중심(이것에서부터 원주에 그어진 모든 직선들이 동일하다)이 없다고 결론짓는 것과 같다. 왜냐하면 무한하고 유일하며, 분할할 수 없는 것으로만 파악될 수 있는 물질적 실체(정리 8, 5 및 12를 참조)를 그들은, 유한한 것이라고 결론짓기 위해서, 유한한 부분들로 구성되어 있으며, 다수이고, 분할할 수 있다고 파악하기 때문이다. 같은 방식으로 다른 사람들도 역시 선이 점들로 구성되어 있다고 상상한 다음에, 선이 무한히 분할될 수 없다는 것을 밝혀줄 많은 논거들을 찾아낼 수 있다. 그리고 진실로 물질적 실체가 물체들 또는 부분들로 구성되어 있다고 주장하는 것은 입체가 면들로, 면은 선들로, 마지막으로 선은 점들로 구성되어 있다고 주장하는 것에 못지않게 불합리하다. 이것을 명확한 추리는 결코 오류가 없는 것임을 아는 모든 사람들, 특히 공허한 공간이 있다는 것을 부정하는 사람들은 인정하지 않으면 안 된다. 왜냐하면 만일 물질적 실체가 그것의 부분들이 실질적으로 구별될 수 있도록 분할될 수 있다면, 그 한 부분이 소멸되고 나머지는 여전히 서로 결합되어 있지 못할 이유가 없기 때문이다. 그리고 어찌하여 모든 부분들은 공허한 공간이 존재하지 않도록 접합하지 않으면 안 되는가? 확실히, 서로 간에 실질적으로 구별되는 사물들의 경우에는, 하나가 다른 것 없이도 존재할 수 있으며, 또한 자체의 상태에 머무를 수 있다. 따라서 자연에는 공허한 공간이 존재하지 않으며(이것에 관해서는 다른 곳에서 논하겠다), 오히려 모든 부분들은 공허한 공간이 존재하지 않도록 협력해야만 하기 때문에, 역시 부분들은 실질적으로는 구별될 수 없다는 것, 즉 물질적 실체는, 실체인 한에 있어서, 분할될 수 없다는 결론이 내려진다.

그런데도 만일 어떤 사람이 지금 '왜 우리는, 본성적으로, 양을 분할하는 경향이 있는가' 하며 묻는다면, 나는 그에게 다음과 같이 대답하겠다. 우리는 양(量)을 두 가지 방식으로 파악한다. 하나는 추상적으로 또는 피상적으로 파악하는 것이며, 이는 우리가 <보통> 양을 표상하는 것과 같다. 다른 하나는 실체로 파악하는 것인데, 이것을 우리는 <표상력의 도움을 받지 않고> 오직 지성에 의해서만 파악한다. 그러므로 만일 우리가 표상력 속에 있는 그대로의 양에 주의한다면—이것은 우리가 자주 그리고 더욱 쉽사리 취하는 일이지만— 양은 유한하고, 가분적이며, 부분들로 구성되어 있는 것으로 나타날 것이다. 그러나 만일 우리가 지성 속에 있는 그대로의 양에 주의하여 실체인 한에 있어서의 그것을 파악한다면—이것은 매우 어려운 일이지만—, 우리가 이미 충분히 증명했듯이, 그것은 무한하며, 유일하고, 불가분적인 것으로 나타날 것이다. 이는 지성과 표상력을 구별할 줄 아는 사람 모두에게 충분히 명백할 것이다(특히 물질은 어디에서나 동일하고, 부분들은 우리가 물질을 다양한 양식으로 변용한 것으로 파악하는 한에 있어서만 그것 속에서 구별되며, 따라서 그것의 부분들은 양태적으로만 구별되고, 실질적으로는 구별되지 않는다는 점에도 유의한다면). 예컨대, 물은, 물인 한에 있어서, 분할되어 그것의 부분들이 서로 분리되지만, 그것이 물질적 실체인 한에 있어서는 그렇지 않다는 점을 우리는 파악한다. 왜냐하면 실체인 한에 있어서의 그것은 분리되지도 분할되지도 않기 때문이다. 더욱이 물은, 물인 한에 있어서, 생성되고 소멸하지만, 실체인 한에 있어서는 생성되지도 소멸하지도 않는다.

이로써 나는 두 번째 논거에도 답변했다고 생각한다. 왜냐하면 그것은 물질이, 실체인 한에 있어서, 가분적이며, 부분들로 구성되어 있다는 가정에 근거를 두고 있기 때문이다. 이것[답변]이 설령 [충분한 것이] 아니라고 하더라도, 왜[실체인 한에 있어서의 물질이, 또는 물질적 실체가] 신의 본성에 알맞지 않은지 나는 알지 못한다. 왜냐하면 (정리 14에 의해) 신 이외에는 신의 본성에 작용하는 어떠한 실체도 있을 수 없기 때문이다. 모든 것은, 말하건대, 신 안에 있으며, 발생하는 모든 것은 오직 신의 무한한 본성의 법칙에 의해서만 발생하고, 또 신의 본질의 필연성으로부터 나온다(이것은 내가 곧 밝히려는 것이다). 그러므로 신이 다른 것으로부터 작용을 받는다거나, 연장적 실체가 신의 본성에 알맞지 않다는 것은 어떠한 이유로도 말할 수 없는 것이다, 설사 연장적 실체가 가분적이라고 가정될지라도, 그것이 영원하며 무한하다는 것이 인정되기만 한다면. 그러나 현재로서는 이것으로써 충분하다.

정리 16. 신의 본성의 필연성에서 무한히 많은 것이 무한히 많은 방식으로 (즉, 무한한 지성의 영역에 들어올 수 있는 <무한한 지성에 의해 파악될 수 있는> 모든 것이) 생겨나지 않으면 안 된다.

증명: 이 정리는 다음의 사실에 주의한다면 누구에게나 명백하지 않을 수 없다.: 지성은 각각의 사물에 대하여 주어진 정의로부터, 실제로 그 정의에서 (즉, 그 사물의 본질 자체에서) 필연적으로 나오는 많은 특성들을 추론하며, 또한 사물의 정의가 더 많은 실재성을 표현하면 할수록, 즉 정의된 사물의 본질이 더 많은 실재성을 표현하면 할수록 더욱더 많은 특성들을 추론한다. 그러나 신의 본성은 절대적으로 무한한 속성들(이것들의 각각도 역시 자체의 유(類)에 있어서 무한한 본질을 표현한다)을 가지고 있으므로 (정의 6에 의해), 신의 본성의 필연성에서 무한히 많은 것이 무한히 많은 방식으로 (즉, 무한한 지성의 영역에 들어올 수 있는 모든 것이) 필연적으로 생겨나지 않으면 안 된다. Q.E.D

계 1: 이것으로부터 신은 무한한 지성의 영역에 들어올 수 있는 모든 것의 작용원인이라는 결론이 내려진다.

계 2: 두 번째로, 신은 그 자신에 의한 원인이며, 우연에 의한 원인은 아니라는 결론이 내려진다.

계 3: 세 번째로, 신은 절대적으로 제1원인이라는 결론이 내려진다.

정리 17. 신은 그 자신의 법칙에 의해서만 활동하고, 다른 어떤 것에 의해서도 강제되지 않는다.

증명: 오로지 신의 본성의 필연성에서, 혹은 (같은 말이지만) 오로지 신의 본성의 법칙에서 무한히 많은 것이 절대적으로 생겨난다는 것을 (정리 16) 방금 밝혔으며, 또한 신 없이는 아무것도 존재할 수도 또 파악될 수도 없고 (정리 15), 오히려 모든 것은 신 안에 존재한다는 것을 증명했다. 그러므로 신외에는 신으로 하여금 활동하도록 결정하거나 강제하는 어떠한 것도 있을 수 없다. 따라서 신은 그 자신의 법칙에 의해서만 활동하고, 다른 어떤 것에 의해서도 강제되지 않는다. Q.E.D

계 1: 이것으로부터, 첫째로, 신의 본성의 완전성 이외에는, 외부에서든 또는 내부에서든, 신으로 하여금 활동하도록 자극하는 어떠한 원인도 존재하지 않는다는 결론이 내려진다.

계 2: 두 번째로, 오직 신만이 자유원인이라는 결론이 내려진다. 왜냐하면 오직 신만이 전적으로 그 자신의 본성의 필연성에 의해 존재하고 (정리 11 및 정리 14의 계에 의해), 또한 그 자신의 필연성에 의해서만 활동하기 (정리 17에 의해) 때문이다. 그러므로 (정의 7에 의해) 오직 신만이 자유원인이다. Q.E.D

주석: 다른 사람들은, 신이 우리가 신의 본성에서 나온다고 말한 것들이 (즉, 신의 능력 안에 있는 것들이) 생기지 않게 또는 자신에 의해 산출되지 않게 할 수 있기 (그들은 그렇게 생각한다) 때문에 자유원인이라고 생각한다. 그러나 이것은 마치 신은 삼각형의 본성에서 그것의 세 각의 합이 2직각과 같은 일이 생기지 않게 혹은 주어진 원인에서 결과가 발생하지 않게 할 수 있다(이는 불합리하다)고 말하는 것과 같다. 더욱이, 나는 이후에, 이 정리의 도움을 받지 않고서, 신의 본성에는 지성도 의지도 속하지 않는다는 것을 밝힐 것이다. 물론 나는 최고의 지성과 자유의지가 신의 본성에 속한다는 것을 증명할 수 있다고 생각하는 많은 사람들이 있음을 알고 있다. 왜냐하면 그들은 우리들 안에 있는 가장 완전한 것 이외에는 신에게 귀속시킬 수 있는 더욱 완전한 것을 아무것도 알지 못한다고 말하기 때문이다. 또, 그들은 신을 현실적으로 최고의 인식자라고 생각하지만, 그러면서도 그들은 신이 현실적으로 인식하는 모든 것을 존재하도록 할 수 있다고는 믿지 않는다. 왜냐하면 그들은 그런 식으로 자신들이 신의 능력을 파괴한다고 생각하기 때문이다. (그들이 말한다) 만일 신이 자신의 지성 안에 있는 모든 것을 창조해 버렸다면, 그 다음에 신은 더 이상 아무것도 창조할 수가 없을 것이다. 이것을 그들은 신의 전능과 모순된다고 믿는다. 그러므로 그들은 신이 모든 것에 무관심하며, 어떤 절대적 의지에 의해 창조하려고 결정한 것 이외에는 아무것도 창조하지 않는다고 기꺼이 주장한다. 그러나 나는, 신의 최고의 능력 또는 무한한 본성에서 무한히 많은 것이 무한히 많은 방식으로, 즉, 모든 것이 필연적으로 유출되었거나, 또는 항상 생겨나며, 이것은 삼각형의 본성에서 그것의 세 각의 합이 2직각과 같다는 것이, 영원에서부터 영원에 이르기까지, 나오는 일과 동일한 방식임을 충분히 명료하게 밝혔다고 생각

한다(정리 16을 참조). 그러므로 신의 전능은 영원에서부터 현실적으로 존재해 왔으며 영원토록 동일한 현실성에 머무를 것이다.

 그리고 이런 방식으로, 적어도 나의 생각으로는, 신의 전능이 훨씬 더 완전하게 확립된다. 실로 반대자들은—솔직히 말해서—신의 전능을 부정하는 것처럼 보인다. 왜냐하면 그들은 신이 무한히 많은 창조 가능한 것들을 인식하면서도 그것들을 결코 창조할 수가 없음을 인정할 수밖에 없기 때문이다. 왜냐하면 그렇지 않고, 만일 신이 자신이 인식하는 <창조 가능한> 모든 것을 창조했다면, 신은 (그들의 생각에 의하면) 자신의 전능을 소진하여 불완전한 것이 되기 때문이다. 그러므로 신을 완전한 것으로 확립하기 위해, 그들은 동시에 신은 자신의 능력이 미치는 것을 모두 이룰 수는 없다고 주장하는 막다른 지경에 몰리게 된다. 나는 이것보다 더 불합리한 것 또는 이것보다 더 신의 전능과 모순되는 것을 생각할 수 없다.

 추가로, 나는 여기서 우리가 보통 신에게 귀속시키는 지성과 의지에 대해서도 얼마간 언급해보려고 한다. 만일 의지와 지성이 신의 영원한 본질에 속한다면, 이 두 속성은 사람들이 일반적으로 이해하고 있는 것과는 아주 다르게 이해되어야 한다. 왜냐하면 신의 본질을 구성하는 지성과 의지라면 우리의 지성 및 의지와는 천양지판으로 달라야 하며, 명칭 이외에는 아무것도 일치할 수 없기 때문이다. 이것은 별자리의 개와 짖어대는 동물인 개 사이에 닮은 점이 없는 것과 마찬가지이다. 이 점을 나는 다음과 같이 논증하려고 한다. 만일 지성이 신의 본성에 속한다면, 그것은 본성적으로 우리의 지성처럼 인식대상들의 다음에 오거나(대부분 사람들의 생각), 또는 인식대상들과 동시에 존재할 수가 없을 것이다. 왜냐하면 신은 인과관계에 있어서 만물에 앞서기 때문이다(정리 16의 계 1에 의해). 반대로 진리와 사물의 형상적 본질은 그것이 신의 지성 속에 상념적으로 그대로 존재하기 때문에 그것으로서 존재한다. 그러므로 신의 지성은, 신의 본질을 구성한다고 파악되는 한, 사물의 본질 및 존재에 관해서, 실제로 사물의 원인이다. 이 점은 신의 지성과 의지와 능력이 동일하다고 주장했던 사람들도 인지했던 것처럼 생각된다.

그런고로, 신의 지성은, 우리가 밝힌 것처럼, 사물의 본질 및 존재의 유일한 원인이므로, 그것은 그것의 본질에 관해서든 존재에 관해서든 사물들과는 필연적으로 달라야만 한다. 왜냐하면 원인에서 발생한 것은 원인으로부터 받은 것으로 인해 정확히 그것의 원인과는 다르기 <이런 이유로 그것은 그러한 원인의 결과라고 불린다> 때문이다. 예를 들어, 한 사람은 다른 사람의 존재의 원인이 되지만, 그의 본질의 원인은 되지 못한다. 왜냐하면 그 본질은 영원한 진리이기 때문이다. 따라서 본질에 관해서는 그 두 사람이 전적으로 일치할 수 있으나, 존재에 관해서는 다르지 않으면 안 된다. 그러므로 한 사람의 존재가 없어진다고 해도, 그것 때문에 다른 사람의 존재가 없어지지는 않는다. 그러나 만일 한 사람의 본질이 파괴되어 허위가 될 수 있다면, 다른 사람의 본질도 역시 파괴될 것이다<파괴되어 허위가 될 것이다>. 그런고로 어떤 결과의 본질 및 존재의 원인인 사물은 본질에 관해서든 존재에 관해서든 그러한 결과와는 달라야만 한다. 그런데 신의 지성은 우리의 지성의 본질과 존재의 원인이다. 그러므로 신의 지성은, 신의 본질을 구성한다고 파악되는 한에 있어서, 우리의 지성과는 본질에 관해서든 존재에 관해서든 다르며, 단지 명칭에 있어서만 일치할 뿐 다른 어떤 점에 있어서도 일치할 수가 없다. 이것을 나는 증명하고자 했다. 의지에 관해서도 똑같은 방식의 논증이 전개될 수 있는데, 이것은 누구나 쉽사리 알 수 있는 것이다.

정리 18. 신은 모든 것의 내재적 원인이지 초월적 원인은 아니다.

증명: 존재하는 모든 것은 신 안에 있으며, 신에 의하여 파악되지 않으면 안 된다(정리 15에 의해). 그러므로 (정리 16의 계 1에 의해) 신은 자신 안에 있는 <모든> 것들의 원인이다. 이것이 첫 번째 점이다. 게다가 또 신 이외에는 어떠한 실체도 존재할 수 없다(정리 14에 의해). 즉 (정의 3에 의해) 신을 벗어나 그 자체로서 존재하는 어떠한 것도 존재할 수 없다. 이것이 두 번째 점이다. 그러므로 신

은 모든 것의 내재적 원인이지 초월적 원인은 아니다. Q.E.D

정리 19. 신[은 영원하다], 즉 신의 모든 속성들은 영원하다.

증명: 왜냐하면 신은 필연적으로 존재하는(정리 11에 의해) 실체이기 (정의 6에 의해) 때문이다. 즉, (정리 7에 의해) 신의 본성에는 존재한다는 것이 속한다. 또는 (같은 일이지만) 신의 정의로부터 신은 존재한다는 것이 나온다. 그러므로 (정의 8에 의해) 신은 영원하다. 다음으로, 신의 속성들은 (정의 4에 의해) 신과 같은 실체의 본질을 표현하는 것, 즉 실체에 속하는 것으로 이해되어야 한다. 그러므로 속성들 자체는 그것 자체를, 말하건대, 포함하지 않으면 안 된다. 그런데 실체의 본성에는 (내가 이미 정리 7에서 증명했듯이) 영원성이 속한다. 그러므로 각각의 속성은 영원성을 포함해야만 한다. 따라서 모든 속성은 영원하다. Q.E.D

주석: 이 정리는 내가 신의 존재를 증명한 방식(정리 11)에 의해서도 아주 명료하게 알 수가 있다. 그 증명에 의해서, 말하건대, 신의 존재는, 신의 본질과 마찬가지로, 영원한 진리라는 것이 확립된다. 또 나는 신의 영원성을 다른 방식으로도 ('데카르트의 철학원리' 정리 19) 증명했다. 그것을 여기서 반복할 필요는 없다.

정리 20. 신의 존재와 신의 본질은 동일하다.

증명: 신과 신의 모든 속성들은 (정리 19에 의해) 영원하다. 즉 (정의 8에 의해) 신의 속성들의 각각은 존재를 표현한다. 그런고로 신의 영원한 본질을 나타내는 앞서 말한 속성들은 (정의 4에 의해) 동시에 신의 영원한 존재를 나타낸다. 즉, 신의 본질을 구성하는 것 자체는 동시에 신의 존재를 구성한다. 그러므로 신의 존재와 신의 본질은 동일하다. Q.E.D

계 1: 이것으로부터, 첫째로, 신의 존재는, 신의 본질과 마찬가지로, 영원한 진리라는 결론이 내려진다.

계 2: 둘째로, 신 또는 신의 모든 속성들은 불변이라는 결론이 내려진다. 왜냐하면 만일 그것들이 그것들의 존재에 관하여 변한다면, (정리 20에 의해) 그것들의 본질에 관해서도 또한 변해야만 하기 때문이다. 즉, (그 자체로 명백한 것처럼) 참다운 것이 거짓된 것으로 되어야만 하기 때문이다. 이것은 불합리하다.

정리 21. 신의 어떤 속성의 절대적 본성에서 생겨난 모든 것은 항상 그리고 무한히 존재하지 않으면 안 된다. 즉, 동일한 속성에 의해 그것들은 영원하며 무한하다.

증명: 이 정리가 부정된다고 가정하고, 가능하다면, 신의 절대적 본성에서 신의 어떤 속성 안에 유한하며 한정된 존재 또는 지속을 갖는 어떤 것이 생겨난다고, 예컨대 사유 안에 신의 관념이 생겨난다고 생각해보라. 그런데 사유는 신의 속성이라고 가정되어 있으므로, 그것의 본성상 필연적으로 (정리 11에 의해) 무한하다. 그러나 사유는, 신의 관념을 갖고 있는 한에 있어서, 유한한 것이라고 가정되어 있다. 그런데 (정의 2에 의해) 사유가 유한한 것으로 파악되는 때는 사유가 사유 자체에 의해 한정되는 경우뿐이다. 그러나 사유는 신의 관념을 구성하는 한에 있어서의 사유 자체에 의해 한정될 수 없다. 왜냐하면 그 점에서 사유는 유한한 것으로 가정되어 있기 때문이다. 그러므로 그것은 신의 관념을 구성하지 않는 한에 있어서의 사유에 의해 한정되며, 그럼에도 불구하고 그러한 사유는 (정리 11에 의해) 필연적으로 존재하지 않으면 안 된다. 따라서 신의 관념을 구성하지 않는 사유가 존재한다. 그러므로 신의 관념은 절대적 사유인 한에 있어서의 사유의 본성에서 필연적으로 생겨나는 것이 아니다(왜냐하면 신의 관념을 구성하는 사유와 신의 관념을 구성하지 않는 사유로 생각할 수 있기 때문에). 이것은 가정에 반한다. 그런 고로 만일 신의 관념이 사유 안에, 혹은 그 밖의 어떤 것이 신의 어떤 속성 안에(이 증명은 보편적이므로 어떤 것을 취하더라도 마찬가지다) 그 속성의 절대적 본성의 필연성에서 생겨난다면, 그것은 필연적으로 무한하지 않으면 안 된다. 이것이 증명되어야 할 첫 번째 것이었다.

다음으로, 어떤 속성의 본성의 필연성에서 이렇게 생겨난 것은 한정된 <존재 또는> 지속을 가질 수 없다. 이에 반하여, 만일 이것이 부정된다면, 신의 어떤 속성 안에 그 속성의 본성의 필연성으로부터 생겨나는 어떤 것이 있다고, 예를 들어 사유 안에 신의 관념이 존재한다고 가정하고, 이 관념이 존재한 적이 없었거나 또는 미래에도 존재하지 않을 것이라고 가정하라. 그러나 사유는 신의 속성이라고 가정되어 있으므로 필연적으로 및 불가변적으로 존재하지 않으면 안 된다(정리 11 및 정리 20의 계 2에 의해). 그러므로 신의 관념이 지속하는 범위를 벗어나서(왜냐하면 이 관념이 존재한 적이 없었거나 또는 미래에도 존재하지 않을 것이라고 가정되어 있기 때문에) 사유는 신의 관념 없이 존재하지 않으면 안 될 것이다. 그러나 이것은 가정에 반한다. 왜냐하면 주어진 사유에서 필연적으로 신의 관념이 나온다고 가정되어 있기 때문이다. 그러므로 사유 안의 신의 관념, 또는 신의 어떤 속성의 절대적 본성으로부터 필연적으로 생겨나는 그 밖의 어떤 것은 한정된 지속을 가질 수 없고, 오히려 그 속성에 의해 영원하다. 이것이 <증명되어야 할> 두 번째 것이었다. 신의 절대적 본성으로부터 신의 어떤 속성 안에 필연적으로 생겨나는 모든 것에 대해서도 같은 말을 할 수 있다는 점에 주의하시라.

정리 22. 신의 어떤 속성이 그 속성에 의하여 필연적으로 그리고 무한히 존재하는 어떤 변형으로 변환된 한에 있어서, 그 속성으로부터 생겨난 모든 것은 필연적으로 그리고 무한히 존재하지 않으면 안 된다.

증명: 이 정리의 증명은 정리 21의 증명과 같은 방식으로 진행된다.

정리 23. 필연적으로 그리고 무한히 존재하는 모든 양태는 필연적으로, 신의 어떤 속성의 절대적 본성에서 생겨나거나, 또는 필연적으로 그리고 무한히 존재하는 어떤 변형으로 변환된 어떤 속성에서 생겨나지 않으면 안 된다.

증명: 왜냐하면 양태는 다른 것 안에 있으며, 다른 것을 통하여 파악되지 않으면 안 된다(정의 5에 의해). 즉, (정리 15에 의해) 그것은 오직 신 안에만 있고, 신을 통해서만 파악될 수 있다. 그러므로 만일 양태가 필연적으로 존재하며 또 무한하다고 파악된다면, 이 두 특성들은 필연적으로 무한성과 존재의 필연성, 즉 (정의 8에 의해 같은 것이지만) 영원성을 표현한다고 파악되는 한에 있어서의, 즉 (정의 6과 정리 19에 의해) 절대적으로 고찰되는 한에 있어서의, 신의 어떤 속성에 의해 추론되거나 지각되지 않으면 안 된다. 그러므로 필연적으로 그리고 무한히 존재하는 양태는 신의 어떤 속성의 절대적 본성에서 직접적으로 (정리 21에 의해), 또는 그 속성의 절대적 본성에서 생겨난, 즉 (정리 22에 의해) 필연적으로 그리고 무한히 존재하는 변형의 매개를 통하여, 생겨나지 않으면 안 된다. Q.E.D

정리 24. 신에 의해 산출된 사물의 본질은 존재를 포함하지 않는다.

증명: 이것은 정의 1에 의해 명백하다. 왜냐하면 (그 자체로서 고찰된) 자기의 본성이 존재를 포함하는 것은 자기원인이며, 오로지 자기의 본성의 필연성에 의해서만 존재하기 때문이다.
계: 이것으로부터 내려지는 결론은 이러하다. 즉, 신은 사물이 존재하기 시작하는 원인일 뿐만 아니라 사물이 존재를 계속하는 원인이기도 하다. 또는 (스콜라 철학의 용어를 사용하면) 신은 사물의 '존재의 원인'이다. 왜냐하면 <산출된> 사물이 존재하든 존재하지 않든 간에 우리가 그것의 본질에 주의하는 한, 그것이 존재도 지속도 포함하지 않음을 알기 때문이다. 그러므로 사물의 본질은 그것의 존재의 원인도 그것의 지속의 원인도 될 수 없고, 존재하는 것을 유일하게 자기의 본성에 포함하고 있는 신만이 그 원인이 될 수 있다(정리 14의 계 1에 의해).

정리 25. 신은 사물의 존재의 작용원인일 뿐만 아니라 사물의 본질의 작용원인이기도 하다.

증명: 만일 이것이 부정된다면, 신은 사물의 본질의 원인이 아니고, 따라서 (공리 4에 의해) 사물의 본질은 신 없이도 파악될 수 있다. 그러나 (정리 15에 의해) 이것은 불합리하다. 그러므로 신은 사물의 본질의 원인이기도 하다. Q.E.D

주석: 이 정리는 정리 16으로부터 더욱 명료하게 귀결된다. 왜냐하면 그 정리로부터, 주어진 신의 본성에 근거하여 사물의 본질 및 존재가 필연적으로 추론되어야만 한다는 것이 귀결되기 때문이다. 한마디로 말해서, 신이 자기 원인이라고 불리는 것과 같은 의미로 신은 모든 사물의 원인이라고 일컬어져야만 한다. 이것은 다음의 계에 의해 더욱더 명백해질 것이다.

계: 개개의 사물들은 신의 속성의 변용들, 또는 신의 속성이 일정하고 결정적인 방식으로 표현된 양태들일 뿐이다. 이 증명은 정리 15와 정의 5에 의하여 명백하다.

정리 26. 어떤 작용을 하도록 결정된 사물은 신에 의해 필연적으로 그렇게 결정되었다. 그리고 신에 의해 결정되지 않은 사물은 자기 자신을 작용하도록 결정할 수가 없다.

증명: 사물이 어떤 작용을 하도록 결정되는 것은 (그 자체로 명백한 것처럼) 필연적으로 적극적인 어떤 것에 의해서이다. 따라서 신은 자기의 본성의 필연성에 의해 그러한 것의 본질 및 존재의 작용원인이다(정리 25와 16에 의해). 이것이 첫 번째 점이었다. 그리고 이것으로부터 두 번째 부분도 아주 명료하게 귀결된다. 왜냐하면 만일 신에 의해 결정되지 않은 사물이 자기 자신을 결정할 수 있다면, 이 정리의 첫 번째 부분이 허위가 될 것이기 때문이다. 이것이 불합리하다는 것을 우리는 밝혔다.

정리 27. 신에 의해 어떤 작용을 하도록 결정된 사물은 자기 자신을 결정되지 않게끔 할 수가 없다.

증명: 이 정리는 공리 3에 의해 명백하다.

정리 28. 모든 개물, 즉 한정된 존재를 갖는 유한한 모든 것은, 마찬가지로 한정된 존재를 가지는 유한한 다른 원인에 의해 존재하고 작용하도록 결정되지 않는 한 존재할 수도 작용하도록 결정될 수도 없다. 그리고 또, 이 원인도 한정된 존재를 갖는 유한한 다른 원인에 의해 존재하고 작용하도록 결정되지 않는 한 존재할 수도 작용하도록 결정될 수도 없다. 이와 같이 무한히 이어진다.

증명: 존재하고 작용하도록 결정된 것은 모두 신에 의해 그렇게 결정되었다(정리 26 및 정리 24의 계에 의해). 그러나 한정된 존재를 갖는 유한한 것은 신의 어떤 속성의 절대적 본성에 의해 산출될 수 없었다. 왜냐하면 신의 어떤 속성의 절대적 본성에서 생겨난 것은 모두 무한하고 영원하기 때문이다(정리 21에 의해). 그러므로 그것은 신의 어떤 속성이 어떤 양태로 변용했다고 볼 수 있는 한에 있어서 신 또는 신의 어떤 속성에서 생겨나지 않으면 안 되었다. 왜냐하면 실체와 양태들 이외에는 아무것도 존재하지 않으며 (공리 1, 정의 3 및 정의 5에 의해), 양태는 (정리 25의 계에 의해) 신의 속성의 변용일 뿐이기 때문이다. 그러나 한정된 존재를 갖는 유한한 것은 신의 어떤 속성이 영원하고 무한한 변형으로 변용된 한에 있어서 신 또는 신의 어떤 속성에서도 생겨날 수 없었다(정리 22에 의해). 그러므로 그것은 신의 어떤 속성이 한정된 존재를 갖는 유한한 변형으로 변환된 한에 있어서 신 또는 신의 속성에서 생겨나거나, 또는 존재하고 작용하도록 결정되지 않으면 안 되었다. 이것이 첫 번째 점이었다. 그 다음에 또 이 원인 또는 양태도 역시 (우리가 이미 이 정리의 첫 번째 부분을 증명한 것과 같은 논법에 의해서) 마찬가지로 한정된 존재를 갖는 유한한 다른 원인에 의해 결정되지 않으면 안 되었다. 그리고 또 이 후자도 (동일한 논법에 의해) 다른 원인에 의해 [결정되지 않으면 안 되었고] 이처럼 항상 (동일한 논법에 의해) 무한히 이어진다. Q.E.D

주석: 어떤 사물들은 신에 의해 직접적으로 산출되어야만 했고(그것들은 신의 절대적 본성에서 필연적으로 생겨난다), 다른 것들(이것들은 신 없이는 존재할 수도 파악될 수도 없다)은 전자의 매개에 의해서 산출되어야만 했으므로, 이것으로부터 다음과 같은 결론이 내려진다.

1. 신은 자신이 직접적으로 산출한 사물들의 절대적으로 가까운 원인이지, 소위 자기의 유(類)에 있어서 가장 가까운 원인은 아니다. 왜냐하면 신의 결과들은 그것들의 원인 없이는 존재할 수도 파악될 수도 없기 때문이다(정리 15 및 정리 24의 계에 의해).

2. 신이 직접적으로 산출한 것들 또는 오히려 신의 절대적 본성에서 생겨난 것들과 개물들을 구별하기 위해서가 아닌 한 신을 개물들의 원격원인이라고 일컫는 것은 적절하지 않다. 왜냐하면 원격원인이라는 것을 우리는 그것의 결과와는 도무지 연결이 안 되는 것으로 이해하지만, 존재하는 모든 것은 신 안에 있으며, 또 신 없이는 존재할 수도 파악될 수도 없을 만큼 신에게 의존하기 때문이다.

정리 29. 자연에는 우연적인 것이 아무것도 없으며, 모든 것은 일정한 방식으로 존재하고 작용하도록 신의 본성의 필연성으로부터 결정되어 있다.

증명: 존재하는 것은 모두 신 안에 있다(정리 15에 의해). 그러나 신을 우연적인 것이라고 부를 수는 없다. 왜냐하면(정리 11에 의해) 신은 우연적으로 존재하는 것이 아니라 필연적으로 존재하기 때문이다. 다음으로, 신의 본성의 양태들 또한 신의 본성에서 우연적으로가 아니라 필연적으로 생겨났다(정리 16에 의해). 그리고 이것은 신의 본성이 절대적으로 고찰되는 한에 있어서든 (정리 21에 의해), 혹은 신의 본성이 일정한 방식으로 능동에 결정되었다고 고찰되는 한에 있어서든 (정리 27에 의해) 마찬가지이다. 더욱이, 신은 양태들이 단지 존재하는 한에 있어서뿐만 아니라 (정리 24의 계에 의

해), 그것들이 어떤 작용을 하게끔 결정되었다고 고찰되는 한에 있어서도 (정리 26에 의해) 또한 이 양태들의 원인이다. 왜냐하면 만일 그것들이 신에 의해 결정되지 않았다면 (정리 26에 의해), 그것들이 스스로를 결정한다는 것은 불가능한 일이며, 우연히 되는 것도 아니다. 반대로 (정리 27에 의해) 만일 그것들이 신에 의해 결정되었다면, 그것들이 스스로를 결정되지 않게 한다는 것은 불가능한 일이며 우연히 되는 것도 아니다. 그러므로 모든 것은 단지 존재하도록 뿐만 아니라, 일정한 방식으로 존재하고 작용하도록 신의 본성의 필연성으로부터 결정되어 있으며, 우연적인 것은 아무것도 없다. Q.E.D.

주석: 더 나아가기 전에, 나는 여기에서 능산적 자연(能産的 自然;Natura naturans)과 소산적 자연(所産的 自然;Natura naturata)을 우리가 어떻게 이해해야 할지에 대해 설명하고자 한다. 나는 어쩌면 설명한다기보다 독자들의 기억을 상기시킨다고 말해야 할 것이다. 왜냐하면 내 생각에는, 지금까지 밝혀 놓은 것으로부터 다음의 사실이 이미 명백하기 때문이다.: 능산적 자연이라는 것을 우리는 그 자체 안에 존재하며 그 자체를 통하여 파악되는 것, 또는 영원하고 무한한 본질을 표현하는 실체의 속성들, 즉 (정리 14의 계 1과 정리 17의 계 2에 의해) 자유로운 원인으로서 고찰되는 한에 있어서의 신이라고 이해하지 않으면 안 된다. 그러나 소산적 자연을 나는, 신의 본성의 필연성으로부터 혹은 신의 각 속성의 필연성으로부터 생겨나는 모든 것, 즉 신 안에 존재하며 신 없이는 존재할 수도 파악될 수도 없는 것들로 고찰되는 한에 있어서의 신의 속성의 모든 양태들이라고 이해한다.

정리 30. 현실적으로 유한한 지성이든, 현실적으로 무한한 지성이든 신의 속성들과 신의 변용들을 파악하지 않으면 안 되고, 다른 것을 파악하는 일은 있을 수 없다.

증명: 참다운 관념은 그것의 대상과 일치하지 않으면 안 된다(공리 6에 의해). 즉 (그 자체로 명백한 것처럼) 지성 안에 상념적으로 포

함되어 있는 것은 필연적으로 자연에 존재하지 않으면 안 된다. 그러나 자연에는 (정리 14의 계 1에 의해) 오직 하나의 실체만, 즉 신만이 존재하고, 신 안에 존재하며 (정리 15에 의해) 신 없이는 존재할 수도 파악될 수도 없는 (정리 15에 의해) 것들 이외의 다른 어떤 변용들도 존재하지 않는다. 그러므로 현실적으로 유한한 지성이든, 현실적으로 무한한 지성이든 신의 속성들과 신의 변용들을 파악하지 않으면 안 되고, 다른 것을 파악하는 일은 있을 수 없다. Q.E.D

정리 31. 현실적 지성은, 유한하든 무한하든 간에, 의지, 욕망, 사랑 등과 같이 능산적 자연이 아니라 소산적 자연에 속하는 것으로 하지 않으면 안 된다.

증명: 우리는 지성을 (그 자체로 명백한 것처럼) 절대적 사유로 이해하지 않고, 단지 욕망, 사랑 등과 같은 사유의 양태와는 다른, 어떤 한정된 사유의 양태로 이해한다. 따라서 그것은 (정의 5에 의해) 절대적 사유를 통하여 파악되지 않으면 안 된다. 즉 (정리 15 및 정의 6에 의해) 그것은 사유의 영원하고 무한한 본질을 표현하는 신의 어떤 속성을 통하여 파악되지 않으면 안 되므로, 그러한 속성 없이는 존재할 수도 파악될 수도 없다. 그런고로 (정리 29의 주석에 의해) 다른 사유의 양태처럼, 그것은 능산적 자연이 아니라 소산적 자연에 속하는 것으로 하지 않으면 안 된다. Q.E.D

주석: 내가 여기서 현실적 지성에 대해 말하는 이유는, 어떤 가능적 지성이 있음을 인정하기 때문이 아니라, 온갖 혼란을 피하기 위해, 우리가 극히 명료하게 지각한 것, 즉 지성 자체에 대해서만 논할 것을 원했기 때문이다. 지성 자체에 대해 우리는 다른 어떤 것보다도 더 명료하게 지각한다. 왜냐하면 우리가 이해할 수 있는 것은 모두 지성에 대한 더욱 완전한 인식에 도움이 되기 때문이다.

정리 32. 의지는 자유로운 원인이라고는 불릴 수 없고, 단지 필연적인 원인이라고만 불릴 수 있다.

증명: 의지는, 지성과 마찬가지로, 단지 사유의 어떤 한정된 양태일 뿐이다. 그러므로 (정리 28에 의해) 각각의 의지작용은 다른 원인에 의해 결정되지 않으면 존재할 수도 작용하도록 결정될 수도 없으며, 그 원인도 역시 다른 원인에 의해 …, 이처럼 무한히 이어진다. 설사 의지가 무한한 것으로 가정될지라도, 그것은 역시 신에 의해 존재하고 작용하도록 결정되지 않으면 안 되는데, 이는 신이 절대적으로 무한한 실체인 한에 있어서가 아니라, 신이 사유의 영원하고 무한한 본질을 표현하는 한 속성을 가지는 한에 있어서이다(정리 23에 의해). 그러므로 의지는 유한한 것으로 파악되든 무한한 것으로 파악되든, 그것이 존재하고 작용하도록 결정하는 원인을 필요로 한다. 따라서 (정의 7에 의해) 의지는 자유로운 원인이라고는 불릴 수 없고, 단지 필연적 또는 강제된 원인이라고만 불릴 수 있다. Q.E.D

계 1: 이것으로부터, 첫째로, 신은 자유로운 의지에 의하여 작용하는 게 아니라는 결론이 내려진다.

계 2: 둘째로, 의지와 지성이 신의 본성과 관련되어 있는 것은 운동 및 정지, 그리고 절대적으로, 일정한 방식으로 존재하고 작용하도록 신에 의해 결정되지 않으면 안 되는 모든 자연적 사물들(정리 29에 의해)과 동일한 방식이라는 결론이 내려진다. 왜냐하면 의지는, 다른 모든 것들과 마찬가지로, 그것이 일정한 방식으로 존재하고 작용하도록 결정하는 원인을 필요로 하기 때문이다. 그리고 설혹 주어진 의지 또는 지성에서 무한히 많은 것들이 생겨날 수 있다고 할지라도, 그 때문에, 신이 의지의 자유에 의하여 활동한다고 말할 수 없는 것은, 운동 및 정지에 의하여 생겨나는 것들 때문에(왜냐하면 운동 및 정지에 의해서도 역시 무한히 많은 것들이 생겨나기 때문이다) 신이 운동 및 정지의 자유에 의하여 활동한다고 말할 수 없는 것과 같다. 그러므로 의지는 다른 자연적 사물들[자연현상들]과 똑같이 신의 본성에는 속하지 않고, 오히려 운동 및 정지, 그리고 신의 본성의 필연성에서 생겨나며 그것에 의해 일정한 방식으로 존재하고 작용하도록 결정되어 있음을 우리가 밝힌 다른 모든 것들과 동일한 방식으로 신의 본성과 관련되어 있다.

정리 33. 사물들은, 산출된 것과 다른, 어떠한 다른 방식으로도, 어떠한 다른 질서에 따라서도 산출될 수 없었다.

증명: 왜냐하면 일체의 사물은 신의 주어진 본성에서 필연적으로 생겨났으며 (정리 16에 의해), 신의 본성의 필연성으로부터 일정한 방식으로 존재하고 작용하도록 결정되었기 때문이다(정리 29에 의해). 그러므로 만일 사물들이 다른 본성을 가질 수 있거나, 또 다른 방식으로 작용하도록 결정될 수 있어서, 결국 자연의 질서가 달라졌다면, 신의 본성도 역시 현재 존재하는 것과는 다른 것이 될 수 있었다. 그런고로 (정리 11에 의해) 그 다른 본성도 역시 존재하지 않으면 안 되었고, 따라서 둘 또는 그보다 더 많은 신들이 존재할 수 있었는데, 이것은 불합리하다(정리 14의 계 1에 의해). 그러므로 사물들은 어떠한 다른 방식으로도, 어떠한 다른 질서에 따라서도 산출될 수 없었다. Q.E.D

주석 1: 이상으로 나는 사물들의 안에는 '우연적'이라고 할 만한 것이 절대적으로 아무것도 없음을 대낮의 태양보다도 더 명백하게 밝혔으므로, 이제는 우리가 '우연적'이라는 것을 어떻게 이해해야 하는지 간단히 설명하고자 한다. 그러나 그보다 먼저, '필연적'과 '불가능한'을 어떻게 이해해야 하는지 설명하겠다. 사물은 그것의 본질 또는 그것의 원인에 근거하여 '필연적'이라고 일컬어진다. 왜냐하면 사물의 존재는 그것의 본질 내지 정의로부터, 혹은 주어진 작용원인에서 필연적으로 나오기 때문이다. 또, 사물을 '불가능하다'고 하는 것도 역시 같은 이유에 의해서다. 즉 그것의 본질, 또는 정의가 모순을 포함하기 때문이든가, 또는 그러한 사물을 산출하도록 결정된 그 어떤 외적 원인도 존재하지 않기 때문이다.

 그러나 사물이 우연적이라고 불리는 것은 우리의 인식의 결함 이외의 다른 이유로 인한 것이 아니다. 즉 그 사물의 본질이 모순을 포함한다는 것을 우리가 알지 못하거나, 또는 그것의 본질이 모순을 포함하지 않음을 우리가 충분히 잘 알고 있다고 하더라도, 원인들의 연쇄가 우리에게 알려져 있지 않기 때문에, 그것의 존재에 대하여 아무것도 확실하게 단언할 수 없으면, 그 사물은 우리에게 필

제1부 신에 관하여

연적인 것으로도 불가능한 것으로도 생각되지 않으므로, 그에 따라 우리는 그것을 '우연적' 또는 '가능적'이라고 부른다.

주석 2: 앞에서 말한 것으로부터, 사물들은 주어진 가장 완전한 본성에서 필연적으로 생겨났으므로, 최고의 완전성을 가진 신에 의해 산출되었다는 결론이 내려진다. 이것은 신에게 조금도 불완전성을 선고하는 것이 아니다. 왜냐하면 신의 완전성은 우리로 하여금 이것을 단언하도록 하기 때문이다. 진실로, 반대쪽으로부터는, 내가 앞에서 밝힌 것처럼, 신이 최고의 완전이 아니라는 결론이 명백히 내려질 것이다. 왜냐하면 만일 사물들이 다른 방식으로 신에 의해 산출되었다면, 우리가 가장 완전한 절대자에 대한 고찰에 근거하여 신에게 귀속시켜야만 했던 본성과는 다른, 별개의 본성을 신에게 귀속시키지 않으면 안 되기 때문이다. 물론, 나는 많은 사람들이 이 견해를 불합리한 것으로서 거부하고 이것을 기꺼이 심사숙고하려고 하지 않음을 의심하지 않는다. 그리고 이것은 단지 그들이 우리가 말했던 것 (정의 7), 즉 절대적 의지와는 아주 다른, 별개의 자유를 신에게 귀속시키는 데에 익숙해져 있기 때문이다. 하지만 나는, 만일 그들이 문제를 숙고하고, 우리의 증명들의 연쇄를 올바르게 고찰한다면, 결국 그들은 자신들이 지금 신에게 귀속시키고 있는 그 자유를 단지 무의미한 것으로서 뿐만 아니라 학문의 중대한 장애물로서 아주 버리게 될 것임을 의심하지 않는다. 정리 17의 주석에서 내가 말한 것을 여기서 되풀이할 필요는 없다.

그러나 그들을 위해서 나는 설사 의지가 신의 본질에 속한다는 것을 인정한다고 하더라도, 신의 완전성으로부터 사물들은 다른 어떤 방식으로도 또는 다른 어떤 질서에 따라서도 신에 의해 창조될 수 없었다는 결론이 내려진다는 것을 밝힐 것이다. 이점은 우리가 다음의 것들을 고찰한다면 쉽게 밝혀질 것이다. 첫째, 그들은 스스로 각각의 사물이 현재 존재하는 것으로서 존재하는 것은 신의 결정 및 의지에만 의존함을 인정한다는 것이다. 그렇지 않으면 신은 모든 사물들의 원인이 되지 않기 때문이다. 다음으로, [그들은 스스로] 모든 신의 결정들은 영원에서부터 신 자신에 의해 확립되었음을 인정한다는 것이다. 그렇지 않으면 신에게 불완전성과 변덕을 선고하게 되기 때문이다.

  그런데 영원 안에는 '언제'라는 것이 없고, '이전'도 '이후'도 없으므로, 오직 신의 완전성으로부터만 신은 결코 다른 어떤 것도 정할 수 없고, 정할 수 없었다는 결론이, 즉 신은 자신의 결정들 이전에는 존재하지 않았으며, 그것들 없이는 존재할 수 없다는 결론이 내려진다. 그러나 그들은 이렇게 말할 것이다. '설령 신이 또 다른 자연을 만들었다고 가정하더라도, 혹은 영원에서부터 신이 자연과 그것의 질서에 관하여 다른 어떤 것을 정했다고 가정하더라도, 그로 인하여 신에게 어떤 불완전성이 생기는 것은 있을 수 없다'라고. 그러나 그들이 이렇게 말한다면, 그들은 동시에 신이 자신의 결정을 바꿀 수 있음을 인정하게 된다. 왜냐하면 만일 신이, 자연과 그것의 질서에 관하여, 자신이 정한 것과 다른 어떤 것을 정했다면, 즉 자연에 관하여 그 밖의 어떤 것을 원했고 생각했다면, 신은 필연적으로 자신이 현재 가지고 있는 것과는 다른 의지를 가졌을 것이기 때문이다. 그리고 만일 신의 본질과 완전성을 조금도 변경하지 않고 신에게 또 다른 지성과 의지를 귀속시키는 것이 허용된다면, 어찌하여 신은 지금 피조물들에 관한 자신의 결정을 바꿀 수 없으며, 그럼에도 불구하고 한결같이 완전함을 유지하는가? 왜냐하면 피조물들과 그것들의 질서에 관한 신의 지성과 의지는 신의 본질과 완전성에 관련해서 동일한 것이며, 어떠한 방식으로든 신의 지성과 의지는 파악되기 때문이다. 더욱이, 내가 아는 모든 철학자들은 신 안에는 가능적 지성이 결코 없고, 단지 현실적 지성만이 존재한다는 것을 인정한다. 그러나 그들 모두가 마찬가지로 인정하듯이, 신의 지성과 의지는 신의 본질과 구별되지 않으므로, 만일 신이 별개의 현실적 지성과 별개의 의지를 가지고 있었다면, 신의 본질도 역시 필연적으로 달라졌을 것이다. 따라서 (내가 처음에 추론한 것처럼) 만일 사물들이 현재 존재하는 것과 다르게 신에 의해 산출되었다면, 신의 지성과 의지, 즉 (일반적으로 인정하듯이) 신의 본질은 <현재 존재하는 것과> 다른 것이어야만 했는데, 이것은 불합리하다. 따라서 사물들은 어떠한 다른 방식, 다른 질서에 따라서도 신에 의해 산출될 수 없었으므로, 그리고 신의 최고의 완전성에서 이것

제1부 신에 관하여

이 참되다는 결론이 나오므로, 신이 자신의 지성 안에 있는 모든 것을 인식하면서 가지는 완전성과 동일한 완전성을 가지고 그 모든 것을 창조할 것을 원하지 않았다고 우리로 하여금 믿게 할 만한 어떠한 타당한 이유도 결코 있을 수 없다.

그러나 그들은 다음과 같이 말할 것이다. 즉 '사물 안에는 완전성도 불완전성도 없으며, 사물 안에 있는 것으로서, 그것 때문에 사물이 완전하게 되거나 불완전하게 되며, 선하다고 불리거나 악하다고 불리는 것은, 오직 신의 의지에만 의존한다'라고. 따라서 만일 신이 원했다면, 현재 완전한 것이 극히 불완전한 것이 되도록 할 수 있었을 것이며, 반대로 <현재 사물 속에서 불완전한 것이 극히 완전한 것이 되도록> 할 수도 있었을 것이다. 그러나 이것은 자신이 결의하는 것을 필연적으로 인식하는 신이 스스로의 의지에 의하여 자신이 사물들을 인식하는 방식과는 다른 방식으로 사물들을 인식하도록 할 수 있다고 공공연히 주장하는 것과 다르지 않다. 이것은, 내가 방금 밝혔듯이, 대단히 불합리하다. 그러므로 나는 그들의 논증을 반박하면서 다음과 같이 말할 수 있다. 모든 것은 신의 능력에 의존한다. 따라서 사물들이 다르게 존재하기 위해서는, 신의 의지도 필연적으로 달라져 있어야만 한다.

그러나 신의 의지는 달라져 있을 수가 없다(우리가 조금 전에 신의 완전성에 근거하여 극히 명백하게 밝힌 것처럼). 그러므로 사물들도 또한 다르게 존재할 수가 없다. 모든 것을 신의 임의로운 의지에 종속시키며, 모든 것을 신의 재량에 의존하게끔 하는 이 의견은, 신이 선을 지향하여 모든 것을 행한다고 주장하는 사람들의 의견보다는 좀 더 진리에 가깝다는 것을 나도 인정한다. 왜냐하면 후자의 이들은 신에게 의존하지 않는 어떤 것, 신이 활동 중에 모범으로 삼거나 일정한 목적으로서 지향하는 어떤 것을 신의 밖에 상정하는 것처럼 보이기 때문이다. 이것은 확실히 신을 운명에 종속시키는 것이며, 우리가 밝힌 것처럼 만물의 본질 및 존재의 제1이며 유일한 자유원인인 신에 관하여 할 수 있는 가장 불합리한 주장이다. 그러므로 나는 이러한 불합리성을 반박하는 데에 시간을 허비할 수 없다.

정리 34. 신의 능력은 신의 본질 자체이다.

증명: 왜냐하면 오로지 신의 본질의 필연성으로부터 신은 자기원인(정리 11에 의해)이며 또 모든 것의 원인(정리 16과 그것의 계에 의해)이라는 결론이 나오기 때문이다. 그러므로 신 자신과 만물이 존재하고 활동하는 데에 근거가 되는 신의 능력은 신의 본질 자체이다. Q.E.D

정리 35. 신의 능력 안에 있는 것으로 우리가 파악하는 것은 모두 필연적으로 존재한다.

증명: 왜냐하면 신의 능력 안에 있는 모든 것은 (정리 34에 의해) 신의 본질에서 필연적으로 생기도록 신의 본질에 포함되어 있지 않으면 안 되며, 따라서 필연적으로 존재하기 때문이다. Q.E.D

정리 36. 주어진 본성에서 어떤 결과가 나오지 않는 것은 아무것도 존재하지 않는다.

증명: 존재하는 모든 사물은 신의 본성 또는 본질을 일정하고 결정적인 방식으로 표현한다(정리 25의 계에 의해). 즉 (정리 34에 의해) 존재하는 모든 사물은 만물의 원인인 신의 능력을 일정하고 결정적인 방식으로 표현한다. 그러므로 (정리 16에 의해) 존재하는 모든 것에서 어떤 결과가 나오지 않으면 안 된다. Q.E.D

부록

이상으로써 나는 신의 본성과 특성들을 설명하였다. 즉 신은 필연적으로 존재한다는 것, 신은 유일하다는 것, 신은 전적으로 자신의 본성의 필연성에 의해서만 존재하고 작용한다는 것, 신은 만물의 자유원인이라는 것과 어찌하여 그러한지에 관한 것, 모든 것은 신 안에 존재하며 신 없이는 존재할 수도 파악될 수도 없을 만큼 신에게 의존한다는 것, 그리고 마지막으로, 모든 것은 신에 의해 예정되어 있는데, 의지의 자유나 절대적 재량에 의해서가 아니라, 신의 절대적 본성 또는 무한한 능력에 의해서 그러하다는 것 등을 설명하였다. 더욱이 기회가 생길 때마다 나는 나의 증명들을 이해하는 데에 방해가 될 수 있는 편견들을 제거하기 위해 노력했다. 그러나 사람들이 사물들의 연결을 내가 그것을 설명한 방식으로 이해하는 데에 커다란 장애물이었고, 지금도 장애물인 상당수의 편견들이 여전히 남아 있으므로, 여기서 그것들을 이성에 입각하여 검토해 보는 것이 가치가 있다고 생각했다. 그런데 내가 여기서 지적하려고 하는 모든 편견들은 다음의 한 편견에 근거해 있다.: 사람들은 흔히 모든 자연물이, 자신들처럼, 어떤 목적을 가지고 움직인다고 생각한다. 진실로, 그들은 신 자신이 모든 것을 어떤 일정한 목적에 맞추어 지휘하는 것이 확실하다고 주장한다. 왜냐하면 그들은 신이 인간을 위해 모든 것을 만들었으며, 인간을 창조한 것도 인간이 신을 숭배하도록 하기 위해서였다고 말하기 때문이다.

 그러므로 나는 이제 이 편견을 고찰해 보려고 한다. 첫째로, 어찌하여 대부분의 사람들이 이 편견에서 벗어나지 못하는지, 또한 어째서 모든 사람이 선천적으로 이 편견을 받아들이는 경향이 있는지 그 이유를 알아보려고 한다. 그 다음에, 나는 그것이 오류임을 밝히고, 마지막으로 이 편견으로부터, 선과 악, 공적과 죄, 칭찬과 비난, 질서와 혼란, 미와 추, 그리고 이런 종류의 다른 것들에 관한 여러 편견들이 어떻게 해서 생겼는지를 설명하려고 한다. 그러나 여기는 이러한 것들을 인간정신의 본성에서 도출하기에 적당한 곳이 아니다. 여기에서는 누구나 인정하지 않으면 안 되는 것, 즉 사람들은 모두 사물의 원인을 모르는 채로 태어난다는 것, 인간은 모두 자기의 이익을 추구하려는 욕망을 가지고 있으며, 이러한 욕망을 의식하고 있다는 것 등을 근거로 삼는 것으로 충분할 것이다. 이것으로부터, 첫째로, 인간은 자신의 의욕과 욕망을 의식하고는 있으나, 자신들로 하여금 원하고 욕구하도록 결정한 원인들을 알지 못하기에, 꿈에서조차, 그것들에 대해서는 생각하지 않음으로 인해, 자신들을 자유롭다고 생각한다는 결론이 나온다. 둘째로, 인간은 항상 목적을 위해서, 즉 자신들이 추구하는 이익을 위해서 행동한다는 결론이 나온다. 그런고로 그들은 언제나 이루어진 것의 목적원인만을 알려고 하며, 그것을 들었을 경우에는 만족해한다. 왜냐하면 그들에게는 그 이상 의심할 어떠한 이유도 없기 때문이다. 그러나 그들이 다른 사람에게서 그것을 들을 수 없을 때에는, 자신을 돌아보고서, 평소에 자신이 어떤 목적에 의하여 유사한 것을 하도록 결정되는지를 반성해볼 수밖에 없다. 따라서 그들은 필연적으로 자신의 정신에 의하여 다른 사람의 정신을 판단한다.

 더욱이, 그들은 자신의 안과 밖에서 자기의 이익을 추구하는 데에 적지 않게 도움이 되는 많은 수단들을, 예컨대, 보기 위한 눈, 씹기 위한 이, 영양을 위한 식물과 동물, 비추기 위한 태양, 물고기를 기르기 위한 바다 등을 발견하므로, <그리고 다른 거의 모든 것에 대해서도 이런 식이고, 그들은 그것들의 자연적 원인을 의심할 아무런 이유가 없으므로>, 그 결과 그들은 모든 자연물을 자신들의 이익을 위한 수단으로 간주하게 되었다. 그리고 그들은 자신들이 이러한 수단들을 발견하기는 했어도, 스스로 그것들을 산출하지는 않았다는 것을 알고 있었으므로, 자신들의 사용을 위해 그러한 수단들을 산출한 다른 어떤 것이 존재한다고 믿게 되었다. 왜냐하면 사물들을 수단으로 간주한 다음에는, 그들은 그 사물들이 스스로 만들어졌다고는 믿을 수 없었고, 오히려 그 수단들이 늘 자신들을 위해 산출되는 예에서 유추하여, 인간적 자유를 부여받은 어떤 지배자 또는 자연의 지배자들이 존재하며, 이들이 자신들을 위하여 모든 것을 배려하고, 자신들이 사용하도록 모든 것을 만들었다고 결론지을 수밖에 없었기 때문이다. 또한 그들은 이러한 지배자들의 성정에 관하여 아무것도 들어본 적이 없었으므로, 자신들의 성정에 근거하여 그것을 판단할 수밖에 없었다. 그리하여 그들은, 신들이 신들 자신을 위하여 인간에게 의무를 지우고 인간으로부터 최대로 존경받기 위해서 모든 것을 인간의 사용에 맞추어 지휘한다고 주장했다. 그래서 그들 각자는 신이 자기를 다른 사람들 이상으로 총애하고, 자기의 맹목적 욕망과 한없는 탐욕을 충족시키기 위해 전체 자연을 지휘하도록, 여러 가지의 신을 숭배하는 방식을 자신의 성정에 근거하여 생각해냈다. 그에 따라 이 편견은 미신으로 변질되었으며, 사람들의 마음속에 깊이 뿌리내리게 되었다. 이것이 그들 각자가 온갖 사물의 목적원인을 인식하고 설명하는 데에 최대의 노력을 기울인 이유였다. 그러나 그들이 자연은 쓸데없는 일(즉, 인간에게 유용하지 않은 것)을 행하지 않음을 밝히려고 애쓰는 동안, 그들은 단지 자연과 신들이 인간처럼 미쳐있음을 증명했던 것처럼 보인다. 바라건대, 사태가 결국 어떻게 되었는지 잘 보시라! 자연에 있는 그토록 많은 유익한 것들 사이에서 그들은 적지 않은 해로운 것들, 즉 폭풍우, 지진, 질병 등을 발견해야만 했다. 이것들은 그들이 주장하는 대로라면, 인간이 신들에게 행한 악행으로 인해, 혹은 인간이 경신하는 중에 범한 과실로 인해 신들<이들을 그들은 자신들과 동일한 본성을 지닌 존재로 판단한다>이 화가 났기 때문에 발생했다. 그리고 일상의 경험이 이것을 부정하고, 수많은 사례들을 통해 유익한 것과 유해한 것이 경건한 사람에게나 불경한 사람에게나 차별 없이 똑같이 발생한다는 점이 밝혀졌음에도 불구하고, 그들은 그 때문에 뿌리 깊은 편견을 버리지는 않았다. 왜냐하면 그들로서는 이것을 자신들이 이해할 수 없는, 다른 불가사의한 것들 중 하나로 간주하고, 그에 따라 자신들의 타고난 무지상태를 유지하는 편이, 전체구조를 파괴하고 새로운 구조를 안출하는 것보다 쉬웠기 때문이다. 그러므로 그들은 신들의 판단이 인간의 이해력을 훨씬 능가한다고 확신하였다. 그리고 이런 이유만으로도, 만약에 목적에는 관계하지 않고, 단지 도형의 본질과 특성들에만 관계하는 수학이 진리의 다른 규범을 제시하지 않았더라면, 진리는 영원히 인류에게 감춰져 버렸을 것이다. 그리고 수학 이외에도, 사람들<전체 인류에 비하면, 극히 소수이지만>로 하여금 이러한 공통적인 편견들을 알아차릴 수 있게 하고, 그들을 사물에 대한 참된 인식에 인도한 다른 원인들(이것들을 여기서 열거하는 것은 불필요한 일이다)도 들 수가 있다.

이상으로써 나는 첫 번째로 약속한 것을 충분히 설명했다. 자연은 아무런 정해진 목적을 갖고 있지 않다는 것, 그리고 모든 목적원인은 인간의 허구일 뿐이라는 것 등을 지금 밝히는 데는 많은 말이 필요하지 않을 것이다. 왜냐하면 이것을 나는, 내가 이 편견의 기원으로 밝힌 기초들과 원인들에 의해, 그리고 정리 16과 정리 32의 계 1 및 계 2에 의해, 또한 내가 자연에 있는 모든 것은 어떤 영원한 필연성과 최고의 완전성에 의해 생긴다는 것을 밝히면서 근거로 삼은 모든 그러한 것들[정리들]에 의해 이미 충분히 입증했다고 믿기 때문이다. 그러나 나는 목적에 관한 이 설이 자연을 전적으로 전도시킨다는 점을 덧붙이고 싶다. 왜냐하면 실제로는 원인인 것을, 그것은 결과로 여기고, 또 역으로 <결과인 것을 그것은 원인으로 여기기> 때문이다. 또 본성적으로 먼저인 것을, 그것은 뒤따르는 것으로 만든다. 그리고 마지막으로, 최고이며 가장 완전한 것을, 그것은 가장 불완전한 것으로 만든다.

왜냐하면 (앞의 두 가지는 그 자체로 명백하므로 생략하고) 정리 21, 22, 23에서 입증된 것처럼, 신에 의해 직접적으로 산출된 결과는 가장 완전하며, 사물은 그것을 산출하기 위해 필요한 중간원인들이 많으면 많을수록 그만큼 불완전하다. 그러나 만일 신에 의해 직접적으로 산출된 사물들이 신의 목적을 달성하기 위해 만들어졌다면, 그 최후의 사물들은, 그것들을 위해 처음의 것들이 만들어졌을 것[이므로], 모든 것 중에서 가장 우수한 것이 될 것이다. 또, 이 설(說)은 신의 완전성을 부정한다. 왜냐하면 만일 신이 목적을 위하여 활동한다면, 신은 필연적으로 자신에게 결핍된 어떤 것을 추구하고 있음에 틀림없기 때문이다. 그리고 신학자들과 형이상학자들은 수요의 목적과 동화의 목적을 구별하고는 있지만, 그래도 역시 그들은 신이 피조물들을 위해서가 아니라, 자기 자신을 위해서 행한다고 인정한다. 왜냐하면 창조 이전에 대해서 그들은 신을 제외하고는 신의 활동목적이었던 것을 아무것도 가리킬 수 없기 때문이다. 그러므로 신이 어떤 것을 위해서 수단을 갖추려고 했다는 것은 신이 그 어떤 것을 갖추고 있지 못하여 그것을 욕구했다는 것임을 필연적으로 인정할 수밖에 없다. 이것은 그 자체로 명백하다.

내가 여기서 못 본 체 보아 넘길 수 없는 것은, 사물들에 목적을 부여하는 일에서 자신들의 재능을 과시하고 싶어 했던 이 설의 신봉자들이, 자신들의 설을 증명하기 위해 새로운 증명방식을, 즉 불

제1부 신에 관하여

가능한 것으로의 환원이 아닌, 무지로의 환원을 도입했다는 것이다. 이것은 그들의 설을 옹호할 다른 방법이 전혀 없었음을 밝혀준다. 예컨대, 만일 지붕에서 돌 하나가 어떤 사람의 머리 위로 떨어져 그 사람이 죽었다면, 이 증명방법으로 그들은 돌이 그 사람을 죽이기 위해서 떨어졌다고 증명할 것이다. 만일 돌이 신의 의지에 따라 이러한 목적을 위해서 떨어진 것이 아니라면, 어떻게 그토록 많은 전후사정이 (왜냐하면 번번이 많은 전후사정이 일제히 일치하기 때문에) 우연히 일치할 수 있겠는가? 아마 당신은, 그 사건은 바람이 부는 때에 그 사람이 그 곳을 지나고 있었기 때문에 일어났다고 대답할 것이다. 그러나 그들은 이렇게 우길 것이다.: 왜 그 때에 바람이 불었는가? 어찌하여 그 사람이 바로 그 때에 그 곳을 지나고 있었는가? 만일 당신이 또, 그 때에 바람이 불었던 것은 전날까지도 날씨가 좋았지만 갑자기 바다가 거칠어져서이고, 그 사람은 친구의 초대를 받았기 때문이라고 대답하면, 그들은 또 우길 것이다(왜냐하면 질문에는 끝이 없으므로). 그렇지만 왜 갑자기 바다가 거칠어졌는가? 왜 그 사람이 바로 그 때에 초대를 받았는가? 이런 식으로 그들은, 당신이 신의 의지, 즉 무지의 피난처로 도피할 때까지 계속하여 원인의 원인을 캐물을 것이다. 마찬가지로, 그들은 인간 신체의 구조를 보고는 놀라며, 그러한 대단한 기교의 원인들을 모르기 때문에, 그들은 그것이 기계적 기교에 의해서가 아니라, 신적인, 또는 초자연적인 기교에 의해서 만들어지며, 한 부분이 다른 부분을 손상하지 않는 방식으로 조직되어 있다고 결론짓는다.

그러므로 기적의 참다운 원인을 탐구하며, 어리석은 사람처럼 경탄만 하지 않고 학자로서 자연적 사물을 이해하려고 하는 사람은 일반적으로 불경한 이단자로 간주되고, 보통 사람들이 자연과 신들의 해석자로서 숭배하는 사람들에게서 공공연히 비난받는다. 왜냐하면 이 사람들은 만일 무지가 없어지면, 자신들의 권위를 주장하고 방어하기 위한 유일한 수단인 어리석은 경탄도 또한 없어진다는 것을 알고 있기 때문이다. 그러나 나는 이러한 것들을 그만두고, 여기서 다루려고 했던 세 번째 부분으로 옮겨간다.

사람들은 존재하는 모든 것이 자기들을 위하여 만들어졌다고 믿은 다음에는, 각각의 사물에 대하여 자신들에게 가장 유용한 것을 요체로 판단하고, 자신들을 가장 많이 만족시키는 온갖 것들을 가장 탁월한 것으로 평가하지 않으면 안 되었다. 그리하여 그들은 사물의 본성을 설명하기 위해서 선, 악, 질서, 혼란, 따뜻함, 추움, 아름다움, 추함 등의 개념들을 형성하지 않으면 안 되었다. 그리고 그들은 자신들을 자유롭다고 생각하기 때문에, 이로부터 칭찬과 비난, 죄과와 공적 등의 개념들이 생겨났다. 후자에 대해서는 나중에 인간의 본성을 다룬 후에 설명할 것이고, 여기서는 전자에 대해 간략하게 설명하고자 한다. 건강과 신의 경배에 도움이 되는 모든 것을 사람들은 선이라고 부르며, 이에 반대되는 것을 악이라고 불렀다. 그리고 사물의 본성을 이해하지 않고 단지 사물을 표상만 하는 사람들은, 사물에 관하여 아무것도 긍정하지 않고 표상력을 지성으로 여기기 때문에, 사물 및 자신들의 본성에 대해 무지한 채로 사물 안에 질서가 있다고 굳게 믿고 있다. 왜냐하면 사물이 우리의 감각을 통하여 우리에게 나타나는 경우에, 우리가 그것을 쉽게 표상하고, 따라서 그것을 쉽사리 기억할 수 있도록 배치되어 있으면, 우리는 그것을 '잘 질서잡혀 있다'고 말하지만, 그 반대의 경우 우리는 '나쁘게 질서잡혀 있다', 혹은 '혼란스럽다'고 말하기 때문이다. 그리고 우리가 쉽게 표상할 수 있는 것들은 특히 우리를 기쁘게 하므로, 사람들은 혼란보다는 질서를 택한다(마치 질서가 우리의 표상력과의 관계에서 벗어나 자연 안에 있는 어떤 것인 것처럼). 또한 그들은 신이 모든 것을 질서 있게 창조했다고 말하면서, 자신들도 모르는 사이 신에게 표상력을 귀속시킨다(아마도, 그들이 신은 인간의 표상력을 배려하여 사람들이 사물을 아주 쉽사리 표상할 수 있도록 모든 것을 안배했다는 뜻으로 말한 게 아니라면).

그리고 아마도 그들은 우리의 표상력을 훨씬 능가하는 무한히 많은 것이 존재하며, 또한 우리의 표상력이 미약하므로 그것을 혼란시키는 대단히 많은 것이 존재한다는 사실에 구애되지 않을 것이다. 그러나 이것으로써 충분하다. 다른 개념들도 역시 표상력을 여러 가지 방식으로 자극하는 표상의 양식에 불과하다. 그런데도 무지한 사람들은 그것들을 사물의 중요한 속성으로 간주한다. 왜냐하면, 우리가 이미 말했듯이, 그들은 모든 것이 자신들을 위하여 만들어졌다고 믿으며, 어떤 사물로부터 자극을 받는 형편에 따라 그 사물의 본성을 선함 또는 악함, 신선함 또는 썩음 및 부패함이라고 말하기 때문이다. 예를 들어, 만일 눈을 통해 보이는 대상으로부터 신경이 받는 자극[운동]이 건강에 좋으면, 이것을 야기한 대상에 대해 그들은 '아름답다'고 말하며, 반대의 자극을 가하는 것에 대해서는 '추하다'고 말한다. 코를 통하여 감각을 자극하는 것들을 그들은 '향기롭다' 또는 '악취를 풍긴다'고 말하며, 혀를 통한 것들을 '달다' 또는 '쓰다', '맛있다' 또는 '맛없다'고 말하고, 또 촉각을 통한 것들을 '단단하다' 또는 '부드럽다', '거칠다' 또는 '매끄럽다' 등으로 말한다. 그리고 마지막으로 귀를 자극하는 것들을 '시끄러운 소리', '듣기 좋은 소리 또는 화음을 낸다'고 말한다. 이것들 중 화음에 대해서는 신조차도 이것을 즐긴다고 믿었을 정도로 사람들의 마음을 사로잡았다. 실제로 천체들의 운행이 화음을 발생시킨다고 확신한 철학자들도 있다.

 이 모든 것은 각자가 뇌의 상태에 따라 사물을 판단한다는 것을, 또는 각자가 자신의 표상력이 자극받는 방식을 사물 자체로 받아들인다는 것을 충분히 설명해준다. 그러므로 (참고로 주의해 두지만) 사람들 사이에서 그토록 많은 논쟁이 생기고, 그 결과로 결국 회의론이 생기는 것을 우리가 보게 되는 것은 조금도 이상한 일이 아니다. 왜냐하면 사람들의 신체는 많은 점에서 일치하면서도 많은 차이점들이 있기 때문에, 어떤 사람이 좋다고 생각하는 것을 다른 사람은 나쁘다고 생각하고, 어떤 사람에게 정연하게 보이는 것이 다른 사람에게는 난잡하게 보이며, 어떤 사람에게 유쾌한 것이 다른 사람에게는 불쾌하기 때문이다. 여기서는 더 이상 말하지 않겠다. 왜냐하면 여기는 이러한 주제에 관하여 상세히 다룰 곳이 아니고, 또한 모두가 경험을 통해 그것을 잘 알고 있기 때문이다. "머릿수만큼의 의견", "누구나 자기 나름의 관점으로는 슬기롭다", "미각의 차이만큼 두뇌도 차이가 난다" 등의 격언은 누구나 알고 있다. 이러한 격언들은, 인간이 자기의 두뇌상태에 따라 사물을 판단하며, 또한 사물을 지성적으로 인식한다기보다는 오히려 감각적으로 표상한다는 것을 밝혀준다. 왜냐하면 만일 사람들이 사물을 지성적으로 인식한다면, 수학이 증명하듯이, 그 사물은 비록 그들 모두를 매혹하지는 못할지라도 적어도 그들 모두를 납득시켰을 것이기 때문이다. 따라서 우리는, 보통의 사람들이 자연을 설명하면서 흔히 사용하는 모든 개념들은 단지 표상의 양식일 뿐 결코 사물의 본성을 나타내지는 않으며, 그저 표상의 양상을 표시할 뿐이라는 점을 안다. 그리고 그것들은 마치 표상의 외부에 따로 떨어져 존재하는 실재들인 듯한 명칭들을 갖고 있기 때문에, 나는 이것들을 이성의 유(有)가 아니라 표상의 유(有)라고 부른다. 그러므로 우리는 그러한 개념들에 기초를 두고 우리에게 주어지는 논증을 쉽사리 논박할 수가 있다. 많은 사람들은 흔히 다음과 같이 논한다. 만일 만물이 신의 가장 완전한 본성의 필연성에서 생겼다면, 자연계의 그토록 많은 불완전성은 어찌 된 일인가? 이를테면 악취를 풍기게 될 때까지의 물건의 부패, 욕지기나게 하는 물체들의 추한 형상, 혼란, 해악, 죄 등은 어찌 된 일인가? 그러나 내가 방금 말했듯이, 이에 대해서는 쉽게 반박할 수 있다. 왜냐하면 사물의 완전성은 전적으로 그 사물의 본성과 능력에 의해서만 평가되어야 하고, 따라서 사물은 인간의 감각을 즐겁게 해주거나 불쾌하게 한다는 이유로, 혹은 인간의 본성에 부합하거나 거슬린다는 이유로 더 완전하거나 덜 완전하지는 않기 때문이다. "왜 신은 모든 인간을 전적으로 이성에 의해서만 지배되는 방식으로 창조하지 않았는가?"라고 묻는 사람들에 대해서는 이렇게 답할 수밖에 없다. 왜냐하면 신에게는 완전성의 최고 정도에서 최저 정도에 이르기까지의 모든 것을 창조할 재료가 결여되어 있지 않았기 때문이다. 또는 좀 더 정확히 말하자면 신의 본성의 법칙들은 (정리 16에서 증명했듯이) 어떤 무한한 지성에 의해 파악될 수 있는 모든 것을 산출하는 데에 충분하게 포괄적이기 때문이다. 이것들이 내가 여기서 다루려고 했던 편견들이다. 만일 이런 종류의 다른 어떤 편견들이 아직도 남아 있더라도, 누구든지 조금만 숙고해보면 그것들을 바로잡을 수 있다. <그러므로 나는 이 문제에 대해 더 이상 시간을 할애할 이유가 없다.>

제2부
정신의 본성 및 기원에 대하여

 이제야 나는 신, 즉 영원하고 무한한 절대자의 본질에서 필연적으로 생겨나지 않으면 안 되는 것들에 관한 설명으로 옮겨가고자 한다. 그러나 그것들 모두에 대해서는 아니다. 왜냐하면 우리가 제1부 정리 16에서 증명했다시피, 신의 본질에서 무한히 많은 것이 무한히 많은 방식으로 생겨나지 않으면 안 되기 때문이다. 여기서는 다만 인간의 정신과 그것의 최고의 행복을 인식할 수 있도록 우리를 인도할 수 있는 것들만을 다룰 것이다.

정의

1. 물체란 신이 연장된 사물로 고찰되는 한에 있어서 신의 본질을 일정하고 결정적인 방식으로 표현하는 양태라고 나는 이해한다(제1부 정리 25의 계 참조).
2. 그것이 주어지면 어떤 사물이<도 또한> 필연적으로 정립되고 그것이 제거되면 그 사물이<도 또한> 필연적으로 없어지는 그런 것, 또는 그것이 없으면 그 사물이, 또 역으로 그 사물이 없으면 그것이, 존재할 수도 생각될 수도 없는 그런 것이 어떤 사물의 본질에 속한다고 나는 말한다.
3. 관념이란 정신이 사유하는 것이므로 형성하는 정신의 개념이라고 나는 이해한다.
해명: 나는 지각이라고 말하기보다는 오히려 개념이라고 말한다. 왜냐하면 지각이라는 말은 정신이 대상으로부터 작용을 받는 것을 나타내는 것처럼 보이지만, 그에 반하여 개념은 정신의 능동을 표현하는 것처럼 보이기 때문이다.
4. 타당한 관념이란 대상과의 관계를 떠나서 그 자체로 고찰되는

한에 있어서, 참다운 관념의 모든 특성들, 혹은 내적인 특징들을 가지고 있는 관념이라고 나는 이해한다.
해명: 외적인 것, 즉 관념과 그것의 대상과의 일치를 배제하기 위해서 나는 '내적인 특징'이라는 말을 쓴다.
5. 지속이란 존재의 무한정한 계속이다.
해명: 나는 무한정한 계속이라고 말한다. 왜냐하면 존재의 계속은 존재하는 사물의 본성 자체에 의해서는 전혀 한정될 수 없으며, 또한 그 사물의 작용원인에 의해서도 한정될 수가 없기 때문이다. 작용원인은 사물의 존재를 필연적으로 정립하지만 그것을 제거하지는 않는다.
6. 나는 실재성과 완전성을 동일한 것으로 이해한다.
7. 개개의 사물들이란 한정된 존재를 갖는 유한한 것들이라고 나는 이해한다. 만일 다수의 개물[개체]들이 모두 동시에 한 결과의 원인이 되도록 한 활동으로 협동한다면, 나는 그러한 한에 있어서, 그것들 모두를 하나의 개체로 간주한다.

공리

1. 인간의 본질은 필연적 존재를 포함하지 않는다. 즉, 이 또는 저 인간이 존재하는 것도 존재하지 않는 것도 모두 다름없이 자연의 질서에서 발생할 수가 있다.
2. 인간은 사유한다.
3. 사랑이나 욕망과 같은 사유의 양태, 또는 정신의 감정이라는 이름으로 불리는 것은 모두 동일한 개체 안에 사랑하거나 욕구하고 있는 대상의 관념이 있는 경우에만 존재할 수 있다. 그러나 관념은 어떠한 다른 사유의 양태가 없어도 존재할 수가 있다.
4. 우리는 어떠한 물체<우리의 신체>가 많은 방식으로 자극받아 변화되는 것을 느낀다.
5. 물체들과 사유의 양태들 이외에는 어떠한 개개의 사물도<혹은 소산적 자연에 속하는 어떠한 것도> 우리는 감각하거나 지각하지 않는다(정리 13 뒤의 요청을 참조하시라).

제2부 정신의 본성 및 기원에 대하여

정리 1. 사유는 신의 속성이다. 또는 신은 사유하는 것이다.

증명: 개개의 사유들, 즉 이 또는 저 사유는 신의 본성을 일정하고 결정적인 방식으로 표현하는 양태들이다(제1부 정리 25의 계에 의해). 그러므로 신에게는 (제1부 정의 5에 의해) 하나의 속성이, 즉 그것의 개념이 모든 개개의 사유에 포함되어 있으며, 그것을 통하여 모든 개개의 사유가 파악되는 그러한 속성이 속한다. 따라서 사유는 신의 영원하고 무한한 본질을 표현하는, 신의 무한한 속성들 중 하나이다(제1부 정의 6을 참조). 또는 신은 사유하는 것이다. Q.E.D

주석: 이 정리는 우리가 어떤 무한한 사유하는 존재를 생각할 수 있다는 사실에 의해서도 또한 명백하다. 왜냐하면 우리는 사유하는 존재가 보다 많은 것을 사유하면 할수록, 그것은 그만큼 많은 실재성 또는 완전성을 포함한다고 생각하기 때문이다. 그러므로 무한히 많은 것을 무한히 많은 방식으로 사유할 수 있는 존재는 필연적으로 사유하는 능력에 있어서 무한하다. 따라서 우리는 단지 사유에만 주의함으로써 무한한 존재를 생각할 수 있기 때문에, 사유는, 우리가 주장했듯이, 필연적으로 (제1부 정의 4와 6에 의해) 신의 무한한 속성들 중 하나이다.

정리 2. 연장은 신의 속성이다. 또는 신은 연장된 것이다.

증명: 이 정리의 증명은 앞의 정리의 증명과 동일한 방식으로 이루어진다.

정리 3. 신 안에는 필연적으로 신의 본질의, 더불어 신의 본질에서 필연적으로 생기는 모든 것의 관념이 존재한다.

증명: 왜냐하면 신은 (정리 1에 의해) 무한히 많은 것을 무한히 많은 방식으로 생각할 수 있거나, 혹은 (제1부 정리 16에 의해 똑같은 것이지만) 신의 본질 및 신의 본질에서 필연적으로 생겨나는 모든

것의 관념을 형성할 수 있기 때문이다. 그런데 신의 능력 안에 있는 모든 것은 필연적으로 존재한다(제1부 정리 35에 의해). 그러므로 그러한 관념은 필연적으로 존재하며, (제1부 정리 15에 의해) 오직 신 안에만 존재한다. Q.E.D.

주석: 많은 사람들은 신의 능력을 신의 자유의지나 존재하는 모든 것에 대한 신의 권능으로 이해한다. 그에 따라 모든 것은 일반적으로 우연한 것으로 간주된다. 왜냐하면 그들은 신이 모든 것을 파괴하여 무(無)로 만들 수 있는 능력을 지니고 있다고 말하기 때문이다. 또한 그들은 자주 신의 능력을 왕들의 능력과 비교한다. 그러나 우리는 이것을 제1부 정리 32의 계 1 및 2에서 반박했으며, 제1부 정리 16에서 신은 자기 자신을 인식하는 것과 동일한 필연성을 가지고 활동한다는 것을, 즉 신이 자기 자신을 인식하는 일이 신의 본성의 필연성에서 나오는 것과 같이(이것은 모든 사람이 일치하여 인정하는 것이다) 신이 무한히 많은 일을 무한히 많은 방식으로 행하는 것도 역시 동일한 필연성에서 나온다는 것을 밝혔다. 또, 우리는 제1부 정리 34에서 신의 능력은 신의 활동적 본질 이외에 아무것도 아니라는 것을 밝혔다. 그러므로 신이 활동하지 않는다고 생각하는 것은 신이 존재하지 않는다고 생각하는 것과 마찬가지로 불가능하다. 또, 만일 내가 이 문제를 한층 깊게 추구해도 좋다면, 나는 여기에서 많은 사람들이 신에게 돌리는 그 능력은 인간적인 능력(많은 사람들은 신을 인간으로, 또는 인간과 유사한 것으로 생각한다)일 뿐만 아니라, 능력의 부정도 또한 포함한다는 것을 밝힐 수 있다. 그러나 나는 동일한 논제에 대하여 그토록 자주 이야기하고 싶지 않다. 나는 다만 독자에게 제1부의 정리 16에서부터 결말에 이르기까지 이 문제에 관해 말한 것을 재삼 숙고해 주기를 부탁할 뿐이다. 왜냐하면 누구라도 신의 능력을 왕의 인간적 능력이나 권능과 혼동하지 않도록 애써 주의하지 않으면, 내가 주장하려고 하는 것을 바르게 이해할 수 없을 것이기 때문이다.

정리 4. 무한히 많은 것이 무한히 많은 방식으로 생겨나오는 신의 관념은 유일무이하다.

제2부 정신의 본성 및 기원에 대하여

증명: 무한한 지성은 신의 속성들과 신의 변용들 이외의 아무것도 파악하지 않는다(제1부 정리 30에 의해). 그런데 신은 유일하다(제1부 정리 14의 계 1에 의해). 그러므로 무한히 많은 것이 무한히 많은 방식으로 생겨나오는 신의 관념은 유일무이하다. Q.E.D

정리 5. 관념들의 형상적 존재는 신이 사유하는 존재로 고찰되는 한에 있어서만 신을 원인으로 인정하고, 신이 다른 어떤 속성에 의하여 설명되는 한에 있어서는 그렇지 않다. 즉, 신의 속성의 관념 및 개물의 관념은 대상 자체, 또는 지각된 사물을 작용원인으로 인정하지 않고, 신이 사유하는 존재인 한에 있어서, 신 자체를 작용원인으로 인정한다.

증명: 이것은 정리 3에 의해 명백하다. 우리는 거기서 신이 자기의 본질의 관념 및 그 본질에서 필연적으로 생기는 모든 것의 관념을 형성할 수 있다는 것을, 신은 자기의 관념의 대상이라는 사실로부터가 아니라, 오로지 신은 사유하는 존재라는 사실로부터만 결론지었다. 따라서 관념들의 형상적 존재는 사유하는 존재인 한에 있어서의 신을 그것의 원인으로 인정한다.

그러나 다음과 같은 다른 증명방식도 있다. 관념의 형상적 존재는 (그 자체로 명백한 것처럼) 사유의 양태이다. 즉 (제1부 정리 25의 계에 의해) 그것은 사유하는 존재인 한에 있어서의 신의 본성을 일정한 방식으로 표현하는 양태이다. 그러므로 그것은 (제1부 정리 10에 의해) 신의 다른 어떤 속성의 개념도 포함하지 않으며, 따라서 (제1부 공리 4에 의해) 사유 이외의 어떠한 다른 속성의 결과도 아니다. 그런고로 관념들의 형상적 존재는 신이 사유하는 존재로 고찰되는 한에 있어서만 신을 그것의 원인으로 인정한다. Q.E.D

정리 6. 각 속성의 양태들은 그것들이 양태로 되어 있는 속성 아래에서 신을 고찰하는 한에 있어서만 신을 그것들의 원인으로 가지며, 신이 다른 어떤 속성 아래에서 고찰되는 한에 있어서는 그렇지 않다.

증명: 왜냐하면 각각의 속성은 다른 속성의 도움 없이 그 자체로 파악되기 때문이다(제1부 정리 10에 의해). 따라서 각 속성의 양태들은 자신들의 속성의 개념을 포함하고, 다른 속성의 개념을 포함하지 않는다. 그러므로 (제1부 공리 4에 의해) 양태들은 자신들이 양태로 되어 있는 속성 아래에서 신을 고찰하는 한에 있어서만 신을 자신들의 원인으로 가지며, 신이 다른 어떤 속성 아래에서 고찰되는 한에 있어서는 그렇지 않다. Q.E.D

계: 이것으로부터 다음과 같은 결론이 내려진다.: 사유의 양태가 아닌 사물의 형상적 존재는 신이 그 사물을 미리 인식했기 때문에 신의 본성에서 생기는 것이 아니다. 오히려 관념의 대상은 우리가 밝힌 것처럼 관념이 사유의 속성에서 생기는 것과 동일한 방식으로 그리고 동일한 필연성에 의해 나오고 도출된다.

정리 7. 관념들의 질서 및 연결은 사물들의 질서 및 연결과 동일하다.

증명: 이것은 제1부 공리 4에 의해 명백하다. 왜냐하면 결과로서 생긴 각 사물의 관념은 그 결과에 대응하는 원인의 인식에 의존하기 때문이다.

계: 이것으로부터 다음과 같은 결론이 나온다.: 신의 사유하는 <현실적> 능력은 신의 활동하는 현실적 능력과 같다. 즉 신의 무한한 본성에서 형상적으로 발생하는 모든 것은 신의 관념에서 동일한 질서에 따라서 그리고 동일한 연결을 가지고 신 안에 상념적으로 발생한다.

주석: 앞으로 더 나아가기 전에, 우리는 여기서 내가 앞에서<제1부에서> 밝혔던 것을 생각해내지 않으면 안 된다. 즉 무한한 지성에 의하여 실체의 본질을 구성하고 있다고 지각될 수 있는 일체의 것은 오직 유일한 실체에 속하고, 따라서 사유하는 실체와 연장된 실체는 하나의 동일한 실체이며, 그것이 때로는 이 속성 아래에, 또 때로는 저 속성 아래에 파악된다는 것을 나는 밝혔다. 마찬가지로 연장의 양태와 그 양태의 관념은 하나의 동일한 것이되, 두 가지

제2부 정신의 본성 및 기원에 대하여

방식으로 표현된다. 이것은 몇몇 유대인들이 신과 신의 지성, 그리고 신에 의해 인식된 것들이 동일하다고 주장했을 때 흐리마리 알았던 것처럼 보인다. 예컨대, 자연 안에 존재하는 원과, 신 안에도 있는, 그 존재하는 원의 관념은 하나로서 동일한 것이며, 그것이 상이한 속성에 의해 설명된다. 그러므로 우리가 자연을 연장의 속성 아래에서 생각하든, 혹은 사유의 속성 아래에서 생각하든, 또는 다른 어떤 속성 아래에서 생각하든, 우리는 동일한 질서, 또는 원인들의 동일한 연결을, 다시 말해서 동일한 사물들이 서로 잇달아 일어나는 것을 발견할 것이다. 내가 앞에서, 신은 오직 사유하는 것인 한에 있어서만, 예컨대, 원의 관념의 원인이며, 또 오직 연장된 것인 한에 있어서만 원의 원인이라고 말한 이유는 이것, 즉 원의 관념의 형상적 존재는 그것의 가장 가까운 원인으로서의 사유의 다른 양태에 의해서만 지각될 수 있으며, 이 양태는 또 다른 것에 의하여 지각되고, 이처럼 무한히 이어진다는 것 때문이다. 따라서 사물들이 사유의 양태들로 고찰되는 한, 우리는 전체 자연의 질서, 또는 원인들의 연결을 오직 사유의 속성에 의해서만 설명하지 않으면 안 된다. 또, 사물들이 연장의 양태들로 고찰되는 한에 있어서, 전체 자연의 질서는 오직 연장의 속성에 의해서만 설명되지 않으면 안 된다. 나는 다른 속성에 대해서도 마찬가지로 이해한다. 그러므로 실제로 신은, 무한한 속성들로 이루어져 있는 한에 있어서, 그 자체 안에 있는 그대로의 사물의 원인이다. 나는 현재로서는 이것을 더 이상 명료하게 설명할 수가 없다.

정리 8. 존재하지 않는 개물 또는 양태의 관념은 개물 또는 양태의 형상적 본질이 신의 속성 안에 내포되어 있는 것과 같은 방식으로 신의 무한한 관념 안에 포함되어 있지 않으면 안 된다.

증명: 이 정리는 앞의 정리에 의해 명백하지만, 앞의 주석에 의해 더욱 명확하게 이해된다.
계: 이것으로부터 다음과 같은 결론이 나온다. 개물이 신의 속성 안에 포함되어 있는 한에 있어서만 존재하는 동안, 개물의 관념적 존

재 또는 관념은 신의 무한한 관념이 존재하는 한에 있어서만 존재한다. 그리고 개물이 신의 속성 안에 포함되어 있는 한에 있어서뿐만 아니라, 지속한다고 일컬어지는 한에 있어서도 존재한다고 일컬어지는 때에는, 그것의 관념도 역시 지속한다고 일컬어지는 존재를 내포한다.

주석: 만일 누군가 이 문제를 한층 더 명료하게 이해하기 위해서 예를 구한다고 해도, 내가 여기서 말하고 있는 것은 비슷한 것이 없기 때문에 이것을 적절하게 설명하는 어떠한 예도 나는 들 수가 없다. 그렇지만 나는 가능한 한 이 문제를 설명해 보려고 한다.

원은 그 안에서 교차하는 모든 직선의 선분들로 이루어지는 직사각형들이 서로 같다는 본성이 있다. 그러므로 원 안에는 서로 같은 무한히 많은 직사각형들이 포함되어 있다. 그러나 그것들 중 어느 하나라도 원이 존재하는 한에 있어서가 아니면 존재한다고 일컬어질 수가 없다. 또한 이러한 사각형들의 관념들 중 어느 것도 그것이 원의 관념 안에 포함되어 있는 한에 있어서가 아니면 존재한다고 일컬어질 수 없다. 지금 무한히 많은 직사각형들 중에서 단지 둘만, 즉 선분 D와 E로 인해 만들어지는 직사각형들만 존재한다고 가정하자. 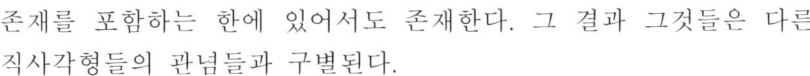 그렇게 하면 그것들의 관념도 역시 단지 원의 관념 안에 포함되어 있는 한에 있어서 뿐만 아니라, 그 직사각형들의 존재를 포함하는 한에 있어서도 존재한다. 그 결과 그것들은 다른 직사각형들의 관념들과 구별된다.

정리 9. 현실적으로 존재하는 개물[개체]의 관념은 신이 무한한 한에 있어서가 아니라, 신이 현실적으로 존재하는 다른 개물의 관념으로 변용해 있는 한에 있어서 신을 원인으로 가지며, 이 관념도 역시 신이 다른 제3의 관념으로 변용해 있는 한에 있어서 신을 원인으로 가지고, … 이렇게 무한히 이어진다.

증명: 현실적으로 존재하는 개물의 관념은 사유의 개별적인 양태이

며, 다른 양태들과는 구별된다(정리 8의 계와 주석에 의해). 그러므로 (정리 6에 의해) 그것은 신이 사유하는 존재인 한에 있어서만 신을 원인으로 가진다. 그러나 (제1부 정리 28에 의해) 신이 절대적으로 사유하는 존재인 한에 있어서가 아니라, 오히려 신이 다른 <유한한> 사유의 양태로 변용해 있다고 고찰되는 한에 있어서 그러하다. 그리고 이 사유의 양태도 신이 다른 <유한한 사유의 양태>로 변용해 있는 한에 있어서 신을 원인으로 가지며, 이렇게 무한히 이어진다. 그런데 관념들의 질서 및 연결은 (정리 7에 의해) 원인들의 질서 및 연결과 동일하다. 따라서 개개의 관념은 다른 관념, 즉 다른 관념으로 변용해 있다고 고찰되는 한에 있어서의 신을 원인으로 가지며, 이 관념도 다른 관념으로 변용해 있는 한에 있어서의 신을 원인으로 삼고, … 이처럼 무한히 이어진다. Q.E.D

계: 각각의 관념의 개개의 대상 안에 일어나는 것은 모두 신이 그 대상의 관념을 가지고 있는 한에 있어서만 신 안에 그것의 인식이 있다.

증명: 각각의 관념의 대상 안에 일어나는 것은 모두 신 안에 그것의 관념이 있지만 (정리 3에 의해), 이는 신이 무한한 한에 있어서가 아니라, 신이 다른 개물의 관념으로 변용해 있다고 고찰되는 한에 있어서이다(정리 9에 의해). 그러나 관념들의 질서 및 연결은 (정리 7에 의해) 사물들의 질서 및 연결과 동일하다. 그러므로 각각의 대상 안에서 일어나는 것의 인식은 신이 그 대상의 관념을 가지고 있는 한에 있어서만 신 안에 있을 것이다. Q.E.D

정리 10. 인간의 본질에는 실체의 유(有)가 속하지 않는다. 즉 실체는 인간의 형상을 구성하지 않는다.

증명: 실체의 유는 필연적 존재를 포함한다(제1부 정리 7에 의해). 그러므로 만일 인간의 본질에 실체의 유가 속한다면, 실체가 주어질 경우에 인간도 필연적으로 주어질 것이다(정의 2에 의해). 따라서 인간도 필연적으로 존재할 것이다. 이것은 (공리 1에 의해) 부조리하다. Q.E.D.

주석: 이 정리는 제1부 정리 5에 의해서도 증명된다. 말하자면 동일한 본성을 가진 두 실체는 존재할 수 없다. 그런데 다수의 인간이 존재할 수 있기 때문에, 인간의 형상을 구성하는 것은 실체의 유가 아니다. 더욱이 이 정리는 실체의 다른 특성들에 의해서, 즉 실체는 본성상 무한하고 불변이며 불가분적이라는 것 등에 의해서 명백하다. 이것은 누구라도 쉽게 알 수 있는 것이다.

계: 이것으로부터 인간의 본질은 신의 속성들의 일정한 변형들로 구성되어 있다는 결론이 나온다.

증명: 왜냐하면 실체의 유는 인간의 본질에 속하지 않기 때문이다(정리 10에 의해). 그러므로 인간은 신 안에 있으며 (제1부 정리 15에 의해), 신 없이는 존재할 수도 생각될 수도 없는 어떤 것이다. 또는 인간은 신의 본성을 어떤 일정하고 결정적인 방식으로 표현하는 변용 또는 양태이다(제1부 정리 25의 계에 의해).

주석: 신 없이는 아무것도 있을 수 없고 또 생각될 수도 없다는 것을 누구나 확실히 인정해야만 한다. 왜냐하면 신은 만물의 본질 및 존재의 유일한 원인이라는 것, 즉 신은 사물들의 생성에 관해서뿐만 아니라 유에 관해서도 사물들의 원인이라는 것을 모든 사람이 인정하기 때문이다. 그러나 동시에 많은 사람들은 어떤 것이 없으면 한 사물이 존재할 수도 생각될 수도 없는 그런 어떤 것이 그 사물의 본질에 속한다고 말한다. 그러므로 그들은 신의 본성이 피조물의 본질에 속한다고 믿거나, 혹은 피조물이 신 없이도 존재할 수 있거나 생각될 수 있다고 믿는다. 그렇지 않다면 그들은 일관된 견해를 갖고 있지 않은 것이 거의 확실하다. 이렇게 된 원인은 내가 생각하기에 그들이 철학적 탐구의 적당한 순서를 지키지 않았다는 데 있다. 왜냐하면 신의 본성은 인식에 있어서나 본성에 있어서나 최초의 것이므로 다른 무엇보다도 먼저 고찰해야 할 것인데도, 그들은 그것을 인식의 순서에서 최후의 것이라고 믿었으며, 또한 감각의 대상들이라 불리는 것들을 모든 것에 앞서 있는 것으로 믿었기 때문이다. 그리하여 그들은 자연물을 고찰함에 있어서 신의 본성에 대해서는 철저히 무시하게 되었다. 그리고 나중에 신의 본성을 고찰하는 데 마음을 썼을 때에, 그들은 처음에 자연물을 인식하

면서 기초로 삼았던 허구들 이상으로는 조금도 생각할 수 없었다. 왜냐하면 그러한 허구들은 신의 본성을 인식하는 데 전혀 도움이 되지 못했기 때문이다. 그러므로 그들이 도처에서 모순에 빠진 것은 조금도 이상한 일이 아니다.

그러나 나는 이 문제를 더 이상 다루지 않겠다. 왜냐하면 여기서의 나의 의도는 단지 내가 왜 어떤 그것 없이는 그 사물이 존재할 수도 생각될 수도 없는 것이 어떤 사물의 본질에 속한다고 말하지 않았는가에 대한 이유를 제시하는 것이다. 왜냐하면 개개의 사물들은 신 없이는 존재할 수도 생각될 수도 없지만, 신은 그것들의 본질에 속하지 않기 때문이다. 그러나 나는 어떤 사물의 본질은, 어떤 그것이 주어지면 그 사물이 정립되고, 그것이 제거되면 그 사물도 없어지는 것, 즉 그것 없이는 그 사물이 존재할 수도 생각될 수도 없으며, 반대로 그 사물 없이는 그것이 존재할 수도 생각될 수도 없는 그러한 것으로 필연적으로 구성되어 있다고 말했다.

정리 11. 인간 정신의 현실적 유(有)를 구성하는 최초의 것은 단지 현실적으로 존재하는 어떤 개물의 관념일 뿐이다.

증명: 인간의 본질은 (정리 10의 계에 의해) 신의 속성의 일정한 양태들로, 즉 (공리 2에 의해) 사유의 양태들로 구성되어 있다. 이 모든 양태들 중에서 (공리 3에 의해) 관념이 본성상 앞이며, 관념이 주어지면 다른 양태들(이것들에 대해 관념이 본성상 앞선다)은 동일한 개체 안에 존재하지 않으면 안 된다(공리 3에 의해). 그러므로 관념은 인간정신의 유(有)를 구성하는 최초의 것이다. 그러나 그것은 존재하지 않는 사물의 관념은 아니다. 왜냐하면 그 경우 (정리 8의 계에 의해) 관념 자체가 존재한다고 일컬어질 수 없었기 때문이다. 그러므로 그것은 현실적으로 존재하는 사물의 관념이다. 그러나 그것은 무한한 사물의 관념이 아니다. 왜냐하면 무한한 사물은 (제1부 정리 21과 22에 의해) 항상 필연적으로 존재하지 않으면 안 되기 때문이다. 그러나 (공리 1에 의해) 이것은 불합리하다. 그러므로 인간 정신의 현실적 유를 구성하는 최초의 것은 현실적으로 존재하

는 개물의 관념이다. Q.E.D

계: 이것으로부터 인간의 정신은 신의 무한한 지성의 일부라는 결론이 내려진다. 그러므로 우리가 인간의 정신이 이것 또는 저것을 지각한다고 말할 때, 우리는 단지 신이 무한한 한에 있어서가 아니라, 인간 정신의 본성에 의해 설명되는 한에 있어서, 즉 신이 인간 정신의 본질을 구성하는 한에 있어서, 이런 관념 또는 저런 관념을 가진다고 말하고 있는 것에 불과하다. 그리고 우리가 신이 인간 정신의 본성을 구성하는 한에 있어서만이 아니라, 인간 정신과 동시에 다른 사물의 관념도 가지는 한에 있어서 이런 관념 또는 저런 관념을 가진다고 말하는 경우에, 우리는 인간의 정신이 사물을 부분적으로 또는 불충분하게 지각한다고 말하는 것이 된다.

주석: 여기서 독자들은 틀림없이 망설이면서 많은 생각을 하고 주저하게 될 것이다. 이런 이유로 나는 독자들이 나와 함께 천천히 한 걸음 한 걸음 나아가서 끝까지 다 읽을 때까지는 판단을 보류해 주기를 부탁한다.

정리 12. 인간의 정신을 구성하는 관념의 대상 안에서 일어나는 모든 것은 인간의 정신에 의하여 지각되지 않으면 안 된다. 또는 정신 안에 그 사물의 관념이 필연적으로 존재할 것이다. 즉 인간의 정신을 구성하는 관념의 대상이 신체라면, 그 신체 안에서는 정신에 의해 지각되지 않는 그 어떤 일도 일어날 수 없을 것이다.

증명: 왜냐하면 관념의 대상 안에서 일어나는 모든 것은, 신이 그 대상의 관념으로 변용했다고 고찰되는 한에 있어서, 즉 (정리 11에 의해) 신이 어떤 사물의 정신을 구성하는 한에 있어서, 필연적으로 신 안에 그것에 대한 인식이 있다(정리 9의 계에 의해). 그러므로 인간의 정신을 구성하는 관념의 대상 안에서 일어나는 모든 것은, 신이 인간 정신의 본성을 구성하는 한에 있어서, 필연적으로 신 안에 그것에 대한 인식이 있다. 즉 (정리 11의 계에 의해) 그 사물에 대한 인식은 필연적으로 정신 안에 있을 것이다. 또는 정신은 그것

제2부 정신의 본성 및 기원에 대하여

을 지각한다. Q.E.D.
주석: 이 정리는 이 부의 정리 7의 주석에 의해서도 명백하며, 더욱 명확하게 이해된다. 그곳을 참조하시라.

정리 13. 인간의 정신을 구성하는 관념의 대상은 신체이다. 즉 현실적으로 존재하는 어떤 일정한 연장의 양태이다. 그리고는 다른 아무것도 아니다.

증명: 왜냐하면 만일 신체가 인간 정신의 대상이 아니라면, 신체 변용의 관념은 (정리 9의 계 1에 의해) 신이 우리의 정신을 구성하는 한에 있어서는 신 안에 없고, 신이 다른 것의 정신을 구성하는 한에 있어서는 신 안에 있을 것이기 때문이다. 즉 (정리 11의 계에 의해) 신체 변용의 관념이 우리의 정신 안에 없을 것이기 때문이다. 그러나 (공리 4에 의해) 우리는 신체 변용의 관념을 가지고 있다. 그러므로 인간의 정신을 구성하는 관념의 대상은 신체이며, 그것도 (정리 11에 의해) 현실적으로 존재하는 신체이다.

다음으로, 만일 신체 이외에도 또 다른 정신의 대상이 있다면, 어떤 결과를 발생시키지 않는 것은 아무것도 없으므로 (제1부 정리 36에 의해), 그 대상에서 생기는 어떤 결과의 관념이 필연적으로 우리의 정신 안에 있지 않으면 안 된다(정리 12에 의해). 그러나 (공리 5에 의해) 그러한 관념은 아무것도 없다. 그런고로 우리의 정신의 대상은 존재하고 있는 신체이며, 다른 아무것도 아니다.
계: 이것으로부터, 인간은 정신과 신체로 구성되어 있으며, 인간의 신체는 우리가 그것을 느끼는 대로 존재한다는 결론이 내려진다.
주석: 이러한 것들로부터 우리는 인간의 정신이 신체와 하나로 결합되어 있음을 알 뿐만 아니라, 정신과 신체의 합일을 어떻게 이해해야 할지에 대해서도 알게 된다. 그러나 누구든지 먼저 우리의 신체의 본성을 충분하게 인식하지 못한다면, 이 합일을 충분하게 또는 명확하게 이해할 수 없을 것이다. 왜냐하면 우리가 여태까지 밝힌 것들은 아주 일반적이며, 인간과 마찬가지로 다른 개체들에도 적용되고, 그 모든 개체는 비록 정도의 차이는 있을지라도, 정신을

가지고 있기 때문이다. 왜냐하면 모든 사물에 대하여 필연적으로 신 안에 관념이 있으며, 그 관념은 인간 신체의 관념과 같은 방식으로 신을 원인으로 하기 때문이다. 따라서 우리가 인간 신체의 관념에 대하여 말한 것은 모두 각 사물의 관념에 대해서도 필연적으로 말해야 하는 것이 된다.

하지만 우리가 부정할 수 없는 것은, 관념들은 그것들의 대상과 마찬가지로 서로 다르다는 것, 그리고 어떤 관념의 대상이 다른 관념의 대상보다 더 우수하고 보다 많은 실재성을 내포함에 따라서 그 관념도 다른 관념보다 더 우수하고 보다 많은 실재성을 내포한다는 것이다. 그러므로 인간의 정신이 다른 정신들과 어떻게 다른지, 인간의 정신이 어떤 점에서 다른 정신들을 능가하는지 결정하기 위해서, 우리는 (이미 말했듯이) 그것의 대상의 본성을, 즉 인간 신체의 본성을 인식해야 한다. 그러나 여기서 이러한 본성을 설명할 수는 없으며, 또 그것은 내가 증명하려고 하는 점들을 위해 꼭 필요한 것도 아니다. 나는 다만 일반적인 사항 몇 가지를 말해두려고 한다. 어떤 신체가 동시에 많은 방식으로 작용을 하거나 또는 작용을 받는 데에 다른 신체들보다 더 유능할수록, 그것의 정신도 동시에 많은 것을 지각하는 데 다른 정신들보다 그만큼 더 유능하다. 그리고 어떤 신체의 활동이 그 신체에만 의존하는 것이 많고, 다른 신체들이 그것과 함께 공동으로 활동하는 것이 적으면 적을수록, 그것의 정신은 명확하게 인식하는 데에 더욱더 유능하다. 이것으로부터 우리는, 다른 정신들을 능가하는 한 정신의 우수성을 알아볼 수 있고, 더욱이 왜 우리가 우리의 신체에 대하여 매우 혼란된 인식만을 갖고 있는지에 관한 이유와, 내가 다음에 이러한 기초로부터 이끌어내려고 하는 다른 많은 사실들을 알 수 있다. 그런고로 나는 이러한 것들을 더욱 상세하게 설명하고 증명하는 것이 가치 있는 일이라고 생각했다. 그 일을 위해서는 물체들의 본성에 관하여 약간의 전제가 필요하다.

공리 1. 모든 물체는 운동하고 있거나 또는 정지해 있다.
공리 2. 각각의 물체는 어떤 때는 느리게, 어떤 때는 빠르게 움직

제2부 정신의 본성 및 기원에 대하여

인다.

보조정리 1. 물체들은 운동과 정지, 빠름과 느림에 관해서는 서로 구별되지만, 실체에 관해서는 구별되지 않는다.

증명: 나는 이 보조정리의 처음 부분을 자명하다고 생각한다. 물체들이 실체에 관해서 서로 구별되지 않는다는 것은, 제1부 정리 5 및 정리 8에 의해 명백하지만, 제1부 정리 15의 주석에서 논한 것들에 의하면 훨씬 더 명료하다.

보조정리 2. 모든 물체는 어떤 점에 있어서 일치한다.

증명: 왜냐하면 모든 물체는 동일한 속성의 개념을 포함한다는 점에서 (정의 1에 의해) 일치하기 때문이다. 또한 그것들은 어떤 때는 느리게, 어떤 때는 빠르게 움직일 수 있다는 점에서, 그리고 일반적으로 어떤 때는 운동하고, 어떤 때는 정지할 수 있다는 점에서도 일치한다.

보조정리 3. 운동하고 있거나 또는 정지해 있는 물체는 다른 물체에 의해 운동 또는 정지로 결정되어야 하며, 이 후자도 마찬가지로 다른 물체에 의해 운동 또는 정지로 결정되었다. 그리고 그 물체도 다른 물체에 의해 …. 이렇게 무한히 이어진다.

증명: 물체들은 운동 및 정지에 관하여 서로 구별되는 (보조정리 1에 의해) 개물들이다(정의 1에 의해). 그러므로 각각의 물체는 (제1부 정리 28에 의해) 필연적으로 다른 개물에 의해, 즉 운동하고 있거나 정지해 있는 (공리 1에 의해) 다른 물체에 의해 (정리 6에 의해) 운동 또는 정지로 결정되지 않으면 안 된다. 그러나 이 후자도 역시 (똑같은 논법에 의해) 다른 물체에 의해 운동 또는 정지로 결정되지 않았다면 운동이나 정지를 할 수 없었다. 그리고 이것도 또 (동일한 논법에 의해) 다른 물체에 의해…. 이렇게 무한히 이어진

다. Q.E.D

계: 이것으로부터 나오는 결론은 이러하다. 즉, 운동하고 있는 물체는 다른 물체에 의해 정지하도록 결정될 때까지는 운동을 하며, 정지해 있는 물체도 다른 물체에 의해 운동하도록 결정될 때까지는 그대로 정지해 있다. 이것은 그 자체로도 명백하다. 왜냐하면 내가, 예컨대, 어떤 물체 A가 정지해 있다고 가정하고, 운동하고 있는 다른 물체들에는 전혀 주의하지 않는다면, 나는 물체 A에 관하여 그것이 정지해 있다는 것 이외에는 아무것도 말할 수 없기 때문이다. 만일 그 후에 물체 A가 운동하는 일이 일어난다면, 그것은 확실히 물체 A가 정지해 있었다는 사실로부터는 일어날 수 없었다. 왜냐하면 그 사실로부터는 물체 A가 정지해 있어야 한다는 것 이외의 다른 아무것도 나올 수가 없었기 때문이다. 반대로, 만일 A가 운동하고 있다고 가정하면, 우리가 A에만 주의하는 동안, 우리는 그것에 관하여 그것이 운동하고 있다는 것 이외에는 아무것도 단언할 수 없다. 만일 그 후에 물체 A가 정지해 있어야 하는 일이 발생한다면, 그것은 확실히 A가 가지고 있던 운동으로부터는 발생할 수 없었다. 왜냐하면 그 운동으로부터는 A가 운동하고 있다는 것 이외의 다른 아무것도 나올 수가 없었기 때문이다. 그러므로 그것은 A 안에 없던 사물에 의해, 즉 <운동하고 있는 물체 A를> 정지하도록 결정한 외부의 원인에 의해 일어난다.

공리 1. 어떤 물체가 다른 물체에 의해 움직여지는 일체의 방식은 움직여지는 물체의 본성에서와 동시에 움직이게 하는 물체의 본성에서 생긴다. 그러므로 동일한 물체를 움직이게 하는 물체들의 본성이 상이함에 따라서 그 동일한 물체는 여러 가지 방식으로 움직일 수가 있고, 반대로 상이한 물체들은 동일한 물체에 의해 여러 가지 방식으로 움직여질 수 있다.

공리 2. 운동하고 있는 물체가 정지해 있는 다른 물체와 충돌하여 그것을 움직이게 할 수 없을 때, 그것은 되튕겨서 자신의 운동을 계속한다.

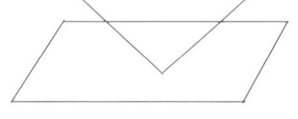

그리고 되튕기는 운동의 선이 충돌한 정지 물체의 평면과 이루는 각도는 부딪치는 운동의 선이 동일한 평면과 이루는 각도와 같을 것이다.

지금까지 우리는 가장 단순한 물체들에 대해서, 즉 단지 운동 및 정지, 빠름과 느림에 의해서만 구별되는 물체들에 대해서 논했다. 이제 우리는 복합된 물체들로 옮겨가자.

정의: 크기가 같거나 다른 약간의 물체들이 다른 물체들로부터 압력을 받아 서로 접합할 때, 혹은 약간의 물체들이 같거나 또는 다른 속도로 운동하면서 자신들의 운동을 서로 어떤 일정한 비율로 전달할 때, 우리는 그러한 물체들이 서로 합일되어 있다고 말하며, 또 그 모든 것들이 다함께 하나의 물체 또는 하나의 개체를 형성하고 있다고 말한다. 이 물체 또는 개체는 물체들의 이러한 합일에 의해 다른 물체들과 구별된다.

공리 3. 개체 또는 복합된 물체의 부분들은 보다 크거나 보다 작은 표면을 가지고 서로 접합함에 따라서 자신들의 위치를 바꾸도록 강제되는 것이 그만큼 어렵게 되거나 또는 쉽게 된다. 따라서 개체 자체가 다른 형상을 취하게 되는 것도 그만큼 어렵게 되거나 또는 쉽게 된다. 그런고로 나는, 그 부분들이 큰 표면을 가지고 서로 접합하는 물체를 '단단하다'고 부를 것이며, 그 부분들이 작은 표면을 가지고 서로 접합하는 물체를 '물렁하다'고 부를 것이다. 마지막으로 그 부분들이 이리저리 운동 중인 물체를 '유동적'이라고 부를 것이다.

보조정리 4. 만일 다수의 물체들로 구성되어 있는 한 물체 또는 한 개체에서 몇 개의 물체가 분리됨과 동시에 동일한 본성을 갖는 같은 수의 다른 물체들이 그 자리를 대신한다면, 그 <물체 또는> 개체는 형태를 전혀 바꾸지 않고, 여전히 자신의 본성을 유지할 것이다.

증명: 왜냐하면 물체들은 실체에 관해서는 구별되지 않기 때문이다 (보조정리 1에 의해). 그런데 개체의 형태를 구성하는 것은 <오직> (앞의 정의에 의해) 물체들의 합일에 있다. 그러나 이 합일은 (가정에 의해) 구성 물체들의 끊임없는 변화에도 불구하고 유지된다. 그러므로 개체는 실체 및 양태에 관해서, 여전히, 자신의 본성을 유지할 것이다. Q.E.D

보조정리 5. 만일 개체를 이루는 부분들이 모두 상호간의 운동과 정지의 방식을 이전처럼 유지할 수 있는 관계 속에서 보다 커지거나 보다 작아진다면, 그 개체도 역시 아무런 형태의 변화 없이, 이전처럼, 자신의 본성을 유지할 것이다.

증명: 이것의 증명은 앞의 보조정리의 그것과 같다.

보조정리 6. 만일 개체를 구성하는 어떤 물체들이 어떤 쪽을 향하여 가지는 운동을 다른 쪽으로 바꾸도록 강제되고, 그럼에도 불구하고 그 운동을 계속하고 또한 그 운동을 이전과 동일한 방식으로 서로 전달할 수 있다면, 그 개체 또한 아무런 형태의 변화 없이 자신의 본성을 유지할 것이다.

증명: 이것은 그 자체로 명백하다. 왜냐하면, 가정에 의하면, 그 개체는 우리가 그것을 정의하면서 개체의 형태를 구성하는 것으로 말한 모든 것을 유지하고 있기 때문이다. <보조정리 4의 앞에 있는 정의를 참조하시라>

보조정리 7. 그 밖에도, 이렇게 복합된 개체는 전체적으로 운동하고 있든 정지하고 있든, 혹은 이 방향 또는 저 방향으로 운동하고 있든, 각각의 부분이 자신의 운동을 유지하며, 그것을, 이전과 같이, 다른 부분들에 전달하기만 한다면, 자신의 본성을 유지한다.

제2부 정신의 본성 및 기원에 대하여

증명: 이것도 역시 보조정리 4의 정의에 의해 명백하다.

주석: 이로써 우리는 어떻게 해서 복합된 개체가 많은 방식으로 작용을 받으면서도 그것의 본성을 보존할 수 있는지 안다. 지금까지 우리는 운동과 정지, 빠름과 느림에 의해서만 서로 구별되는 물체들로만 구성되어 있는 개체, 즉 가장 단순한 물체들로 구성되어 있는 개체를 생각했다. 그러나 이제 본성이 다른 다수의 개체들로 구성되어 있는 다른 개체를 생각한다면, 그 개체는 다른 수많은 방식으로 작용을 받으면서도 자신의 본성을 보존할 수 있음을 우리는 발견할 것이다. 왜냐하면 그것의 각 부분은 다수의 물체들로 구성되어 있으므로, 각 부분은 (보조정리 7에 의해) 개체의 본성을 전혀 변화시키지 않고, 어떤 때는 느리게 어떤 때는 빠르게 운동하며, 따라서 자신의 운동을 다른 부분들에 빠르게 또는 느리게 전달할 수 있기 때문이다.

 그런데 만일 우리가 이러한 제2의 종류의 개체로 구성된 제3의 종류의 개체를 생각한다면, 우리는 그러한 개체가, 자신의 형태를 전혀 변화시키지 않고, 다른 많은 방식으로 작용받을 수 있음을 발견할 것이다. 그리고 만일 우리가 이렇게 무한히 나아간다면, 우리는 전체 자연이 하나의 개체이며, 그것의 부분들, 즉 모든 물체들이, 전체로서의 개체에는 아무런 변화도 초래하지 않고, 무한히 많은 방식으로 변화하는 것을 쉽게 생각할 수 있다.

 만일 나의 의도가 물체에 관하여 전문적으로 논하는 데 있었다면, 나는 이것들을 더욱 상세하게 설명하고 증명해야만 했다. 그러나 내가 이미 말했듯이 나의 의도는 다른 데 있었고, 내가 이것들을 다루었던 것은 단지 내가 증명하려고 했던 것을 그것들로부터 쉽게 이끌어낼 수 있다는 점 때문이었다.

요청

1. 인간의 신체는 본성을 달리하는 수많은 개체들로 구성되어 있으며, 그 개체들 하나하나 역시 극히 복잡하다.
2. 인간의 신체를 구성하는 개체들 중 어떤 것은 유동적이며, 어떤

것은 물렁하고, 마지막으로 어떤 것을 단단하다.
3. 인간의 신체를 구성하는 개체들, 따라서 인간의 신체 자체는 외부의 물체들로부터 매우 많은 방식으로 자극받아 변화된다.
4. 인간의 신체는 자신을 유지하기 위해 극히 많은 다른 물체들을 필요로 하며, 그것들에 의해, 말하자면, 끊임없이 재생된다.
5. 인간 신체의 유동적 부분이 다른 물렁한 부분에 자주 부딪치도록 외부의 물체에 의해 결정된다면, 유동적 부분은 물렁한 부분의 표면을 변화시키고, 그러한 움직임을 불러일으킨 외부의 물체의 어떤 흔적들을 물렁한 부분에 새긴다.
6. 인간의 신체는 외부의 물체들을 극히 많은 방식으로 움직일 수 있으며, 매우 많은 방식으로 정리할 수 있다.

정리 14. 인간의 정신은 극히 많은 것을 지각할 수 있으며, 이러한 능력은 인간의 신체가 보다 많은 방식으로 영향을 받을 수 있음에 따라 그만큼 커진다.

증명: 왜냐하면 인간의 신체는 (요청 3과 6에 의해) 극히 많은 방식으로 외부의 물체들로부터 자극받아 변화되며, 또한 매우 많은 방식으로 외부의 물체들을 자극하여 변화시키도록 조직되어 있기 때문이다. 그러나 인간의 정신은 인간의 신체 안에서 일어나는 모든 것을 지각하지 않으면 안 된다(정리 12에 의해). 그러므로 인간의 정신은 극히 많은 것을 지각할 수 있으며, 이러한 능력은 <인간 신체의 능력이 커짐에 따라> 그만큼 커진다. Q.E.D

정리 15. 인간 정신의 형상적 유를 구성하는 관념은 단순한 것이 아니라, 지극히 많은 관념들로 구성되어 있다.

증명: 인간 정신의 형상적 유를 구성하는 관념은 신체의 관념이며 (정리 13에 의해), 이 신체는 (요청 1에 의해) 다수의 극히 복잡한 개체들로 구성되어 있다. 그런데 신체를 구성하는 각각의 개체에 대하여 필연적으로 신 안에 관념이 있다(정리 8의 계에 의해). 그러

므로 (정리 7에 의해) 인간 신체의 관념은 신체를 구성하는 부분들에 대한 이러한 많은 관념들로 구성되어 있다. Q.E.D

정리 16. 인간의 신체가 외부의 물체들로부터 자극받아 변화되는 각각의 방식의 관념은 인간 신체의 본성과 동시에 외부 물체의 본성을 포함하지 않으면 안 된다.

증명: 어떤 물체가 자극받아 변화되는 일체의 방식은 자극받아 변화되는 물체의 본성과 동시에 자극하여 변화시키는 물체의 본성에서 생긴다(보조정리 3의 계의 뒤에 있는 공리 1에 의해). 그러므로 이러한 방식들의 관념은 (제1부 공리 4에 의해) 필연적으로 양쪽의 물체의 본성을 포함한다. 따라서 인간의 신체가 외부의 물체로부터 자극받아 변화되는 각각의 방식의 관념은 인간 신체와 외부 물체의 본성을 포함한다. Q.E.D

계 1: 이것으로부터 첫째로, 인간의 정신은 자기 신체의 본성과 더불어 극히 많은 물체의 본성을 지각한다는 결론이 나온다.
계 2: 둘째로, 우리가 외부의 물체에 대해 가지는 관념은 외부 물체의 본성보다도 우리 신체의 상태를 보다 많이 나타낸다. 이것을 나는 제1부의 부록 속에서 여러 예를 들어 설명하였다.

정리 17. 만일 인간의 신체가 어떤 외부 물체의 본성을 포함하는 방식으로 자극받아 변화된다면, 인간의 정신은 신체가 그 외부 물체의 존재 또는 현존을 배제하는 변용으로부터 자극받아 변화될 때까지는, 그 물체를 현실적으로 존재하는 것으로서, 혹은 자기에게 있어 현재적인 것으로서 고찰할 것이다.

증명: 이것은 명백하다. 왜냐하면 인간의 신체가 그와 같이 자극받아 변화되는 동안, 인간의 정신은 (정리 12에 의해) 신체의 이 변용을 고찰할 것이기 때문이다. 즉 (정리 16에 의해) 정신은 현실적으로 존재하는 방식에 대하여 외부 물체의 본성을 포함하는 관념을, 즉 외부 물체의 존재 또는 현존을 배제하지 않고 정립하는 관념을

가질 것이다. 따라서 정신은 (정리 16의 계 1에 의해) 신체가 외부 물체의 존재 또는 현존을 배제하는 변용으로부터 자극받아 변화될 때까지는, 외부의 물체를 현실적으로 존재하는 것으로서, 또는 현재적인 것으로서 고찰할 것이다. Q.E.D

계: 인간의 신체를 한 때 자극하여 변화시켰던 외부의 물체가 지금은 존재하지 않거나 현존하지 않더라도, 정신은 그것들을 마치 현존하는 것처럼 고찰할 수 있을 것이다.

증명: 인간 신체의 유동적 부분이 물렁한 부분에 자주 부딪치도록 외부의 물체에 의해 결정되면, 물렁한 부분의 표면은 변화한다(요청 5에 의해). 그 결과 유동적 부분은 물렁한 부분의 표면으로부터 이전과는 다른 방식으로 튀어서 되돌아온다(보조정리 3의 계의 다음에 있는 공리 2를 참조). 그리고 나중에 유동적 부분이 변화된 표면에 자발적 운동으로 부딪치면, 유동적 부분은 전에 외부의 물체들에 의해 물렁한 부분의 표면에 부딪칠 때와 같은 방식으로 튀어서 되돌아온다. 따라서 그것은 튀어서 되돌아오는 운동을 계속하는 동안은 동일한 방식으로 인간의 신체를 자극하여 변화시킨다. 이 자극에 대해 정신은 (정리 12에 의해) 다시금 생각할 것이다. 즉 (정리 17에 의해) 정신은 또다시 외부의 물체를 현존하는 것으로서 고찰할 것이다. 이러한 일은 인간 신체의 유동적 부분이 자발적 운동으로 물렁한 부분의 표면에 부딪칠 때마다 일어날 것이다. 그러므로 인간 신체를 한 때 자극하여 변화시켰던 외부의 물체가 지금은 존재하지 않더라도, 정신은 신체의 이러한 활동이 반복될 때마다 외부의 물체를 현존하는 것으로서 고찰할 것이다. Q.E.D

주석: 그러므로 우리는 자주 일어나는 것처럼 지금은 존재하지 않는 것을 현존하는 것으로 고찰하는 일이 어떻게 일어날 수 있는지를 안다. 그런데 이것은 다른 원인에 의해서도 일어날 수가 있다. 그러나 여기서는 마치 내가 참된 원인에 의해 그것을 증명한 것처럼 한 원인에 의해 그것을 설명할 수 있음을 보여주는 것으로 나에게는 충분하다. 하지만 나는 참된 원인에서 멀리 떨어져 있다고는 생각하지 않는다. 왜냐하면 내가 채택한 모든 요청은 경험에 의해 입증되지 않은 것을 거의 포함하지 않으며, 인간의 신체는 우리가

제2부 정신의 본성 및 기원에 대하여

그것을 느끼는 대로 존재한다는 것을 밝힌 이상, 우리는 경험에 대해 의심할 수 없기 때문이다(정리 13 다음의 계를 참조).

게다가 우리는 (정리 17의 계와 정리 16의 계 2에 의해) 예를 들어 베드로의 정신의 본질을 구성하는 베드로의 관념과, 다른 사람, 예컨대 바울 안에 있는 베드로의 관념 사이에 어떤 차이가 있는지 명료하게 이해할 수 있다. 왜냐하면 전자는 베드로의 신체의 본질을 직접적으로 설명하며, 베드로가 존재하는 동안 이외에는 존재를 포함하지 않기 때문이다. 그러나 후자는 베드로의 본성보다는 바울의 신체의 상태를 더 많이 나타내며 <정리 16의 계 2 참조>, 따라서 바울의 신체의 상태가 지속하는 동안, 바울의 정신은, 베드로가 이미 존재하지 않을지라도, 베드로를 자신에게 있어 현존하는 것으로서 고찰할 것이다.

다음으로, 보통 사용되는 말을 보존하기 위해서, 인간 신체의 변용(이것의 관념이 외부의 물체를 우리에게 있어 현존하는 것으로 나타낸다)은 비록 사물의 형태를 재현하지는 않지만, 우리는 그것을 '사물의 심상'이라고 부를 것이다. 그리고 정신이 이런 식으로 물체들을 생각할 때, 우리는 정신이 [사물을] 표상한다고 말할 것이다.

그리고 여기서, 나는 오류에 대한 분석을 시작하기 위해, 특히 언급해두고 싶은 것이 있다. 그것은, 정신의 표상은 그 자체로 보면 아무런 오류도 포함하고 있지 않다는 것, 또는 정신이 사물을 표상한다고 해서 오류를 범하는 것이 아니고, 단지 정신이 자신에게 있어 현존하는 것으로 표상하는 사물에 대하여 그것의 존재를 배제하는 관념을 결여하고 있다고 고찰되는 한에 있어서만 잘못을 저지른다는 것이다. 왜냐하면 만일 정신이 존재하지 않는 사물을 자신에게 있어 현존하는 것으로 표상하는 동안에, 그와 동시에 그 사물이 실제로 존재하지 않음을 알고 있었다면, 정신은 확실히 표상하는 이 능력을 결점으로 여기지 않고 자기 본성의 장점으로 생각했을 것이기 때문이다. 특히 이 표상능력이 정신의 본성에만 의존했다면, 즉, (제1부 정의 7에 의해) 정신의 표상능력이 자유자재였다면 더욱 그러했을 것이다.

정리 18. 만일 인간의 신체가 한 때 둘 또는 그보다 많은 물체들로부터 동시에 자극받아 변화되었다면, 정신은 나중에 그것들 중의 하나를 표상할 때 곧바로 다른 것까지도 상기할 것이다.

증명: 정신이 어떤 물체를 표상하는 이유는, (앞의 계에 의해) 인간 신체의 일부가 외부 물체 자체로부터 작용받을 때 인간의 신체가 자극받아 변화되는 것과 같은 방식으로, 인간의 신체가 외부 물체의 인상으로부터 자극받아 변화되기 때문이다. 그러나 (가정에 의하면) 신체는 그 때에 정신이 동시에 두 물체를 표상하는 그러한 상태에 처해 있었다. 그러므로 정신은 지금도 역시 두 물체를 동시에 표상할 것이다. 그리고 정신은 그 중의 하나를 표상할 때 즉시 다른 것도 또한 상기할 것이다.

주석: 이것으로부터 우리는 기억이란 무엇인지를 뚜렷하게 이해하게 된다. 왜냐하면 그것은 인간 신체의 외부에 있는 사물들의 본성을 포함하는 관념들의 어떤 연결일 뿐이기 때문이다. 이러한 연결은 인간 신체의 변용들의 질서 및 연결에 따라서 정신 안에 생긴다. 나는 첫째로, 그것은 단지 인간 신체의 외부에 있는 사물들의 본성을 포함하는 관념들의 연결이지, 그 사물들의 본성을 설명하는 관념들의 연결이 아니라는 것을 말해둔다. 왜냐하면 그것은 사실 (정리 16에 의해) 인간 신체의 변용의 관념이며, 이 관념은 인간 신체의 본성과 외부 물체의 본성을 포함하기 때문이다. 나는 둘째로, 이 연결은 인간 신체의 변용들의 질서 및 연결에 따라서 생긴다고 말한다. 왜냐하면 이 연결을 지성의 질서에 따라 생기는 관념들의 연결과 구별하려고 하기 때문이다. 이 지성의 관념들의 연결에서 정신은 사물을 그것의 제일원인에 의하여 지각하며, 이 지성의 관념들의 연결은 모든 인간에게 있어 동일하다. 그리고 이것으로부터 우리는 왜 정신이 한 사물의 사유에서 즉시 그것과 아무런 유사성이 없는 다른 사물의 사유로 옮겨가는지를 뚜렷이 이해하게 된다. 예를 들어, 로마인은 포뭄[사과]이라는 단어의 사유에서 곧바로 어떤 과일의 사유로 옮겨갈 것이다. 이 과일은 그 발음된 음성과는 아무런 유사성도 공통점도 없다. 단지 동일한 사람의 신체가 이 둘

로부터 자주 <동시에> 자극받아 변화된 것에 불과하다. 즉 그 사람이 그 과일을 보면서 포품이라는 단어를 자주 들었던 것에 불과하다. 그리고 이런 식으로 각자는 자신의 습관이 사물의 심상을 신체 안에 질서잡아 놓은 데 따라서 하나의 사유에서 다른 사유로 옮겨갈 것이다. 예컨대, 군인은 모래에 새겨진 말의 발자국을 보자마자 즉시 말의 사유에서 기사의 사유로, 그리고 그것으로부터 전쟁 등의 사유로 옮겨갈 것이다. 그러나 농부는 말의 사유에서 쟁기의 사유로, 그 다음에는 논밭 등의 사유로 옮겨갈 것이다. 따라서 각자는, 자신이 사물의 심상을 이 방식 또는 저 방식으로 결합하고 연결하는 데에 습관화되어 있음에 따라서 하나의 사유에서 다른 사유로 옮겨갈 것이다.

정리 19. 인간의 정신은 신체가 자극받아 변화된 변용의 관념을 통해서만 인간의 신체 자체를 인식하며 또 그것이 존재하는 것을 안다.

증명: 왜냐하면 인간의 정신은 인간 신체의 관념 자체 또는 인식이며 (정리 13에 의해), 이 관념 또는 인식은 신이 다른 개물의 관념으로 변용해 있다고 고찰되는 한에 있어서 신 안에 있기 때문이다 (정리 9에 의해). 바꾸어 말하면 (요청 4에 의해) 인간의 신체는 말하자면 끊임없이 재생되면서 극히 많은 다른 물체들을 필요로 하기 때문에, 또한 관념들의 질서 및 연결은 원인들의 질서 및 연결과 동일하기 때문에 (정리 7에 의해), 이 관념은 신이 극히 많은 개물들의 관념들로 변용해 있다고 고찰되는 한에 있어서 신 안에 있을 것이다. 그러므로 신은 인간의 정신의 본성을 구성하는 한에 있어서가 아니라, 극히 많은 다른 관념들로 변용해 있는 한에 있어서, 인간 신체의 관념을 가지거나, 또는 인간의 신체를 인식한다. 즉 (정리 11의 계에 의해) 인간의 정신은 인간의 신체를 인식하고 있지 않다. 그러나 신체 변용의 관념은 신이 인간 정신의 본성을 구성하는 한에 있어서 신 안에 있다. 즉 인간의 정신은 그와 같은 변용을 지각한다(정리 12에 의해). 따라서 인간의 정신은 (정리 16에

의해) 인간의 신체 자체를 지각하며, 더욱이 현실적으로 존재하는 것으로서 지각한다(정리 17에 의해). 그러므로 그러한 한에 있어서만, 인간의 정신은 인간의 신체 자체를 지각한다. Q.E.D

정리 20. 인간의 정신에 대해서도 신 안에 관념 또는 인식이 있다. 이 관념 또는 인식은 인간의 신체에 대한 관념 또는 인식과 같은 방식으로 신 안에 생기며, 또 같은 방식으로 신에게 귀속된다.

증명: 사유는 신의 속성이다(정리 1에 의해). 그러므로 사유와 사유의 변용들에 대하여(정리 3에 의해), 따라서 인간의 정신에 대해서도 (정리 11에 의해) 필연적으로 신 안에 관념이 존재해야만 한다. 다음으로, 정신에 대한 이러한 관념 또는 인식은 신이 무한한 한에 있어서가 아니라, 신이 다른 개물의 관념으로 변용해 있는 한에 있어서 신 안에 있다(정리 9에 의해). 그러나 관념들의 질서 및 연결은 원인들의 질서 및 연결과 동일하다(정리 7에 의해). 그러므로 정신에 대한 이 관념 또는 인식은 신체에 대한 관념 또는 인식과 같은 방식으로 신 안에 생기며, 신에게 귀속된다. Q.E.D

정리 21. 정신의 이 관념은 정신 자체가 신체와 합일해 있는 것과 같은 방식으로 정신과 합일하여 있다.

증명: 우리는 신체가 정신의 대상이라는 사실로부터 정신이 신체와 합일해 있다는 것을 밝혔다(정리 12와 13 참조). 그러므로 이와 동일한 논법에 의해 정신의 관념은 정신 자체가 신체와 합일해 있는 것과 같은 방식으로 그것의 대상과, 즉 정신 자체와 합일해 있지 않으면 안 된다. Q.E.D
주석: 이 정리는 정리 7의 주석 속에서 말한 것에 의해 한층더 명료하게 이해된다. 왜냐하면 거기서 우리는 신체의 관념과 신체, 즉 (정리 13에 의해) 정신과 신체는 동일한 개체로서, 어떤 때는 사유의 속성 아래에서 또 어떤 때는 연장의 속성 아래에서 생각된다는

제2부 정신의 본성 및 기원에 대하여

것을 밝혔기 때문이다. 따라서 정신의 관념과 정신 자체는 동일물이며, 그것이 동일한 속성, 즉 사유의 속성 아래에서 생각된다. 말하건대, 정신의 관념과 정신 자체는 동일한 사유능력으로부터 동일한 필연성에 의해 신 안에 생긴다. 왜냐하면 사실상 정신의 관념, 즉 관념의 관념은 관념이 그것의 대상과의 관계를 떠나서 사유의 양태로 고찰되는 한에 있어서 관념의 형상일 뿐이기 때문이다. 왜냐하면 어떤 사람이 어떤 것을 알게 되면, 바로 그 사실에 의해 그는 자신이 그것을 안다는 것을 알며, 동시에 자신이 그것을 안다는 것을 알고 있음을 알며…. 이렇게 무한히 이어지기 때문이다. 그러나 이 문제는 나중에 다룰 것이다.

정리 22. 인간의 정신은 신체의 변용뿐만 아니라 이 변용의 관념도 지각한다.

증명: 변용의 관념의 관념은 변용의 관념 자체와 같은 방식으로 신 안에 생기며, 같은 방식으로 신에게 귀속된다. 이것은 정리 20과 같은 방식으로 증명될 수 있다. 그러나 신체의 변용의 관념은 인간의 정신 안에 (정리 12에 의해), 즉 신이 인간 정신의 본질을 구성하는 한에 있어서 신 안에 있다(정리 11의 계에 의해). 그러므로 관념의 관념은, 신이 인간 정신의 인식 또는 관념을 가지는 한에 있어서, 신 안에 있을 것이다. 즉 (정리 21에 의해) 그것은 인간의 정신 자체 안에 있을 것이다. 따라서 인간의 정신은 신체의 변용뿐만 아니라, 그것의 관념도 지각한다. Q.E.D

정리 23 정신은, 신체의 변용의 관념을 지각하는 한에 있어서만, 자기 자신을 인식한다.

증명: 정신에 대한 관념 또는 인식은 (정리 20에 의해) 신체에 대한 관념 또는 인식과 같은 방식으로 신 안에 생기며, 같은 방식으로 신에게 귀속된다. 그러나 (정리 19에 의해) 인간의 정신은 인간의 신체 자체를 인식하고 있지 않으므로, 즉 (정리 11의 계에 의해)

인간 신체에 대한 인식은 신이 인간 정신의 본성을 구성하는 한에 있어서 신에게 귀속되지 않으므로, 정신에 대한 인식도 신이 인간 정신의 본질을 구성하는 한에 있어서는 신에게 귀속되지 않는다. 그러므로 (다시 정리 11의 계에 의해) 그러한 한에 있어서 인간의 정신은 자기 자신을 인식하고 있지 않다.

다음으로 신체가 자극받아 변화된 변용의 관념은 인간 신체 자체의 본성을 포함한다(정리 16에 의해). 즉 그것은 (정리 13에 의해) 정신의 본성과 일치한다. 따라서 이 관념에 대한 인식은 필연적으로 정신에 대한 인식을 포함할 것이다. 그런데 (정리 22에 의해) 이 관념에 대한 인식은 인간의 정신 자체 안에 있다. 그러므로 인간의 정신은, 그러한 한에 있어서만, 자기 자신을 인식한다. Q.E.D

정리 24. 인간의 정신은 인간 신체를 구성하는 부분들에 대한 타당한 인식을 포함하고 있지 않다.

증명: 인간의 신체를 구성하는 부분들은 그것들이 자신들의 운동을 어떤 일정한 방식으로 서로 전달하는 한에 있어서만 신체 자체의 본질에 속하며 (보조정리 3의 계의 뒤에 있는 정의 참조), 그것들이 개체들로서 인간의 신체와 무관하게 고찰될 수 있는 한에 있어서는 신체의 본질에 속하지 않는다. 왜냐하면 인간 신체의 부분들은 (요청 1에 의해) 매우 복잡한 개체들이며, (보조정리 4에 의해) 신체의 본성과 형태를 전혀 바꾸지 않고 인간의 신체로부터 분리될 수도 있고, 자신들의 운동을 상이한 방식으로 다른 물체에 전달할 수도 있기 때문이다(보조정리 3의 뒤에 있는 공리 1 참조). 그러므로 (정리 3에 의해) 각 부분에 대한 관념 또는 인식은 신 안에 있을 터이지만, 그것은 신이 자연의 질서에 있어서 그 부분 자체에 앞서는 (정리 7에 의해) 다른 개물의 관념으로 변용해 있다고 고찰되는 한에 있어서 그러하다(정리 9에 의해). 인간의 신체를 구성하는 개체의 각 부분에 대해서도 같은 말을 할 수가 있다. 따라서 인간 신체를 구성하는 각 부분에 대한 인식은, 신이 오직 인간 신체의 관념만을, 즉 (정리 13에 의해) 인간 정신의 본성을 구성하는 관념만을

가지고 있는 한에 있어서가 아니라, 신이 대단히 많은 사물들의 관념들로 변용해 있는 한에 있어서 신 안에 있다. 그런고로 (정리 11의 계에 의해) 인간의 정신은 인간 신체를 구성하는 부분들에 대한 타당한 인식을 포함하고 있지 않다. Q.E.D

정리 25. 인간 신체의 각각의 변용의 관념은 외부 물체에 대한 타당한 인식을 포함하고 있지 않다.

증명: 외부의 물체가 인간의 신체에 대해 어떤 일정한 방식으로 영향을 미치는 한에 있어서 인간 신체의 변용의 관념은 외부 물체의 본성을 포함한다는 것을 우리는 밝혔다(정리 16에 의해). 그러나 외부의 물체가 인간의 신체와 관계없는 개체인 한에 있어서, 그것에 대한 관념 또는 인식은 신이 본성상 외부의 물체 자체에 앞서는 (정리 7에 의해) 다른 사물의 관념으로 변용해 있다고 고찰되는 한에 있어서 신 안에 있다(정리 9에 의해). 그러므로 외부 물체에 대한 타당한 인식은 신이 인간 신체의 변용의 관념을 가지고 있는 한에 있어서는 신 안에 없다. 즉 인간 신체의 변용의 관념은 외부 물체에 대한 타당한 인식을 포함하고 있지 않다. Q.E.D

정리 26. 인간의 정신은 자기 신체의 변용의 관념을 통해서만 외부의 물체를 현실적으로 존재하는 것으로서 지각한다.

증명: 만일 인간의 신체가 어떤 외부의 물체로부터 어떤 방식으로도 자극받아 변화되지 않는다면, 인간 신체의 관념도 (정리 7에 의해), 즉 (정리 13에 의해) 인간의 정신도 역시 어떠한 방식으로도 그러한 물체의 존재의 관념으로부터 영향 받지 않는다. 즉 인간정신은 그러한 물체의 존재를 어떤 방식으로도 지각하지 않는다. 그러나 인간의 신체가 어떤 방식으로 외부 물체로부터 자극받아 변화되는 한에 있어서, 인간의 정신은 (정리 16 및 정리 16의 계 1에 의해) 외부의 물체를 지각한다. Q.E.D

계: 인간의 정신은, 외부의 물체를 표상하는 한에 있어서, 그것에

대한 타당한 인식을 갖지 않는다.

증명: 인간의 정신이 자기 신체의 변용의 관념에 의해 외부의 물체를 생각할 때, 우리는 정신이 그것을 표상한다고 말한다(정리 17의 주석 참조). 게다가 정신은 다른 방식으로는 (정리 26에 의해) 외부의 물체들을 현실적으로 존재하는 것으로서 표상할 수 없다. 따라서 (정리 25에 의해) 정신은, 외부의 물체를 표상하는 한에 있어서, 그것에 대한 타당한 인식을 갖지 않는다. Q.E.D

정리 27. 인간 신체의 각각의 변용의 관념은 인간 신체 자체에 대한 타당한 인식을 포함하고 있지 않다.

증명: 인간 신체의 각각의 변용의 관념은 인간 신체 자체가 어떤 일정한 방식으로 자극받아 변화되어 있다고 고찰되는 한에 있어서 인간 신체의 본성을 포함하고 있다(정리 16 참조). 그러나 인간의 신체가 다른 많은 방식으로 자극받아 변화될 수 있는 개체인 한에 있어서, 그것에 대한 관념은…. 정리 25의 증명을 참조하시라.

정리 28. 인간 신체의 변용의 관념은, 단지 인간의 정신에만 관계되어 있는 한에 있어서, 뚜렷 명확한 것이 아니고 혼란한 것이다.

증명: 왜냐하면 인간 신체의 변용의 관념은 외부 물체의 본성과 함께 인간 신체의 본성을 포함하고 있기 때문이다(정리 16에 의해). 게다가 그것은 인간 신체의 본성뿐만 아니라 신체의 부분들의 본성도 포함하지 않으면 안 된다. 왜냐하면 변용은 인간신체의 부분들이, 따라서 신체 전체가 자극받아 변화되는 방식이기 때문이다(요청 3에 의해). 그러나 (정리 24와 25에 의해) 외부 물체에 대한 타당한 인식 및 인간 신체를 구성하는 부분들에 대한 타당한 인식은, 신이 인간의 정신으로 변용해 있다고 고찰되는 한에 있어서는 신 안에 없고, 신이 다른 많은 관념들로 변용해 있다고 고찰되는 한에 있어서 신 안에 있다. 그러므로 이 변용의 관념은, 단지 인간의 정신에

만 관계되어 있는 한에 있어서, 전제가 없는 결론과 같은 것이다. 즉 (그 자체로 명백한 것처럼) 그것은 혼란한 관념이다. Q.E.D.

주석: 인간 정신의 본성을 구성하는 관념이 그 자체로만 고찰될 때는 뚜렷 명확한 것이 아니라는 것은 똑같은 방식으로 증명된다. 인간 정신의 관념과 인간 신체의 변용의 관념의 관념도 단지 인간의 정신에만 관계되어 있는 한에 있어서 그러하다. 이것은 누구나 쉽사리 알 수 있는 것이다.

정리 29. 인간 신체의 어떠한 변용의 관념의 관념도 인간의 정신에 대한 타당한 인식을 포함하고 있지 않다.

증명: 왜냐하면 인간 신체의 변용의 관념은 (정리 27에 의해) 신체 자체에 대한 타당한 인식을 포함하고 있지 않거나, 또는 그것의 본성을 타당하게 표현하지 않기 때문이다. 즉 (정리 13에 의해) 인간 신체의 변용의 관념은 정신의 본성과 타당하게 일치하지 않는다. 그러므로 (제1부 공리 6에 의해) 이 관념의 관념은 인간 정신의 본성을 타당하게 표현하지 않거나, 또는 그것에 대한 타당한 인식을 포함하고 있지 않다. Q.E.D

계: 이것으로부터 나오는 결론은 이러하다. 즉 인간 정신은 사물을 자연의 공통적 질서에 따라서 지각할 때, 자기 자신에 대해서도, 자기의 신체에 대해서도, 외부의 물체들에 대해서도 타당한 인식을 가지고 있지 않고 단지 혼란스럽고 단편적인 인식만을 가지고 있다. 왜냐하면 정신은 신체의 변용의 관념을 지각하는 한에 있어서만 자기 자신을 인식하기 때문이다(정리 23에 의해). 그러나 정신은 신체의 변용의 관념 자체를 통해서만 자기의 신체를 지각하며 (정리 19에 의해), 또한 마찬가지로 이 변용의 관념 자체를 통해서만 외부의 물체들을 지각한다(정리 26에 의해). 따라서 정신은 이러한 관념들을 가지고 있는 한에 있어서는 자기 자신에 대해서도 (정리 29에 의해), 자기의 신체에 대해서도 (정리 27에 의해), 외부의 물체들에 대해서도 (정리 25에 의해) 타당한 인식을 가지고 있지 않고, 단지 (정리 28과 그것의 주석에 의해) 혼란스럽고 단편적인 인식만

을 가지고 있다. Q.E.D

주석: 분명히 말하건대, 정신이 사물을 자연의 공통적 질서에 따라 지각할 때, 즉 외부로부터 결정되어 사물들과 우연히 접촉함으로써 이것 또는 저것을 생각할 때, 정신은 자기 자신에 대해서도, 자기의 신체에 대해서도, 외부의 물체들에 대해서도 타당한 인식을 갖지 못하고, 단지 혼란스러운 <그리고 단편적인> 인식만을 가진다. 이와 반대로 내부로부터 결정되어 여러 사물들을 동시에 고려함으로써 그것들의 일치점, 차이점, 반대점을 인식할 때는 그렇지 않다. 왜냐하면 정신이 내부로부터 이런 저런 방식으로 결정될 때에, 정신은 사물들을 뚜렷하고 명확하게 고찰하기 때문이다. 이 점에 대해서는 나중에 설명할 것이다.

정리 30. 우리는 우리의 신체의 지속에 대해서 아주 타당하지 못한 인식만을 가질 수밖에 없다.

증명: 우리의 신체의 지속은 신체의 본질에 의존하지 않으며 (공리 1에 의해), 신의 절대적 본성에도 의존하지 않는다(제1부 정리 21에 의해). 오히려 신체는 (제1부 정리 28에 의해) <다른> 원인들에 의해 존재하고 작용하도록 결정되며, 이 원인들도 역시 다른 원인들에 의해 일정하고 결정적인 방식으로 존재하고 작용하도록 결정되고, 또 이것들도 다른 원인들에 의해…, 이렇게 무한히 이어진다. 그러므로 우리의 신체의 지속은 자연의 공통적 질서와 천지만물의 구조에 의존한다. 그러나 천지만물이 어떻게 조직되어 있는가에 대한 타당한 인식은, 신이 만물의 관념을 갖고 있는 한에 있어서 신 안에 있으며, 신이 인간신체의 관념만을 갖고 있는 한에 있어서는 신 안에 없다(정리 9의 계에 의해). 그러므로 우리의 신체의 지속에 대한 인식은 신이 단지 인간의 정신의 본성을 구성한다고 고찰되는 한에 있어서, 신 안에서 아주 타당하지 못하다. 즉 (정리 11의 계에 의해) 이 인식은 우리의 정신 안에서 아주 타당하지 못하다. Q.E.D

정리 31. 우리의 외부에 있는 개물들의 지속에 대해서 우리는 아

제2부 정신의 본성 및 기원에 대하여

주 타당하지 못한 인식만을 가질 수밖에 없다.

증명: 왜냐하면 각각의 개물은 인간의 신체와 마찬가지로 다른 개물에 의해 존재하고 작용하도록 일정하고 결정적인 방식으로 결정되지 않으면 안 되기 때문이다. 그리고 이 후자도 또한 다른 것에 의해 존재하고 작용하도록…, 이렇게 무한히 이어진다(제1부 정리 28에 의해). 그러나 우리는 앞의 정리에서 우리가 우리 신체의 지속에 대해서 아주 타당하지 못한 인식만을 가질 수밖에 없음을 개물들의 이러한 공통적 특성에 의해 증명하였다. 그러므로 개물들의 지속에 관해서도 우리는 동일한 결론을 끌어내야 한다. 즉 우리는 개물들의 지속에 대해서 아주 타당하지 못한 인식만을 가질 수밖에 없다. Q.E.D

계: 이것으로부터 나오는 결론은 이러하다. 즉 모든 개물은 우연적이며 소멸가능하다. 왜냐하면 우리는 개물들의 지속에 대하여 전혀 타당한 인식을 가질 수 없으며 (정리 31에 의해), 우리가 사물들의 우연성과 소멸 가능성을 말하면서 의미해야 하는 것은 그러한 것이기 때문이다(제1부 정리 33의 주석 참조). 왜냐하면 이것 이외에는 우연적인 것이 있을 수 없기 때문이다(제1부 정리 29에 의해).

정리 32. 모든 관념은, 신에 관계되어 있는 한에 있어서, 참이다.

증명: 왜냐하면 신 안에 있는 모든 관념은 그것의 대상과 완전히 일치하기 때문이다(정리 7의 계에 의해). 그러므로 (제1부 공리 6에 의해) 그것들은 모두 참이다. Q.E.D

정리 33. 관념 안에는 그것이 허위라고 불릴 만한 아무런 적극적인 것도 존재하지 않는다.

증명: 이것을 부정하는 사람은, 만일 가능하다면 오류 또는 허위의 형상을 구성하는 어떤 적극적인 사유의 양태를 생각해보라. 이러한 사유의 양태는 신 안에 있을 수가 없다(정리 32에 의해). 그러나 그

것은 신의 밖에서는 존재할 수도 파악될 수도 없다(제1부 정리 15에 의해). 따라서 관념 안에는 그것이 허위라고 불릴 만한 아무런 적극적인 것도 있을 수 없다. Q.E.D

정리 34. 우리 안에서 절대적인, 즉 타당하고 완전한 관념은 모두 참이다.

증명: 우리 안에 타당하고 완전한 관념이 있다고 우리가 말할 때, 우리는 (정리 11의 계에 의해) 신이 우리의 정신의 본질을 구성하는 한에 있어서 신 안에 타당하고 완전한 관념이 있다고 말하고 있는 것일 뿐이며, 따라서 우리는 (정리 32에 의해) 그러한 관념이 참이라고 말하고 있는 것에 지나지 않는다. Q.E.D

정리 35. 허위[오류]는 타당하지 못한 관념, 즉 단편적이고 혼란스러운 관념이 포함하는 인식의 결핍에 있다.

증명: 관념 안에는 허위의 형상을 구성하는 아무런 적극적인 것이 없다(정리 33에 의해). 그러나 절대적인 결핍에는 허위가 있을 수 없으며(왜냐하면 그르친다거나 착각한다고 일러지는 것은 정신이지 신체가 아니기 때문이다), 또한 절대적인 무지에도 역시 있을 수가 없다. 왜냐하면 무지와 그르치는 것은 서로 다른 것이기 때문이다. 그러므로 허위[오류]는 타당하지 못한 인식, 즉 타당하지 못하며 혼란스러운 관념이 포함하는 인식의 결핍에 있다. Q.E.D

주석: 정리 17의 주석에서 나는 어떤 이유로 오류가 인식의 결핍에 있는지를 설명하였다. 그러나 문제를 좀 더 충분히 설명하기 위해서, 예를 들어 보겠다. 인간이 스스로를 자유롭다고 생각하는 것은 <즉 자신의 자유의지로 어떤 일을 할 수도 있고 안할 수도 있다고 생각하는 것은> 잘못 생각하는 것이다. 이러한 의견은 단지 그들이 자신들의 행동에 대해서는 의식하면서도 자신들을 결정한 원인들에 대해서는 모른다는 것의 표시이다. 그러므로 그들의 자유의 관념은 단지 자신들의 행동의 원인에 대한 무지일 뿐이다. 그들은, 물론,

제2부 정신의 본성 및 기원에 대하여

인간의 행동은 의지에 의존한다고 말하지만, 그것은 아무런 대응하는 관념이 없는 말에 불과하다. 왜냐하면 그들 모두는 의지가 무엇인지, 의지가 어떻게 신체를 움직이는지 모르고 있기 때문이다. 다른 방법으로 자랑하며 영혼의 안식처를 생각해내는 사람들은 흔히 조소나 구토를 자아낸다. 마찬가지로, 우리는 태양을 바라볼 때, 그것이 우리로부터 약 200피트 정도 떨어져 있다고 상상한다. 이 오류는 단순하게 태양을 이런 식으로 상상하는 데에 있는 것이 아니라, 우리가 그렇게 하는 동안 태양의 참다운 거리와 이러한 상상의 원인을 모르고 있다는 데에 있다. 왜냐하면 나중에 우리가 태양이 우리로부터 지구 직경의 600배 이상 떨어져 있음을 알게 된다고 하더라도, 우리는 그럼에도 불구하고 그것을 가까이에 있는 것처럼 상상할 것이기 때문이다. 우리가 태양을 그처럼 가깝게 있는 것으로 상상하는 것은, 우리가 태양의 정확한 거리를 모르기 때문이 아니라, 우리의 신체의 변용은 신체 자체가 태양으로부터 자극받아 변화되는 한에 있어서 태양의 본질을 포함하기 때문이다.

정리 36. 타당하지 못하고 혼란스러운 관념은 타당하거나 뚜렷하고도 명확한 관념과 동일한 필연성을 가지고 생긴다.

증명: 모든 관념은 신 안에 있다(제1부 정리 15에 의해). 그리고 그것들은 신에 관계되어 있는 한에 있어서 참이며 (정리 32에 의해), 또한 (정리 7의 계에 의해) 타당하다. 그러므로 그것들은 어떤 사람의 개별적인 정신에 관계되어 있는 한에 있어서가 아니면 비타당하지도 않고 혼란스럽지도 않다(정리 24와 정리 28 참조). 그런고로 관념은, 타당한 것이든 타당하지 못한 것이든, 모두 동일한 필연성을 가지고 생긴다(정리 6의 계에 의해). Q.E.D

정리 37. 모든 사물에 공통적이며(이것에 관해서는 앞의 보조정리 2를 참조) 부분의 속에도 전체의 속에도 똑같이 존재하는 것은 그 어떤 개물의 본질도 구성하지 않는다.

증명: 이것을 부정하는 사람은, 만일 가능하다면, 그러한 것이 어떤 개물의 본질을, 예를 들어 B의 본질을 구성한다고 생각해보라. 그 경우 (정의 2에 의해) 그러한 것은 B없이는 존재할 수도 파악될 수도 없다. 그러나 이것은 가정과 모순된다. 그러므로 그것은 B의 본질에 속하지 않으며, 다른 어떤 개물의 본질도 구성하지 않는다. Q.E.D.

정리 38. 모든 것에 공통적이며, 부분의 속에도 전체의 속에도 똑같이 존재하는 것은 타당하게 파악될 수밖에 없다.

증명: 이를테면 A가 모든 물체에 공통적이며, 각 물체의 부분 속에도 전체 속에도 똑같이 존재하는 어떤 것이라고 하자. 나는 A가 타당하게 파악될 수밖에 없다고 주장한다. 왜냐하면 A의 관념은 (정리 7의 계에 의해) 신이 인간 신체의 관념을 가지고 있는 한에 있어서든, 인간 신체의 본성과 외부 물체의 본성을 부분적으로 포함하는 (정리 16, 25 및 27에 의해) 신체의 변용의 관념을 가지고 있는 한에 있어서든, 필연적으로 신 안에서 타당할 것이기 때문이다. 즉 (정리 12와 13에 의해) 이 관념은 신이 인간의 정신을 구성하는 한에 있어서, 혹은 신이 인간의 정신 안에 있는 관념들을 가지고 있는 한에 있어서, 필연적으로 신 안에서 타당할 것이다. 그러므로 정신은 (정리 11의 계에 의해) A를 필연적으로 타당하게 지각한다. 더욱이 그것은 정신이 자기 자신을 지각하는 한에 있어서든 자기의 신체 또는 외부의 물체를 지각하는 한에 있어서든 모두 그러하다. 그리고 A는 다른 방식으로는 파악될 수 없다.

계: 이것으로부터 나오는 결론은 이러하다. 즉 모든 인간에게 공통적인 어떤 관념 또는 개념이 있다. 왜냐하면 (보조정리 2에 의해) 모든 물체는 어떤 점에 있어서 일치하며, 그런 점은 (정리 38에 의해) 모든 사람에 의해 타당하게, 또는 뚜렷하고도 명확하게 지각되지 않으면 안 되기 때문이다.

정리 39. 인간의 신체와 인간의 신체가 흔히 자극받아 변화되는 어떤 물체들에 공통적이며 특유한 것이고, 이들 각 물체의 부분 속에도 전체 속에도 똑같이 존재하는 것이라면, 그러한 것의 관념도 역시 정신 안에서 타당할 것이다.

증명: 인간의 신체와 어떤 외부의 물체들에 공통적이며 특유한 것이고, 인간의 신체와 이 외부의 물체들에 똑같이 존재하는 것이며, 마지막으로 각 외부 물체의 부분 속에도 전체 속에도 똑같이 존재하는 것을 A라고 하자. 그러한 A에 대해서는, 신이 인간 신체의 관념을 가지고 있는 한에 있어서든, 신이 상기한 외부의 물체들의 관념을 가지고 있는 한에 있어서든 (정리 7의 계에 의해) 신 안에 타당한 관념이 있을 것이다. 이제 인간의 신체가 외부의 물체로부터, 외부의 물체와 공통적으로 가지고 있는 것에 의하여, 즉 A에 의하여 자극받아 변화된다고 가정해보자. 이 변용의 관념은 특성 A를 포함할 것이다(정리 16에 의해). 따라서 (정리 7의 계에 의해) 이 변용의 관념은, 특성 A를 포함하고 있는 한에 있어서, 신 안에서 타당할 것이며, 이는 신이 인간 신체의 관념으로 변용해 있는 한에 있어서, 즉 (정리 13에 의해) 신이 인간 정신의 본성을 구성하는 한에 있어서이다. 그러므로 (정리 11의 계에 의해) 이 관념은 인간의 정신 안에서도 타당하다. Q.E.D

계: 이것으로부터 나오는 결론은 이러하다. 즉 신체가 다른 물체들과 공통으로 가지고 있는 것이 많으면 많을수록 정신은 보다 많은 것을 타당하게 지각하는 데에 더욱 유능하다.

정리 40. 정신 안의 타당한 관념들로부터 정신 안에 생기는 모든 관념도 또한 타당하다.

증명: 이것은 명백하다. 왜냐하면 인간의 정신 안의 타당한 관념들로부터 정신 안에 어떤 타당한 관념이 생긴다고 우리가 말할 때, 우리는 (정리 11의 계에 의해) 신이 무한한 한에 있어서나 신이 극히 많은 개물의 관념으로 변용해 있는 한에 있어서가 아니라, 신이 단지 인간 정신의 본질을 구성하는 한에 있어서 신의 지성 안에 신

을 원인으로 하는 어떤 관념이 있다고 말하고 있는 것에 지나지 않기 때문이다. <그러므로 그것은 타당한 것이어야만 한다.>

주석 1: 이것으로써 나는 '공통개념'이라고 불리며, 우리의 추론과정의 기초가 되는 개념들의 원인을 설명했다. 그러나 어떤 공리 또는 개념은 다른 원인을 갖고 있는데, 그것을 우리의 방법으로 설명하는 것도 유익한 일이 될 것이다. 왜냐하면 이것에 의해 어떤 개념이 다른 개념에 비하여 더 유용한지, 그리고 어떤 개념이 거의 쓸모가 없는지가 확립될 것이기 때문이다. 그리고 또, 어떤 개념이 모두에게 공통적이며, 어떤 개념이 편견을 갖고 있지 않은 사람들에게만 뚜렷하고 명확한지, 그리고 마지막으로 어떤 개념이 근거가 부실한지 판명될 것이기 때문이다. 그 외에도 제2차 개념이라고 불리는 개념과 그것에 근거를 두고 있는 공리의 기원이 밝혀질 것이며, 내가 때때로 이러한 문제들에 관하여 고찰했던 다른 것들도 명백해질 것이다. 그러나 이것들을 나는 다른 논문에 할애했으며, 이 문제를 너무 길게 논함으로써 독자들을 싫증나게 하지 않도록 여기서는 그것들을 다루지 않기로 하였다.

그러나 꼭 알아야 할 것을 빠뜨리지 않기 위해, 나는 유[존재], 사물, 어떤 것과 같은 소위 초월적인 명사가 생긴 원인에 대해 간단히 언급해 두려고 한다. 이들 명사는, 인간의 신체는 한정된 것이어서, 일정수의 심상(심상이 무엇인지에 대해서는 정리 17의 주석에서 설명하였다)만을 동시에 뚜렷이 형성할 수 있다는 사실로 인하여 생긴다. 만일 그 수가 초과되면, 심상들은 혼란해지기 시작할 것이다. 그리고 만일 신체가 자체 안에 한 번에 뚜렷이 형성할 수 있는 심상들의 수가 현저히 초과되면, 모든 심상은 서로 완전히 혼란해질 것이다. 사정이 이러하므로, 정리 17의 계와 정리 18에 의해 인간의 정신은 자신의 신체 안에서 동시에 형성될 수 있는 심상들의 수만큼의 물체들만을 동시에 뚜렷이 표상할 수 있다는 것이 명백하다. 그러나 심상들이 신체 안에서 완전히 혼란해지는 경우에는, 정신도 또한 모든 물체를 혼란스럽게, 아무런 구별 없이 표상할 것이며, 그것들을, 말하자면, 하나의 속성 아래에, 즉 유[존재], 사물 등의 속성 아래에 포함할 것이다. 이것은 심상들이 항상 한결같이 생생한 것은 아니라는 사실에서도 도출될 수 있고, 이와 비슷한 다른 원인들에서도 도출될 수 있지만, 그것들을 여기서 설명할 필요는 없다. 우리의 목적을 위해서는 단지 하나의 원인만을 고찰하는 것으로도 충분하다. 왜냐하면 그것들 모두는 결국, 이러한 명사들은 극도로 혼란한 관념들을 표시한다는 것에 귀착되기 때문이다.

또, 인간, 말, 개 등과 같이 일반적 개념이라고 불리는 그러한 개념들도 비슷한 원인에서 생겼다. 즉 인간의 신체 안에서 동시에 형성되는 심상, 예컨대 인간의 심상의 수가 표상하는 능력을, 물론, 전적으로는 초과하지 않지만 어느 정도까지는 초과함으로 인하여, 즉 정신이 개인들의 사소한 차이(예를 들면 각 인간의 피부색이나 크기 등)와 정확한 수를 표상하지 못하고 단지 그들 모두의 일치점, 즉 신체가 그들 인간으로부터 사극받아 변화되는 한에 있어서 생기는 일치점만을 뚜렷하게 표상함으로 인하여 그러한 개념들이 생겼다. 왜냐하면 그 점에 있어서 신체는 각각의 개인에게서 가장 많이 <격렬하게> 자극받아 변화되었기 때문이다. 정신은 이 일치점을 인간이라는 말로 표현하고 이것을 무수히 많은 개인들에 대해 적용한다. 왜냐하면 우리가 말했듯이, 정신은 개인들의 정확한 수를 표상할 수 없기 때문이다. 그러나 이 개념들은 모든 사람에 의해 똑같은 방식으로 형성되지는 않으며, 신체가 보다 빈번히 자극받아 변화된 것에 따라서, 또한 정신이 보다 쉽게 표상하거나 상기하는 것에 따라서 서로 간에 달라진다는 것을 주의해야 한다. 예를 들어, 보다 자주 인간의 모습을 경탄하며 주시한 사람들은 인간이라는 말을 직립한 모습의 동물로 이해할 것이다. 그에 반하여 다른 관점에서 관찰하는 데 습관들인 사람들은 인간에 대하여 다른 공통적 심상을 형성할 것이다. 예컨대 인간을 웃을 수 있는 동물, 깃털 없는 두발동물, 이성적 동물 등이라고 할 것이다. 마찬가지로 그 외의 것에 관해서도 각자는 자신의 신체 상태에 따라서 사물의 일반적 심상을 형성할 것이다. 그런고로 사물의 단순한 심상으로 자연의 사물들을 설명하려고 했던 철학자들 사이에서 그토록 많은 논쟁이 일어난 것도 이상한 일은 아니다.

주석 2: 위에서 말한 모든 것에 의해, 우리는 많은 것을 지각하여 일반적인 개념들을 형성한다는 것이 아주 분명하다.

1. 감각을 통하여 단편적이며 혼란스러운 방식으로 어떠한 지성적 질서도 없이 우리에게 나타나는 개물로부터(정리 29의 계를 참조). 이런 이유로 나는 이러한 지각들을 닥치는 대로의 경험에 의한 인식이라고 부른다.

2. 기호들로부터, 예를 들어, 우리가 어떤 말을 듣거나 읽으면서 사물을 상기하고, 그것에 대하여 그것과 유사한 어떤 관념을 형성하며, 그 관념을 통하여 그 사물을 표상하는 것으로부터(정리 18의 주석 참조). 사물을 생각하는 이 두 방식을 나는 이제부터 '제1종의 인식', '의견' 또는 '표상'이라고 부를 것이다.

3. 마지막으로, 우리가 사물의 특성에 대하여 공통개념 및 타당한 관념을 가지고 있는 것으로부터(정리 38의 계, 정리 39, 정리 39의 계, 그리고 정리 40 참조). 이것을 나는 이성 및 제2종의 인식이라고 부를 것이다.

이 두 종의 인식에 더하여, 내가 다음에 제시할 제3종의 인식이 있는데, 이것을 우리는 직관적 인식이라고 부를 것이다. 이 종류의 인식은 신의 어떤 속성들의 형상적 본질에 대한 타당한 인식에서 사물의 <형상적> 본질에 대한 타당한 인식으로 나아간다.
이 모든 종류의 인식을 나는 단 하나의 예로써 설명하려고 한다. 여기에 세 수가 주어져 있는데, 두 번째 수가 첫 번째 수와 관계된 것과 똑같이 세 번째 수와 관계된 네 번째 수를 구하려 한다고 하자. 상인들은 주저하지 않고 두 번째 수와 세 번째 수를 곱하여 그 결과를 첫 번째 수로 나눈다. 이것은 그들이 자신들의 선생으로부터 아무런 증명도 없이 배운 것을 아직도 잊지 않고 있기 때문이거나, 또는 그들이 아주 간단한 수들의 경우에서 이것을 자주 발견했기 때문이다. 아니면 유클리드 제7권의 정리 19의 증명에 의거하여, 즉 비례수의 공통적 특성에 의거하여 그렇게 했을 것이다. 그러나 아주 간단한 수들의 경우에서는 이런 일이 필요하지 않다. 예컨대, 1, 2, 3의 수가 주어진 경우에서는, 제4의 비례수가 6이라는 것을 누구나 알 수 있다. 이런 경우 우리는 첫 번째 수와 두 번째 수가 비례관계에 있음을 직관으로 알고 네 번째 수를 추론하기 때문에 훨씬 더 명확하다.

정리 41. 제1종의 인식은 허위[오류]의 유일한 원인이다. 그러나 제2종 및 제3종의 인식은 필연적으로 참이다.

증명: 우리는 앞의 주석에서, 제1종의 인식에는 타당하지 못하고 혼란스러운 모든 관념들이 속한다고 말했다. 따라서 (정리 35에 의해) 이 인식은 허위의 유일한 원인이다. 다음으로, 우리는 제2종과 제3종의 인식에는 타당한 관념들이 속한다고 말했다. 그러므로 (정리 34에 의거) 이 인식은 필연적으로 참이다. Q.E.D

정리 42. 제1종의 인식이 아니라, 제2종과 제3종의 인식이, 우리에게 참된 것과 거짓된 것을 구별하는 일을 가르친다.

증명: 이 정리는 그 자체로 명백하다. 왜냐하면 참된 것과 거짓된 것을 어떻게 구별하는지 아는 사람은 참된 것과 거짓된 것에 대해서 타당한 관념을 갖고 있어야만 하기 때문이다. 다시 말하면 (정리 40의 주석 2에 의해) 제2종 또는 제3종의 인식을 써서 참된 것과 거짓된 것을 인식하지 않으면 안 되기 때문이다.

정리 43. 참된 관념을 소유한 자는 동시에 자기가 참된 관념을 가지고 있다는 것을 알며, 그 사실의 진리를 의심할 수 없다.

증명: 우리 안에서 참된 관념은 신이 인간정신의 본성에 의하여 설명되는 한에 있어서 신 안에서 타당한 관념이다(정리 11의 계에 의해). 그러므로 신이 인간 정신의 본성에 의하여 설명되는 한에 있어서, 신 안에 타당한 관념 A가 존재한다고 가정해보자. 이 관념에

대하여 관념 A와 똑같은 방식으로 신에게 귀속되는 어떤 관념이 신 안에 필연적으로 존재하지 않으면 안 된다(정리 20에 의해, 그 증명은 보편적이다. <그리고 모든 관념에 적용될 수 있다>). 그러나 관념 A는 신이 인간 정신의 본성에 의하여 설명되는 한에 있어서 신에 귀속되는 것으로 가정되어 있다. 그러므로 관념 A의 관념도 역시 동일한 방식으로 신에게 귀속되지 않으면 안 된다. 즉 (정리 11의 계에 의해) 관념 A에 대하여 타당한 이 관념은 타당한 관념 A를 지니고 있는 바로 그 정신 안에 있을 것이다. 그런고로 타당한 관념을 소유한 사람, 즉 (정리 34에 의해) 사물을 참되게 인식하는 사람은 동시에 자기의 인식에 대하여 타당한 관념, 즉 참된 인식을 가지고 있지 않으면 안 된다. 다시 말해서 (그 자체로 명백한 것처럼) 그는 동시에 정통해 있지 않으면 안 된다. Q.E.D

주석: 정리 21의 주석에서 나는 관념의 관념이 무엇인지 설명했다. 그러나 앞의 정리는 그 자체로 충분히 명백하다는 것을 주의해야 한다. 왜냐하면 참된 관념을 소유한 사람은 누구나 참된 관념이 최고의 확실성을 포함하고 있음을 알고 있기 때문이다. 참된 관념을 지니고 있다는 것은 사물을 완전히, 즉 가장 잘 인식하고 있음을 의미할 뿐이다. 확실히 이것에 대해서는 누구도 의심을 품을 수 없다, 관념이 화판 위의 그림처럼, 말없는 어떤 것으로서 사유 양태, 즉 인식작용 자체가 아니라고 생각하는 것이 아니라면. 질문하건대, 먼저 사물을 인식하고 있지 않다면 자신이 그 사물을 인식하고 있다는 것을 그 누가 알 수 있겠는가? 즉 먼저 사물에 대하여 정통하지 않다면 자신이 그 사물에 대하여 정통하다는 것을 그 누가 알 수 있겠는가? 또, 진리의 규범으로서 참된 관념보다 더 명백하고 더 확실한 것이 있을 수 있겠는가? 진실로 빛이 빛 자체와 어둠을 명시하는 것과 같이 진리는 진리 자체와 허위의 규범이다.

이것으로써 나는 다음의 여러 물음에 대답했다고 생각한다. 만일 참된 관념이 <사유의 양태인 한에 있어서가 아니라> 단지 그것의 대상과 일치한다고 일러지는 한에 있어서만 거짓된 관념과 구별된다면, 참된 관념은 실재성이나 완전성 면에서 거짓된 관념 이상의 것을 조금도 갖추고 있지 않은 것은 아닌지(왜냐하면 양자는 단지 외적 특징에 의해서만 구별되므로 <그리고 내적 특징에 의해서는 구별되지 않으므로>), 따라서 참된 관념을 소유한 인간도 단지 거짓된 관념만을 소유한 인간보다 <실재성이나 완전성 면에서 조금도> 우수하지 않은 것은 아닌지? 다음으로, 어찌하여 인간은 거짓된 관념을 가지게 되는가? 그리고 마지막으로, 사람은 자기가 대상과 일치하는 관념을 지니고 있다는 것을 어떻게 확실히 알 수 있는가? 이러한 질문들에 대해서 나는 이미 답했다고 생각한다. 왜냐하면 참된 관념과 거짓된 관념의 차이에 관해서 말하자면, 전자는 후자에 대하여 유(有)가 비유(非有)와 대비되는 것과 같은 관계에 있다는 것이 정리 35에 의해 밝혀지기 때문이다. 허위의 원인에 대해서 나는 정리 19에서 정리 35의 주석에 이르기까지 아주 명료하게 제시했다. 이것에 의해 참된 관념을 지니고 있는 인간과 거짓된 관념만을 지니고 있는 인간 사이의 차이도 분명해졌다. 마지막 물음에 대해서, 즉 인간은 자신이 대상과 일치하는 관념을 가지고 있다는 것을 어떻게 알 수 있는가 하는 물음에 대해서라면, 내가 위에서 충분히 밝힌 것처럼, 그것은 오로지 그가 대상과 일치하는 관념을 가지고 있다는 것, 즉 진리가 진리 자체의 규범이라는 것에 의해 이루어진다. 이것에 더하여, 우리의 정신은 사물을 정확히 지각하는 한에 있어서, 신의 무한한 지성의 일부이다(정리 11의 계에 의해). 그런고로 정신의 뚜렷하고 명확한 관념이 신의 관념과 마찬가지로 참이라는 것은 필연적인 일이다.

정리 44. 사물을 우연이 아니라 필연으로 고찰하는 것이 이성의 본성에 속한다.

증명: 사물을 정확히 지각하는 것 (정리 41에 의해), 즉 (제1부 공리 6에 의해) 사물 그 자체를 있는 그대로 지각하는 것이 이성의 본성에 속한다. 다시 말해서 (제1부 정리 29에 의해) 사물을 우연이 아니라 필연으로 지각하는 것이 이성의 본성에 속한다. Q.E.D

계 1: 이것으로부터 나오는 결론은 이러하다. 즉 우리가 사물을, 과거 및 미래에 관해서, 우연으로 고찰하는 것은 오로지 표상력에만 의존한다.

주석: 이것이 어떻게 일어나는지 간단히 설명해 보겠다. 우리는 앞에서 (정리 17과 그것의 계) 정신은 사물의 현재적 존재를 배제하는 원인이 나타나지 않는 한, 설사 사물이 존재하지 않을지라도, 항상 그 사물을 자기에게 현재적인 것으로서 표상한다는 것을 밝혔다. 다음으로 (정리 18에 의해) 만일 인간의 신체가 한 때 외부의 두 물체로부터 동시에 자극받았다면, 정신은 나중에 그중의 하나를 표상할 때 곧바로 다른 것도 상기할 것이라는 것, 즉 두 물체의 현재적 존재를 배제하는 원인이 나타나지 않은 한, 두 물체를 자기에게 현재적인 것으로서 고찰할 것이라는 것을 우리는 밝혔다.

게다가 우리가 시간조차도 표상한다는 것에 대해서는 아무도 의심하지 않는다. 즉 우리는 어떤 물체가 다른 물체에 비하여 보다 느리게, 또는 보다 빠르게, 혹은 같은 속도로 운동한다고 표상함으로써 시간을 표상한다. 그러면 어제 한 아이가 아침에 처음으로 베드로를 보고, 한낮에는 바울을, 저녁에는 시몬을 보고, 그리고 오늘 또 아침에 베드로를 보았다고 가정해보자. 정리 18에 의해 명백한 것처럼 그는 아침 햇살을 보자마자 즉시 태양이 전날과 같은 궤도를 지나가는 것을 표상할 것이다. 즉 그는 하루 전체를 표상할 것이다. 그리고 그는 아침과 함께 베드로를, 한낮과 함께 바울을, 저녁과 함께 시몬을 표상할 것이다. 즉 그는 바울과 시몬의 존재를 미래의 시간에 관련시켜 표상할 것이다. 반대로, 만일 그가 저녁에 시몬을 본다면, 그는 바울과 베드로를 과거의 시간과 함께 표상함으로써 그들을 과거의 시간에 관련시킬 것이다. 그리고 이러한 표상연합은 그가 이 사람들을 이와 같은 순서로 보다 자주 보면 볼수록 더욱더 공고해질 것이다. 그러나 다른 날 저녁 그가 시몬 대신에 야곱을 보는 일이 언제인가 일어난다면, 다음 날 아침 그는 저녁 시간과 함께, 시몬을 표상할 때도 있고, 야곱을 표상할 때도 있겠지만, 두 사람을 동시에 표상하지는 않을 것이다. 왜냐하면 그는 저녁 시간에 두 사람 중 하나만을 보았고, 둘을 동시에 본 적은 없었다는 것이 전제되어 있기 때문이다. 그런고로 그의 표상은 동요할 것이고 그는 미래의 저녁 시간과 함께 어떤 때는 이 사람을, 다

제2부 정신의 본성 및 기원에 대하여

른 때에는 저 사람을 표상할 것이다. 즉 그는 둘 중의 어느 누구에 대해서도 확실하게 나타날 것이라고 생각하지 않고, 둘 다 우연히 나타날 것이라고 여길 것이다. 그리고 이러한 표상의 동요는, 표상이 우리가 동일한 방식으로 과거 또는 현재에 관하여 생각하는 사물에 대한 것일 때에는 언제나 동일한 방식으로 일어날 것이다. 그 결과 우리는 사물을 현재에 관해서든 과거 또는 미래에 관해서든 우연적인 것으로 표상할 것이다.

계 2: 사물을 어떤 영원의 상(像)[관점] 아래에 지각하는 것이 이성의 본성에 속한다.

증명: 사물을 우연이 아니라 필연으로 고찰하는 것이 이성의 본성에 속한다(앞의 정리에 의해). 그리고 이성은 사물의 이 필연성을 (정리 41에 의해) 정확히, 즉 (제1부 공리 6에 의해) 그 자체를 있는 그대로 지각한다. 그런데 (제1부 정리 16에 의해) 사물의 이 필연성은 신의 영원한 본성의 필연성 자체이다. 그러므로 사물을 이 영원의 상[관점] 아래에 고찰하는 것이 이성의 본성에 속한다. 게다가 이성의 기초는 개념들이며 (정리 38에 의해), 이 개념들은 모든 사물에 공통적인 것들을 설명하고, (정리 37에 의해) 그 어떤 개물의 본질도 설명하지 않는다. 그러므로 이 개념들은 시간과는 전혀 관계없이 어떤 영원의 상 아래에서 파악되지 않으면 안 된다. Q.E.D

정리 45. 현실적으로 존재하는 각각의 물체나 개물의 관념은 신의 영원하고 무한한 본질을 필연적으로 포함하고 있다.

증명: 현실적으로 존재하는 개물의 관념은 그 개물의 본질 및 존재를 필연적으로 포함하고 있다(정리 8의 계에 의해). 그러나 개물은 (제1부 정리 15에 의해) 신 없이는 파악될 수 없다. 그런데 (정리 6에 의해) 개물은 그 자체가 양태로 되어 있는 속성 아래에서 신이 고찰되는 한에 있어서 신을 원인으로 하기 때문에, 개물의 관념도 (제1부 공리 4에 의해) 자체의 속성의 개념을, 즉 (제1부 정의 6에 의해) 신의 영원하고 무한한 본질을 필연적으로 포함하고 있지 않

으면 안 된다. Q.E.D

주석: 내가 여기서 말하는 존재는 지속을 의미하지 않는다. 즉 일종의 양으로서 추상적으로 파악되는 한에 있어서의 존재를 의미하지 않는다. 왜냐하면 나는 존재의 본성 자체에 대하여, 즉 신의 본성의 필연성에서 무한히 많은 것이 무한히 많은 방식으로 생겨나기 때문에 (제1부 정리 16 참조), 개물들에 부여되는 존재의 본성 자체에 대하여 말하고 있다. 말하건대, 나는 신 안에 있는 한에 있어서의 개물들의 존재 자체에 대하여 논하고 있다. 왜냐하면 각각의 개물은 다른 개물에 의해 일정한 방식으로 존재하도록 결정되어 있기는 하지만, 각 개물이 존재를 계속하는 힘은 신의 본성의 영원한 필연성에서 나오기 때문이다. 이것에 관해서는, 제1부 정리 24의 계를 참조하시라.

정리 46. 각각의 관념이 포함하고 있는 신의 영원하고 무한한 본질의 인식은 타당하고 완전하다.

증명: 앞의 정리의 증명은 보편적으로 타당하다. 사물이 부분으로서 고찰되든 전체로서 고찰되든, 그것의 관념은 신의 영원하고 무한한 본질을 포함하고 있으며, 이는 그 관념이 전체에 대한 것이든 부분에 대한 것이든 차이가 없다(정리 45에 의해). 그러므로 신의 영원하고 무한한 본질에 대한 인식을 부여하는 것은 모든 것에 공통적이며 부분에도 전체에도 똑같이 있다. 따라서 (정리 38에 의해) 이 인식은 타당할 것이다. Q.E.D

정리 47. 인간의 정신은 신의 영원하고 무한한 본질에 대한 타당한 인식을 가진다.

증명: 인간의 정신은 갖가지 관념을, 즉 그것에 의해 자기 자신 (정리 23에 의해) 및 자기의 신체(정리 19에 의해), 그리고 외부의 물체들(정리 16의 계 1과 정리 17에 의해)을 현실적으로 존재하는 것으로서 지각하는 갖가지 관념을 가진다. 그러므로 (정리 45 및 46에

제2부 정신의 본성 및 기원에 대하여

의해) 인간의 정신은 신의 영원하고 무한한 본질에 대한 타당한 인식을 가진다. Q.E.D

주석: 이것에 의하여 우리는 신의 무한한 본질과 신의 영원성이 모두에게 알려져 있음을 안다. 그런데 모든 것은 신 안에 있고 신에 의하여 파악되기 때문에, 우리는 이 인식으로부터 대단히 많은 것을 이끌어내어 그것들을 타당하게 인식할 수 있으며, 이런 식으로 제3종의 인식을 형성할 수 있다는 결론이 내려진다. 제3종의 인식에 대하여 우리는 정리 40의 주석2에서 이야기했으며, 그것의 우수성과 효용에 대해서는 제5부에서 말할 기회가 있을 것이다.

그러나 사람들이 신에 대해서 공통개념에 대해서만큼 뚜렷한 인식을 지니지 못한 것은, 그들이 신을 물체처럼 표상할 수 없다는 것과, 그들이 신이라는 이름을 자신들이 흔히 보고 있는 사물의 심상과 결합시켜 왔다는 것에 기인한다. 이것은 사람들이 외부의 물체들로부터 끊임없이 자극받아 변화되기 때문에 거의 피할 수 없는 것이다. 그리고 실제로, 대부분의 오류는 오직 우리가 사물에 대해 올바르지 못한 이름을 적용하는 것에만 있다. 가령, 어떤 사람이 원의 중심에서 원주를 향하여 그어진 선들이 똑같지 않다고 말한다면, 확실히 그 사람은 적어도 그 순간에 원을 수학자들이 이해하고 있는 것과는 다른 어떤 것으로 이해하고 있다. 마찬가지로, 사람들이 계산중에 오류를 범하는 경우에도, 그들은 종이 위에 있는 것과는 다른 수를 정신 안에 가지고 있다. 그러므로 만약 그들의 정신을 들여다볼 수 있다면, 그들은 실제로는 오류를 범하고 있지 않다. 그런데도 그들이 오류를 범하고 있는 것처럼 보이는 것은 그들이 종이 위에 있는 수를 정신 안에도 가지고 있다고 우리가 생각하기 때문이다. 만일 그렇게 생각한 것이 아니라면, 우리는 그들이 오류를 범하고 있다고 믿지 않을 것이다. 이와 마찬가지로 나는 최근에 어떤 사람이 '우리집 안마당이 이웃집 암탉 안으로 날아가 버렸다'고 외치는 것을 들었는데, <그의 말은 부조리했지만> 나는 그의 정신 안에 있는 것을 명확히 알았기 때문에 그가 오류를 범하고 있다고는 믿지 않았다. 그리고 대부분의 논쟁은 사람들이 자신들의 정신을 올바르게 표현하지 않거나, 혹은 다른 사람의 정신을 잘못 해석함으로 인해 생긴다. 왜냐하면, 실제로 그들이 서로 가장 격렬하게 대립하고 있는 동안에도, 그들은 같은 생각을 하고 있거나, 아니면 서로 다른 것에 대해 생각하고 있으므로, 서로 상대방에게 있다고 생각하는 오류나 부조리가 실제로는 존재하지 않는다.

48. 정신 안에는 절대적이거나 자유로운 의지가 존재하지 않는다. 오히려 정신은 이것 또는 저것을 의지하도록 어떤 원인에 의하여 결정되며, 이 원인도 마찬가지로 다른 원인에 의하여 결정되고, 다시 이 원인도 다른 원인으로 말미암아… 이렇게 무한히 이어진다.

증명: 정신은 사유의 일정하고 결정적인 양태이다(정리 11에 의해). 따라서 그것은 (제1부 정리 17의 계 2에 의해) 자기 활동의 자유원인이 될 수 없다. 즉 그것은 의지하거나 의지하지 않거나 하는 절대적인 능력을 가질 수 없다. 오히려 그것은 이것 또는 저것을 의지하도록 어떤 원인에 의하여 결정되지 않으면 안 되며 (제1부 정리 28에 의해), 이 원인도 역시 다른 원인에 의하여 결정되고, 또다시 이 후자도 다른 원인으로 말미암아… 이렇게 무한히 이어진다. Q.E.D

주석: 정신 안에는 이해하거나, 욕구하거나, 사랑하거나 하는 등의 절대적인 능력이 없음도 이와 동일한 방식으로 증명된다. 이것으로부터 나오는 결론은 이러하다. 즉 이러한 능력들 및 이러한 능력들과 유사한 능력들은 전적으로 상상물이거나 아니면 우리가 개개의 것들에서 흔히 형성하는 형이상학적 유(有) 또는 일반적 개념에 불과하다. 따라서 지성 및 의지가 이 또는 저 관념, 혹은 이 또는 저 의지와 가지는 관계는, 일반적인 돌이 이 또는 저 돌과 가지는 관계, 또는 일반적인 인간이 베드로 또는 바울과 가지는 관계와 같다. 왜 사람들이 스스로를 자유롭다고 생각하는지에 대해서는 제1부의 부록에서 설명하였다. 그러나 더 나아가기 전에, 여기서 주의해야 할 것은, 내가 말하는 의지가 욕망이 아니라 긍정하거나 부정하는 능력을 뜻한다는 점이다. 말하건대, 나는 의지라는 것을 참된 것 또

는 거짓된 것을 긍정하거나 부정하는 능력으로 해석하며, 정신으로 하여금 사물을 추구하게 하거나 또는 기피하게 하는 욕망으로 이해하지 않는다.

그러나 우리는 이미 이러한 능력들은 일반적인 개념이며 개개의 것들로부터 형성되어 그것들과 구별되지 않는 개념이라는 것을 증명했으므로, 이제는 의지작용 자체가 사물의 관념 자체 이외의 어떤 것인지를 탐구해야만 한다. 즉 정신 안에는 관념이 관념인 한에 있어서 포함하는 긍정 또는 부정 이외에 다른 어떤 긍정 또는 부정이 존재하는지의 여부를 탐구해야만 한다. 관념이 관념인 한에 있어서 긍정 또는 부정을 포함하는 것에 관해서는 다음의 정리와 정의 3을 참조하고 사유를 그림으로 격하하지 않기를 바란다. 왜냐하면 내가 말하는 관념은, 안저(眼底)에(그리고 당신이 바란다면, 뇌의 중앙에) 형성되는 심상을 의미하지 않고, 사유의 개념<또는 단지 사유 안에 있는 한에 있어서의 사물의 상념적 유(有)>를 의미하기 때문이다.

정리 49. 정신 안에는 관념이 관념인 한에 있어서 포함하는 것 이외의 어떠한 의지작용도, 즉 어떠한 긍정이나 부정도 존재하지 않는다.

증명: 정신 안에는 (정리 48에 의해) 의지를 갖거나 의지를 갖지 않는 절대적 능력이 없으며, 단지 개개의 의지작용, 즉 이 또는 저 긍정과, 이 또는 저 부정이 있을 뿐이다. 그러므로 어떤 개개의 의지작용, 예를 들어 삼각형의 세 각의 합이 2직각과 같다는 것을 정신이 긍정하는 사유의 양태를 생각해보자. 이 긍정은 삼각형의 개념 또는 관념을 포함하고 있다. 즉 그것은 삼각형의 관념 없이는 파악될 수가 없다. 왜냐하면 A가 B의 개념을 포함하지 않으면 안 된다고 말하는 것과 A는 B 없이는 파악될 수 없다고 말하는 것은 똑같은 것이기 때문이다. 또 이 긍정은 (공리 3에 의해) 삼각형의 관념 없이는 있을 수도 없다. 그러므로 이 긍정은 삼각형의 관념 없이는 있을 수도 파악될 수도 없다.

다음으로, 삼각형의 이 관념은 이 동일한 긍정을, 즉 그것의 세 각의 합이 2직각과 같다는 것을 포함해야만 한다. 그런고로 역으로, 삼각형의 이 관념은 이 긍정 없이는 있을 수도 파악될 수도 없다. 그러므로 (정의 2에 의해) 이 긍정은 삼각형의 관념의 본질에 속하며, 삼각형의 관념 그 자체가 아닐 수 없다. 그리고 우리가 이 의지작용에 관하여 논술한 것은(우리는 그것을 무작위로 선택했기 때문에), 모든 의지작용에 관해서도 역시 말할 수 있는 것이다. 즉 모든 의지작용은 관념 자체일 뿐이다. Q.E.D

계: 의지와 지성은 동일하다.
증명: 의지 및 지성은 개개의 의지작용 및 관념 자체에 지나지 않는다(정리 48과 그것의 주석에 의해). 그런데 개개의 의지작용과 관념은 동일한 것이다(정리 49에 의해). 그러므로 의지와 지성은 동일하다. Q.E.D
주석: 이로써 우리는 보통 오류의 원인으로 지목되고 있는 것을 제거했다. 우리는 또 앞에서 오류는 단편적이고 혼란스러운 관념이 포함하는 결핍에만 있음을 밝혔다. 그러므로 그릇된 관념은, 그것이 허위인 한에 있어서, 확실성을 포함하지 않는다. 따라서 어떤 사람이 그릇된 관념에 안심하여 그것에 대해 전혀 의심하지 않는다고 우리가 말할 때, 우리는 그 사람이 정통하다는 것을 말하는 것이 아니라, 단지 그가 그것에 대하여 의심하지 않는다는 것을 말하는 것이다. 또는 그의 표상을 동요시키는 원인<또는 그로 하여금 그것을 의심하게 하는 원인>이 전혀 없으므로 그가 그릇된 관념에 안심하고 있다는 것을 말하는 것이다. 이것에 관해서는, 정리 44의 주석을 참조하시라. 그러므로 어떤 사람이 그릇된 관념에 아무리 완고하게 집착한다고 할지라도<그리하여 우리가 그로 하여금 그것을 의심하게 할 방법이 없을지라도>, 우리는 결코 그가 정통하다고는 말하지 않을 것이다. 왜냐하면 확실성이라는 것을 우리는 어떤 적극적인 것으로 이해하고 (정리 43과 그것의 주석을 참조) 의심의 결핍으로 이해하지는 않기 때문이다. 그러나 확실성의 결핍을 우리는 허위로 이해한다. 하지만, 앞의 정리를 더욱 자세히 설명하기 위

제2부 정신의 본성 및 기원에 대하여

해서 몇 가지 언급할 것이 있다. 그리고 또 우리의 이 이론에 반하여 성립될 수 있는 여러 반대에 답변하는 일이 남아 있다. 그리고 마지막으로 모든 의혹을 일소하기 위해서, 이 이론의 약간의 이점을 지적하는 것은 가치있는 일이라고 생각했다. 나는 약간이라고 말한다. 왜냐하면 가장 중요한 이점은 제5부에서 논하게 될 내용을 보면 더욱 잘 이해될 것이기 때문이다.

그러므로 나는 제1의 점에서부터 시작하여, 독자 여러분에게 관념 또는 정신의 개념과, 우리가 표상하는 사물의 심상을 정확히 구별할 것을 촉구한다. 그 다음에는 관념과 우리가 사물을 표현하는 데 쓰는 언어를 구별하는 것이 필요하다. 왜냐하면 이 세 가지, 즉 심상, 언어, 관념이 많은 사람들에 의해 완전히 혼동되고 있거나, 아니면 충분히 정확하게 구별되고 있지 않거나, 혹은 충분히 주의깊게 구별되고 있지 않음으로 인하여, 의지에 관한 이 이론이 사색을 위해서도 현명한 삶의 방식을 수립하기 위해서도 반드시 알아야 할 것임에도 불구하고, 그들에게 전혀 알려져 있지 않기 때문이다.

진실로 관념이라는 것을 외부 물체들과의 접촉으로 인해 우리 안에 형성되는 심상이라고 생각하는 사람들은, <우리의 뇌에 아무런 흔적도 남길 수 없는 사물, 또는> 사물들 중에 우리가 그것에 대하여 우리의 뇌에 아무런 유사한 심상도 형성할 수 없는 사물의 관념은 관념이 아니고 단지 우리가 제멋대로의 의지에 의하여 지어내는 상상물에 불과하다고 확신하고 있다. 그러므로 그들은 관념을 화판 위의 그림과 같이 보고 있다. 그리고 그들은 이러한 편견에 사로잡혀, 관념이 관념인 한에 있어서 긍정 또는 부정을 포함하고 있음을 알아채지 못한다. 그리고 또, 언어를 관념 또는 관념이 포함하는 긍정과 혼동하는 사람들은, 자신들이 감각하는 것과 반대되는 어떤 것을 단지 말로써 긍정하거나 부정할 때, 자신들은 스스로 감각하는 것과 반대되는 것을 의지력으로 할 수 있다고 생각한다. 그러나 연장의 개념을 전혀 포함하지 않는 사유의 본성에 주의하는 사람은 그러한 편견에서 쉽게 벗어날 수 있다. 그 다음에 그는 관념이 (관념은 사유의 양태이므로) 사물의 심상에도, 언어에도 있지 않음을 아주 분명하게 이해할 것이다. 왜냐하면 언어와 심상의 본질은 사유의 개념을 전혀 포함하지 않는 신체의 운동으로만 구성되어 있기 때문이다. 이 문제에 대해서는 이상의 몇 가지 주의로써 충분할 것이다. 따라서 나는 앞에서 언급했던 반론들로 옮겨간다.

 반론들의 첫 번째는, 사람들이 의지는 지성보다 더 광범하게 확대되므로 지성과는 다르다고 확신한다는 것이다. 그들은 의지가 지성보다 더 광범하게 확대된다고 생각하는 이유를 다음과 같이 말한다. 경험에 의하면, 우리가 지각하고 있지 않은 무한히 많은 다른 것들에 동의하기 위해서는 우리가 이미 가지고 있는 것보다 더 큰 동의능력 또는 긍정이나 부정의 능력을 필요로 하지 않으나, 보다 더 큰 인식능력을 필요로 한다. 그러므로 의지는 무한하고 지성은 유한하다는 점에서 의지는 지성과 구별된다.

 두 번째로, 우리에 대하여 다음과 같은 반론이 제기될 수 있다. 우리가 스스로 지각하고 있는 사물에 동의하지 않기 위해 우리의 판단을 보류할 수 있다는 것은 경험을 통해 가장 명백하게 알 수 있는 것이다. 이것은 누구나 어떤 것을 지각하는 한에 있어서는 그릇된 생각을 품고 있다고 이야기되지 않고, 단지 그가 그것에 동의하거나 반대하는 한에 있어서만 그렇게 이야기된다는 사실에 의해서도 확인된다. 예를 들어, 어떤 사람이 날개 달린 말을 허구한다고 해서 날개 달린 말이 존재한다는 것을 인정하는 것은 아니다. 즉 동시에 그가 날개 달린 말이 존재한다는 것을 인정하지 않는 한, 그는 그릇된 생각을 품고 있는 것이 아니다. 그러므로 경험은 의지, 즉 동의능력이 자유로우며 인식능력과는 다르다는 것을 극히 명백하게 가르쳐주는 것처럼 보인다.

 세 번째로, 다음과 같은 반론이 제기될 수 있다. 하나의 긍정이 다른 긍정보다 더 많은 실재성을 포함하는 것처럼 보이지는 않는다. 즉 참된 것을 참이라고 긍정하기 위해서 우리는 그릇된 것을 참이라고 긍정하는 것 이상의 능력을 필요로 하는 것처럼 보이지 않는다. 그러나 <관념에 있어서는 사정이 다르다. 왜냐하면> 우리는 하나의 관념이 다른 관념보다 더 많은 실재성 또는 완전성을 가지고 있음을 인식한다. 왜냐하면 어떤 대상이 다른 대상보다 더 우수함에 따라서, 어떤 대상의 관념도 마찬가지로 다른 대상의 관념보다

제2부 정신의 본성 및 기원에 대하여

더 완전하기 때문이다. 이것도 역시 의지와 지성의 차이를 명백히 해주는 것처럼 보인다.

네 번째로, 다음과 같은 반론이 나올 수 있다. 만일 인간이 자유의지에 의하여 행동하는 게 아니라면, 사람이 브리당의 당나귀처럼 평형상태에 있을 경우에는 어떻게 될 것인가? 그는 굶주림과 목마름으로 인해 죽을 것인가? 만일 내가 이것을 인정한다면, 나는 인간이 아닌 당나귀나 인간의 조상(彫像)을 생각하고 있는 것처럼 보일 것이다. 그러나 만일 내가 그것을 부정한다면, 그는 자기 자신을 결정할 것이다. 따라서 그는 자신이 원하는 곳으로 가서 자신이 원하는 것을 행하는 능력을 가지는 것이 된다. 이러한 것들 이외에도 다른 반론이 제기될 수 있을 것이다. 그러나 나는 각자가 몽상할 수 있는 모든 것을 거론해야 할 의무가 없으므로, 앞에서 말한 반론들에 대해서만 대답하려고 한다, 가능한 한 간결하게.

첫 번째 반론에 대하여 나는 이렇게 대답한다. 만일 그들이 지성을 뚜렷하고도 명확한 관념으로만 해석한다면, 의지가 지성보다 더 광범하게 확대된다는 것을 나는 인정한다. 그러나 나는 의지가 지각 또는 사유능력보다 더 광범위하게 확대된다는 것을 부정한다. 그리고 나는 어찌하여 의지하는 능력이 감각하는 능력 이상으로 무한하다고 일컬어지는지를 도무지 모르겠다. 왜냐하면 우리가 무한히 많은 것을 (그렇지만 하나씩 차례대로, 왜냐하면 우리는 무한히 많은 것을 동시에 긍정할 수는 없으므로) 동일한 의지능력으로 긍정할 수 있는 것과 같이, 우리는 무한히 많은 물체를 (즉 하나씩 차례대로) 동일한 감각능력으로 감각하거나 지각할 수도 있기 때문이다.

만일 그들이 우리가 지각할 수 없는 무한히 많은 것이 존재한다고 말한다면, 나는 그러한 것은 어떠한 사유에 의해서도, 따라서 어떠한 의지능력에 의해서도 파악될 수 없다고 대답한다. 그러나 그들은 이렇게 말한다. 만일 신이, 우리가 그런 것들도 또한 지각하기를 원했다면, 신은 우리에게 보다 큰 지각능력을 부여했어야 하지만, 이미 우리에게 부여한 것보다 더 큰 의지능력을 부여할 필요는 없었다. 이 말은 마치 그들이 '만일 신이, 우리가 무한히 많은 다른 실재들을 인식하기를 원했다면, 우리가 그 무한히 많은 실재들을 파악하도록 우리에게 보다 큰 지성을 부여할 필요는 있었지만, 실재에 대한 보다 더 일반적인 관념을 부여할 필요는 없었다'라고 말하는 것과 같다. 왜냐하면 우리가 밝힌 것과 같이 의지는 어떤 일반적인 유(有)이거나, 혹은 우리가 모든 개개의 의지작용을 설명하기 위한 관념, 즉 모든 개개의 의지작용에 공통적인 것이기 때문이다. 그러므로 그들이 모든 의지작용에 공통적이거나 일반적인 이 관념을 능력이라고 믿고 있기 때문에, 이 능력이 지성의 한계를 넘어서 무한에까지 확대된다고 그들이 말하더라도, 그것은 전혀 이상한 일이 아니다. 왜냐하면 일반적인 것은 하나의 개체에도, 많은 개체에도, 무한히 많은 개체에도 똑같이 적용되기 때문이다.

 두 번째 반론에 대해서 나는 판단을 보류하는 자유로운 능력이 우리에게 있다는 것을 부정함으로써 대답한다. 왜냐하면 어떤 사람이 판단을 보류한다고 우리가 말할 때, 그것은 그가 사물을 타당하게 지각하고 있지 않은 것을 스스로 알고 있다고 말하는 것에 지나지 않기 때문이다. 그러므로 판단의 보류는 실제로는 자유의지가 아니라 지각이다.

 이것을 더욱 명확히 이해하기 위해서 우리는 날개 달린 말을 표상하면서 다른 아무것도 지각하지 않는 어린이를 생각해보자. 이 표상은 말의 존재를 포함하며 (정리 17의 계에 의해), 어린이는 말의 존재를 배제하는 다른 그 어떤 것도 지각하지 않으므로, 그는 필연적으로 그 말을 현존하는 것으로 생각할 것이다. 그리고 그는 비록 그 말의 존재를 확실히 알지 못할지라도, 그것의 존재를 의심할 수가 없을 것이다. 이러한 일을 우리는 꿈속에서 아주 흔하게 경험한다. 꿈꾸는 동안 자신이 꿈꾸고 있는 사물에 관하여 판단을 보류하거나, 자신이 꿈꾸면서 보고 있는 사물을 꿈꾸지 않도록 하는 자유로운 능력을 지니고 있다고 생각하는 사람은 없으리라고 나는 믿는다. 그렇지만 꿈속에서조차 우리가 판단을 보류하는 일이 일어난다, 즉 우리가 자신이 꿈꾸고 있는 것을 꿈꾸는 경우에.

 다음으로, 나는 누구라도 지각하는 한에 있어서는 그릇된 생각을 품고 있지 않다는 것을 인정한다. 즉 정신의 표상은, 그 자체로서는

제2부 정신의 본성 및 기원에 대하여

아무런 오류도 포함하지 않는다는 것을 인정한다(정리 17의 주석 참조). 그러나 나는 인간이 지각하는 한에 있어서 아무것도 긍정하지 않는다는 것을 부정한다. 왜냐하면 날개 달린 말을 지각한다는 것은 말이 날개를 가졌음을 긍정하는 것 이외의 다른 것이 아니기 때문이다. 그 이유는 만일 정신이 날개 달린 말 이외의 다른 아무 것도 지각하지 않는다면, 정신은 그 말을 현존하는 것으로 생각할 것이며, 또한 그것의 존재를 의심할 아무런 원인도, 그것에 대해 동의를 거부할 아무런 능력도 갖지 않을 것이기 때문이다. 다만, 날개 달린 말의 표상이 그와 같은 말의 존재를 배제하는 관념과 결합해 있거나, 또는 정신이 자기가 갖고 있는 날개 달린 말의 관념이 타당하지 않음을 지각하는 경우는 그렇지 않다. 이런 경우 정신은 그 말의 존재를 필연적으로 부정하거나, 아니면 그 말에 대해 필연적으로 의심할 것이다.

이로써 나는 세 번째 반론에도 대답했다고 생각한다. 즉 의지는 모든 관념에 대해 적용되는 어떤 일반적인 것, 단지 모든 관념에 공통적인 것, 즉 긍정만을 표시하는 어떤 일반적인 것이다. 그러므로 의지가 이처럼 추상적으로 파악되는 한에 있어서, 의지의 타당한 본질은 모든 개개의 관념 안에 있지 않으면 안 되며, 이 점에서만 모든 관념에 있어서 동일하다. 그러나 의지가 관념의 본질을 구성하는 것으로 고찰되는 한에 있어서는 그렇지 않다. 왜냐하면 그 점에서 개개의 긍정은 관념 자체와 마찬가지로 서로 다르기 때문이다. 예컨대, 원의 관념이 포함하는 긍정과 삼각형의 관념이 포함하는 긍정은 다르며, 이는 원의 관념과 삼각형의 관념이 서로 다른 것과 똑같다.

나는 또, 우리가 참된 것을 참이라고 긍정하기 위해서, 그릇된 것을 참이라고 긍정하는 것과 똑같은 사유능력을 필요로 한다는 것을 절대적으로 부정한다. 왜냐하면 이러한 두 긍정은, 그 정신을 고찰하면, 유(有)와 비유(非有)의 관계처럼 서로 관계되어 있기 때문이다. 그 이유는 관념 안에는 허위의 형상을 구성하는 그 어떤 적극적인 것도 존재하지 않기 때문이다(정리 35와 주석, 정리 47의 주석을 참조). 그러므로 일반적인 것과 개별적인 것을 혼동하고, 이성적 유(有)나 추상적 유(有)를 실재적 유(有)와 혼동할 때, 우리가 얼마나 쉽사리 그릇된 생각을 품게 되는지를 여기서 주의해야 한다.

 마지막으로, 네 번째 반론에 관하여 말한다면, 그와 같은 평형상태에 놓인 인간(즉, 굶주림과 목마름, 그리고 자신으로부터 같은 거리에 떨어져 있는 음식과 음료 이외에는 아무것도 지각하지 않는 사람)은 기아와 갈증 때문에 죽을 것이라는 것을 나는 전적으로 인정한다. 만일 그들이 그러한 인간은 인간으로서보다는 오히려 당나귀로 간주되어야 하지 않겠느냐고 나에게 묻는다면, 나는 스스로를 목매는 사람을 무엇으로 생각할 것인지, 또 어린애, 바보, 미치광이를 무엇으로 생각할 것인지를 알지 못하는 것과 마찬가지로 그것을 모른다고 대답한다. 마지막으로, 이 이론의 인식으로부터 어떠한 실제적인 이점들이 생기는지 밝히는 것이 남아 있다. 그것을 우리는 다음의 사항들에서 쉽게 알 수 있다.

1. 이 이론은, 우리가 신의 명령에 의해서만 행동하며, 신의 본성을 나누어 갖는다는 것, 그리고 우리의 행동이 보다 더 완전하고 우리가 신을 보다 많이 인식함에 따라서 더욱더 그러하다는 것을 가르쳐준다. 그러므로 이 이론은, 우리의 마음을 완전히 평정하게 해줄 뿐만 아니라, 우리의 최고의 행복 또는 지복이 어디에 있는지를 우리에게 가르쳐 준다. 즉, 우리의 최고의 행복 또는 지복은 신에 대한 인식에만 있으며, 이 인식에 의해서 우리는 사랑과 도의심이 권고하는 것들만을 행하도록 인도된다. 이것으로부터 덕 그 자체와 신에 대한 봉사가 행복 그 자체이자 최고의 자유임을 인식하지 못하고, 마치 가장 비천한 굴종에 대해서처럼 덕과 선행에 대해서도 신으로부터 최대로 보상받아 영광스러워지기를 기대하는 사람은 덕에 대한 참다운 평가로부터 얼마나 멀리 떨어져 있는지를 우리는 명확히 이해한다.

2. 이 이론은 운명에 관해서, 또는 우리의 능력 안에 없는 것들에 관해서, 즉 우리의 본성에서 생기지 않는 것들에 관해서 우리가 어떤 태도를 취해야 하는지를 가르쳐 준다. 즉, 우리는 운명의 양면을 태연한 자세로 기다리고 견뎌내지 않으면 안 된다. 왜냐하면 삼각

제2부 정신의 본성 및 기원에 대하여

형의 본질에서 세 각의 합이 2직각과 같다는 결론이 나오는 것과 똑같은 필연성을 가지고 모든 것은 신의 영원한 섭리에서 생겨 나오기 때문이다.

3. 이 이론은 우리의 사회생활에 기여한다. 왜냐하면 이 이론은 우리에게 아무도 미워하지 않고 업신여기지 않고 비웃지 않으며, 그 누구에 대해서도 성내지 않고 시기하지 않는 자세를 가르치기 때문이다. 그리고 또, 이 이론은 각자 자신이 소유한 것으로써 만족해야 하며, 자신의 이웃에 대해서는, 여성적인 동정이나, 편애 또는 미신에 의해서가 아니라, 이성(理性)의 지도에 의하여, 시기(時機)와 사정이 요구하는 바에 따라 원조해야 한다는 것을 가르쳐 준다. 이것에 대해서는 제4부에서 밝힐 것이다.

4. 마지막으로, 이 이론은 국가 공동체를 위해서도 적지 않게 이바지한다. 왜냐하면 이 이론은 시민들을 어떤 방식으로 통치하고 지도할 것인지를, 즉 시민들이 노예처럼 일하지 않고 자유롭게 최선의 것을 행하도록 통치하고 지도해야 한다는 것을 가르쳐 주기 때문이다.

이상으로써 나는 이 주석에서 다루려고 했던 것을 완료했으며, 이것으로 제2부를 마친다. 제2부에서 나는 인간 정신의 본성과 그것의 특성들을 충분히 상세하게, 그리고 주제의 곤란함이 허락하는 한 명확하게 설명했으며, 나의 이론으로부터 많은 우수한 것, 대단히 유용하며 알아야 할 필요가 있는 것들(이것들 중 일부는 다음 제3부에서 밝혀질 것이다)이 도출될 수 있다고 생각한다.

제3부
감정의 기원과 본성에 관하여

서론

　감정과 인간의 생활방식에 관하여 기술한 사람들의 대부분은, 공통적인 자연법칙에 따르는 자연적 사물이 아니라, 자연을 벗어난 사물에 대하여 논술한 것처럼 보인다. 참으로 그들은 자연 안의 인간을 통치권 안의 통치권처럼 생각하는 것 같다. 왜냐하면 그들은 인간이 자연의 질서에 따르기보다는 오히려 그것을 어지럽히며, 인간이 자신의 행동에 대하여 절대의 능력을 가지고 자기 자신 이외의 다른 어떤 것에 의해서도 결정되지 않는다고 믿고 있기 때문이다. 또, 그들은 인간의 무능력과 약점의 원인을 공통적인 자연력에 돌리지 않고, 내가 모르는 인간 본성의 결함에 돌린다. 그러므로 그들은 이와 같은 인간의 본성을 슬퍼하고 비웃고 경멸하거나, 또는 (더욱 자주 일어나는 일이지만) 저주한다. 그리고 인간 정신의 무력함을 더욱 웅변적으로 또는 더욱 날카롭게 비난하는 법을 알고 있는 사람은 신성함을 부여받은 것처럼 여겨진다.
　그렇기는 하지만 올바른 생활방식에 관해서 많은 훌륭한 글을 써서 인류에게 현명한 조언을 준 걸출한 인물들도 없지는 않았다(우리는 그들의 노고와 근면에 힘입은 것이 많음을 자인한다). 그리고 내가 알고 있는 한, 아무도 감정의 본성과 힘을, 그리고 정신이 감정을 제어하기 위해 무엇을 할 수 있는지를 결정짓지 못했다. 물론, 나는 유명한 데카르트가 이루어 놓은 것을 알고 있다. 그도 역시 정신이 자기의 활동에 대하여 절대의 능력을 가지고 있다고 믿기는 했지만, 인간의 감정을 그것의 제1원인에 의해 설명하려고 했으며, 동시에 정신이 어떤 방식으로 감정에 대하여 절대적인 지배력을 가질 수 있는지를 제시하려고 애썼다. 그러나 그는 자신의 탁월한 지성을 보여줬을 뿐이라는 것이 나의 생각이다. 이 점에 관해서는 적당한 곳에서 밝힐 것이다.

제3부 감정의 기원과 본성에 관하여

 왜냐하면 나는 지금 인간의 감정과 행동을 이해하기보다 오히려 저주하고 조소하기를 좋아하는 사람들에게 되돌아가고 싶기 때문이다. 그들에게는, 내가 인간의 결함이나 우행(愚行)을 기하학적 방식으로 다루려고 시도하는 것과, 그들이 이성에 반대되며 공허하고 부조리하고 혐오스럽다고 선언한 것들을 논리적 추론으로써 증명하고자 하는 일은, 확실히 이상하게 보일 것이다.
 그러나 나의 논거는 이러하다. 자연 안에서는 자연의 결함 탓으로 여길 수 있는 어떠한 일도 일어나지 않는다. 왜냐하면 자연은 항상 한결같으며, 자연의 힘과 활동능력은 어디서나 동일하기 때문이다. 즉 만물이 발생하여 한 형상에서 다른 형상으로 변화하게 하는 자연의 법칙과 규칙은 어디에서나 항상 동일하기 때문이다. 따라서 어떤 종류의 사물이든 그것의 본성을 인식하는 방법도 역시 동일하지 않으면 안 된다. 즉 그것은 자연의 보편적인 법칙과 규칙에 의한 인식이어야만 한다. 그러므로 증오, 분노, 질투 등의 감정도, 그 자체로 고찰한다면, 다른 개개의 사물들과 마찬가지로 자연의 필연성과 힘에서 생겨난다.
 그러므로 이러한 감정들은 일정한 원인이 있거니와 그 원인을 통하여 인식될 수 있으며, 또한 우리가 단지 고찰하는 것만으로도 즐거워지는 다른 사물의 특성들과 같이 우리가 인식할 만한 가치가 있는 일정한 특성들을 가지고 있다. 그러므로 나는 이전의 부에서 신과 정신에 대하여 논하면서 사용했던 것과 동일한 방법으로 감정의 본성 및 힘과, 감정에 대한 정신의 능력을 논하고, 인간의 행동과 욕망을 마치 선, 평면 및 입체를 연구하는 것처럼 고찰할 것이다.

정의

1. 어떤 원인의 결과가 그 원인에 의하여 뚜렷하고 명확하게 지각될 수 있을 때, 나는 그 원인을 타당한 원인이라고 부른다. 그러나 어떤 원인의 결과가 그 원인만 가지고서는 이해될 수 없을 때, 나는 그 원인을 타당하지 않은 원인, 또는 부분적인 원인이라고 일컫

는다.
2. 우리가 타당한 원인으로 되어 있는 어떤 것이 우리의 내부 또는 외부에 발생할 때, 즉 (정의 1에 의해) 우리의 본성만에 의하여 뚜렷하고 명확하게 이해될 수 있는 어떤 것이 우리의 본성에서 우리의 내부 또는 외부에 발생할 때, 나는 우리가 작용한다고 말한다. 이에 반하여, 우리가 단지 부분적 원인에 불과한 어떤 것이 우리의 내부에 발생하거나 우리의 본성에서 생길 때, 나는 우리가 작용을 받는다고 말한다.
3. 감정이란 신체의 활동능력을 증대시키거나 감소시키며, 촉진하거나 억제하는 신체의 변용인 동시에 그러한 변용의 관념이라고 나는 이해한다. 그러므로 만일 우리가 그러한 변용들 중 어느 것의 타당한 원인이 될 수 있다면, 나는 그 감정을 능동으로 이해하고, 그렇지 않다면 수동으로 이해한다.

요청

1. 인간의 신체는 자체의 활동능력이 증대되거나 또는 감소되는 많은 방식으로 자극받아 변화될 수 있으며, 또한 자체의 활동능력을 증대시키지도 감소시키지도 않는 다른 많은 방식으로도 자극받아 변화될 수 있다. 이 요청 또는 공리는 제2부 정리 13의 뒤에 있는 요청 1과 보조정리 5 및 7에 의거하고 있다.
2. 인간의 신체는 많은 변화를 겪음에도 불구하고, 대상의 인상이나 흔적을 (이것에 관해서는 제2부 요청 5를 참조), 따라서 사물의 표상을 보유할 수가 있다(표상의 정의에 대해서는, 제2부 정리 17의 주석을 참조).

정리 1. 우리의 정신은 어떤 경우에는 작용을 하고, 또 어떤 경우에는 작용을 받는다. 즉, 정신은 타당한 관념을 가지고 있는 한에 있어서 필연적으로 작용을 하고, 타당하지 못한 관념을 가지고 있는 한에 있어서 필연적으로 작용을 받는다.

제3부 감정의 기원과 본성에 관하여

증명: 각각의 인간 정신 안에 있는 관념들은 일부는 타당한 것이지만, 일부는 단편적이고 혼란스러운 것이다(제2부 정리 40의 주석에 의해). 그런데 누군가의 정신 안에서 타당한 관념들은 신이 그 정신의 본질을 구성하는 한에 있어서 신 안에서 타당하다(제2부 정리 11의 계에 의해). 그리고 정신 안에서 타당하지 못한 관념들도, 신이 그 정신의 본질뿐만 아니라, 동시에, 다른 것들의 정신들도 자신 안에 포함하는 한에 있어서 (동일한 계에 의해) 신 안에서 타당하다. 또, 주어진 각각의 관념에서 필연적으로 어떤 결과가 나오지 않으면 안 되며 (제1부 정리 36에 의해), 그 결과에 대해 신은 타당한 원인이지만 (정의 1 참조), 이는 신이 무한한 한에 있어서가 아니라 그 주어진 관념으로 변용해 있다고 고찰되는 한에 있어서이다(제2부 정리 9 참조). 그러나 신이 어떤 사람의 정신 안에서 타당한 관념으로 변용해 있는 한에 있어서 어떤 결과의 원인이라면, 그와 같은 정신은 그 결과의 타당한 원인이다(제2부 정리11의 계에 의해). 그러므로 우리의 정신은 (정의 2에 의해) 타당한 관념을 가지고 있는 한에 있어서 필연적으로 작용을 한다. 이것이 증명되어야 할 첫 번째 점이었다.

 다음으로, 신이 어떤 사람의 정신만을 자신 안에 가지고 있는 한에 있어서가 아니라, 그 사람의 정신과 함께 다른 것들의 정신들도 자신 안에 가지고 있는 한에 있어서, '신 안에서 타당한 관념'에서 필연적으로 나오는 모든 것에 대해, 그 사람의 정신은 (제2부 정리 11의 계에 의해) 타당한 원인이 아니고 부분적 원인일 뿐이다. 따라서 (정의 2에 의해) 정신은 타당하지 못한 관념을 가지고 있는 한에 있어서 필연적으로 작용을 받는다. 이것이 두 번째 점이었다. 그러므로 우리의 정신도…. Q.E.D

계: 이것으로부터 나오는 결론은 이러하다. 즉, 정신은 타당하지 못한 관념을 더 많이 가지고 있을수록 그만큼 수동적이며, 반대로 타당한 관념을 보다 많이 가지고 있을수록 그만큼 능동적이다.

정리 2. 신체가 정신을 사유로 결정할 수는 없으며, 정신도 신체를 운동이나 정지로 또는 (만일 다른 어떤 것이 있다면) 다른 어떤 것으로 결정할 수 없다.

증명: 사유의 모든 양태는, 신이 사유하는 존재인 한에 있어서, 신을 원인으로 가지며, 신이 다른 속성에 의하여 설명되는 한에 있어서는 그렇지 않다(제2부 정리 6에 의해). 그러므로 정신을 사유로 결정하는 것은 사유의 양태이지 연장의 양태는 아니다. 즉 (제2부 정의 1에 의해) 신체는 아니다. 이것이 첫 번째 점이었다.
 다음으로, 신체의 운동과 정지는 반드시 다른 물체로부터 일어나며, 이 물체도 역시 다른 물체에 의해 운동이나 정지로 결정되지 않으면 안 되었다. 절대적으로 신체 안에서 일어나는 모든 일은, 신이 사유의 어떤 양태로 변용해 있다고 고찰되는 한에 있어서가 아니라 연장의 어떤 양태로 변용해 있다고 고찰되는 한에 있어서, 이 신으로부터 일어나지 않으면 안 된다(마찬가지로 제2부 정리 6에 의해). 즉 그것은 사유의 양태인 정신(제2부 정리 11에 의해)으로부터 일어날 수가 없다. 이것이 두 번째 점이었다. 그러므로 신체가 정신을 결정할 수는 없으며, …. Q.E.D
주석: 이러한 것들은 제2부 정리7의 주석에서 말한 것에 의해 더욱 명확하게 이해된다. 그것에 의거하면, 정신과 신체는 동일한 것이며, 그러한 것이 때로는 사유의 속성 아래에서, 때로는 연장의 속성 아래에서 파악된다. 그러므로 사물들의 질서나 연결은, 자연이 이 속성 아래에서 파악되든, 저 속성 아래에서 파악되든 하나이며, 따라서 우리 신체의 능동 및 수동의 질서는, 본성상, 정신의 능동 및 수동의 질서와 동시적이다. 이것은 우리가 제2부의 정리 12를 증명한 방식에 의해서도 명백하다.
 사정이 이러하여 의심할 이유가 전혀 남아 있지 않음에도 불구하고, 내가 이 사상을 경험에 의해 확증하지 않는다면, 사람들로 하여금 이것을 냉철히 고찰하게 하는 것은 거의 불가능하다고 생각한다. <u>그들이 그토록 강하게 확신하는</u> 것은 이러하다. 즉, 신체는 단지 정신의 명령에 따라서만 움직이거나 정지하며, 오직 정신의 의지와 사고의 기능에만 의존하여 많은 일을 행한다. <u>그</u> 이유는, 신체가 무엇을 할 수 있는지에 대해 아직껏 아무도 결정짓지 않았기 때

제3부 감정의 기원과 본성에 관하여

문이다. 즉, 신체가 물체적인 것으로 고찰되는 한에 있어서의 자연의 법칙에 의해서만 무엇을 할 수 있는지, 또 오직 정신에 의해 결정되는 경우에만 무엇을 할 수 있는지를 지금까지 아무도 경험에 의해 알지 못했기 때문이다. 왜냐하면 여태까지 아무도 신체의 모든 기능을 설명할 수 있을 만큼 정확하게 신체의 구조를 알지 못했기 때문이다. 인간의 지혜를 훨씬 능가하는 많은 것이 동물의 세계에서 관찰되고, 몽유병자가 깨어 있을 때는 감히 하지 않는 많은 것을 수면 중에 행하는 것에 대해 설명할 수 없음은 말할 것도 없다. 이것은 신체가 오직 자체의 본성의 법칙에 의해서만 자신의 정신을 놀라게 하는 많은 것을 할 수 있음을 충분히 증명한다.

또, 어떤 식으로, 어떤 수단을 통하여 정신이 신체를 움직이는지, 또한 어느 정도의 운동을 신체에 부여할 수 있는지, 그리고 얼마만큼의 속도로 신체를 움직일 수 있는지를 아무도 모른다. 따라서 사람들이 신체의 이 또는 저 활동은 신체에 대해 지배력을 갖고 있는 정신에서 나온다고 말할 때, 그들은 자신들이 말하고 있는 것을 모르고 있다. 그리고 그들은 그 활동의 정확한 원인을 모르면서도 그것에 대해 이상하게 여기고 있지 않다는 것을, 듣기 좋은 말로 자백하는 것에 불과하다.

그러나 그들은 이렇게 말할 것이다. '어떤 수단을 통하여 정신이 신체를 움직이는지 알든 알지 못하든 정신이 사유에 적합하지 않을 경우에는 신체가 활발하지 않다는 것을 우리는 경험을 통해 알고 있다.' 또 이렇게 말할 것이다. '말하는 것이나 침묵하는 것, 그리고 다른 많은 것을 행하는 것은 전적으로 정신의 능력 안에 있음을 우리는 경험을 통해 알고 있고, 따라서 이러한 일들은 정신의 결의에 달려있다고 생각한다.'

첫 번째 점에 관하여 나는 그들에게 이렇게 묻는다. 경험은, 반대로, 신체가 활발하지 않을 때에는, 동시에 정신이 사고에 적합하지 않다는 것도 또한 가르쳐 주지 않는가? 왜냐하면 신체가 잠이 들어 정지해 있는 동안에는 정신도 동시에 신체와 더불어 무의식 상태에 머무르며, 깨어 있을 때와 같이 사고하는 능력이 없기 때문이다. 그리고 또 정신이 동일한 대상에 관하여 사유하기에 항상 똑같이 적합한 것이 아니라, 오히려 신체가 이 또는 저 대상의 심상을 자신 안에 재생하기에 적합할수록, 정신도 이 또는 저 대상을 고찰하기에 더 적합하다는 것을 누구나 경험했으리라고 나는 믿는다.

그러나 그들은 이렇게 말할 것이다. 즉, 건축, 회화, 그리고 인간의 기교에 의해서만 만들어지는 이런 종류의 다른 사물들의 원인을 단지 물체적인 것으로만 고찰되는 한에 있어서의 자연의 법칙에서만 이끌어 낼 수는 없다. 또 인간의 신체는 정신에 의하여 결정되고 인도되지 않는 한 사원과 같은 것을 건축할 수는 없다.

그러나 내가 이미 말했듯이, 그들은 신체가 무엇을 행할 수 있는지, 또 신체의 본성만을 고찰하는 것으로부터 무엇을 이끌어낼 수 있는지 알지 못하며, 또한 그들은 정신의 인도 없이 일어날 수 있다고는 자신들이 결코 믿지 않았을 많은 것들, 예를 들면 몽유병자가 수면 중에 한 행동들(이것에 대해 그는 나중에 잠이 깨고 난 다음에 스스로 놀란다)이 오로지 자연의 법칙에 의해서만 일어난다는 것을 경험에 의해 알고 있다.

나는 여기서, 인간의 신체 구조 자체가 인간의 기교에 의하여 만들어진 모든 것을, 정교함에 있어서, 훨씬 능가한다는 점을 덧붙여 말해둔다.—내가 앞에서 밝혔던 것, 즉 자연이 어떤 속성 아래에서 고찰되더라도 자연으로부터 무한히 많은 것이 발생한다는 점은 말할 것도 없고.

두 번째 점에 관해서는, 만일 침묵하는 것이나 말하는 것이 똑같이 인간의 능력 안에 있다면, 인간사는 훨씬 더 만족스럽게 이루어졌을 것이다. 그러나 경험은 혀를 억제하는 것이나 욕망을 제어하는 것만큼 인간의 능력 범위를 벗어나는 것도 없다는 것을 풍부한 사례로써 가르쳐 준다.

그 결과 대부분의 사람들은 우리가 미지근하게 욕구하는 것들만을 자유롭게 행한다고 믿고 있다. 왜냐하면 그러한 것들에 대한 충동은 우리의 마음에 자주 떠오르는 다른 것의 기억에 의하여 쉽게 약화될 수 있기 때문이다. 그렇지만 다른 것의 기억에 의하여 억제될 수 없는 강력한 감정을 가지고 욕구하는 것들을 우리가 자유롭게 행한다고는 믿지 않는다. 그러나 진실로 만일 그들이 인간은 나중

제3부 감정의 기원과 본성에 관하여

에 후회하게 되는 많은 일을 저지르며, 또한 반대되는 감정에 사로잡혀 있을 때는 자주 더 좋은 것을 보면서도 더 나쁜 것을 따른다는 것을 경험을 통해 알지 못했다면, 그들은 인간이 모든 것을 자유롭게 행한다고 주저 없이 믿었을 것이다. 따라서 젖먹이는 자유로이 젖을 원한다고 믿고, 성난 아이는 자유로이 복수를 바란다고 믿고, 겁쟁이는 자유로이 도망친다고 믿는다. 또 주정쟁이는 나중에 술이 깼을 때 잠자코 있지 않은 것을 후회하게 될 말들을 지껄인 것이 정신의 자유로운 결의에 따른 것이라고 믿는다. 미치광이, 수다쟁이, 어린아이, 그리고 이런 종류의 많은 사람들도 역시 실제로는 말하고 싶은 충동을 억제하지 못하면서도 정신의 자유로운 결의에 의하여 이야기한다고 믿고 있다.

따라서 경험 자체도 이성(理性)에 못지않게 명백히, 인간은 자신의 행동들을 의식하고는 있지만, 자신을 결정한 원인들에 대해서는 아무것도 모르기 때문에 자기를 자유롭다고 믿고 있다는 것을 가르쳐 준다. 경험은 또 정신의 결의란 충동 자체에 지나지 않으며, 따라서 정신의 결의는 신체의 상태가 변화함에 따라서 달라진다는 것도 가르쳐 준다. 왜냐하면 각각의 인간은 자신의 감정에 근거하여 모든 것을 결정하며, 반대되는 감정에 의하여 분열된 사람은 자신이 무엇을 원하는지 알지 못하고, 또 어떠한 감정에도 빠져있지 않은 사람은 사소한 자극에 의해서도 이리저리 쏠리기 때문이다.

이 모든 것이 명백하게 밝혀주는 것은 이러하다. 즉 정신의 결의 및 충동과 신체의 결정은 본성상 동시에 존재하며, 혹은 오히려 하나이고 동일한 것인데, 이 동일한 것이 사유의 속성 아래에서 고찰되고 사유의 속성을 통하여 설명될 때 우리는 그것을 결의라고 부르고, 연장의 속성 아래에서 고찰되고, 운동과 정지의 법칙으로부터 도출될 때 그것을 결정이라고 부른다. 이 점은 이제부터 논술하는 것에 의해 한층 더 명백해질 것이다.

왜냐하면 내가 여기에서 특별히 주의하고 싶은 다른 것이 있기 때문이다. 우리는 기억력이 작동하지 않으면 그 어떤 것도 정신의 결의에 의하여 행할 수 없다. 예컨대, 우리는 마음에 떠오르지 않는 어떤 단어를 말할 수는 없다. 그리고 어떤 일을 기억하거나 망각하는 것은 정신의 자유로운 능력 범위를 벗어난다. 그러므로 사람들은 우리가 기억하는 것에 대하여 정신의 결의에 의해서만 침묵하거나 이야기할 수 있는 일만은 정신의 능력 안에 있다고 믿고 있다.
 그러나 우리가 무엇인가 지껄이는 꿈을 꿀 때, 우리는 정신의 자유로운 결의에 의하여 지껄인다고 믿지만 기실 지껄이고 있지 않거나, 또는 설령 지껄이고 있더라도, 그것은 신체의 자발적인 운동으로 인한 것이다. 또, 우리는 어떤 일을 남들에게 비밀로 하는 꿈을 꾼다. 더군다나 깨어 있는 동안에 우리가 알고 있는 일들에 관하여 침묵하는 것과 같은 정신의 결의에 의하여 그렇게 하고 있다고 꿈 속에서 생각한다. 마지막으로, 우리는 깨어 있는 동안에는 감히 하지 않는 일을 정신의 결의에 의하여 행하는 꿈을 꾼다. 여기에서 나는 정신 안에 두 종류의 결의, 즉 공상적인 결의와 자유로운 결의가 있는지 어떤지를 꼭 알고 싶다. 우리가 제정신을 잃고 헤매기를 바라지 않는다면, 우리가 자유로운 것으로 믿고 있는 정신의 결의는 표상 자체 또는 기억과 구별되지 않으며, 그것은 관념이 관념인 한에 있어서 필연적으로 포함하는 긍정(제2부 정리 49 참조)일 뿐이라는 것을 사람들은 필연적으로 인정하지 않으면 안 된다. 그런고로 정신의 이러한 결의는 현실적으로 존재하는 사물의 관념과 동일한 필연성에 의하여 정신 안에 생긴다. 따라서 정신의 자유로운 결의에 의하여 이야기하거나 침묵하거나 이것저것을 행한다고 믿는 사람은 눈을 뜨고 꿈을 꾸는 것이다.

정리 3. 정신의 능동은 오직 타당한 관념에서만 발생하며, 정신의 수동은 타당하지 못한 관념에만 의존한다.

증명: 정신의 본질을 구성하는 최초의 것은 현실적으로 존재하는 신체의 관념일 뿐이며 (제2부 정리 11과 13에 의해), 이 관념은 (제2부 정리 15에 의해) 다른 많은 관념들로 이루어져 있는데, 그 중 어떤 것은 타당하고 (제2부 정리 38의 계에 의해), 다른 어떤 것은 타당하지 못하다. 그러므로 정신의 본성에서 나오고 정신을 가장 가까운 원인으로 하는 것이며, 정신에 의하여 이해되지 않으면 안

제3부 감정의 기원과 본성에 관하여

되는 것은 모두, 필연적으로 타당한 관념이나 또는 타당하지 못한 관념으로부터 나오지 않으면 안 된다. 그러나 정신은 타당하지 못한 관념을 가지고 있는 한에 있어서 (정리 1에 의해), 필연적으로 작용을 받는다. 그러므로 정신의 능동은 오직 타당한 관념에서만 나오며, 정신은 타당하지 못한 관념을 가지고 있다는 이유에 의해서만 작용을 받는다. Q.E.D

주석: 그러므로 수동은 정신이 부정을 포함하는 어떤 것을 가지고 있는 한에 있어서만, 즉 정신이 다른 것들 없이 그 자체에 의하여 뚜렷하고도 명확하게 지각될 수 없는 자연의 일부로서 고찰되는 한에 있어서만 정신에 귀속된다는 것을 우리는 안다. 이런 식으로 나는 수동이 정신에 귀속되는 것과 같은 방식으로 다른 개체에도 귀속된다는 것, 그리고 수동은 다른 방식으로는 이해될 수 없다는 것을 증명할 수 있다. 그러나 나의 목적은 인간의 정신에 대해서만 논하는 것이다.

정리 4. 사물은 외부의 원인에 의해서가 아니면 결코 파괴될 수 없다.

증명: 이 정리는 그 자체로 명백하다. 왜냐하면 각 사물의 정의는 그 사물의 본질을 긍정하되 부정하지 않기 때문이다. 즉 그것은 그 사물의 본질을 정립하되 제거하지 않기 때문이다. 그러므로 우리가 그 사물 자체에만 주의하고 외부의 원인들에는 주의하지 않는 동안, 우리는 그 사물 안에서 그것을 파괴할 수 있는 것을 아무것도 발견할 수 없을 것이다. Q.E.D

정리 5. 사물들은 하나가 다른 것을 파괴할 수 있는 한에 있어서 반대되는 본성을 가진다. 즉, 그러한 사물들은 동일한 주체 안에 있을 수가 없다.

증명: 만일 그러한 것들이 서로 일치하거나, 혹은 동일한 주체 안에 동시에 존재할 수 있다면, 동일한 주체 안에 그 주체를 파괴할 수

있는 어떤 것이 존재할 수 있게 된다. 이것은 (정리 4에 의해) 불합리하다. 그러므로 사물들은…. Q.E.D.

정리 6. 각각의 사물은, 자신의 능력이 미치는 한, 자신의 존재를 끈질기게 지속하려고 노력한다.

증명: 왜냐하면 개물은 신의 속성을 일정하고 결정적인 방식으로 표현하는 양태이기 때문이다(제1부 정리 25의 계에 의해). 즉 그것은 (제1부 정리 34에 의해) 신이 존재하고 활동하는 능력을 일정하고 결정적인 방식으로 표현하는 사물이다. 그리고 사물은 결코 자신이 파괴될 수 있는 어떤 것, 즉 자신의 존재를 제거하는 어떤 것을 자신 안에 가지고 있지 않다(정리 4에 의해). 반대로, 개물은 자신의 존재를 제거할 수 있는 모든 것에 대항한다(정리 5에 의해). 그러므로 그것은 가능한 한, 그리고 자신의 능력이 미치는 한, 자신의 존재를 끈질기게 지속하려고 노력한다. Q.E.D

정리 7. 각각의 사물이 자신의 존재를 끈질기게 지속하려는 노력[코나투스(conatus)]은 그 사물의 현실적 본질 이외에 아무것도 아니다.

증명: 각 사물의 주어진 본질에서 어떤 일들이 필연적으로 발생한다(제1부 정리 36에 의해). 그리고 사물은 자신의 결정된 본성으로부터 필연적으로 나오는 것 이외의 다른 어떤 것도 이룰 수 없다(제1부 정리 29에 의해). 그러므로 각 사물이 홀로 또는 다른 것들과 함께 활동하는, 또는 활동하려고 애쓰는 능력이나 노력, 즉 (정리 6에 의해) 각 사물이 자신의 존재를 끈질기게 지속하려고 애쓰는 능력이나 노력[코나투스]은 그 사물의 주어진 혹은 현실적인 본질일 뿐이다. Q.E.D

정리 8. 각각의 사물이 자신의 존재를 끈질기게 지속하려는 노력[코나투스]은 유한한 시간이 아니라 무한한 시간을 포함하고 있

제3부 감정의 기원과 본성에 관하여

다.

증명: 만일 그 노력[코나투스]이 그 사물의 지속을 결정짓는 제한된 시간을 포함한다면, 그 사물이 존재할 수 있는 능력 자체에서 그것이 제한된 시간 이후에는 존재하지 못하고 파괴되어야만 한다는 결론이 나오게 된다. 그러나 (정리 4에 의해) 이것은 불합리하다. 그러므로 사물이 존재하려고 하는 노력[코나투스]은 어떠한 유한한 시간도 포함하지 않는다. 반대로, (정리 4에 의해) 각 사물은 외부의 원인에 의하여 파괴되지 않는 한, 그것이 지금 존재할 수 있는 능력과 동일한 능력을 가지고 항상 존재를 지속할 것이기 때문에, 이 노력[코나투스]은 무한한 시간을 포함하고 있다. Q.E.D

정리 9. 정신은 뚜렷하고 명확한 관념을 가지고 있는 한에 있어서나, 혼란한 관념을 가지고 있는 한에 있어서나, 무한한 시간 동안 자기의 존재를 끈질기게 지속하려고 노력하며, 또한 이러한 자기의 노력[코나투스]을 의식하고 있다.

증명: 정신의 본질은 타당한 관념과 타당하지 못한 관념으로 구성되어 있다(우리가 정리 3에서 밝힌 것과 같이). 따라서 (정리 7에 의해) 정신은 타당한 관념을 지니고 있는 한에 있어서나 타당하지 못한 관념을 가지고 있는 한에 있어서나 자기의 존재를 끈질기게 지속하려고 노력한다. 더욱이 정신은 무한한 시간 동안 (정리 8에 의해) 자기의 존재를 끈질기게 지속하려고 애쓴다. 그런데 정신은 (제2부 정리 23에 의해) 신체의 변용의 관념에 의해서 필연적으로 자기를 의식하므로, 정신은 (정리 7에 의해) 자기의 노력[코나투스]을 의식하고 있다.

주석: 이 노력[코나투스]이 정신에만 관계되어 있을 때는 의지라고 불리지만, 그것이 정신과 신체에 동시에 관계되어 있을 때는 충동이라고 불린다. 그러므로 충동은 인간의 본질 자체일 뿐이며, 그것의 본성으로부터 필연적으로 인간의 보존에 기여하는 것들이 나온다. 따라서 인간은 그러한 것들을 행하도록 결정되어 있다. 다음으

로, 충동과 욕망의 차이라면, 욕망은 보통 자신의 충동을 의식하고 있는 한에 있어서의 인간에 관련되어 있다는 점뿐이다. 따라서 욕망은 충동에 대한 의식을 수반하는 충동으로 정의될 수 있다. 그러므로 이상의 모든 것으로부터 명백해지는 것은 이러하다. 즉 우리는 어떤 것을 선이라고 판단하기 때문에 그것을 지향하여 노력하고, 원하고, 추구하고, 욕구하는 것이 아니라, 반대로 우리가 어떤 것을 지향하여 노력하고, 원하고, 추구하고, 욕구하기 때문에 그것을 선이라고 판단한다.

정리 10. 우리의 신체의 존재를 배제하는 관념은 우리의 정신 안에 있을 수가 없고, 오히려 우리의 정신에 반대된다.

증명: 우리의 신체를 파괴할 수 있는 모든 것은 우리의 신체 안에 존재할 수가 없다(정리 5에 의해). 그러므로 그러한 것의 관념은 신이 우리 신체의 관념을 가지고 있는 한에 있어서 신 안에 있을 수가 없다(제2부 정리 9의 계에 의해). 즉 (제2부 정리 11과 13에 의하여) 그러한 것의 관념은 우리의 정신 안에 있을 수가 없다. 반대로 (제2부 정리 11 및 13에 의해) 정신의 본질을 구성하는 최초의 것은 현실적으로 존재하는 신체의 관념이기 때문에, 우리 정신의 제일 중요한 노력[코나투스]은 우리 신체의 존재를 긍정하는 것이다(정리 7에 의해). 그러므로 우리 신체의 존재를 부정하는 관념은 우리의 정신에 반대된다. Q.E.D

정리 11. 우리 신체의 활동능력을 증대시키거나 감소시키며, 촉진하거나 억제하는 것의 관념은 우리의 정신의 사유능력을 증대시키거나 감소시키며, 촉진하거나 억제한다.

증명: 이 정리는 제2부의 정리 7에 의하여, 또는 제2부의 정리 14에 의해서도 명백하다.
주석: 그러므로 우리는 정신이 갖가지의 커다란 변화를 받아서 때로는 보다 큰 완전성으로, 때로는 보다 작은 완전성으로 이행할 수

제3부 감정의 기원과 본성에 관하여

있다는 것을 안다. 이러한 수동들은 우리에게 기쁨과 슬픔의 감정을 설명해준다.

그러므로 나는 이하에서 '기쁨을 정신이 보다 큰 완전성으로 이행하는 수동'으로 이해할 것이며, '슬픔을 정신이 보다 작은 완전성으로 이행하는 수동'으로 이해할 것이다. '정신과 신체에 동시에 관계되어 있는 기쁨의 감정'을 나는 **쾌감** 또는 **유쾌**라고 부르고, '그러한 슬픔의 감정'을 **고통** 또는 **우울**이라고 부른다.

그러나 <여기서> 주의해야 할 것은, 쾌감이나 고통은 한 인간의 어떤 부분이 다른 부분보다 더 많이 자극받아 변화되는 때의 인간에 관계되어 있지만, 유쾌나 우울은 한 인간의 모든 부분이 똑같이 자극받아 변화되는 때의 인간에 관계되어 있다는 점이다. 다음으로 욕망이 무엇인지에 대해 나는 정리 9의 주석에서 설명했다.

나는 이 세 가지 감정[기쁨, 슬픔, 욕망] 이외의 다른 어떤 것도 기본적인 감정으로 인정하지 않는다. 왜냐하면 여타의 감정들은 이 세 가지 감정으로부터 생겨난다는 것이 이하에서 밝혀질 것이기 때문이다. 그러나 더 나아가기 전에, 어떤 식으로 하나의 관념이 다른 관념과 반대되는지를 더욱 명확히 이해하기 위하여 나는 정리 10을 여기서 좀 더 자세하게 설명하고자 한다.

제2부 정리 17의 주석에서 우리는, 정신의 본질을 구성하는 관념은 신체 자체가 존재하는 동안에만 신체의 존재를 포함한다는 것을 밝혔다. 다음으로 제2부 정리 8의 계 및 그것의 주석으로부터, 우리의 정신의 현재적 존재는 정신이 신체의 현실적 존재를 포함하는 것에만 의존한다는 결론이 나온다. 마지막으로, 정신이 사물을 표상하고 기억하는 능력도 역시 정신이 신체의 현실적 존재를 포함하는 것에 의존한다는 것을 우리는 밝혔다(제2부 정리 17, 18과 정리 18의 주석을 참조).

이러한 것들로부터 나오는 결론은 이러하다. 즉 정신의 현재적 존재와 표상능력은 정신이 신체의 현재적 존재를 긍정하는 것을 멈추자마자 소멸한다. 그러나 정신이 신체의 이 존재를 긍정하는 것을 멈추는 원인은 정신 자체일 수가 없으며 (정리 4에 의해), 신체가 존재하기를 멈추는 것일 수도 없다. 왜냐하면 (제2부 정리 6에 의해) 정신이 신체의 존재를 긍정하는 원인은 신체가 존재하기를 시작했던 것이 아니기 때문이다. 그러므로 똑같은 논거에 의하면, 정신이 신체의 존재를 긍정하는 것을 멈추는 원인도 신체가 존재하기를 멈추는 것에 있지 않다. 오히려 (제2부 정리 8에 의해) 이것 [신체의 존재를 긍정하기를 멈추는 것]은 우리의 신체의 현재적 존재를, 따라서 우리의 정신의 현재적 존재를 배제하는 또 다른 관념으로부터 발생한다. 따라서 그러한 관념은 우리의 정신의 본질을 구성하는 관념과 반대된다.

정리 12. 정신은 신체의 활동능력을 증대시키거나 촉진하는 사물을, 가능한 한, 표상하려고 노력한다.

증명: 인간의 신체가 어떤 외부 물체의 본성을 포함하는 방식으로 자극받아 변화되는 동안, 인간의 정신은 그 물체를 현재적인 것으로 고찰할 것이다(제2부 정리 17에 의해). 따라서 (제2부 정리 7에 의해) 인간의 정신이 어떤 외부의 물체를 현재적인 것으로 생각하는 동안, 즉 (제2부 정리 17의 주석에 의해) 그것을 표상하는 동안, 인간의 신체는 외부 물체의 본성을 포함하는 방식으로 자극받아 변화된다. 그러므로 정신이 우리 신체의 활동능력을 증대시키거나 촉진하는 사물을 표상하는 동안, 신체는 자체의 활동능력을 증대시키거나 촉진하는 방식으로 자극받아 변화되며 (요청 1을 참조), 따라서 (정리 11에 의해) 정신의 사유능력은 증대되거나 촉진된다. 따라서 (정리 6 또는 9에 의해) 정신은, 가능한 한, 그러한 것을 표상하려고 노력한다. Q.E.D

정리 13. 정신은 신체의 활동능력을 감소시키거나 억제하는 사물을 표상할 때, 그러한 것의 존재를 배제하는 사물을, 가능한 한, 마음에 떠올리려고 노력한다.

증명: 정신이 그런 종류의 어떤 것을 표상하는 동안, 정신과 신체의 능력은 감소되거나 억제된다(우리가 정리 12에서 증명한 것처럼).

제3부 감정의 기원과 본성에 관하여

그럼에도 불구하고 정신은 그러한 것의 현재적 존재를 배제하는 다른 어떤 것을 표상할 때까지는 그러한 것을 계속 표상할 것이다(제2부 정리 17에 의해). 즉 (방금 밝힌 것처럼) 정신과 신체의 능력은 정신이 그러한 것의 존재를 배제하는 다른 어떤 것을 표상할 때까지는 감소되거나 억제된다. 그러므로 정신은 (정리 9에 의해), 가능한 한, 다른 것을 표상하거나 마음에 떠올리려고 노력할 것이다. Q.E.D

계: 이것으로부터 나오는 결론은 이러하다. 즉 정신은 자기의 능력이나 신체의 능력을 감소시키거나 억제하는 것을 표상하는 일을 싫어한다.

주석: 이것으로부터 우리는 사랑이나 증오가 무엇인지를 명확히 이해한다. 사랑이란 외적 원인의 관념을 수반하는 기쁨일 뿐이며, 또한 증오란 외적 원인의 관념을 수반하는 슬픔에 지나지 않는다. 또, 우리는 사랑하는 자는 필연적으로 사랑하는 사물을 현실에 소유하고 유지하려고 노력하는 반면, 증오하는 자는 증오하는 사물을 멀리하고 파괴하려고 노력한다는 것을 안다. 그러나 이 모든 것에 대해서는 다음에서 보다 더 상세히 논할 것이다.

정리 14. 만일 정신이 언젠가 동시에 두 가지 감정에 의하여 자극받아 변화되었다면, 나중에 정신이 그 중의 하나에 의해 자극받아 변화될 때, 다른 하나에 의해서도 자극받아 변화될 것이다.

증명: 만일 인간의 신체가 언젠가 동시에 두 물체로부터 자극받아 변화되었다면, 후에 정신은 그 중의 하나를 표상할 때 즉시 다른 하나도 상기할 것이다(제2부 정리 18에 의해). 그러나 정신의 표상은 외부 물체의 본성보다는 우리 신체의 감정을 보다 많이 나타낸다(제2부 정리 16의 계 2에 의하여). 그러므로 만일 신체가, 따라서 정신이 (정의 3을 참조) 언젠가 두 가지 감정에 의하여 자극받아 변화되었다면, 나중에 그 중의 하나에 의해 자극받아 변화될 때, 다른 하나에 의해서도 자극받아 변화될 것이다. Q.E.D

정리 15. 모든 사물은 우연에 의해서 기쁨이나 슬픔, 또는 욕망의 원인이 될 수 있다.

증명: 정신이 동시에 두 감정에 의하여, 즉 하나는 정신의 활동능력을 증대시키지도 감소시키지도 않는 것, 다른 하나는 그것을 증대시키거나 감소시키는 것에 의하여 자극받아 변화된다고 가정해보자 (요청 1 참조). 정리 14에 의해 다음의 사실이 명백하다. 즉, 정신이 나중에 (가정에 의하여) 그 자체로서는 정신의 사유능력을 증대시키지도 감소시키지도 않는 첫 번째 감정에(그것의 진짜 원인으로부터) 자극받아 변화될 때, 정신은 즉시 자기의 사유능력을 증대시키거나 감소시키는 두 번째 감정에도, 즉 (정리 11의 주석에 의하여) 기쁨 또는 슬픔에도 자극받아 변화될 것이다. 따라서 첫 번째의 그 사물은 그 자체에 의해서가 아니라 우연에 의해서 기쁨 또는 슬픔의 원인이 될 것이다. 동일한 방식으로 그러한 것이 우연에 의하여 욕망의 원인이 될 수 있다는 것을 쉽게 밝힐 수 있다. Q.E.D

계: 우리는 어떤 것을 기쁨 또는 슬픔의 감정을 가지고 고찰했다는 것만으로도, 그 어떤 것 자체가 그러한 감정의 작용원인이 아닌데도 그 어떤 것을 사랑하거나 증오할 수 있다.

증명: 오로지 이 사실에 의하여 (정리 14에 의해) 정신은 나중에 이 사물을 표상할 때 기쁨이나 슬픔의 감정으로 자극받아 변화된다. 즉 (정리 11의 주석에 의해) 정신과 신체의 능력이 증대되거나 감소되는 일이 일어난다. 따라서 (정리 12에 의해) 정신은 그 사물을 표상하기를 바라거나 또는 (정리 13의 계에 의해) 싫어하게 된다. 즉 (정리 13의 주석에 의하여) 정신은 그 사물을 사랑하거나 또는 증오하게 된다. Q.E.D

주석: 이것에 의하여 우리는 우리에게 알려진 아무런 원인이 없는데도 단지 이른바 공감이나 반감에 의하여 우리가 어떤 것을 사랑하거나 증오하는 일이 어떻게 하여 일어날 수 있는지 이해한다. 우리를 보통 기쁨이나 슬픔의 감정으로 자극하여 변화시키는 대상과 어느 정도 유사하다는 이유만으로 우리를 기쁨이나 슬픔으로 자극하여 변화시키는 대상도 역시 같은 범주에 속해야 하는데, 이것에

제3부 감정의 기원과 본성에 관하여

대해서는 정리 16에서 밝힐 것이다. 공감이나 반감이라는 말을 처음으로 채택한 작가들이 그것들로써 사물의 어떤 숨겨진 성질을 나타내려고 했던 것을 나도 물론 알고 있다. 그러나 그럼에도 불구하고, 우리는 이 말들로써 잘 알려져 있거나 명백한 성질들을 이해할 수 있다고 나는 믿는다.

정리 16. 정신을 보통 기쁨이나 슬픔으로 자극하여 변화시키는 대상에 다소 유사한 어떤 사물을 우리가 표상한다는 사실만으로, 그 사물이 그 대상과 유사한 점이 그러한 감정의 작용원인이 아닌데도, 우리는 그것을 사랑하거나 미워할 것이다.

증명: 그 사물이 그 대상과 유사한 점을 우리는 (가정에 의하여) 대상 자체 안에서 기쁨 또는 슬픔의 감정과 함께 고찰하였다. 그러므로 (정리 14에 의해) 정신은 유사점의 표상으로부터 자극받아 변화될 때마다, 곧바로 기쁨 또는 슬픔의 감정에도 자극받아 변화될 것이다. 따라서 이러한 유사점을 가지고 있는 것으로 우리가 지각하는 사물은 (정리 15에 의해) 우연에 의하여 기쁨 또는 슬픔의 원인이 될 것이다. 그러므로 (정리 15의 계에 의해) 그 사물이 그 대상과 유사한 점이 그러한 감정의 작용원인이 아니더라도, 우리는 그 사물을 사랑하거나 증오할 것이다. Q.E.D

정리 17. 만일 우리가 우리를 보통 슬픔의 감정으로 자극하여 변화시키는 사물을 똑같은 정도의 기쁨의 감정으로 우리를 보통 자극하여 변화시키는 다른 사물과 다소 유사한 것으로 표상하면, 우리는 그 사물을 증오하며 동시에 사랑할 것이다.

증명: 왜냐하면 (가정에 의하여) 이 사물은 그 자체로 슬픔의 원인이며, 또한 (정리 13의 주석에 의해) 우리가 슬픔의 감정을 가지고 이 사물을 표상하는 한에 있어서, 우리는 그것을 증오한다. 그리고 또 우리가 그것을, 우리를 보통 똑같은 정도의 기쁨의 감정으로 자극하여 변화시키는 다른 사물과 다소 유사한 것으로 표상하는 한에

있어서, 우리는 그것을 똑같은 정도의 기쁨의 노력을 가지고 사랑할 것이다(정리 16에 의해). 따라서 우리는 그것을 증오하며 동시에 사랑할 것이다. Q.E.D

주석: 두 가지의 반대되는 감정으로부터 생기는 이 정신상태는 마음의 동요라고 일컬어지며, 따라서 그것의 감정에 대한 관계는 의혹의 표상에 대한 관계와 같다(제2부 정리 44의 주석을 참조). 그리고 마음의 동요와 의혹은 단지 정도의 차이만 있을 뿐이다.

그러나 주의해야 할 것은, 앞의 정리에서 내가 이러한 마음의 동요를 그 자체에 의하여 어떤 감정의 원인이며 우연에 의하여 다른 감정의 원인이 되는 그러한 원인으로부터 이끌어냈다는 것이다. 이것은 내가 그런 식으로 하여 이 동요를 보다 더 쉽게 앞의 정리로부터 이끌어낼 수 있었기 때문이고, 마음의 동요가 대개의 경우 두 감정의 작용원인인 한 대상으로부터 생긴다는 것을 부정하기 때문은 아니다. 왜냐하면 인간의 신체는 (제2부 요청 1에 의하여) 본성을 달리하는 수많은 개체로 구성되어 있으며, 따라서 (제2부 정리 13의 뒤에 있는 보조정리 3의 뒤에 있는 공리 1에 의해) 인간의 신체는 동일한 물체로부터 많은 방식으로 자극받아 변화될 수 있기 때문이다. 또 반대로 동일한 사물이 많은 방식으로 자극받아 변화될 수 있기 때문에, 동일한 사물은 신체의 동일한 부분을 많은 방식으로 자극하여 변화시킬 수도 있을 것이다. 이것으로부터 우리는 동일한 대상이 많고도 반대되는 감정들의 원인이 될 수 있다는 것을 쉽게 파악할 수 있다.

정리 18. 과거 또는 미래의 사물의 심상에 의해서 인간은 현재의 사물의 심상에 의해서와 동일한 기쁨 또는 슬픔의 감정으로 자극받아 변화된다.

증명: 인간이 어떤 사물의 심상에 의해 자극받아 변화되는 동안, 인간은, 비록 그 사물이 존재하지 않을지라도, 그것을 현존하는 것으로 생각할 것이다(제2부 정리 17과 그것의 계에 의해). 그리고 그 사물의 심상이 과거 또는 미래의 시간의 심상과 결합되어 있지 않

제3부 감정의 기원과 본성에 관하여

는 한, 그것을 과거 또는 미래의 것으로 표상하지 않는다(제2부 정리 44의 주석을 참조). 그러므로 사물의 심상은, 그 자체로만 보면, 그것이 과거 또는 미래의 시간에 관계되어 있든 현재에 관계되어 있든 똑같은 것이다. 즉 (제2부 정리 16의 계 2에 의해) 신체의 상태 또는 감정은, 심상이 과거 또는 미래의 사물에 관한 것이든 현재의 사물에 관한 것이든 똑같은 것이다. 따라서 기쁨 또는 슬픔의 감정은, 심상이 과거 또는 미래의 사물에 관한 것이든 현재의 사물에 관한 것이든 같은 것이다. Q.E.D

주석 1: 내가 여기서 어떤 사물을 과거 또는 미래의 것이라고 부르는 것은, 우리가 그것으로부터 자극받아 변화되었거나 그것으로부터 자극받아 변화될 것인 한에 있어서이다. 예를 들면, 우리가 어떤 사물을 보았거나 볼 것인 한에 있어서, 그것이 우리를 상쾌하게 했거나 상쾌하게 할 것인 한에 있어서, 그것이 우리를 해쳤거나 해칠 것인 한에 있어서이다. 왜냐하면 우리가 그것을 이런 식으로 표상하는 한에 있어서, 우리는 그것의 존재를 긍정한다. 즉 신체는 그 사물의 존재를 배제하는 어떠한 감정에 의해서도 자극받아 변화되지 않는다. 따라서 (제2부 정리 17에 의해) 신체는 그 사물의 심상에 의하여 마치 그 사물 자체가 현존하는 것처럼 자극받아 변화된다.

하지만, 많은 일을 경험한 사람들은 사물을 미래 또는 과거의 것으로 생각하는 동안 동요하여 대개 그 사물의 결과에 대하여 의혹을 품기 때문에 (제2부 정리 44의 주석 참조), 사물의 유사한 심상으로부터 생기는 감정은 그렇게 확고하지 않으며, 사람들이 그 사물의 결과에 대하여 보다 확실히 알 때까지는, 대개 다른 사물의 심상에 의하여 교란된다.

주석 2: 방금 말한 것에 의해, 우리는 희망, 공포, 안도, 절망, 환희 및 낙담이 무엇인지를 이해한다. 희망은 우리가 그 결과에 대하여 의심하는 미래 또는 과거의 사물의 심상으로부터 생기는 변하기 쉬운 기쁨일 뿐이다. 이에 반하여 공포는 의심스러운 사물의 심상으로부터 생기는 변하기 쉬운 슬픔이다. 그런데 만일 이들 감정에 수반된 의심이 제거되면, 희망은 안도가 되고, 공포는 절망이 된다.

즉 그것은 우리가 희망했거나 두려워했던 사물의 심상으로부터 생기는 기쁨 또는 슬픔이다. 다음으로, 환희는 우리가 그 결과에 대하여 의혹을 품었던 과거의 사물의 심상으로부터 생긴 기쁨이다. 마지막으로, 낙담은 환희에 반대되는 슬픔이다.

정리 19. 자기가 사랑하는 것이 파괴되는 것을 표상하는 사람은 슬픔을 느낄 것이다. 그러나 그것이 보존되는 것을 표상하는 사람은 기쁨을 느낄 것이다.

증명: 정신은 신체의 활동능력을 증대시키거나 촉진하는 것을 (정리 12에 의해), 즉 (정리 13의 주석에 의해) 자기가 사랑하는 것을, 가능한 한, 표상하려고 노력한다. 그러나 표상력은 사물의 존재를 정립하는 것에 의하여 촉진되는 반면, 사물의 존재를 배제하는 것에 의하여 억제된다(제2부 정리 17에 의해). 그러므로 사랑하는 것의 존재를 정립하는 사물의 심상은 사랑하는 것을 표상하려는 정신의 노력을 촉진한다. 즉 (정리 11의 주석에 의해) 그것은 정신을 기쁨으로 자극하여 변화시킨다. 이에 반하여 사랑하는 것의 존재를 배제하는 사물의 심상은 정신의 이와 같은 노력을 억제한다. 즉 (같은 주석에 의해) 그것은 정신을 슬픔으로 자극하여 변화시킨다. 그러므로 자기가 사랑하는 것이 파괴되는 것을 표상하는 사람은 슬픔을 느낄 것이다 …. Q.E.D

정리 20. 자기가 증오하는 것이 파괴되는 것을 표상하는 사람은 기쁨을 느낄 것이다.

증명: 정신은 (정리 13에 의해) 신체의 활동능력을 감소시키거나 억제하는 사물의 존재를 배제하는 온갖 것을 표상하려고 노력한다. 즉 (정리 13의 주석에 의해) 정신은 자기가 증오하는 사물의 존재를 배제하는 온갖 것을 표상하려고 노력한다. 따라서 정신이 증오하는 것의 존재를 배제하는 사물의 심상은 정신의 이러한 노력을 촉진한다. 즉, (정리 11의 주석에 의해) 그것은 정신을 기쁨으로 자

제3부 감정의 기원과 본성에 관하여

극하여 변화시킨다. 그러므로 자기가 증오하는 것이 파괴되는 것을 표상하는 사람은 기쁨을 느낄 것이다. Q.E.D

정리 21. 자기가 사랑하는 것이 기쁨 또는 슬픔으로 자극받아 변화되는 것을 표상하는 사람도 역시 기쁨 또는 슬픔으로 자극받아 변화될 것이다. 그리고 사랑받는 대상의 그러한 감정이 커지거나 작아짐에 따라서 사랑하는 사람의 감정도 더 커지거나 더 작아질 것이다.

증명: 사랑받는 대상의 존재를 정립하는 사물의 심상은 (우리가 정리 19에서 증명한 것처럼) 사랑받는 대상을 표상하려고 애쓰는 정신의 노력을 촉진한다. 그러나 기쁨은 기뻐하는 것의 존재를 정립하며, 기쁨의 감정이 보다 크면 클수록 존재를 보다 많이 정립한다. 왜냐하면 (정리 11의 주석에 의해) 그것은 보다 큰 완전성으로의 이행이기 때문이다. 그러므로 사랑하는 사람이 가진 사랑받는 대상의 기쁨의 심상은 사랑하는 사람의 정신의 노력을 촉진한다. 즉 (정리 11의 주석에 의해) 그것은 사랑하는 사람을 기쁨으로 자극하여 변화시키며, 사랑받는 대상의 기쁨이 크면 클수록 더욱더 그러하다. 이것이 증명되어야 할 첫 번째 점이었다.

다음으로, 사물은 슬픔으로 자극받아 변화되는 한에 있어서 파괴되며, 보다 큰 슬픔으로 자극받아 변화될수록 그만큼 많이 파괴된다(정리 11의 주석에 의해). 그러므로 (정리 19에 의해) 자기가 사랑하는 것이 슬픔으로 자극받아 변화되는 것을 표상하는 사람도 역시 슬픔으로 자극받아 변화될 것이며, 사랑받는 대상의 슬픔이 크면 클수록 더욱더 그러할 것이다. Q.E.D.

정리 22. 어떤 사람이 우리가 사랑하는 대상을 기쁨으로 자극하여 변화시키는 것을 우리가 표상한다면, 우리는 그 사람에 대하여 사랑으로 자극받아 변화될 것이다. 이에 반하여, 그 사람이 우리가 사랑하는 대상을 슬픔으로 자극하여 변화시키는 것을 우리가 표상한다면, 우리는 역시 그 사람에 대하여 증오로 자극받아 변화될 것이다.

증명: 우리가 사랑하는 대상을 기쁨 또는 슬픔으로 자극하여 변화시키는 사람은, 만일 사랑받는 그 대상이 그러한 기쁨 또는 슬픔으로 자극받아 변화되어 있는 것을 우리가 표상한다면, 우리도 또한 기쁨 또는 슬픔으로 자극하여 변화시킨다(정리 21에 의해). 그러나 이 기쁨 또는 슬픔은 우리 안에서 외적 원인의 관념을 수반하고 있는 것으로 가정되어 있다. 그러므로 (정리 13의 주석에 의해) 어떤 사람이 우리가 사랑하는 대상을 기쁨 또는 슬픔으로 자극하여 변화시키는 것을 우리가 표상한다면, 우리는 그 사람에 대하여 사랑 또는 증오로 자극받아 변화될 것이다. Q.E.D.

주석: 정리 21은 우리에게 연민이 무엇인지를 설명해주는데, 이것을 우리는 타인의 불행에서 생기는 슬픔이라고 정의할 수 있다. 타인의 행복으로부터 생기는 기쁨이 어떤 명칭으로 불리는지를 나는 모른다. 다음으로, 타인에게 선을 행한 사람에 대한 사랑을 우리는 호의라 부를 것이며, 또 반대로 타인에게 악을 행한 사람에 대한 증오를 분개라 부를 것이다.

마지막으로, 주의해야 할 것은, 우리는 우리가 사랑한 것에 대해서만 연민을 느끼는 것이 아니라(우리가 정리 21에서 밝힌 것처럼), 우리가 이전에 아무런 감정도 갖지 않았던 것에 대해서도 역시, 그것이 우리와 유사하다고 판단되면, 연민을 느낀다는 것이다(내가 뒤에 밝히려는 것처럼). 그러므로 우리는 우리와 유사한 사람에게 선을 행한 사람에 대해서도 호의를 느끼며, 또 반대로 우리와 유사한 사람을 해친 사람에 대해서도 분개를 느낄 것이다.

정리 23. 자기가 증오하는 것이 슬픔으로 자극받아 변화되는 것을 표상하는 사람은 기쁨을 느낄 것이다. 이에 반하여 그것이 기쁨으로 자극받아 변화되는 것을 표상하면 슬픔을 느낄 것이다.
그리고 이 두 감정은, 자기가 증오하는 것에게 있는 반대되는 감정이 보다 크거나 보다 작음에 따라서 보다 크거나 보다 작을 것이다.

제3부 감정의 기원과 본성에 관하여

증명: 미움받는 것은 슬픔으로 자극받아 변화되는 한에 있어서 파괴되며, 보다 큰 슬픔으로 자극받아 변화될수록 그만큼 많이 파괴된다(정리 11의 주석에 의해). 그러므로 (정리 20에 의해) 자기가 증오하는 것이 슬픔으로 자극받아 변화되는 것을 표상하는 사람은 반대로 기쁨으로 자극받아 변화될 것이다. 더욱이 미움받는 것이 보다 큰 슬픔으로 자극받아 변화되는 것을 표상함에 따라 그만큼 큰 기쁨으로 자극받아 변화될 것이다. 이것이 첫 번째 점이었다. 다음으로, 기쁨은 기뻐하는 것의 존재를 정립하며 (정리 11이 주석에 의해), 그 기쁨이 보다 큰 것으로 파악됨에 따라 존재를 보다 많이 정립한다. 만일 자기가 증오하는 것이 기쁨으로 자극받아 변화되는 것을 어떤 사람이 표상한다면, 이 표상은 (정리 13에 의해) 그 사람 자신의 노력을 억제할 것이다. 즉 (정리 11의 주석에 의해) 증오하는 사람은 슬픔으로 자극받아 변화될 것이다.… Q.E.D

주석: 이러한 기쁨은 별로 확고한 것이 아니며 마음의 갈등이 따를 수밖에 없는 것이다. 왜냐하면 (내가 곧 정리 27에서 밝히겠지만) 사람은 자기와 유사한 것이 슬픔의 감정으로 자극받아 변화되는 것을 표상하는 한, 슬픔을 느끼지 않을 수 없으며, 또 반대로 자기와 유사한 것이 기쁨으로 자극받아 변화되는 것을 표상하면 기쁨을 느끼지 않을 수 없기 때문이다. 그러나 여기서 우리는 증오에만 주의한다.

정리 24. 어떤 사람이 우리가 증오하는 것을 기쁨으로 자극하여 변화시키는 것을 우리가 표상한다면, 우리는 그 사람에 대해서도 증오로 자극받아 변화될 것이다. 반대로, 그 사람이 우리가 증오하는 것을 슬픔으로 자극하여 변화시키는 것을 우리가 표상한다면, 우리는 그 사람에 대하여 사랑으로 자극받아 변화될 것이다.

증명: 이 정리는 정리 22와 동일한 방식으로 증명된다.
주석: 이러한 증오와 유사한 증오의 감정들은 질투와 관련되어 있으며, 따라서 질투는, 인간이 타인의 불행을 기뻐하며 또 타인의 행복을 슬퍼하도록 결정되어 있다고 고찰되는 한에 있어서, 증오일

따름이다.

정리 25. 우리는, 우리 자신 또는 우리가 사랑하는 것을 기쁨으로 자극하여 변화시키는 것이라고 우리가 표상하는 모든 것을, 우리 자신과 우리가 사랑하는 것에 대하여 긍정하려고 노력한다. 반대로, 우리는 우리 자신 또는 우리가 사랑하는 것을 슬픔으로 자극하여 변화시키는 것이라고 우리가 표상하는 모든 것을 부정하려고 노력한다.

증명: 우리가 사랑하는 것을 기쁨 또는 슬픔으로 자극하여 변화시키는 것이라고 우리가 표상하는 모든 것은, 우리를 기쁨 또는 슬픔으로 자극하여 변화시킨다(정리 21에 의해). 그러나 정신은 (정리 12에 의해) 우리를 기쁨으로 자극하여 변화시키는 것들을 가능한 한 표상하려고 노력한다. 즉 (제2부 정리 17과 그것의 계에 의해) 그러한 것들을 현존하는 것으로 생각하려고 노력한다. 또 반대로 (정리 13에 의해) 정신은 우리를 슬픔으로 자극하여 변화시키는 것들의 존재를 배제하려고 노력한다. 그러므로 우리는, 우리 자신 또는 우리가 사랑하는 것을 기쁨으로 자극하여 변화시키는 것이라고 우리가 표상하는 모든 것을, 우리 자신과 우리가 사랑하는 것에 대하여 긍정하려고 노력한다. 또 우리는 반대의 것을 부정하려고 노력한다. Q.E.D.

정리 26. 우리는, 우리가 증오하는 것을 슬픔으로 자극하여 변화시키는 것이라고 우리가 표상하는 모든 것을, 그 증오하는 것에 대하여 긍정하려고 노력하며, 반대로 그것을 기쁨으로 자극하여 변화시키는 것이라고 우리가 표상하는 모든 것을 부정하려고 노력한다.

증명: 앞의 정리가 정리 21로부터 나오는 것과 같이, 이 정리는 정리 23으로부터 나온다.
주석: 이 정리들로부터 우리는 자기 자신과 자기가 사랑하는 것에

대해서는 적정 이상으로 대단하게 여기며, 반대로 자기가 증오하는 것에 대해서는 적정 이하로 하찮게 여기기 십상이라는 것을 안다. 이러한 표상이 자기에 대하여 적정 이상으로 대단하게 여기는 사람 자신에 관계할 때는 거만으로 불리며, 광기(狂氣)의 일종이다. 왜냐하면 그러한 사람은 단지 자신의 표상에서만 이루어지는 모든 것을 할 수 있는 것처럼, 눈을 뜬 채로 꿈을 꾸며, 따라서 그것들을 실재하는 것으로 생각하며, 또한 그것들의 존재를 배제하고 그 자신의 활동능력을 한정하는 것들을 표상할 수 없는 한에 있어서 그것들을 자랑스럽게 여기기 때문이다.

그러므로 **거만**은 인간이 자기 자신에 대하여 적정 이상으로 대단하게 여기는 것에서 생기는 기쁨이다. 또 인간이 다른 사물에 대하여 적정 이상으로 대단하게 여기는 것에서 생기는 기쁨은 **과대평가**라고 불린다. 마지막으로, **인간이 다른 사물에 대하여 적정 이하로 하찮게 여기는 것에서 생기는 기쁨은 무시[과소평가]** 라고 불린다.

정리 27. 우리와 유사한 것으로서, 그것에 대하여 우리가 아무런 감정도 갖고 있지 않은 것이 어떤 감정으로 자극받아 변화되는 것을 우리가 표상한다면, 우리는 그것으로 인하여 유사한 감정으로 자극받아 변화된다.

증명: 사물의 심상은 인간 신체의 변용이며, 그 변용의 관념은 외부의 물체를 우리에게 현존하는 것으로 표현한다(제2부 정리 17의 주석에 의해). 즉, (제2부 정리 16에 의해) 그 변용의 관념은 우리 신체의 본성과 동시에 외부 물체의 현재적 본성을 포함하고 있다. 그러므로 만일 외부 물체의 본성이 우리 신체의 본성과 유사하다면, 우리가 표상하는 외부 물체의 관념은 외부 물체의 변용에 유사한 우리 신체의 변용을 포함할 것이다. 따라서 만일 우리와 유사한 어떤 사람이 어떤 감정으로 자극받아 변화되는 것을 우리가 표상한다면, 이러한 표상은 이 감정에 유사한 우리 신체의 변용을 표현할 것이다. 그러므로 우리와 유사한 어떤 것이 어떤 감정으로 자극받

아 변화되는 것을 우리가 표상하는 것으로 인하여, 우리는 그것과 유사한 감정으로 자극받아 변화된다. 그러나 만약 우리와 유사한 것을 우리가 증오한다면, 그런 경우 우리는 (정리 23에 의해) 그것과 반대되는 감정으로 자극받아 변화되고, 유사한 감정으로 자극받아 변화되지는 않을 것이다. Q.E.D

주석: 이러한 감정의 모방이 슬픔에 관계되어 있을 때, 그것은 연민이라고 불린다(이것에 관해서는, 정리 22의 주석을 참조). 그러나 그것이 욕망에 관계되어 있을 때에는 경쟁심이라고 일컬어진다. 그러므로 경쟁심은 우리와 유사한 다른 사람이 어떤 것에 대한 욕망을 가지고 있다고 우리가 표상하는 것으로 인하여 우리 안에 생기는 동일한 욕망에 지나지 않는다.

계 1: 우리가 어떤 사람에 대하여 아무런 감정도 갖고 있지 않은 터에 그 사람이 우리와 유사한 것을 기쁨으로 자극하여 변화시키는 것을 우리가 표상한다면, 우리는 그 사람에 대하여 사랑으로 자극받아 변화될 것이다. 이에 반하여, 그 사람이 그러한 것을 슬픔으로 자극하여 변화시키는 것을 우리가 표상한다면, 우리는 그 사람에 대하여 증오로 자극받아 변화될 것이다.

증명: 이것은 정리 22가 정리 21에 의해 증명된 것과 동일한 방식으로 앞의 정리에 의해 증명된다.

계 2: 우리가 불쌍히 여기는 것의 불행이 우리를 슬픔으로 자극하여 변화시키는 것을 이유로 하여 그것을 증오할 수는 없다.

증명: 왜냐하면 만약 그 때문에 우리가 그것을 증오할 수 있다면, 우리는 (정리 23에 의해) 그것의 슬픔을 기뻐하게 될 것인데, 이것은 가정에 반대된다.

계 3: 우리는 우리가 불쌍히 여기는 것을 가능한 한 불행에서 구하려고 노력한다.

증명: 우리가 불쌍하게 여기는 것을 슬픔으로 자극하여 변화시키는 것은 모두 우리도 유사한 슬픔으로 자극하여 변화시킨다(앞의 정리에 의해). 따라서 우리는 (정리 13에 의해) 그러한 사물의 존재를 제거할 수 있는 온갖 것을, 또는 그러한 사물을 파괴할 수 있는 온갖 것을 생각해 내려고 노력할 것이다. 즉 (정리 9의 주석에 의해)

제3부 감정의 기원과 본성에 관하여

우리는 그것을 파괴하고 싶어 하거나, 혹은 그것을 파괴하도록 결정될 것이다. 따라서 우리는 우리가 불쌍히 여기는 것을 불행에서 구하려고 노력한다. Q.E.D

주석: 우리가 선을 행하고 싶어 하는 어떤 대상에 대해 우리가 불쌍히 여기는 것에서 생기는, 선을 행하려고 하는 이러한 의지 또는 충동은 자비심이라고 불린다. 그러므로 이것은 연민에서 생기는 욕망일 뿐이다. 우리와 유사한 것이라고 우리가 표상하는 어떤 대상에게 선 또는 악을 행한 사람에 대한 사랑 및 증오에 대해서는, 정리 22의 주석을 참조하시라.

정리 28. 우리는 기쁨을 가져오리라고 우리가 표상하는 온갖 것을 실현하려고 노력한다. 그러나 우리는 그것에 반대된다고, 또는 슬픔을 가져오리라고 우리가 표상하는 온갖 것을 멀리하거나 파괴하려고 노력한다.

증명: 우리는 기쁨을 가져오리라고 우리가 표상하는 것을, 가능한 한, 표상하려고 노력한다(정리 12에 의해). 즉, (제2부 정리 17에 의해) 우리는 그러한 것을 현존하는 것으로서, 혹은 현실적으로 존재하는 것으로서, 가능한 한, 생각하려고 노력한다. 그러나 정신의 노력[코나투스] 또는 사유능력은 신체의 노력[코나투스] 또는 활동능력과 본성에 있어서 같고 동시적이다(제2부 정리 7의 계와 정리 11의 계에 의해 명료하게 귀결되는 것처럼). 그러므로 우리는 그러한 것이 존재하도록 절대적으로 노력한다. 즉 우리는 (정리 9의 주석에 의해 같은 것이지만) 그러한 것을 추구하고 지향한다. 이것이 첫 번째 점이었다.

다음으로, 만일 우리가 슬픔의 원인이라고 믿는 것, 즉, (정리13 의 주석에 의해) 우리가 증오하는 것이 파괴되는 것을 우리가 표상한다면, 우리는 기쁨을 느낄 것이다(정리 20에 의해). 따라서 우리는 그러한 것을 현존하는 것으로 생각하지 않도록 그것을 파괴하려고 노력하거나 (이 증명의 최초의 부분에 의하여), 또는 (정리 13에 의해) 그것을 우리로부터 멀리하려고 노력할 것이다. 이것이 두 번째

점이었다. 그러므로 우리는 기쁨을 가져오리라고 우리가 표상하는 온갖 것을 …. Q.E.D

정리 29. 우리는 사람들이 기쁨을 가지고 바라본다고 우리가 표상하는 온갖 것을 또한 행하려고 노력할 것이다. 또 반대로, 우리는 사람들이 혐오한다고 우리가 표상하는 온갖 것을 행하는 것을 싫어할 것이다.
*주의: 여기와 다음에서 '사람들'이라고 하는 것은 그 사람들에 대하여 우리가 아무런 감정도 갖고 있지 않은 그러한 사람들로 이해해야 한다.

증명: 사람들이 어떤 것을 사랑하거나 증오한다고 우리가 표상함으로 인하여, 우리는 그것을 사랑하거나 또는 증오할 것이다(정리 27에 의해). 즉 (정리 13의 주석에 의해) 우리는 그로 인하여 그러한 것의 현존을 기뻐하거나 또는 슬퍼할 것이다. 따라서 (정리 28에 의해) 우리는 사람들이 사랑하거나 기쁨을 가지고 바라본다고 우리가 표상하는 온갖 것을 행하려고 노력할 것이다.…Q.E.D
주석: 단지 사람들의 마음에 들기 위해서, 어떤 일을 행하거나 피하려는 이러한 노력은 야심[아부]이라고 불린다. 특히 우리 자신이나 타인에게 해로움에도 불구하고 어떤 일을 행하거나 피할 정도로 열심히 대중의 비위를 맞추려고 노력할 때 그렇게 불린다. 그렇지 않은 경우에는, 정중이라고 부르는 것이 보통이다. 다음으로, 우리를 만족시키기 위한 노력으로 행한 타인의 행위를 우리가 표상하면서 느끼는 기쁨을 나는 찬미라 부르며, 이에 반하여 그의 행위를 혐오하면서 느끼는 슬픔을 비난이라고 부른다.

정리 30. 만일 어떤 사람이 다른 사람들을 기쁨으로 자극하여 변화시킨다고 표상하는 어떤 일을 행하였다면, 그 사람은 원인으로서의 자기 자신의 관념을 수반하는 기쁨으로 자극받아 변화될 것이다. 즉 그 사람은 자기 자신을 기쁨을 가지고 응시할 것이다. 이에 반하여 만일 그가 다른 사람들을 슬픔으로 자극하여 변

제3부 감정의 기원과 본성에 관하여

화시킨다고 표상하는 어떤 일을 행하였다면, 그는 자기 자신을 슬픔을 가지고 응시할 것이다.

증명: 자신이 다른 사람들을 기쁨 또는 슬픔으로 자극하여 변화시킨다고 표상하는 사람은 그것으로 인하여 (정리 27에 의해) 기쁨 또는 슬픔으로 자극받아 변화될 것이다. 그런데 인간은 (제2부 정리 19 및 23에 의해) 자기 자신을 행동하도록 결정하는 변용에 의하여 자기 자신을 의식하기 때문에, 다른 사람들을 기쁨으로 자극하여 변화시킨다고 자기가 표상하는 어떤 일을 행한 사람은 기쁨으로 자극받아 변화될 것이며, 동시에 자기 자신을 그 기쁨의 원인으로 의식할 것이다. 즉, 그는 자기 자신을 기쁨을 가지고 응시할 것이다. 또 이와 반대되는 일도 마찬가지로 일어난다. Q.E.D

주석: 사랑은 (정리 13의 주석에 의해) 외적 원인의 관념을 수반하는 기쁨이며, 증오는 마찬가지로 외적 원인의 관념을 수반하는 슬픔이므로, 이러한 기쁨과 슬픔은 사랑 및 증오의 일종이다. 그러나 사랑과 증오는 외부의 대상에 관계되어 있기 때문에, 우리는 이 감정들을 다른 이름으로 나타낼 것이다. 외적 원인의 관념을 수반하는 이 기쁨을 우리는 명예[gloria]라 부르고, 이것에 반대되는 슬픔을 치욕[pudor]이라고 부를 것이다. 그러나 이것은 인간이 타인에게서 칭찬받거나 비난받는다고 믿음으로 인해 기쁨 또는 슬픔이 생기는 경우임을 이해해야 한다. 그렇지 않은 경우, 나는 내적 원인의 관념을 수반하는 기쁨을 자기만족이라고 부르며, 이것에 반대되는 슬픔을 후회라고 부를 것이다. 또, 어떤 사람이 자기가 다른 사람들을 기쁨으로 자극하여 변화시킨다고 표상하는 그 기쁨이 단지 공상적인 것에 불과한 일도 가능하며 (제2부 정리 17의 계에 의해), (정리 25에 의해) 각자는 자기를 기쁨으로 자극하여 변화시킨다고 표상하는 모든 것을 자신에 대하여 표상하려고 노력하므로, 허영심이 강한 사람이 거만하게 되고, 실제로는 모든 사람에게 혐오를 받으면서도 자신이 모두에게 인기가 있다고 표상하는 일이 쉽게 일어날 수 있다.

정리 31. 만약 우리 자신이 사랑하거나 욕망하거나 증오하는 어떤 것을 어떤 사람이 사랑하거나 욕망하거나 증오하는 것을 우리가 표상한다면, 그로 인하여 우리는 그것을 더욱 확고부동하게 사랑하거나 욕망하거나 증오할 것이다. 그러나 만약 우리가 사랑하는 것을 어떤 사람이 혐오하는 것을, 또는 그 반대를 <즉 우리가 증오하는 것을 어떤 사람이 사랑하는 것을> 우리가 표상한다면, 우리는 마음의 동요를 겪을 것이다.

증명: 단지 어떤 사람이 어떤 것을 사랑하는 것을 우리가 표상함으로 인하여, 우리는 그것을 사랑할 것이다(정리 27에 의해). 그러나 이러한 일이 없었어도 우리는 이미 그것을 사랑하고 있다는 것이 가정되어 있다. 그러므로 그러한 사랑을 북돋우는 새로운 원인이 더해진다. 따라서 우리는 자신이 사랑하는 것을 더욱 확고부동하게 사랑할 것이다. 다음으로, 어떤 사람이 어떤 것을 혐오하는 것을 우리가 표상함으로 인하여, 우리는 그것을 혐오하게 될 것이다(정리 27에 의해). 그러나 만약 우리가 동시에 그것을 사랑하고 있다고 가정한다면, 우리는 그 동일한 것을 동시에 사랑하면서 혐오할 것이다. 즉(정리 17의 주석을 참조) 우리는 마음의 동요를 겪을 것이다.
Q.E.D

계: 이것으로부터 그리고 정리 28로부터 나오는 결론은 이러하다. 즉 각자는 자기가 사랑하는 것을 모든 사람이 사랑하도록, 그리고 자기가 증오하는 것을 모든 사람이 증오하도록 가능한 한 노력한다. 그러므로 시인은 이렇게 말한다.:

   [1]Speremus pariter, pariter metuamus amantes.
   Ferreus est, si quis, quod sinit alter, amat.
   사랑하는 자는 희망하면서 동시에 두려워해야 한다네.
   남이 버리는 것을 사랑하는 자는 목석이라고나 할까.

주석: 모든 사람들로 하여금 자기가 사랑하거나 증오하는 것을 시인하게 하려는 이 노력은 실제로는 야심이다(정리 29 참조). 그러므

---

1) Ovid, *Amores* II, 19.

로 각자는 본성적으로 자기의 의향에 따라서 다른 사람들이 살아가기를 바란다는 것을 우리는 안다. 그러나 이것을 모든 사람이 똑같이 바라므로 모든 사람이 똑같이 서로 장애가 되며, 또 모든 사람이 모든 사람으로부터 칭찬을 받고 싶어 하거나 또는 사랑을 받고 싶어 하므로, 모든 사람이 서로 증오하게 된다.

정리 32. 오직 한 사람만이 소유할 수 있는 것을 어떤 사람이 향수하는 것을 우리가 표상한다면, 우리는 그 사람이 그것을 소유하지 못하도록 노력할 것이다.

증명: 단지 어떤 사람이 어떤 사물을 향수하는 것을 우리가 표상함으로 인하여 (정리 27과 그것의 계 1에 의해), 우리는 그 사물을 사랑할 것이며 그것을 향수하고 싶어 할 것이다. 그러나 (가정에 의하여) 다른 사람이 그러한 사물을 향수하는 것은 자기가 기쁨에 이르는 데에 방해가 된다는 것을 우리는 표상한다. 그러므로 (정리 28에 의해) 우리는 그 사람이 그것을 소유하지 못하도록 노력할 것이다.
Q.E.D

주석: 그러므로 인간의 본성은 일반적으로 불행한 사람을 불쌍히 여기며 행복한 사람을 질투하고, 또한 (정리 32에 의해) 타인이 소유하고 있다고 그들이 표상하는 것을 그들이 더 많이 사랑할수록 그만큼 더 큰 증오를 가지고 질투하도록 구성되어 있음을 우리는 안다. 다음으로, 인간을 동정적으로 되게 하는 것과 동일한 인간본성의 특성에 의하여, 인간이 질투적으로도 되고 야심적으로도 된다는 것을 우리는 안다. 마지막으로, 경험을 고려해보아도, 경험은 이 모든 것을 가르쳐 준다는 것을 우리는 깨달을 것이다. 특히 우리가 우리의 어린 시절을 돌아본다면 더욱 그러할 것이다. 왜냐하면 아이들은 그들의 신체가, 말하자면, 계속해서 평형[동요] 상태에 있기 때문에, 다른 사람이 웃는 것이나 우는 것을 보기만 해도 웃거나 우는 것을 우리는 경험에 의해 알기 때문이다. 또 아이들은 다른 사람들이 하는 것을 보고 무엇이든지 즉시 모방하고 싶어 한다. 그리고 마지막으로 그들은 다른 사람들이 즐기고 있다고 표상하는 모든

것을 자신들을 위하여 욕구한다. 왜냐하면, 우리가 말했듯이, 사물의 심상은 인간 신체의 변용 그 자체, 즉 인간의 신체가 외부의 원인들로부터 자극받아 변화되고, 이 또는 저 행동에 결정되는 방식이기 때문이다.

정리 33. 우리는 우리와 유사한 어떤 것을 사랑할 때, 가능한 한, 그것이 우리를 사랑하게 하려고 노력한다.

증명: 우리는 우리가 사랑하는 것을 가능한 한 다른 것에 우선하여 표상하려고 노력한다(정리 12에 의해). 그러므로 만약 그것이 우리와 유사한 것이라면, 우리는 그것을 다른 것에 우선하여 기쁨으로 자극하여 변화시키려고 노력할 것이다(정리 29에 의해). 즉 우리는, 가능한 한, 우리가 사랑하는 그것이 우리의 관념을 수반하는 기쁨으로 자극받아 변화되게 하려고, 즉 (정리 13의 주석에 의해) 그것이 우리를 사랑하게 하려고 노력할 것이다. Q.E.D

정리 34. 우리가 사랑하는 대상이 우리에 대하여 보다 큰 감정으로 자극받아 변화되어 있다고 우리가 표상함에 따라서, 우리는 더욱더 의기양양해질 것이다

증명: 우리는 (정리 33에 의해), 가능한 한, 우리가 사랑하는 대상이 우리를 사랑해 주도록 노력한다. 즉 우리는 (정리 13의 주석에 의해) 우리가 사랑하는 대상이 우리의 관념을 수반하는 기쁨으로 자극받아 변화되도록 노력한다. 그러므로 우리가 사랑하는 대상이 우리 때문에 보다 큰 기쁨으로 자극받아 변화되어 있다고 우리가 표상함에 따라서, 이 노력은 더욱더 촉진된다. 즉 (정리 11과 그것의 주석에 의해) 우리는 더욱더 큰 기쁨으로 자극받아 변화된다. 그러나 우리는 우리와 유사한 다른 것을 기쁨으로 자극하여 변화시킴으로 인하여 기쁨을 느낄 때, 우리 자신을 기쁨을 가지고 응시한다(정리 30에 의해). 그러므로 우리가 사랑하는 대상이 우리에 대하여 보다 큰 감정으로 자극받아 변화되어 있다고 우리가 표상함에 따라

서, 우리는 더욱더 큰 기쁨을 가지고 우리 자신을 응시할 것이다. 즉 (정리 30의 주석에 의해) 우리는 더욱더 의기양양해질 것이다. Q.E.D

정리 35. 사람은 만약 자기가 사랑하는 대상이 자신이 독점했던 것과 같은, 혹은 보다 밀접한 애정의 인연으로써 타인과 결합되는 것을 표상한다면, 사랑하는 대상에 대해서는 증오로 자극받아 변화될 것이고, 그 타인에 대해서는 질투를 느낄 것이다.

증명: 사람은 자기가 사랑하는 대상이 자기에 대하여 보다 큰 사랑으로 자극받아 변화되어 있다고 표상함에 따라서, 더욱더 의기양양해질 것이다(정리 34에 의해). 즉 (정리 30의 주석에 의해) 너욱더 큰 기쁨을 느낄 것이다. 따라서 (정리 28에 의해) 그 사람은 사랑하는 대상이 자기와 더욱 긴밀하게 결연되어 있는 것을 표상하도록 가능한 한 노력할 것이다. 이러한 노력 또는 충동은 타인도 그 사람이 바라는 것과 같은 것을 욕구하고 있다고 그 사람이 표상하면 더욱 강해진다(정리 31에 의해). 그러나 이러한 노력 또는 충동은 사랑하는 대상과 결합되어 있는 타인의 심상을 수반하는, 사랑하는 대상의 심상에 의해 억제된다는 것이 가정되어 있다. 그러므로 (정리 11의 주석에 의해) 그 사람은 그것으로 인하여 타인의 심상과 함께, 원인으로서의 사랑하는 대상의 관념을 수반하는 슬픔으로 자극받아 변화될 것이다. 즉 (정리 13의 주석에 의해) 그 사람은 사랑하는 대상에 대하여 그리고 동시에 타인에 대하여 증오로 자극받아 변화될 것이다(정리 15의 계에 의해). 따라서 그는 타인이 사랑하는 대상과 즐기는 것 때문에 그 타인을 질투할 것이다(정리 23에 의해) Q.E.D.

주석: 질투와 결합한, 사랑하는 대상에 대한 이 증오는 시기라고 불린다. 그러므로 시기는 동시적인 사랑과 증오에서 생기는—질투받는 타인의 관념을 수반하는—마음의 동요일 뿐이다. 더욱이 사랑하는 대상에 대한 이 증오는 시기하는 자가 사랑하는 대상으로부터 돌려받은 사랑으로 인해 평소에 자극받아 변화되었던[느꼈던] 기쁨

에 비례하여 보다 클 것이며, 사랑하는 대상과 결합되어 있다고 표상되는 사람에 대하여 자신이 자극받아 변화되었던[품었던] 감정에도 비례하여 보다 클 것이다. 왜냐하면 만일 그가 표상되는 타인을 증오한다면, 그것으로 인하여 그는 사랑하는 대상을 증오할 것이기 때문이다(정리 24에 의해). 그 이유는, 그가 사랑하는 대상이 미워하는 대상을 기쁨으로 자극하여 변화시키는 것을 그가 표상하기 때문이며, 또한 (정리 15의 계에 의해) 그가 사랑하는 대상의 심상을 미워하는 대상의 심상과 결합하지 않을 수 없기 때문이기도 하다.

이것은 일반적으로 여자에 대한 사랑에서 발견된다. 왜냐하면 사랑하는 여자가 타인에게 몸을 주는 것을 표상하는 사람은 자기의 충동이 억제되기 때문에 슬픔을 느낄 뿐만 아니라, 사랑하는 대상의 심상을 타인의 치부 및 분비물과 결합하지 않을 수 없기 때문에 그녀에 대해 혐오감을 느낄 것이다. 이것에 더하여 시기하는 자는 사랑하는 대상이 늘 보여준 것과 같은 표정의 환영을 더 이상 받지 못한다는 사실이 있다. 이러한 이유에 의해서도 역시 사랑하는 자는 슬픔을 느끼는데, 이에 대해서는 곧 설명할 것이다.

정리 36. 언젠가 향락한 것을 상기하는 사람은 최초에 그것을 향락한 것과 같은 사정 아래에서 그것을 소유하고 싶어 한다.

증명: 인간이 자기를 즐겁게 해준 사물과 함께 본 모든 것은 우연적인 기쁨의 원인일 것이다(정리 15에 의해). 따라서 (정리 28에 의해) 그는 그 모든 것을 자기를 즐겁게 해준 사물과 함께 소유하고 싶어 할 것이다. 즉 그가 최초에 그것을 즐겼던 때와 똑같은 사정 아래에서 그것을 소유하고 싶어 할 것이다. Q.E.D

계: 그러므로 만일 사랑하는 자가 그러한 사정의 전부에서 어떤 것이 빠져 있는 것을 안다면 슬픔을 느낄 것이다.

증명: 왜냐하면 그가 어떤 사정이 빠져 있는 것을 아는 한에 있어서, 그는 그것의 존재를 배제하는 어떤 것을 표상하기 때문이다. 그런데 그는 사랑으로 인하여 그 사물 또는 사정을 욕구하기 때문에 (정리 36에 의해), (정리 19에 의해) 그것이 빠져 있는 것을 표상하

제3부 감정의 기원과 본성에 관하여

는 한, 슬픔을 느낄 것이다. Q.E.D.
주석: 이 슬픔은 우리가 사랑하는 것의 부재(不在)에 관계되는 한에 있어서, 동경이라고 불린다.

정리 37. 슬픔이나 기쁨, 증오나 사랑에서 생기는 욕망은, 그 감정이 크면 클수록 그만큼 더 크다.

증명: 슬픔은 인간의 활동능력을 감소시키거나 억제한다(정리 11의 주석에 의해). 즉 (정리 7에 의해) 인간이 자신의 존재를 끈질기게 지속하려는 노력[코나투스]을 감소시키거나 억제한다. 따라서 슬픔은 이러한 노력에 반대되며 (정리 5에 의해), 슬픔으로 자극받아 변화된[슬픔을 느끼는] 인간의 노력은 진적으로 슬픔을 세거하기 위한 것이다. 그러나 (슬픔의 정의에 의하여) 슬픔이 크면 클수록 그것은 필연적으로 인간의 활동능력의 보다 큰 부분에 반대된다. 그러므로 슬픔이 크면 클수록 인간은 그만큼 큰 활동능력을 가지고 슬픔을 제거하기 위해 노력할 것이다. 즉 (정리 9의 주석에 의해) 그만큼 큰 욕망이나 충동을 가지고 슬픔을 제거하기 위해 노력할 것이다. 다음으로, 기쁨은 (정리 11의 같은 주석에 의해) 인간의 활동능력을 증대시키거나 촉진하므로, 기쁨으로 자극받아 변화된[기쁨을 느끼는] 인간은 기쁨을 유지하는 것만을 원하며, 기쁨이 보다 큼에 따라 그만큼 큰 욕망을 가지고 그것을 원하는 것은 똑같은 방법으로 쉽게 증명된다.

마지막으로, 증오 및 사랑은 슬픔이나 기쁨의 감정 자체이므로, 증오나 사랑에서 생기는 노력, 충동, 또는 욕망은 증오나 사랑에 비례하여 보다 클 것이라는 것도 동일한 방식으로 도출된다. Q.E.D

정리 38. 어떤 사람이 사랑하는 대상을 증오하기 시작하여, 결국 사랑이 완전히 소멸하게 되는 경우, 다른 사정이 동일하다면, 그는 그것을 전혀 사랑하지 않았을 경우보다 더 큰 증오에 사로잡힐 것이다. 그리고 이 증오는 이전의 사랑이 보다 컸음에 따라서 그만큼 더 클 것이다.

증명: 왜냐하면 만일 어떤 사람이 사랑하는 대상을 증오하기 시작하면, 그것을 전혀 사랑하지 않았던 경우에 비해 그의 충동은 한층 더 억제되기 때문이다. 왜냐하면 사랑은 (정리 13의 주석에 의해) 기쁨이며, 인간은 이것을 가능한 한 유지하려고 (정리 28에 의해) 노력하기 때문이다. 그리고 (같은 주석에 의해) 이러한 일을 그는 사랑하는 대상을 현재적인 것으로 생각함으로써, 또한 그것을 가능한 한 기쁨으로 자극하여 변화시킴으로써 (정리 21에 의해) 행한다. 이러한 노력은 (정리 37에 의해) 사랑이 보다 큼에 따라서 그만큼 더 크며, 사랑하는 대상이 자기 자신을 사랑하게 하려는 노력도 마찬가지이다(정리 33 참조). 그러나 이러한 노력들은 사랑하는 대상에 대한 증오에 의하여 억제된다(정리 13의 계와 정리 23에 의해). 그러므로 사랑하는 자는 (정리 11의 주석에 의해) 이 이유로 인해서도 슬픔으로 자극받아 변화될 것이며, 이 슬픔은 사랑의 크기에 비례할 것이다. 즉, 증오의 원인이었던 슬픔 이외에, 다른 슬픔이 그가 그 대상을 사랑했다는 것으로부터 생긴다. 따라서 그는 보다 큰 슬픔의 감정을 가지고 사랑하는 대상을 생각할 것이다. 즉 (정리 13의 주석에 의해) 그는 그 대상을 사랑하지 않았던 경우에 비해 한층더 큰 증오에 사로잡힐 것이다. 그리고 이 증오는 이전의 사랑의 크기에 비례할 것이다. Q.E.D

정리 39. 어떤 사람을 증오하는 자는 그 사람에게 해악[악]을 가하려고 노력할 것이다. 단 그 일로 인하여 자기 자신에게 보다 큰 해악[악]이 생길 것을 두려워하는 경우에는 그렇지 않을 것이다. 이에 반하여 어떤 사람을 사랑하는 자는 똑같은 법칙에 따라서 그 사람에게 선을 베풀려고 노력할 것이다.

증명: 어떤 사람을 증오하는 것은 (정리 13의 주석에 의해) 그 사람을 슬픔의 원인으로서 표상하는 것이다. 그러므로 (정리 28에 의해) 어떤 사람을 증오하는 자는 그 사람을 멀리하거나 파괴하려고 노력할 것이다. 그러나 만약 그가 그 일로 인하여 자기 자신에게 닥쳐올 보다 큰 슬픔, 또는 (같은 것이지만) 보다 큰 해악[악]을 두

제3부 감정의 기원과 본성에 관하여

려워한다면, 그리고 자신이 의도한 해악을 증오하는 사람에게 가하지 않음으로써 그것을 피할 수 있다고 믿는다면, 그는 해악[악]을 가하는 것을 단념하려고 할 것이다(정리 28에 의해). 더욱이 이 노력은 (정리 37에 의해) 해악을 가하도록 그를 인도한 노력에 비해 보다 클 것이다. 그러므로 더 큰 이 노력은, 우리가 말한 것처럼, 우위를 점할 것이다. 이 증명의 두 번째 부분도 동일한 방식으로 진행된다. 그러므로 어떤 사람을 증오하는 자는…. Q.E.D

주석: 여기서 나는 선을 모든 종류의 기쁨과 기쁨을 가져오는 것, 그리고 특히 온갖 종류의 열망을 만족시키는 것으로 이해한다. 그리고 악을 모든 종류의 슬픔, 그리고 특히 열망을 좌절시키는 것으로 이해한다. 왜냐하면 이전에 (정리 9의 주석에서) 우리가 밝혔듯이 우리는 사물을 선이라고 판단하기 때문에 욕구하는 것이 아니고, 오히려 반대로 우리가 욕구하는 사물을 선이라고 부르기 때문이다. 따라서 우리는 우리가 혐오하는 사물을 악이라고 부른다. 그러므로 각자는 무엇이 선이고 무엇이 악인지, 무엇이 더 좋은 것이고 무엇이 더 나쁜 것인지, 그리고 마지막으로 무엇이 가장 좋은 것이고 무엇이 가장 나쁜 것인지를 자신의 감정에 의하여 판단하거나 평가한다. 따라서 탐욕스러운 자는 부의 축적을 가장 좋은 것으로 판단하며, 가난을 가장 나쁜 것으로 판단한다. 야심적인 사람은 무엇보다도 대중의 갈채를 바라며, 그 무엇보다도 치욕을 두려워한다. 질투하는 자에게는 타인의 불행만큼 유쾌한 것이 없고, 타인의 행복만큼 불쾌한 것이 없다. 그러므로 각자는 자신의 감정에 의하여 어떤 것이 선인지 아니면 악인지, 유용한지 아니면 유용하지 않은지를 판단한다. 그런데 인간으로 하여금 자신이 원하는 것을 바라지 않거나, 원하지 않는 것을 바라도록 하는 감정은 소심이라 불린다. 그러므로 소심은 **인간으로 하여금 자기가 미래의 악이라고 판단하는 것을 더 작은 악으로 피하게 하는 한에 있어서의 두려움**일 뿐이다(정리 28 참조). 그러나 만일 그가 두려워하는 악이 치욕이라면, 그 경우의 소심은 수치라고 불린다. 마지막으로 만일 미래의 악을 피하려는 욕망이 다른 악에 대한 두려움에 의해 억제되어 그가 스스로 무엇을 택할지 모른다면, 그 경우의 두려움은 공황

으로 불리는데, 특히 그가 두려워하는 두 해악이 극심할 경우 그러하다.

정리 40. 자신이 어떤 사람으로부터 증오를 받는다고 표상하며, 자신은 증오받을 아무런 원인도 그 사람에게 주지 않았다고 믿는 자는 도리어 그 사람을 증오할 것이다.

증명: 어떤 사람이 증오로 자극받아 변화되어 있다고 표상하는 자는 그로 인하여 마찬가지로 증오로 자극받아 변화될 것이다(정리 27에 의해). 즉, 그는 (정리 13의 주석에 의해) 외적 원인의 관념을 수반하는 슬픔으로 자극받아 변화될 것이다. 그러나 (가정에 의해) 그는 자기를 증오하는 사람 이외에는 이 슬픔의 어떠한 원인도 표상하지 않는다. 그러므로 그는 자신이 어떤 사람으로부터 증오를 받는다고 표상함으로 인하여, 자신을 증오하는 사람의 관념을 수반하는 슬픔으로 자극받아 변화될 것이다. 즉 (같은 주석에 의하여) 그는 그 사람을 증오할 것이다. Q.E.D

주석: 만일 그가 이 증오에 대한 그럴 만한 원인을 주었다고 표상한다면, 그는 치욕으로 자극받아 변화될 것이다(정리 30 및 그것의 주석에 의해). 그러나 이러한 일은 드물게 일어난다(정리 25에 의해). 더군다나 증오에 대한 이러한 보복은 증오에는 증오하는 대상에게 해악을 가하려는 노력이 뒤따른다는 사실로 인해서도 일어날 수 있다(정리 39에 의해). 그러므로 어떤 사람으로부터 증오를 받는다고 표상하는 자는 그 사람을 어떤 해악 또는 슬픔의 원인으로 표상할 것이다. 따라서 그는 자신을 증오하는 사람의 관념을 수반하는 슬픔 또는 공포로 자극받아 변화될 것이며, 그 사람을 그 원인으로 생각할 것이다, 즉 우리가 앞에서 말했듯이, 그는 도리어 증오로 자극받아 변화될 것이다[증오심을 가질 것이다].

계 1: 자기가 사랑하는 사람이 자기에 대하여 증오로 자극받아 변화되어 있다고 표상하는 자는 동시적인 사랑과 증오 때문에 갈등을 겪을 것이다. 왜냐하면 자기가 증오를 받는다고 표상하는 한, 그는 도리어 그 사람을 증오하도록 결정되기 때문이다(정리 40에 의해).

제3부 감정의 기원과 본성에 관하여

그러나 (가정에 의해) 그는 그럼에도 불구하고 그 사람을 사랑한다. 그러므로 그는 동시적인 사랑과 증오 때문에 갈등을 겪을 것이다.

계 2: 만약 어떤 사람이 이전에 자기가 아무런 감정도 느끼지 않았던 타인으로부터 증오로 인하여 어떤 해악을 당했다고 표상한다면, 그는 즉시 똑같은 해악으로 앙갚음하려고 노력할 것이다.

증명: 타인이 자신에 대하여 증오로 자극받아 변화되어 있다고[증오심을 가지고 있다고] 표상하는 자는 도리어 그 사람을 증오할 것이다(정리 40에 의해). 그리고 (정리 26에 의해) 그 사람을 슬픔으로 자극하여 변화시킬 수 있는 온갖 것을 생각해 내려고 하며, 또한 그것을 그 사람에게 가하려고 노력할 것이다(정리 39에 의해). 그러나 (가정에 의해) 이러한 종류의 것에 대하여 그가 표상하는 첫 번째 것은 자신에게 가해진 해악이다. 그러므로 그는 즉시 똑같은 것을 그 사람에게 가하려고 노력할 것이다. Q.E.D

주석: 우리가 증오하는 자에게 해악을 가하려는 노력은 분노라고 불린다. 그리고 우리에게 가해진 해악에 앙갚음하려는 노력은 복수라고 불린다.

정리 41. 만일 어떤 사람이 사랑받는다고 표상하며, 자신은 사랑받을 아무런 원인도 주지 않았다고 믿는다면 (이것은 정리 15의 계와 정리 16에 의하여 가능하다), 그는 도리어 그 사람을 사랑할 것이다.

증명: 이 정리는 앞의 정리와 같은 방식으로 증명된다. 앞의 정리의 주석도 참조하시라.

주석: 만일 자신이 사랑에 대한 그럴 만한 원인을 주었다고 믿는다면 그는 의기양양해질 것이다(정리 30과 그것의 주석에 의해). 이러한 일은 (정리 25에 의해) 꽤 자주 일어난다. 이에 반하여 어떤 사람이 타인으로부터 증오받는다고 표상하는 경우에는 우리가 말했듯이 그러한 일[그럴 만한 원인을 주었다고 믿는 것]이 드물게 일어난다(정리 40의 주석 참조). 그런데 이러한 보답하는 사랑, 따라서 (정리 39에 의해) 우리를 사랑하며, (정리 39에 의해) 우리에게 선

을 베풀려고 애쓰는 사람에게 선을 베풀려는 노력은 감사 또는 사은이라고 불린다. 따라서 인간은 은혜에 보답하는 것보다는 복수하는 것에 마음이 쏠려 있다는 것이 명백하다.

계: 자신이 증오하는 자로부터 사랑받는 것을 표상하는 사람은 동시적인 증오와 사랑으로 인하여 갈등을 겪을 것이다. 이것은 정리 40의 계 1과 같은 방식으로 증명된다.

주석: 만일 증오가 우세하다면, 그는 자기를 사랑하는 사람에게 해악을 가하려고 노력할 것이다. 이러한 감정은 잔인이라고 불린다. 특히 사랑해주는 사람이 증오에 대한 어떠한 보통의 원인도 제공하지 않았다고 생각되는 경우에 그러하다.

정리 42. 사랑에 의해서 혹은 명예를 기대해서 어떤 사람에게 친절을 베푼 사람은, 자신의 친절이 감사하지 않은 마음으로 받아들여지는 것을 본다면, 슬픔을 느낄 것이다.

증명: 자신과 유사한 어떤 것을 사랑하는 사람은, 가능한 한, 그것으로부터 사랑을 돌려받으려고 노력한다(정리 33에 의해). 그러므로 사랑에 의하여 어떤 사람에게 친절을 베푼 사람은 사랑을 되돌려 받으려는 열망 때문에, 즉 (정리 34에 의해) 명예 또는 (정리 30의 주석에 의해) 기쁨을 기대하기 때문에 그렇게 한다. 그러므로 (정리 12에 의해) 그는 명예의 이 원인을 표상하기 위해, 즉 그것을 현실적으로 존재하는 것으로서 생각하기 위해, 가능한 한, 노력할 것이다. 그러나 (가정에 의하여) 그는 이 원인의 존재를 배제하는 다른 어떤 것을 표상한다. 따라서 (정리 19에 의해) 바로 그것으로 인하여 그는 슬픔을 느낄 것이다. Q.E.D

정리 43. 증오는 증오의 앙갚음에 의하여 증대되고, 반대로 사랑에 의해서 제거될 수 있다.

증명: 자기가 증오하는 자가 자기에 대하여 증오로 자극받아 변화되어 있는 것을[자기를 증오하는 것을] 표상한다면, 그것으로 인하

여 그에게 새로운 증오가 생기며 (정리 40에 의해), 최초의 증오는 (가정에 의하여) 여전히 지속된다. 그러나 만약 반대로 자기가 증오하는 자가 자기에 대하여 사랑으로 자극받아 변화되어 있는 것을 [자기를 사랑하는 것을] 표상한다면, 그는 그것을 표상하는 한에 있어서, 자기 자신에 대하여 기쁨을 가지고 응시하며 (정리 30에 의해), 또한 그러한 한에 있어서 그 사람을 기쁘게 하기 위해서 노력할 것이다(정리 29에 의해). 즉 (정리 41에 의해) 그는 그러한 한에 있어서 그 사람을 증오하지 않기 위해, 그리고 그 사람을 슬픔으로 자극하여 변화시키지 않기 위해 노력한다. 이 노력은 (정리 37에 의해) 그것을 생기게 하는 감정의 강약에 따라서 보다 크거나 보다 작을 것이다. 그러므로 만일 이 노력이 증오에서 생기는 노력보다, 또한 자기가 증오하는 자를 슬픔으로 자극하여 변화시키려는 노력보다 (정리 26에 의해) 더 크다면, 그것은 우위를 점하여 그의 마음에서 증오를 제거할 것이다. Q.E.D

정리 44. 사랑에 의하여 완전히 정복된 증오는 사랑으로 변한다. 그리고 이 사랑은 증오가 앞서지 않았던 경우보다 한층더 크다.

증명: 이 정리의 증명은 정리 38의 그것과 동일한 방식으로 진행된다. 왜냐하면 자기가 증오하는 것, 혹은 자기가 보통 슬픔을 가지고 생각하는 것을 사랑하기 시작하는 사람은 자신이 사랑한다는 것 자체에 의하여 기쁨을 느끼며, 사랑이 포함하는 이 기쁨에 (정리 13의 주석에 있는 사랑의 정의를 참조) 증오가 포함하는 슬픔을 제거하려는 노력이 (우리가 정리 37에서 밝혔듯이) ―자기가 증오한 자를 기쁨의 원인으로 생각하는 그러한 관념을 수반하여― 전적으로 촉진되는 것에서 생기는 기쁨이 더해지기 때문이다.

주석: 사정이 그렇기는 하지만, 아무도 보다 큰 기쁨을 맛보기 위해 어떤 것을 증오하거나, 또는 슬픔으로 자극받아 변화되려고 노력하지는 않을 것이다. 즉 아무도 회복되리라는 희망 때문에 상처 입기를 바라거나 건강해지리라는 희망 때문에 병에 걸리기를 원하지는 않을 것이다. 왜냐하면 각자는 자신의 존재를 보존하고, 가능한 한

슬픔을 제거하기 위해 항상 노력할 것이기 때문이다. 이와 반대로 만일 인간이 나중에 어떤 사람에 대해 보다 큰 사랑을 느끼기 위하여, 그 사람을 증오하기를 바랄 수 있다고 생각하는 것이 가능하다면, 그는 그 사람을 항상 증오하기를 원할 것이다. 왜냐하면 증오가 크면 클수록 사랑도 그만큼 클 것이며, 따라서 그는 증오가 더욱더 커지기를 항상 원할 것이기 때문이다. 그리고 같은 이유로, 인간은 나중에 건강을 회복함으로써 보다 큰 기쁨을 향수하기 위해 더욱더 심한 병에 걸리려고 노력할 것이다. 따라서 그는 항상 병에 걸려 있으려고 노력할 것인데, 이것은 (정리 6에 의해) 불합리하다.

정리 45. 어떤 사람이 만일 자신과 유사한 타인이 자신과 유사한 자기가 사랑하는 자에 대하여 증오로 자극받아 변화되어 있는 것을[증오를 느끼고 있는 것을] 표상한다면, 그는 그 타인을 증오할 것이다.

증명: 사랑받는 대상은 자기를 증오하는 사람을 도리어 증오한다 (정리 40에 의해). 그러므로 사랑하는 자는, 사랑받는 대상을 타인이 증오하는 것을 표상하면, 그것으로 인하여 사랑받는 대상이 증오로, 즉 (정리 13의 주석에 의해) 슬픔으로 자극받아 변화되어 있는 것을[슬픔을 느끼고 있는 것을] 표상한다. 따라서 (정리 21에 의해) 그 자신은 슬픔을 느끼며, 그 슬픔은 사랑받는 대상을 증오하는 자의 관념을 수반하고 있고, 그 타인은 그 슬픔의 원인으로 생각되고 있다. 즉 (정리 13의 주석에 의해) 그는 그 타인을 증오할 것이다. Q.E.D

정리 46. 만일 어떤 사람이 자신과 다른 계급 또는 민족에 속하는 어떤 자로부터 기쁨 또는 슬픔으로 자극받아 변화된다면, 그리고 이 기쁨 또는 슬픔에 그것의 원인으로 그 계급 또는 민족의 일반적 명칭 아래 있는 그 자의 관념이 수반된다면, 그는 단지 그 자 뿐만 아니라 그 자와 같은 계급 또는 민족에 속하는 모든 자를 사랑하거나 또는 증오할 것이다.

제3부 감정의 기원과 본성에 관하여

증명: 이것은 정리 16에 의해 명백하다.

정리 47. 우리가 증오하는 대상이 파멸되거나, 또는 다른 어떤 해악을 입는 것을 우리가 표상함으로써 생기는 기쁨은 어떤 슬픔을 수반한다.

증명: 정리 27에 의해 명백하다. 왜냐하면 우리와 유사한 자가 슬픔으로 자극받아 변화되는 것을 우리가 표상하는 한, 우리도 슬픔을 느끼기 때문이다.

주석: 이 정리는 제2부 정리 17의 계에 의해서도 증명될 수 있다. 왜냐하면 우리가 어떤 사물을 상기할 때마다, 비록 그것이 현실적으로 존재하지 않을지라도, 우리는 그것을 현존하는 것으로 생각하며, 신체는 마치 그것이 현존하는 것처럼 동일한 방식으로 자극받아 변화되기 때문이다. 그러므로 그 사물에 대한 기억이 생생한 한에 있어서, 인간은 그것을 슬픔을 가지고 생각하도록 결정된다. 이 결정은, 그 사물의 심상이 아직 존속하는 동안에는, 그 사물의 존재를 배제하는 사물들에 대한 상기에 의해 억제되지만 완전히 제거되지는 않는다. 따라서 인간은 이 결정이 억제되는 한에 있어서만 기쁨을 느낀다.

 그러므로 우리가 증오하는 사물에 가해진 해악으로부터 생기는 기쁨은 우리가 그 사물을 상기할 때마다 되풀이되는 법이다. 왜냐하면 우리가 말했듯이, 그 사물의 심상이 환기될 때, 그 심상은 그 사물의 존재를 포함하므로, 인간은 그 사물이 실제로 존재하고 있던 때에 그것을 대하면서 예사로 느꼈을 것과 동일한 슬픔을 가지고 그것을 생각하도록 결정되기 때문이다. 그러나 그는 이 사물의 존재를 배제하는 다른 심상을 이 사물의 심상과 결합시켰기 때문에 슬픔에 대한 이 결정은 즉시 억제되고, 인간은 새로이 기쁨을 느낀다. 또한 이런 일이 반복될 때마다 인간은 기쁨을 느낀다.

 이것은 인간이 왜 과거의 어떤 해악을 상기할 때마다 기쁨을 느끼는지, 그리고 왜 자신이 면한 위험에 대하여 이야기하는 것을 즐기는지의 이유이기도 하다. 다시 말해서 그들은 어떤 위험을 표상할 때, 그것을 곧 닥쳐올 것처럼 생각하며 그것을 두려워하도록 결정된다. 이 결정은 그들이 이 위험을 면했을 때 이 위험의 관념과 결합시킨 해방의 관념에 의해 새로이 억제된다. 이 해방의 관념이 그들에게 다시 한 번 안전감을 주며, 그에 따라 그들은 또다시 기쁨을 느낀다.

정리 48. 증오가 포함하는 슬픔이나 사랑이 포함하는 기쁨이 다른 원인의 관념과 결합된다면 사랑이나 증오(예컨대 베드로에 대한)는 소멸된다. 그리고 각 감정은 베드로가 그 감정의 유일한 원인이 아니었다는 것을 우리가 표상하는 한에 있어서 감소된다.

증명: 이것은 단지 사랑 및 증오의 정의에 의해 명백하다. 정리 13의 주석을 참조하시라. 기쁨이 베드로에 대한 사랑으로, 슬픔이 베드로에 대한 증오로 불리는 이유는 단지 베드로가 기쁨이나 슬픔의 감정의 원인으로 생각되기 때문이다. 그러므로 이 생각의 전부 또는 일부가 제거되면 베드로에 대한 감정도 전부 또는 일부가 종식된다. Q.E.D.

정리 49. 우리가 자유로운 것으로 표상하는 사물에 대한 사랑 및 증오는, 다른 사정이 똑같다면, 필연적인 사물에 대한 사랑 및 증오보다 더 크지 않으면 안 된다.

증명: 우리가 자유로운 것으로 표상하는 사물은 다른 것들 없이 그 자체에 의하여 지각되지 않으면 안 된다(제1부 정의 7에 의해). 그러므로 만일 우리가 이러한 사물을 기쁨 또는 슬픔의 원인이라고 표상한다면, 그로 인하여 우리는 그것을 사랑하거나 증오할 것이다 (정리 13의 주석에 의해). 게다가 우리는 주어진 감정에서 생길 수 있는 최대의 사랑 또는 증오를 가지고 그것을 사랑하거나 증오할 것이다(정리 48에 의해). 그러나 만일 우리가 이 감정의 원인인 사물을 필연적인 것으로 표상한다면, (같은 제1부의 정의 7에 의해) 우리는 그것이 단독으로가 아니라 다른 사물들과 연합하여 이 감정

의 원인이라고 표상할 것이다. 따라서 (정리 48에 의해) 그것에 대한 우리의 사랑 또는 증오는 보다 적을 것이다. Q.E.D

주석: 이것으로부터 나오는 결론은, 사람들은 자신들을 자유롭다고 생각하기 때문에, 다른 사물에 대해서보다도 서로에 대해서 보다 큰 사랑 또는 증오를 가진다는 것이다. 이것에 감정의 모방이 더해진다. 감정의 모방에 대해서는 정리 27, 34, 40 및 43을 참조하시라.

정리 50. 그 어떤 것이라도 우연히 희망 또는 공포의 원인이 될 수 있다.

증명: 이 정리는 정리 15와 같은 방법으로 증명된다. 그것을 정리 18의 주석과 함께 참조하시라.

주석: 우연히 희망 또는 공포의 원인이 되는 사물은 좋은 징조 또는 불길한 징조라고 불린다. 그리고 이와 같은 징조들은 희망 또는 공포의 원인인 한에 있어서, 기쁨 또는 슬픔의 원인이다(희망 및 공포의 정의에 의하여, 정리 18의 주석 2를 참조). 따라서 (정리 15의 계에 의해) 우리는 그것들을 사랑하거나 증오하며, 또 (정리 28에 의해) 그것들을 우리가 희망하는 사물을 위한 수단으로 사용하려고 노력하거나, 장애 또는 공포의 원인으로 제거하려고 노력한다. 더욱이, 정리 25에서 나오듯이, 우리는 희망하는 것을 쉽게 믿지만, 두려워하는 것을 쉽사리 믿지 않도록, 그리고 전자에 대해서는 적정 이상으로 후자에 대해서는 적정 이하로 평가하도록 본성적으로 구성되어 있다. 이것이 도처의 인간을 괴롭히는 미신의 기원이다.

희망과 공포에서 생기는 마음의 동요들을 여기서 설명하는 것은 쓸모 있는 일이 아니라고 나는 생각한다. 왜냐하면 단지 이 두 감정의 정의에서 공포 없는 희망은 없으며, 희망 없는 공포도 없다는 결론이 나오기 때문이다(이것을 우리는 적당한 곳에서 더욱 자세히 설명할 것이다). 게다가 우리는 어떤 것을 희망하거나 두려워하는 한에 있어서, 그것을 사랑하거나 증오한다. 따라서 우리가 사랑 및 증오에 관하여 말한 것을 각자는 쉽게 희망 및 공포에 적용할 수 있다.

정리 51. 서로 다른 인간이 동일한 대상으로부터 상이한 방식으로 자극받아 변화될 수 있으며, 또 동일한 인간이 동일한 대상으로부터 서로 다른 때에 서로 다른 방식으로 자극받아 변화될 수 있다.

증명: 인간의 신체는 (제2부 요청 3에 의해) 외부의 물체들로부터 매우 많은 방식으로 자극받아 변화된다. 그러므로 똑같은 때에 두 사람이 상이한 방식으로 자극받아 변화될 수 있으며, 따라서 (제2부 정리 13 뒤의 보조정리 3의 뒤에 있는 공리 1에 의해) 두 사람은 동일한 대상으로부터 상이한 방식으로 자극받아 변화될 수 있다.

다음으로 (같은 요청에 의해) 인간의 신체는 어떤 때는 이런 방식으로, 또 다른 때에는 다른 방식으로 자극받아 변화될 수 있다. 따라서 (같은 공리에 의해) 그것은 동일한 대상으로부터 서로 다른 때에 상이한 방식으로 자극받아 변화될 수 있다. Q.E.D

주석: 따라서 어떤 사람이 사랑하는 것을 다른 사람은 증오하고, 어떤 사람이 두려워하는 것을 다른 사람은 두려워하지 않는 일, 또 동일한 인간이 이전에는 증오하던 것을 지금 사랑하고 이전에 두려워하던 것을 지금 감히 행하는 일 등이 일어날 수 있다는 것을 우리는 안다. 다음으로, 각자는 무엇이 선이고 무엇이 악인지, 무엇이 더 좋은 것이고 무엇이 더 나쁜 것인지를 자기의 감정에 의하여 판단하므로 (정리 39의 주석을 참조) 인간은 감정에 있어서와 마찬가지로 판단에 있어서도 서로 다를 수 있다는[2] 결론이 내려진다. 그 결과 우리는 사람들을 서로 비교할 때 단지 감정의 차이에 의해서만 그들을 구별하며, 어떤 자를 **과감하다**고, 다른 어떤 자를 **소심하다**고, 마지막으로 다른 사람을 다른 이름으로 부른다. 예컨대, 내가 보통 두려워하는 해악을 대수롭지 않게 여기는 사람을 나는 과감하다고 부를 것이다. 그리고 증오하는 자에게 해악을 가하고 사랑하는 자에게 선을 행하려는 욕망이 내가 보통 주저하는 해악에 대한 두려움에 의하여 억제되지 않는 것을 고려한다면, 나는 그를

---

[2] 주의: 인간의 정신은 신적 지성의 일부이기는 하지만 이러한 일이 일어날 수 있다는 것을 우리는 제2부 정리 17의 주석에서 밝혔다.; 스피노자의 주석

대담하다고 부를 것이다. 반면에, 내가 통상 대수롭지 않게 여기는 해악을 두려워하는 자는 나에게 **소심**하게 보일 것이다. 또 만일 그의 욕망이 나를 제지할 수 없는 해악에 대한 두려움에 의하여 억제되는 것을 고려한다면, 나는 그를 **소심하다**고 말할 것이며, 누구나 이런 식으로 판단할 것이다.

 마지막으로, 인간의 본성이 이러하며 판단은 불안정하다는 것, 인간은 자주 오직 감정에 의해서만 사물을 판단한다는 것, 기쁨 또는 슬픔을 가져오는 것으로 믿음에 따라 실현하거나 배제하려고 노력하는 (정리 28에 의해) 사물이 종종 상상적인 것에 불과하다는 것(사물의 불확실성에 관하여 제2부에서 언급한 다른 것들은 말할 것도 없고), 그러한 것들을 고려할 때 우리는 인간이 종종 자기의 기쁨 또는 슬픔의 원인일 수 있다는 것, 즉 인간이 기쁨 또는 슬픔의 감정으로 자극받아 변화되면서 그것의 원인으로 자기 자신의 관념을 수반하는 것을 쉽게 파악할 수 있다. 따라서 우리는 후회 및 자기만족이 무엇인지를 쉽사리 이해할 수 있다. 즉 **후회**란 **원인으로서의 자기 자신의 관념을 수반하는 슬픔**이며, **자기만족**이란 **원인으로서의 자기 자신의 관념을 수반하는 기쁨**이다. 이러한 감정들은 인간이 자기 자신을 자유롭다고 믿기 때문에 매우 강렬하다(정리 49를 참조).

정리 52. 우리가 이전에 다른 것들과 함께 본 대상, 또는 많은 것들과 공통된 점만을 갖고 있는 것을 우리가 표상하는 대상을 우리는 어떤 특수한 점을 갖고 있는 것으로 표상하는 대상에 대해서만큼 오랫동안 고찰하지 못할 것이다.

증명: 우리가 다른 것과 함께 본 대상을 표상하자마자 우리는 즉시 그 다른 것을 표상하며 (제2부 정리 18과 그것의 주석에 의하여), 따라서 우리는 한 대상의 고찰에서 곧바로 다른 대상의 고찰로 옮겨간다. 이것은 많은 것들과 공통된 점만을 갖고 있는 것을 우리가 표상하는 대상에 대해서도 마찬가지이다. 왜냐하면 바로 그것에 의하여 우리는 이전에 다른 것들과 함께 보지 않았던 어떤 것도 그

대상 안에서 고찰하지 않는 것을 가정하고 있기 때문이다. 그러나 우리가 이전에 한 번도 보지 않았던 특수한 점을 어떤 대상 안에서 표상하는 것을 가정한다면, 그것은 정신이, 그 대상을 생각하는 동안, 그 대상의 고찰에서 다른 것의 고찰로 옮겨가도록 하는 것을 자신 안에 아무것도 갖고 있지 않다고 말하는 것일 뿐이다. 따라서 정신은 단지 그 대상만을 고찰하도록 결정된다. 그러므로 우리가 이전에…. Q.E.D

주석: 정신의 이러한 변용 또는 어떤 특수한 사물의 표상은, 그것이 정신 안에 홀로 있는 한에 있어서, 놀라움이라고 불린다. 만일 그것이 우리가 두려워하는 대상에 의하여 환기된다면 공황이라고 불린다. 왜냐하면 해악에 대한 놀라움은 인간이 그 해악을 피하기 위한 다른 것을 사유할 수 없을 정도로 인간을 사로잡아 그 해악만을 생각하게끔 하기 때문이다. 그러나 만약 우리가 놀라는 것이 어떤 사람의 총명, 근면 또는 이와 유사한 것이라면, 그로 인하여 우리는 그 사람이 우리를 훨씬 능가하는 것을 생각하고 있으므로, 그 놀라움은 존경이라고 불린다. 그렇지 않고 만약 우리가 어떤 사람의 분노, 질투 등에 대해 놀란다면, 그 놀라움은 전율이라고 불린다.

다음으로, 우리가 자신이 사랑하는 사람의 총명, 근면 등에 대해 놀라는 경우, 우리의 사랑은 그것에 의하여 더욱 커질 것이다(정리 12에 의해). 그리고 놀라움 또는 존경과 결합된 이 사랑을 우리는 헌신이라고 부른다. 이런 식으로 우리는 증오, 희망, 안도 및 다른 감정들을 놀라움과 결합하여 생각할 수도 있으며, 따라서 우리는 흔히 쓰는 어휘로 나타낼 수 있는 것보다 더 많은 감정들을 이끌어 낼 수 있다. 그런고로 감정의 명칭은 감정에 대한 정확한 인식보다는 일상적인 사용에 의하여 만들어진다는 것이 명백하다.

놀라는 것은 경멸에 반대되며, 경멸의 원인은 대개 다음과 같다. 어떤 사람이 어떤 사물을 놀라워하거나, 사랑하거나, 두려워하는 것을 우리가 보는 것으로 인하여, 또는 어떤 사물이 첫눈에 우리가 놀라워하거나, 사랑하거나, 두려워하는 사물에 유사한 것으로 보이는 것으로 인하여, 우리는 그 사물을 놀라워하거나, 사랑하거나, 두려워하도록 결정된다(정리 15와 그것의 계, 그리고 정리 27에 의해). 그러나 만일 우리가, 그 사물의 현존에 의하여, 또는 그 사물을 더욱 정확하게 고찰함으로써, 놀라움, 사랑, 두려움 등의 원인이 될 수 있는 모든 것을 그 사물에 대해서 부정하지 않을 수 없게 되면, 정신은 그 사물의 현존에 의하여 대상 안에 있는 것보다 대상 안에 없는 것에 관하여 더 많이 사유하도록 결정될 것이다. 이와 반대로 정신은 대상의 현존에 의하여 그 대상 안에 있는 것에 대해서 주로 사유하는 것이 보통이다.

다음으로, 헌신이 우리가 사랑하는 것에 대한 놀라움에서 생기는 것처럼, 조롱은 우리가 증오하거나 두려워하는 것에 대한 경멸에서 생긴다. 또 총명에 대한 놀라움에서 존경이 생기는 것처럼, 우둔함에 대한 경멸에서 모멸이 생긴다. 마지막으로, 우리는 사랑, 희망, 명예 및 다른 감정들을 경멸과 결합해서 생각하고, 그것으로부터 추가로 다른 감정들을 이끌어낼 수 있지만, 이 감정들을 우리는 특별한 이름으로 다른 것과 구별하지 않는 것이 보통이다.

정리 53. 정신은 자기 자신 및 자신의 활동능력을 고찰할 때 기쁨을 느낀다. 그리고 정신이 자기 자신 및 자신의 활동능력을 보다 명확하게 표상할수록 그만큼 큰 기쁨을 느낀다.

증명: 인간은 자기의 신체의 변용 및 그것의 관념을 통해서만 자기 자신을 인식한다(제2부 정리 19 및 정리 23에 의해). 그러므로 정신이 자기 자신을 고찰할 수 있는 일이 일어나면, 그로 인하여 정신은 보다 큰 완전성으로 이행한다는 것이, 즉 (정리 11의 주석에 의해) 기쁨으로 자극받아 변화된다는 것이 상정된다. 그리고 이 기쁨은 정신이 자기 자신 및 자신의 활동능력을 보다 명확하게 표상할 수 있음에 따라 그만큼 더 크다. Q.E.D

계: 이 기쁨은 인간이 타인으로부터 보다 많이 칭찬받는 것을 표상함에 따라 더욱더 강렬해진다. 왜냐하면 그가 타인으로부터 보다 많이 칭찬받는 것을 표상함에 따라서, 그는 타인이 그로부터 그만큼 큰 기쁨으로, 더욱이 그 자신의 관념을 수반하는 기쁨으로 자극받아 변화되는 것을 표상한다(정리 29의 주석에 의해). 따라서 (정

리 27에 의해) 그 자신은 그 자신의 관념을 수반하는 더욱 큰 기쁨으로 자극받아 변화된다. Q.E.D

정리 54. 정신은 자기 자신의 활동능력을 정립하는 것만을 표상하려고 노력한다.

증명: 정신의 노력 또는 능력은 정신의 본질 자체이다(정리 7에 의해). 그러나 정신의 본질은 (그 자체로 명백한 것처럼) 정신인 것과 정신이 할 수 있는 것만을 긍정하며, 정신이 아닌 것과 정신이 할 수 없는 것을 긍정하지는 않는다. 따라서 정신은 자기 자신의 활동능력을 긍정하거나 정립하는 것만을 표상하려고 노력한다. Q.E.D

정리 55. 정신은 자기의 무능력을 표상할 때, 그것으로 인하여 슬픔을 느낀다.

증명: 정신의 본질은 정신인 것과 정신이 할 수 있는 것만을 긍정한다. 즉, 자기 자신의 활동능력을 정립하는 것만을 표상하는 것이 정신의 본성이다(정리 54에 의해). 그러므로 정신이 자기 자신을 고찰하는 동안에 자기의 무능력을 표상한다고 우리가 말하는 경우, 그것은 정신이 자기의 활동능력을 정립하는 어떤 것을 표상하려고 노력하는 동안에 그러한 노력[코나투스]이 억제된다고 말하는 것에 지나지 않는다. 즉 (정리 11의 주석에 의해) 정신이 슬픔을 느낀다고 말하는 것에 불과하다. Q.E.D
계: 이 슬픔은 인간이 타인으로부터 비난받는 것을 표상하는 경우에 더욱더 강해진다. 이것은 정리 53의 계와 같은 방식으로 증명된다.
주석: 우리 자신의 무력함의 관념을 수반하는 이 슬픔은 겸손[위축감]이라고 불린다. 그러나 우리 자신을 고찰함으로 인해 생기는 기쁨은 자기애 또는 자기만족이라고 불린다. 그리고 이 기쁨은 자기의 덕 또는 활동능력을 고찰할 때마다 되풀이되기 때문에, 각자는 자신의 실적을 드러내어 말하거나 자신의 신체 및 정신의 힘을 과

제3부 감정의 기원과 본성에 관하여

시하게 되고, 결국 인간은 이런 이유로 서로 불쾌감을 가지게 된다. 이것으로부터 나오는 결론은, 인간은 본성상 질투적이라는 것 (정리 24의 주석과 정리 32의 주석을 참조), 즉 동배의 무력함을 기뻐하고 동배의 덕을 슬퍼한다는 것이다. 왜냐하면 인간은 자기의 활동을 표상할 때마다 기쁨으로 자극받아 변화되고[기쁨을 느끼고] (정리 53에 의해), 자신의 활동이 보다 많은 완전성을 표현하는 것을 표상함에 따라 그리고 그 활동을 보다 명확하게 표상함에 따라, 즉 (제2부 정리 40의 주석 1에서 언급한 것에 의해) 그 활동을 한층 더 다른 것과 구별하여 특수한 것으로 고찰할 수 있음에 따라 그만큼 큰 기쁨으로 자극받아 변화된다[기쁨을 느낀다]. 그러므로 각자는 자기 자신을 고찰하면서 타인에 대해서는 부정하는 어떤 것을 자기 안에서 고찰할 때 가장 많이 기뻐할 것이다. 그러나 자기에 대하여 긍정하는 것을 인간 혹은 동물의 일반적 관념에 속하는 것으로 여기는 때에는 별로 기뻐하지 않을 것이다.

또 반대로 자신의 활동이 타인의 활동에 비하여 보다 미약한 것을 표상할 때에는 슬픔을 느낄 것이다. 그리고 그는 이 슬픔을 제거하려고 노력할 것이다(정리 28에 의해). 더욱이 동배의 활동을 그릇되게 해석하거나 또는 자신의 활동을 가능한 한 과장함으로써 슬픔을 제거하려고 애쓸 것이다. 그러므로 인간은 본성상 증오 및 질투에 기울어져 있는 것이 명백하며, 이러한 경향은 교육에 의하여 조장된다. 왜냐하면 부모는 자녀를 단지 명예와 질투의 박차에 의하여 덕으로 향하도록 고무하는 것이 보통이기 때문이다. 그러나 우리는 덕을 경탄하여 그 사람을 존경하는 것도 드물지 않다는 의심이 남을지도 모른다. 이러한 의심의 그림자를 제거하기 위해 나는 다음의 계를 부가할 것이다.

계: 누구라도 자신의 동배가 아닌 사람의 덕을 시기하지는 않는다.
증명: 질투는 증오 자체이거나 (정리 24의 주석 참조), 또는 (정리 13의 주석에 의해) 슬픔이다. 즉 (정리 11의 주석에 의해) 인간의 활동능력 또는 노력을 억제하는 감정이다. 그런데 인간은 (정리 9의 주석에 의해) 주어진 자기의 본성에서 생길 수 있는 것이 아니면 행하려고 노력하지도 않으며 욕구하지도 않는다. 그러므로 인간은

타인의 본성에 특유하고 자기의 본성과 무관한 활동능력 또는 (같은 것이지만) 덕이 자기에게 부여되기를 욕구하지 않을 것이다. 그러므로 자기와 동등하지 않은 자의 어떤 덕을 고찰함으로 인하여 그의 욕망이 억제될 수는 없다. 즉 (정리 11의 주석에 의해) 그로 인하여 그가 슬픔을 느끼지는 않는다. 따라서 그는 그 자를 질투할 수 없다. 그러나 그는 자기와 같은 본성을 가지고 있다고 생각되는 동배에 대해서는 질투할 것이다. Q.E.D

주석: 그러므로 우리가 정리 52의 주석에서 어떤 사람의 총명, 정신의 힘 등을 놀라워하며 그 사람을 존경한다고 말할 때, 그런 일은 (그 정리 자체에 의하여 명백한 것처럼) 이 덕들이 그 사람에게 특유한 것으로서 우리의 본성에 공통된 것이 아니라고 우리가 표상함으로써 일어난다. 따라서 우리는 그 사람을 그 덕들로 인하여 시기하지는 않을 것이다. 이는 우리가 나무를 그 높이 때문에, 혹은 사자를 그 강함 때문에 시기하지 않는 것과 같다.

정리 56. 기쁨, 슬픔 및 욕망에는, 따라서 (마음의 동요와 같은) 그것들로 합성된 또는 (사랑, 증오, 희망, 공포 등과 같은) 그것들로부터 이끌어낸 모든 감정에는 우리를 자극하여 변화시키는 대상의 종류만큼 많은 종류가 있다.

증명: 기쁨과 슬픔, 따라서 이것들로 합성되거나 이것들로부터 도출된 감정은 수동적 감정이다(정리 11의 주석에 의해). 그런데 우리는 타당하지 못한 관념을 갖고 있는 한에 있어서 (정리 1에 의해) 필연적으로 작용을 받으며, 또 그러한 관념을 갖고 있는 한에 있어서만 (정리 3에 의해) 작용을 받는다. 즉, (제2부 정리 40의 주석을 참조) 우리는 표상하는 한에 있어서만, 즉 (제2부 정리 17과 그것의 주석을 참조) 우리 신체의 본성과 외부 물체의 본성을 포함하는 감정으로 자극받아 변화되는 한에 있어서만 필연적으로 작용을 받는다. 그러므로 각각의 수동적 감정의 본성은 필연적으로 우리를 자극하여 변화시키는 대상의 본성을 표현하는 그런 방식으로 설명되지 않으면 안 된다. 예를 들면, A라는 대상으로부터 생기는 기쁨은

제3부 감정의 기원과 본성에 관하여

A라는 대상의 본성을 포함하고, B라는 대상으로부터 생기는 기쁨은 B라는 대상의 본성을 포함한다. 따라서 이들 두 가지 기쁨의 감정은 서로 다른 본성을 가진 원인으로부터 생기기 때문에, 본성이 다르다. 마찬가지로 어떤 대상으로부터 생기는 슬픔의 감정도 다른 원인으로부터 생기는 슬픔과는 본성이 서로 다르다. 사랑, 증오, 희망, 공포, 마음의 동요 등에 대해서도 같은 방식으로 이해해야 한다. 그러므로 기쁨, 슬픔, 사랑, 증오 등에는 우리를 자극하여 변화시키는 대상의 종류만큼 많은 종류가 필연적으로 존재한다.

그러나 욕망은 각자의 본질 또는 본성이 주어진 각각의 상태에 의하여 어떤 것을 행하도록 결정되어 있다고 파악되는 한에 있어서 각자의 본질 또는 본성 자체이다(정리 9의 주석 참조). 그러므로 각자가 외부의 원인으로부터 이 또는 저 종류의 기쁨, 슬픔, 사랑, 미움 등으로 자극받아 변화됨에 따라서, 즉 그의 본성이 이 또는 저 방식으로 구성됨에 따라서, 그의 욕망도 각각 다른 것이 되지 않으면 안 된다. 그리고 한 욕망의 본성과 또 다른 욕망의 본성은 각각의 욕망이 생기는 원천인 감정들이 서로 다른 만큼 다르지 않으면 안 된다. 그러므로 기쁨, 슬픔, 사랑 등의 종류만큼 많은, 따라서(이미 밝힌 것에 의해) 우리를 자극하여 변화시키는 대상의 종류만큼 많은 종류의 욕망이 존재한다. Q.E.D

주석: 수많은 종류의 감정들 중에서 (정리 56에 의해) 가장 현저한 것은 미식욕, 음주욕, 정욕, 탐욕 및 야심이며, 이것들은 사랑이나 욕망에 속하는 감정의 본성을 관련된 대상에 의해 설명하는 개념일 뿐이다. 왜냐하면 우리는 미식욕, 음주욕, 정욕, 탐욕 및 야심을 미식, 음주, 성교, 부(富) 및 명예에 대한 과도한 사랑 또는 욕망으로 이해할 수밖에 없기 때문이다. 더군다나 이 감정들은 단지 관련된 대상에 의해서만 구별되는 한 반대되는 감정을 갖지 않는다. 왜냐하면 우리가 보통 미식욕에 대립시키는 절제, 음주욕에 대립시키는 금주, 정욕에 대립시키는 정조는 감정 또는 수동이 아니고 그러한 감정들을 제어하는 정신의 능력을 나타내기 때문이다.

나는 여기서 다른 종류의 감정들을 설명할 수 없다(왜냐하면 대상의 종류만큼 많기 때문에). 설사 할 수 있다고 하더라도, 그것은 필요하지 않다. 왜냐하면 우리의 목적을 위해서는, 즉 감정의 힘과 감정에 대한 정신의 능력을 결정하기 위해서는 각각의 감정에 대한 일반적 정의를 갖는 것으로 충분하기 때문이다. 감정을 제어하고 억제하는 정신의 능력이 어떤 종류이며, 얼마나 큰지를 결정하기 위해서는, 말하건대, 감정과 정신의 공통적 특성들을 이해하는 것으로 충분하다. 그러므로 예컨대 자녀에 대한 사랑과 아내에 대한 사랑이 서로 다른 것처럼, 사랑, 미움, 욕망에 속하는 이런저런 감정 사이에는 큰 차이가 있지만, 이러한 차이들을 인식하여 감정들의 본성과 기원을 더 깊이 연구하는 것은 필요하지 않다.

정리 57. 각 개인의 각 감정은, 한 인간의 본질이 다른 인간의 본질과 다른 만큼, 다른 개인의 감정과 다르다.

증명: 이 정리는 제2부 정리 13의 주석 뒤의 보조정리 3 다음의 공리 1에 의해 명백하다. 그러나 그럼에도 불구하고 우리는 이것을 세 가지의 기본적 감정의 정의에 의해 증명할 것이다. 모든 감정은 우리가 부여한 정의가 밝혀주는 것처럼, 욕망, 기쁨, 또는 슬픔에 관계되어 있다. 그러나 욕망은 각자의 본성 내지 본질 자체이다(정리 9의 주석에 있는 욕망의 정의 참조). 그러므로 각 개인의 욕망은, 한 인간의 본성이나 본질이 다른 인간의 본질과 다른 만큼 다른 개인의 욕망과 다르다. 다음으로, 기쁨이나 슬픔은 그것에 의하여 각자가 자신의 존재를 끈질기게 지속하려는 능력 내지 노력이 증대하거나 감소하며, 촉진되거나 억제되는 수동이다(정리 11과 그것의 주석에 의해). 그러나 우리는 자신의 존재를 끈질기게 지속하려는 노력[코나투스]을, 그것이 정신과 신체에 동시에 관계되는 한에 있어서, 충동과 욕망으로 이해한다(정리 9의 주석 참조). 그러므로 기쁨 및 슬픔은 외적 원인에 의해 증대되거나 감소되며, 촉진되거나 억제되는 한에 있어서의 욕망이나 충동 자체, 즉 (같은 주석에 의해) 각자의 본성 자체이다. 따라서 각자의 기쁨 또는 슬픔은, 한 인간의 본성 또는 본질이 다른 인간의 본질과 다른 만큼, 다른 사람의 기쁨 또는 슬픔과 다르다. 그러므로 각 개인의 각 감정은 …

제3부 감정의 기원과 본성에 관하여

다른 개인의 감정과 다르다.

주석: 이것으로부터 나오는 결론은 이러하다. 즉 이성(理性)이 없다고 간주되는 동물들의 감정(왜냐하면 우리는 정신의 기원을 알고 있는 이상, 짐승들이 사물을 느낀다는 것을 결코 의심할 수 없기 때문이다)은 그것들의 본성이 인간의 본성과 다른 만큼, 인간의 감정과 다르다. 말과 인간은 둘 다 생식을 위한 정욕에 의하여 이끌려간다. 그러나 전자는 말의 정욕에 의하여, 후자는 인간의 정욕에 의하여 이끌린다. 마찬가지로 곤충, 물고기 및 새의 정욕과 충동은 각각 달라야만 한다. 그러므로 각각의 개체는 자신에게 부여된 본성에 만족하여 살며 그것을 즐기지만, 각자가 만족하고 있는 그 삶과 그 즐거움은 그 개체의 관념 또는 영혼일 뿐이다. 따라서 어떤 개체의 기쁨은 그 개체의 본질이 다른 개체의 본질과 다른 만큼 다른 개체의 기쁨과 본성에 있어서 다르다.

 마지막으로, 정리 57로부터 나오는 결론은 이러하다. 즉 술꾼을 인도하는 기쁨과 철학자가 향수하는 기쁨 사이에는 적지 않은 차이가 있다. 이 점에도 주의하기를 바란다.

 작용을 받는 한에 있어서의 인간에 관계되는 감정에 관해서는 이쯤 해두자. 남아 있는 것은 작용하는 한에 있어서의 인간에 관계되는 감정에 관하여 몇 가지 덧붙이는 것이다.

정리 58. 수동적 감정인 기쁨과 욕망 이외에 작용하는[능동적인] 한에 있어서의 우리에게 관계하는 다른 기쁨과 욕망의 감정이 존재한다.

증명: 정신은 자기 자신 및 자신의 활동능력을 파악할 때 기쁨을 느낀다(정리 53에 의해). 그런데 정신은 참된, 즉 타당한 관념을 파악할 때, 필연적으로 자기 자신을 고찰한다(제2부 정리 43에 의해). 그런데 정신은 타당한 관념을 파악한다(제2부 정리 40의 주석 2에 의해). 그러므로 정신은 타당한 관념을 파악하는 한에 있어서도, 즉 (정리 1에 의해) 작용을 하는 한에 있어서도 기쁨을 느낀다.

 다음으로, 정신은 뚜렷하고 명확한 관념을 갖는 한에 있어서도 혼란스러운 관념을 갖는 한에 있어서도 자신의 존재를 끈질기게 지속하려고 노력한다(정리 9에 의해). 그러나 우리는 이 노력[코나투스]을 욕망으로 이해한다(정리 9의 주석에 의해). 그러므로 욕망은 인식하는 한에 있어서의 우리, 즉 (정리 1에 의해) 작용을 하는 한에 있어서의 우리에게도 관계한다. Q.E.D

정리 59. 작용을 하는 한에 있어서의 정신에 관계하는 감정에는, 기쁨 또는 욕망에 관계하는 것이 있을 뿐이다.

증명: 모든 감정은 우리가 그것들에 대해 부여한 정의가 보여주는 것처럼, 욕망, 기쁨 또는 슬픔에 관계하고 있다. 그러나 우리는 슬픔을 정신의 사유능력이 감소되거나 억제되는 것으로 이해한다(정리 11과 그것의 주석에 의해). 그러므로 정신이 슬픔을 느끼는 한에 있어서, 정신의 인식능력, 즉 (정리 1에 의해) 활동능력은 감소되거나 억제된다. 따라서 작용하는 한에 있어서의 정신에는 어떠한 슬픔의 감정도 관계될 수 없다. 관계될 수 있는 것은 작용하는 한에 있어서의 정신에도 관계하는 (정리 58에 의해) 기쁨과 욕망의 감정뿐이다. Q.E.D

주석: 인식하는 한에 있어서의 정신에 관계하는 감정에서 생기는 온갖 활동을 나는 정신의 힘으로 간주하며, 그것을 용기와 아량으로 나눈다. 용기란 각자가 오직 이성(理性)의 지령에 따라서만 자신의 유(有)를 보존하려고 노력하는 욕망이라고 나는 이해한다. 아량이란 각자가 오직 이성의 지령에 따라서만 다른 사람들을 돕고 그들과 친교를 맺으려고 애쓰는 욕망이라고 나는 이해한다. 그러므로 나는 행위자의 이익만을 의도하는 행동을 용기로 간주하고, 다른 사람들의 이익도 의도하는 행동을 아량으로 간주한다. 그러므로 절제, 금주, 위험에 처했을 때의 침착 등은 용기의 일종인 반면, 예의, 자비 등은 아량의 일종이다. 이것으로써 나는 세 가지 기본적인 감정, 즉 욕망, 기쁨, 슬픔의 합성으로부터 생기는 주요한 감정들과 마음의 동요를 설명하고 그것들을 제1원인에 의하여 밝혔다고 생각한다.

제3부 감정의 기원과 본성에 관하여

 이미 말한 것으로부터, 우리는 외부의 원인들에 의하여 여러 가지 방식으로 휘둘리며, 맞바람에 요동치는 바다의 파도와 같이 우리의 앞일과 운명을 알지 못한 채 동요한다는 것이 명백하다. 그러나 나는 주요한 것들<감정들>만을 설명했다고 말했고, 있을 수 있는 모든 마음의 갈등을 밝혔다고 말하지는 않았다. 왜냐하면 위에서와 같은 방법으로 진행함으로써, 우리는 사랑이 후회, 경멸, 치욕 등과 결합된다는 것을 쉽게 밝힐 수 있기 때문이다. 진실로, 이미 말한 것으로부터, 다양한 감정들이 수많은 방식으로 서로 얽혀 그로부터 헤아릴 수 없을 정도로 많은 변종들이 생길 수 있다는 것이 누구에게나 명백하다고 나는 믿는다. 그러나 나의 목적을 위해서는 주요한 감정들만을 열거하는 것으로 충분하다. 왜냐하면 내가 생략한 여타의 감정들을 고찰하는 것은 유용성보다는 호기심의 차원이기 때문이다. 그러나 사랑에 관하여 주의해야 할 것이 남아 있다. 그것은 자주 일어나는 이러한 일이다. 즉, 우리가 욕망했던 대상을 향수하는 동안, 바로 그 향수에 의하여 신체는 새로운 상태로 변화하며, 이 상태에 의하여 신체는 다르게 결정되고, 사물에 대한 상이한 심상이 신체 안에 환기되며, 동시에 정신은 다른 것을 표상하고 다른 것을 바라기 시작한다.
 예를 들면, 맛으로써 언제나 우리를 기쁘게 하는 어떤 것을 우리가 표상할 때, 우리는 그것을 향수하는 것, 즉 먹는 것을 원한다. 그러나 우리가 그것을 그렇게 향수하는 동안, 위는 가득 차게 되고 신체는 다른 상태로 변한다. 그러므로 신체가 이미 다른 상태로 변해 있는데도, 같은 음식의 현존에 의하여 그것의 심상이 촉진되고, 따라서 그것을 먹으려는 노력이나 욕망도 촉진된다면, 그 새로운 상태는 이 욕망이나 노력에 반대될 것이다. 따라서 우리가 욕구했던 음식의 현존이 싫증날 것이다. 이것은 우리가 포만과 지겨움이라고 부르는 것이다. 여러 감정들의 경우에서 관찰되는 신체의 외적 변용들, 예컨대 땀, 창백, 흐느낌, 웃음 등에 대해서는 무시하였다. 왜냐하면 그것들은 단지 신체에만 관계되어 있고 정신과는 아무런 관계도 없기 때문이다. 마지막으로 여러 감정들의 정의에 관하여 약간의 주의할 점들이 있다. 그러므로 나는 여기서 그것들의 정의를 정연하게 되풀이하여, 각각에 관하여 주의할 필요가 있는 것을 첨가할 것이다.

감정의 정의

1. 욕망이란, 인간의 본질이 주어진 각각의 변용에 의하여 어떤 것을 행하도록 결정되어 있다고 파악되는 한에 있어서, 인간의 본질 자체이다.

해명: 우리는 이전에 정리 9의 주석에서, 욕망은 의식을 수반한 충동이라고 말했다. 또 충동은 인간의 본질이 자기의 보존에 도움이 되는 것을 행하도록 결정되어 있는 한에 있어서 인간의 본질 자체라고 말했다. 그러나 같은 주석에서 나는 인간의 충동과 욕망 사이에서 실제로 어떠한 차이도 인정하지 않는다는 것 또한 주의했다. 왜냐하면 인간이 자기의 충동을 의식하든 의식하지 않든, 충동은 동일하게 그대로이기 때문이다. 그래서 나는 동어반복을 범하는 것으로 보이지 않도록 욕망을 충동에 의하여 설명하고 싶지 않았다. 오히려 우리가 충동, 의욕, 욕망, 욕구의 이름으로 표시하는 인간 본성의 모든 노력을 포괄하는 방식으로 욕망을 정의하려고 했다. 왜냐하면 나는 욕망이란 인간의 본질이 어떤 것을 행하도록 결정되어 있다고 파악되는 한에 있어서 인간의 본질 자체라고 말할 수 있었기 때문이다.

 그러나 이 정의에서는 (제2부 정리 23에 의하여) 정신이 자기의 욕망 또는 충동을 의식할 수 있다는 결론이 나오지 않을 것이다. 그러므로 이 의식의 원인을 포함하기 위하여, **주어진 각각의 변용에 의하여 … 결정되어 있다고 파악되는 한에 있어서**라고 첨가하는 것이 필요했다(같은 정리에 의해). 왜냐하면 인간의 본질의 변용이라는 것을 우리는 그 본질의 각각의 상태로 이해하기 때문이다. 그 상태가 내재적이든 <또는 외부로부터 온 것이든>, 사유의 속성을 통해서만 파악되든, 연장의 속성을 통해서만 파악되든, 두 속성에 동시에 관계되든 상관없이 말이다. 그러므로 여기서 나는

제3부 감정의 기원과 본성에 관하여

욕망이라는 명칭을 인간의 모든 노력, 욕구, 충동, 의욕으로 이해한다. 이러한 것들은 같은 인간에 있어서도 각기 다른 상태에 따라 서로 다르며, 흔히 서로 반대된다. 그리하여 인간은 여러 다른 방향으로 끌려 다니며 자신이 어디로 향해야 할지를 알지 못하게 된다.

2. 기쁨이란 인간이 보다 작은 완전성에서 보다 큰 완전성으로 이행하는 것이다.

3. 슬픔이란 인간이 보다 큰 완전성에서 보다 작은 완전성으로 이행하는 것이다.

해명: 나는 이행이라고 말한다. 왜냐하면 기쁨은 완전성 자체가 아니기 때문이다. 만일 인간이 이행하여 얻은 그 완전성을 가지고 태어났다면, 그는 기쁨의 감정 없이 그것을 소유했을 것이다. 이것은 기쁨에 반대되는 슬픔의 감정에 의해 더욱 명백하다. 왜냐하면 슬픔은 보다 작은 완전성으로의 이행에 존재하며 보다 작은 완전성 자체에 있지 않다는 것을 아무도 부정할 수 없기 때문이다. 그 이유는 인간은 어느 정도의 완전성을 나눠 갖는 한에 있어서는 슬픔을 느낄 수 없기 때문이다.

또 슬픔은 보다 큰 완전성의 결핍에 있다고 말할 수도 없다. 왜냐하면 결핍은 무이지만, 슬픔의 감정은 움직임이기 때문이다. 그러므로 슬픔의 감정은 보다 작은 완전성으로 이행하는 움직임, 즉 인간의 활동능력이 감소하거나 억제되는 움직임 이외의 다른 것이 될 수 없다(정리 11 참조).

나는 유쾌, 쾌감, 우울 및 고통의 정의를 생략한다. 왜냐하면 이것들은 주로 신체에 관계하고, 기쁨 또는 슬픔의 종류일 뿐이기 때문이다.

4. 놀라움이란 어떤 사물에 관한 표상인데, 이 특수한 표상은 다른 표상과는 아무런 연결이 없기 때문에 정신은 그 표상 안에 확고히 머무른다. 정리 52와 그것의 주석을 참조하시라.

해명: 제2부 정리 18의 주석에서 우리는 어찌하여 정신이 한 사물의 고찰에서 곧바로 다른 사물의 사유로 옮겨가는지 그 이유를 밝

했다. 말하자면 그 이유는 사물들의 심상이 서로 연결되어 하나가 다른 것의 뒤를 잇도록 정리되어 있기 때문이다. 이러한 것은, 사물의 심상이 새로울 때는 생각될 수 없다. 그 경우 정신은 오히려 다른 원인에 의하여 다른 것을 사유하도록 결정되기까지는 그 사물의 고찰에 머무를 것이다. 그러므로 새로운 사물의 표상도, 그 자체로 보면, 다른 표상들과 같은 본성을 가진 것이다. 이런 이유로 나는 놀라움을 감정이라고 생각하지 않으며, 또 그렇게 생각해야 할 이유도 알지 못한다. 왜냐하면 정신의 이러한 분리는 정신을 다른 것으로부터 분리시키는 어떤 적극적인 원인에서 생기는 것이 아니고, 단지 정신이 어떤 사물을 고찰하다가 다른 것을 사유하도록 결정하는 원인이 결핍되어 있다는 사실에서만 생기기 때문이다.

그러므로 내가 정리 11의 주석에서 주의한 것처럼, 나는 오직 세 가지 기본적 또는 근본적 감정, 즉 기쁨, 슬픔, 욕망만을 인정한다. 내가 놀라움에 대하여 언급한 이유는 단지 세 가지 기본적 감정으로부터 도출되는 어떤 감정들이 우리가 놀라는 대상에 관계되는 경우 다른 이름으로 불리는 것이 관습으로 되어 있기 때문이다. 이러한 이유로 나는 여기에 경멸의 정의도 추가할 것이다.

5. 경멸이란 정신이 어떤 사물의 현존에 의하여 그 사물의 안에 있는 것보다 그 사물 안에 없는 것을 더 많이 표상하도록 움직여질 정도로 정신을 거의 감동시키지 못하는 어떤 사물의 표상이다. 정리 52의 주석을 참조하시라.

나는 여기서 존경과 모욕의 정의를 생략한다. 왜냐하면 내가 아는 한 어떠한 감정도 이것들로부터 명칭을 이끌어내지 않기 때문이다.
6. 사랑이란 외적 원인의 관념을 수반하는 기쁨이다.

해명: 이 정의는 사랑의 본질을 충분히 명료하게 설명한다. 그러나 **사랑**을 **사랑하는 대상과 결합하려는 사랑하는 자의 의지**로 정의한 저술가들의 정의는 사랑의 본질이 아니라 사랑의 특성을 표현한다. 그리고 이 저술가들은 사랑의 본질을 충분히 명확하게 알지 못했기 때문에, 사랑의 특성에 관해서 아무런 명료한 개념을 가질 수 없었다. 그래서 모든 사람은 그들의 정의가 매우 애매하다고 생각

제3부 감정의 기원과 본성에 관하여

한다. 그러나 의지에 의하여 사랑하는 대상과 결합하려고 하는 것이 사랑하는 자의 한 특성이라고 내가 말할 때 다음을 주의해야 한다. 즉 나는 의지를 정신의 동의나 고려 또는 자유로운 결정으로 이해하지 않고 (왜냐하면 제2부 정리 48에서 증명했듯이 그러한 것은 허구적인 것이기 때문에), 또한 사랑하는 대상이 보이지 않을 때는 그것과 결합하려고 하며 그것이 현존하면 그것의 현존을 지속시키려는 욕망으로도 이해하지 않는다. 왜냐하면 사랑은 이런저런 욕망 없이도 생각될 수 있기 때문이다. 오히려 나는 의지라는 것을 사랑하는 대상의 현존 때문에 사랑하는 자가 가지는 만족, 그것으로 인하여 사랑하는 자의 기쁨이 강화되며 적어도 촉진되는 그 만족으로 이해한다.

7. 증오란 외적 원인의 관념을 수반하는 슬픔이다.

해명: 여기서 주의해야 할 점은 앞의 정의의 해명에서 말한 것에 의해 쉽게 인지될 것이다. 정리 13의 주석도 참조하시라.
8. 끌림이란 우연히 기쁨의 원인이 된 어떤 사물의 관념을 수반하는 기쁨이다.
9. 반감이란 우연히 슬픔의 원인이 된 어떤 사물의 관념을 수반하는 슬픔이다. 이에 관해서는 정리 15의 주석을 참조하시라.
10. 헌신이란 우리가 놀라워하는 사람에 대한 사랑이다.

해명: 놀라움은 사물의 새로움에서 생긴다는 것을 우리는 정리 52에서 밝혔다. 그러므로 만약 우리가 놀라워하는 것을 자주 표상하는 일이 일어난다면, 우리는 그것에 대해 놀라워하는 것을 그만둘 것이다. 따라서 우리는 헌신의 감정이 쉽게 단순한 사랑으로 변한다는 것을 안다.
11. 조롱이란 우리가 경멸하는 어떤 것이 우리가 증오하는 것 안에 있음을 표상함으로써 생기는 기쁨이다.

해명: 우리가 증오하는 사물을 경멸하는 한에 있어서, 우리는 그것에 대해 존재를 부정하며 (정리 52의 주석 참조), 또한 그러한 한에

있어서 우리는 기쁨을 느낀다(정리 20에 의해). 그러나 사람이 조롱하는 것을 미워하기도 한다는 것을 우리가 가정하고 있기 때문에, 이러한 기쁨은 지속성이 없다는 결론이 내려진다(정리 47의 주석 참조).

12. 희망이란 우리가 그 결과에 대하여 어느 정도 의심하고 있는 미래 또는 과거의 사물의 관념에서 생기는 변덕스러운 기쁨이다.

13. 공포란 우리가 그 결과에 대하여 어느 정도 의심하고 있는 미래 또는 과거의 사물의 관념에서 생기는 변덕스러운 슬픔이다. 정리 18의 주석 2를 참조하시라.

해명: 이 정의들로부터 공포 없는 희망은 없으며, 희망 없는 공포도 없다는 결론이 나온다. 왜냐하면 희망에 기대어 어떤 사물의 결과를 의심하는 사람은 그 미래의 사물의 존재를 배제하는 어떤 것을 표상하고 있는 것으로 생각되기 때문이다. 따라서 그러한 한에 있어서 그는 슬픔을 느끼고 (정리 19에 의해), 결국 희망에 의지해 있는 동안 그 사물의 결과를 두려워한다. 반대로, 공포 속에 있는 사람, 즉 증오하는 어떤 사물의 결과를 의심하는 사람은, 마찬가지로 그 사물의 존재를 배제하는 어떤 것을 표상한다. 따라서 (정리 20에 의해) 그는 기쁨을 느끼고, 결국 그러한 한에 있어서 그 사물이 실현되지 않기를 희망하고 있다.

14. 안도감이란 의심의 원인이 제거된 미래 또는 과거의 관념에서 생기는 기쁨이다.

15. 절망감이란 의심의 원인이 제거된 미래 또는 과거의 관념에서 생기는 슬픔이다.

해명: 그러므로 사물의 결과에 관하여 의심의 원인이 제거될 때, 희망에서 안도가 그리고 공포에서 절망이 생긴다. 이 원인의 제거는 인간이 과거 또는 미래의 사물을 가까이에 있는 것처럼 표상하여 그것을 현존하는 것으로 고찰하기 때문에 일어나기도 하고, 인간이 자기에게 의심을 야기한 사물의 존재를 배제하는 다른 것을 표상하기 때문에 일어나기도 한다. 왜냐하면 우리는 개개의 사물의 결과

제3부 감정의 기원과 본성에 관하여

에 대하여 결코 정통할 수 없지만 (제2부 정리 31의 계에 의해), 그럼에도 불구하고 우리가 그것의 결과를 의심하지 않는 일이 일어날 수 있기 때문이다. 우리가 밝힌 것처럼 (제2부 정리 49의 주석 참조), 어떤 사물에 대해 의심하지 않는 것과 그 사물에 대해 정통한 것은 별개의 것이기 때문이다. 그러므로 우리는 과거 또는 미래의 사물의 심상에 의하여, 현재의 사물의 심상에 의한 것과 같은 기쁨 또는 슬픔의 감정으로 자극받아 변화되는 일이 일어날 수 있다. 이것은 우리가 정리 18에서 증명한 것이다. 그것의 주석도 참조하시라.

16. 환희란 예상에 반하여 일어난 과거의 사물의 관념을 수반하는 기쁨이다.
17. 실망이란 예상에 반하여 일어난 과거의 사물의 관념을 수반하는 슬픔이다.
18. 연민이란 우리가 자신과 유사하다고 표상하는 타인에게 일어난 해악의 관념을 수반하는 슬픔이다. 정리 22의 주석과 정리 27의 주석을 참조하시라.

해명: 연민과 동정 사이에는 대개 연민은 개개의 감정에 관계하는 반면, 동정은 연민의 습성에 관계한다는 것 이외에는 아무런 차이가 없다고 생각된다.

19. 호의란 타인에게 은혜를 베푼 사람에 대한 사랑이다.
20. 분개란 타인에게 해악을 가한 사람에 대한 증오이다.

해명: 호의와 분개가 통상적 용법으로는 다른 것을 의미함을 나는 알고 있다. 그러나 나의 의도는 말의 의미가 아니라 사물의 본성을 설명하는 것이며, 내가 사용하고자 하는 말의 의미와 통상적인 뜻이 크게 다르지 않은 그런 말로 사물을 나타내는 것이다. 이것에 대해서는 한 번 언급한 것으로 충분할 것이다. 이 두 감정의 원인에 대해서는, 정리 27의 계 1과 정리 22의 주석을 참조하시라.

21. 과대평가란 사랑 때문에 어떤 사람에 대하여 적정 이상으로 대단하게 여기는 것이다.

22. 경멸이란 미움 때문에 어떤 사람에 대하여 적정 이하로 하찮게 여기는 것이다.

해명: 따라서 과대평가는 사랑의 한 결과 또는 특성이며, 경멸은 미움의 한 결과 또는 특성이다. 그러므로 **과대평가는 사랑하는 대상에 대하여 적정 이상으로 대단하게 여기도록 인간을 자극하여 변화시키는 한에 있어서의 사랑**이라고 정의될 수도 있다. 반대로 경멸은 증오하는 대상에 대하여 적정 이하로 하찮게 여기도록 인간을 자극하여 변화시키는 한에 있어서의 증오라고 정의될 수 있다. 정리 26의 주석을 참조하시라.

23. 질투란 타인의 행복을 슬퍼하며, 반대로 타인의 불행을 기뻐하도록 인간을 자극하여 변화시키는 한에 있어서의 미움이다.

해명: 질투에는 보통 동정이 대립된다. 따라서 동정은 말의 의미에도 불구하고 다음과 같이 정의될 수 있다.

24. 동정이란 타인의 행복을 기뻐하며, 타인의 불행을 슬퍼하도록 인간을 자극하여 변화시키는 한에 있어서의 사랑이다.

해명: 질투에 관해서는, 정리 24의 주석과 정리 32의 주석을 참조하시라. 이것들은 외적 사물의 관념을 원인(그 자체에 의한 원인이든 우연에 의한 원인이든)으로 수반하는 기쁨 및 슬픔의 감정이다. 나는 이제 내재적인 것의 관념을 원인으로 수반하는 다른 감정들로 옮겨간다.

25. 자기만족이란 인간이 자기 자신과 자기의 활동능력을 고찰하는 것에서 생기는 기쁨이다.

26. 겸손[위축감]이란 인간이 자신의 무능이나 무력함을 고찰하는 것에서 생기는 슬픔이다.

해명: 자기만족은 우리가 자기의 활동능력을 고찰하는 것에서 생기는 기쁨으로 해석되는 한에 있어서 겸손과 대립된다. 그러나 그것은 우리가 정신의 자유로운 결심에 의하여 행하였다고 믿는 어떤 행위의 관념을 수반하는 기쁨으로 해석되는 한에 있어서, 다음과

제3부 감정의 기원과 본성에 관하여

같이 정의되는 후회와 대립된다.

27. 후회란 우리가 정신의 자유로운 결심에 의하여 행하였다고 믿는 어떤 행위의 관념을 수반하는 슬픔이다.

해명: 우리는 이 감정들의 원인을 정리 51의 주석, 그리고 정리 53, 54, 55 및 그것의 주석에서 제시했다. 정신의 자유로운 결심에 관해서는 제2부 정리 35의 주석을 참조하시라. 그러나 여기서 우리가 주의해야 할 점은, 습관적으로 **나쁘다**고 불리는 모든 행위에는 슬픔이 따르고, **올바르다**고 불리는 모든 행위에는 기쁨이 따른다는 것이 조금도 이상하지 않다는 것이다. 왜냐하면 이것이 주로 교육에 달려있음을 우리는 앞에서 말한 것에 의해 쉽게 이해하기 때문이다. 부모는 나쁘다고 불리는 행위를 비난하고, 그런 행위 때문에 자녀들을 자주 꾸짖음으로써, 또 반대로 올바르다고 불리는 행위를 권하고 칭찬함으로써, 슬픔의 감정이 전자와 그리고 기쁨의 감정이 후자와 결합하도록 만들었다. 이것은 경험 자체에 의해서도 확인된다. 왜냐하면 모든 사람이 동일한 습관과 종교를 가지고 있는 것은 아니기 때문이다. 오히려 반대로 어떤 사람에게 신성한 것이 다른 사람에게는 모독적인 것이며, 또 어떤 사람에게 명예로운 것이 다른 사람에게는 망신스러운 것이다. 그런고로 각자는 교육받은 것에 따라 어떤 행위에 대해 후회하기도 하고 또 자랑하기도 한다.

28. 거만이란 자신에 대한 사랑 때문에 자신에 대하여 적정 이상으로 대단하게 여기는 것이다.

해명: 그러므로 거만과 과대평가의 차이는, 후자는 외부의 대상에 관계하는 반면, 거만은 자기를 적정 이상으로 대단하게 여기는 인간 자신에 관계한다는 점이다. 더욱이 과대평가가 사랑의 한 결과 또는 특성인 것처럼, 거만은 자기애의 결과 또는 특성이다. 그러므로 **거만은 인간이 자기에 대하여 적정 이상으로 대단하게 여기도록 인간을 자극하여 변화시키는 한에 있어서의 자기애 또는 자기만족**으로 정의될 수도 있다(정리 26의 주석 참조). 이 감정에는 반대되는 것이 없다. 왜냐하면 아무도 자기에 대한 증오 때문에

자기에 대하여 적정 이하로 하찮게 여기지는 않기 때문이다.

 진실로, 인간은 자신이 이것 또는 저것을 할 수 없다고 표상하는 한에 있어서도 자신에 대하여 적정 이하로 하찮게 여기지 않는다. 왜냐하면 인간이 스스로 할 수 없다고 표상하는 것은 모두 필연적으로 그렇게 표상되며, 이러한 표상에 의하여 그는 자신이 할 수 없다고 표상하는 것을 실제로 할 수 없는 처지가 된다. 왜냐하면 그가 이것 또는 저것을 할 수 없다고 표상하는 동안, 그는 그것을 하도록 결정되지 않으며, 따라서 그 동안은 그가 그것을 하는 것이 불가능하기 때문이다. 그러나 의견에만 의존하는 것에 주의한다면, 우리는 인간이 자신에 대하여 적정 이하로 하찮게 여기는 것이 가능하다는 것을 파악할 수 있다. 왜냐하면 슬픔을 가지고 자신의 무력함을 고찰하는 사람은, 다른 사람들이 그를 전혀 경멸하려고 생각하지 않는데도, 자신이 모든 사람으로부터 경멸당한다고 표상하는 일이 일어날 수 있기 때문이다.

 그 밖에 또, 인간은 불확실한 미래에 관련하여 현재 어떤 것을 자신에 대하여 부정하는 경우에, 자신에 대하여 적정 이하로 하찮게 여길 수가 있다. 예를 들면, 자신은 확실한 것을 아무것도 파악할 수가 없다고 말하거나, 나쁜 것 혹은 수치스러운 것만을 바라거나 행할 수밖에 없다고 말하는 경우이다. 또, 어떤 사람이 자기와 대등한 다른 사람들이 감히 하는 일도 치욕에 대한 지나친 두려움 때문에 감히 하지 못하는 것을 우리가 알 때, 우리는 그가 자신에 대하여 적정 이하로 하찮게 여기고 있다고 말할 수 있다. 따라서 우리는 이러한 감정을 거만과 대립시킬 수 있으며, 나는 그것을 자기비하라 부를 것이다. 왜냐하면 자기만족으로부터 거만이 생기는 것처럼, 겸손[위축감]으로부터 자기비하가 생기기 때문이다. 그러므로 우리는 이것을 다음과 같이 정의할 수 있다.

29. 자기비하란 슬픔 때문에 자기에 대하여 적정 이하로 하찮게 여기는 것이다.

해명: 우리는 보통 거만에 겸손을 대립시킨다. 그러나 그 경우 우리는 두 감정의 본성보다 오히려 결과에 주의한다. 왜냐하면 우리가

제3부 감정의 기원과 본성에 관하여

보통 거만하다고 부르는 사람은, 지나치게 자기를 자랑하며 (정리 30의 주석참조), 자기의 장점과 타인의 단점만을 이야기하고, 모든 사람에 대하여 우위를 차지하려고 하고, 또 마지막으로 자기보다 훨씬 지위가 높은 사람들이 통상 갖추는 위엄과 복장으로 행세하는 그런 사람이기 때문이다.

 이와 반대로, 자주 얼굴이 붉어지며, 자기의 단점을 고백하고 타인의 장점을 말하며, 모든 사람에게 양보하고, 그리고 마지막으로 고개를 숙이고 걸으며, 또한 몸치장을 싫어하는 그러한 사람을 우리는 겸손하다고 칭한다. 그런데 이 두 감정, 즉 겸손과 자기비하는 매우 드물다. 왜냐하면 인간의 본성은 그 자체로 보면 할 수 있는 한 이러한 감정들에 반항하기 때문이다(정리 13과 54를 참조). 그러므로 자기비하가 심하고 매우 겸손하다고 생각되는 사람들은 보통 극히 야심적이고 질투가 많다.

30. 명예란 타인에게서 칭찬받는다고 우리가 표상하는 우리의 어떤 행위의 관념을 수반하는 기쁨이다.

31. 치욕이란 타인에게서 비난받는다고 우리가 표상하는 우리의 어떤 행위의 관념을 수반하는 슬픔이다.

해명: 이 두 감정에 대해서는 정리 30의 주석을 참조하시라. 그러나 여기서 치욕과 수치의 차이에 주의해야 한다. 왜냐하면 치욕은 우리가 부끄러워하는 행위에 따르는 슬픔인 반면, 수치는 추한 행동을 저지르지 않도록 인간을 억제하는 치욕에 대한 두려움 또는 걱정이기 때문이다. 수치에는 보통 뻔뻔함이 대립되지만, 뻔뻔함은 사실 감정이 아니다. 이에 대해서는 적당한 곳에서 밝힐 것이다. 그러나 감정의 이름은, 내가 이미 지적한 것처럼, 감정의 본성보다는 오히려 통상적 용법에 관계한다.

 그리고 이것으로써 나는 기쁨 및 슬픔의 감정에 관하여 설명하려고 했던 것을 끝마쳤다. 그러므로 나는 욕망에 관계하는 감정으로 옮겨간다.

32. 갈망이란 어떤 사물을 소유하려고 하는 욕망 또는 충동인데, 이 욕망 또는 충동은 그 사물을 상기함으로써 강해지고, 동시에 그 사

물의 존재를 배제하는 다른 사물을 상기함으로써 억제되는 그런 것이다.

해명: 우리가 어떤 사물을 상기한다면, 우리가 전에 자주 말한 것처럼, 우리는 그것으로 인하여 그 사물이 현존했던 경우와 동일한 감정을 가지고 그 사물을 고찰하게 된다. 그러나 우리가 깨어있는 동안, 이 경향 또는 노력은 대개 우리가 상기하는 사물의 존재를 배제하는 사물의 심상에 의하여 억제된다. 그러므로 우리가 우리를 어떤 종류의 기쁨으로 자극하여 변화시키는 사물을 생각해낼 때, 그것으로 인하여 우리는 동일한 기쁨의 감정을 가지고 그것을 현재적인 것으로 고찰하려고 노력한다.

그러나 이 노력[코나투스]은 그 사물의 존재를 배제하는 사물의 상기에 의하여 곧바로 억제된다. 그러므로 갈망은 실제로는 우리가 미워하는 사물의 부재에서 생기는 저 기쁨에 대립되는 슬픔이다. 이것에 관해서는 정리 47의 주석을 참조하시라. 그러나 **갈망**이라는 명칭은 욕망에 관계하는 것처럼 보이기 때문에, 나는 이 감정을 욕망의 감정으로 분류한다.

33. 경쟁심이란 다른 사람이 어떤 사물에 대한 욕망을 가지는 것을 우리가 표상함으로 인하여 우리 안에 생기는 동일한 사물에 대한 욕망이다.

해명: 다른 사람이 도망가는 것을 보고 도망치거나, 타인이 두려워하는 것을 보고 두려워하거나, 또는 다른 사람이 손을 덴 것을 보고 손을 움츠리며 마치 자신의 손을 덴 것처럼 행동하는 사람을 가리켜 우리는 타인의 감정을 모방한다고 말하지만, 타인과 경쟁한다고는 말하지 않는다. 이것은 경쟁과 모방의 원인이 서로 다르다는 것을 우리가 알고 있기 때문이 아니라, 명예롭거나, 유익하거나, 유쾌한 것으로 판단되는 것을 모방하는 사람만을 우리는 경쟁한다고 부르는 습관이 있기 때문이다. 경쟁심의 원인에 대해서는, 정리 27과 그것의 주석을 참조하시라. 그리고 어찌하여 질투가 대개 이 감정과 결합되는지에 대해서는, 정리 32와 그것의 주석을 참조하시라.

34. 감사 또는 사은이란 사랑과 유사한 감정에 의해 우리에게 은혜를 베푼 사람에 대해 은혜에 보답하려고 노력하는 욕망 또는 사랑의 열의이다. 정리 39와 정리 41의 주석을 참조하시라.
35. 자비심이란 우리가 불쌍히 여기는 사람에게 선을 행하려고 하는 욕망이다. 정리 27의 주석을 참조하시라.
36. 분노란, 증오에 의하여, 우리가 미워하는 사람에게 해악을 가하도록, 우리를 자극하는 욕망이다. 정리 39를 참조하시라.
37. 복수심이란 증오와 유사한 감정에 의하여 우리에게 해악을 가한 사람에게 같은 미움으로 해악을 가하도록 우리를 선동하는 욕망이다. 정리 40의 계 2와 그것의 주석을 참조하시라.
38. 잔인 또는 잔혹이란 우리가 사랑하거나 불쌍히 여기는 사람에게 해악을 가하도록 어떤 사람을 자극하는 욕망이다.

해명: 잔인에는 온화가 대립되는데, 온화는 수동이 아니고 인간이 분노와 복수심을 제어하는 정신의 능력이다.
39. 겁내는 것은 우리가 두려워하는 큰 해악을 작은 해악으로 피하려는 욕망이다. 정리 39의 주석을 참조하시라.
40. 대담이란 동배들이 맞서기를 두려워하는 위험한 어떤 일을 하도록 인간을 자극하는 욕망이다.
41. 소심이란 동배가 감히 맞서는 위험을 무서워하여 자기의 욕망이 억제되는 사람에 대하여 적용되는 말이다.

해명: 그러므로 소심이란 대부분의 사람들이 보통 무서워하지 않는 어떤 해악에 대한 두려움에 지나지 않는다. 따라서 나는 소심을 욕망의 감정으로 분류하지 않는다. 그럼에도 불구하고 내가 여기서 소심을 설명하려고 한 것은, 우리가 욕망에 주의하는 한에 있어서, 소심이 실제로 대담에 대립되기 때문이다.
42. 공황이란 두려워하는 해악을 접하고 놀라서 해악을 피하려는 욕망이 억제되는 사람에 대하여 적용되는 말이다.

해명: 그러므로 공황은 소심의 일종이다. 그러나 공황은 이중의 공포로부터 생기기 때문에, 그것은 더욱 적절하게 다음과 같이 정의

될 수 있다. 즉 **공황**이란 **인간이 해악을 제거할 수 없을 정도로 인간을 경악시키고 동요시키는 두려움**이다. 내가 **경악시킨다**고 말하는 것은 해악을 제거하려고 하는 그의 욕망이 놀라움 때문에 억제된다는 것을 우리가 이해하는 한에 있어서이다. 또 내가 **동요시킨다**고 말하는 것은, 그 욕망이 똑같이 그 사람을 괴롭히는 다른 해악에 대한 두려움에 의해 억제된 결과, 그가 두 가지 해악 중의 어느 것을 피할지 알지 못한다는 것을 우리가 파악하는 한에 있어서이다. 이것들에 관해서는 정리 39의 주석과 정리 52의 주석을 참조하시라. 소심과 대담에 대해서는, 정리 51의 주석을 참조하시라.

43. 정중 또는 예의란 사람들의 마음에 드는 일은 하고 사람들을 불쾌하게 하는 일은 하지 않으려는 욕망이다.
44. 야심이란 명예에 대한 과도한 욕망이다.

해명: 야심은 모든 감정을 조장하고 강화하는 욕망이다(정리 27과 정리 31에 의해). 그러므로 이 감정은 거의 극복될 수 없다. 왜냐하면 인간이 어떤 욕망에 사로잡혀 있는 동안에는 필연적으로 동시에 야심에 사로잡혀 있기 때문이다. 키케로는 말한다. [3)]**훌륭한 사람들도 특히 명예욕에 지배당한다. 철학자들조차도 명예의 경멸에 관하여 쓴 책 속에 자신의 이름을 적는다.**

45. 미식욕이란 미식에 대한 과도한 욕망 또는 사랑이다.
46. 음주욕이란 음주에 대한 지나친 욕망 및 사랑이다.
47. 탐욕이란 부(富)에 대한 과도한 욕망 및 사랑이다.
48. 정욕이란 성교에 대한 욕망과 사랑이다.

해명: 성교에 대한 이 욕망은 적당하든 적당하지 않든 보통 정욕이라고 일컬어진다. 더욱이 이들 다섯 가지 감정들은(정리 56의 주석에서 주의한 것처럼) 반대되는 감정을 갖지 않는다. 왜냐하면 정중은 야심의 일종이기 때문이다(이것에 대해서는 정리 29의 주석 참

---

3) Cicero, Pro Archia XI.

제3부 감정의 기원과 본성에 관하여

조). 그리고 절제, 금주, 정조는 정신의 능력을 나타내는 것이지 수동을 나타내는 것이 아니라는 점도 내가 이미 주의한 것이다.

 탐욕스러운 인간, 야심적인 인간, 소심한 인간이 식사, 음주, 성교의 과도함을 자제하는 것은 있을 수 있는 일이지만, 그렇다고 해서 탐욕, 야심, 소심이 미식욕, 음주욕 또는 정욕의 반대는 아니다.

 왜냐하면 탐욕스러운 사람은 일반적으로 타인의 음식과 마실 것을 게걸스럽게 먹기를 바라기 때문이다. 또 야심적인 자는 비밀이 유지될 것이라고 희망할 수 있으면 아무것도 절제하지 않을 것이며, 만일 그가 주당이나 호색한들 사이에서 생활한다면, 야심적이기 때문에 더욱더 이러한 악덕에 기울어질 것이다.

 마지막으로 소심한 사람은 자기가 원하지 않는 것을 행한다. 왜냐하면 설령 그가 죽음을 피하기 위해 재산을 바다 속에 던질 수 있다고 하더라도, 그는 여전히 탐욕스러운 사람이기 때문이다. 그리고 호색한이 자기의 성벽(性癖)을 마음대로 할 수 없는 것을 슬퍼한다고 할지라도, 그 때문에 더 이상 호색한이 아닐 수는 없다. 근본적으로, 이 감정들은 미식, 음주 등의 행위에 관계한다기보다는 그것에 대한 충동 자체와 사랑에 관계한다. 그러므로 이 감정들에 대립될 수 있는 것은 나중에 다루게 될 아량과 용기 이외에는 아무것도 없다. 질투 및 여타의 정신의 동요에 대한 정의는 생략한다. 왜냐하면 그것들은 우리가 이미 정의한 감정들의 합성으로부터 생기기 때문이며, 또 그것 대부분은 명칭을 가지고 있지 않기 때문이다. 이것은 실용적인 목적을 위해서는 단지 그것들을 일반적으로 아는 것으로 충분함을 밝혀준다. 더욱이 우리가 이미 설명한 감정들의 정의로부터 그것들 모두는 욕망, 기쁨 또는 슬픔으로부터 생긴다는 것, 혹은 오히려 그것들은 이 세 가지 이외의 아무것도 아니라는 것, 그리고 이들 셋의 각각은 상이한 관계와 외적 특징에 따라서 보통 서로 다른 명칭으로 불린다는 것이 명백하다.

 만일 우리가 지금 이들 세 가지 기본적 감정과 이전에 정신의 본성에 대하여 논한 것에 주의한다면, 우리는 오로지 정신에만 관계하는 한에 있어서의 감정들을 다음과 같이 정의할 수 있을 것이다.

감정의 일반적 정의

정신의 수동이라 불리는 감정은 어떤 혼란된 관념인데, 이것에 의하여 정신은 자기의 신체 또는 신체의 일부에 대하여 이전보다 더 크거나 또는 더 작은 존재력을 긍정하며, 주어진 그것에 의하여 정신은 어떤 것을 다른 것보다 더 많이 사유하도록 결정된다.

해명: 나는 먼저 감정 혹은 정신의 수동은 **혼란된 관념**이라고 말한다. 왜냐하면 우리가 밝힌 것처럼 (정리 3) 정신은 타당하지 못하거나 혼란된 관념을 가지는 한에 있어서만 작용을 받기 때문이다. 다음으로, 나는 **이것에 의하여 정신은 자기의 신체 또는 신체의 일부에 대하여 이전보다 더 크거나 또는 더 작은 존재력을 긍정한다**라고 말한다. 왜냐하면 우리가 물체들에 대해 가지는 모든 관념은 외부 물체의 본성보다는 우리 신체의 현실적 상태를 보다 많이 나타내기 때문이다(제2부 정리 16의 계 2에 의하여). 그런데 감정의 형상을 구성하는 이 관념은 신체 또는 신체의 어떤 부분의 활동능력이나 존재력이 증대하거나 감소하며, 촉진되거나 억제됨으로 인하여 신체 또는 신체의 어떤 부분이 가지는 상태를 나타내거나 표현해야만 한다.

그러나 주의해야 할 것은, 내가 **이전보다 더 크거나 또는 더 작은 존재력**이라고 말할 때, 나는 정신이 신체의 현재 상태를 과거의 상태와 비교한다는 뜻으로 해석하는 것이 아니라, 오히려 감정의 형상을 구성하는 관념이 신체에 대하여 이전보다 더 크거나 또는 더 작은 실재성을 실제로 포함하는 어떤 것을 긍정한다는 뜻으로 해석한다는 것이다.

그리고 정신의 본질은 정신이 자기 신체의 현실적 존재를 긍정하는 점에 있으며 (제2부 정리 11 및 13에 의해), 또 우리는 완전성을 사물의 본질 자체로 이해하기 때문에, 정신이 자기의 신체 또는 그것의 어떤 부분에 대하여 이전보다 더 크거나 또는 더 작은 실재성을 포함하는 어떤 것을 긍정하는 일이 일어날 때마다 정신은 더 크거나 또는 더 작은 완전성으로 이행한다는 결론이 내려진다.

제3부 감정의 기원과 본성에 관하여

그러므로 내가 앞에서 정신의 사유능력이 증대하거나 감소한다고 말했을 때, 나는 단지 정신이 자기의 신체 또는 그것의 어떤 부분에 대하여 이전에 긍정했던 것보다 더 크거나 또는 더 작은 실재성을 표현하는 어떤 관념을 형성한다는 것을 뜻했을 뿐이다. 왜냐하면 관념의 탁월성과 사유의 현실적 능력은 대상의 탁월성에 의하여 평가되기 때문이다. 마지막으로, 내가 **주어진 그것에 의하여 정신은 어떤 것을 다른 것보다 더 많이 사유하도록 결정된다**라고 첨가한 것은, 정의의 처음 부분에서 설명한 기쁨과 슬픔의 본성에 더하여, 욕망의 본성도 표현하기 위해서였다.

제4부
인간의 예속 또는 감정의 힘에 대하여

서론

 감정을 제어하고 억제함에 있어서의 인간의 무능력을 나는 예속이라고 한다. 왜냐하면 감정에 종속된 인간은 자기 자신을 다스리지 못하고 운명의 지배 아래에 있으며, 스스로 더 좋은 것을 보면서도 더 나쁜 것을 따르도록 종종 강제될 정도로 운명의 힘 안에 있기 때문이다. 이 4부에서, 나는 이것의 원인을 증명하고 감정들 중에 어떤 것이 선이고 또 어떤 것이 악인지를 설명하려고 한다. 그러나 이것을 시작하기 전에 먼저 완전성과 불완전성 및 선과 악에 관하여 약간의 설명을 하고자 한다.
 어떤 것을 만들려고 결심하고 그것을 완성한 사람은 그것이 완성되었다고 말할 것이다. 제작자 자신뿐만 아니라 제작자의 정신과 목적을 바르게 알고 있는 사람 또는 알고 있다고 믿는 사람은 누구라도 그렇게 말할 것이다. 예를 들어, 어떤 사람이 어떤 작품(나는 그것이 아직 완성되지 않았다고 가정한다)을 보고, 그 제작자의 목적이 집을 짓는 것임을 안다면, 그 사람은 그 집이 완성되지 않았다[불완전하다]고 말할 것이고, 이에 반하여 제작자가 작품에 부여하려고 의도한 목적이 완수된 것을 보자마자 그것이 완성되었다[완전하다]고 말할 것이다. 그러나 어떤 사람이 아직 한 번도 비슷한 것을 본 적이 없는 어떤 작품을 본다면, 그리고 그것을 제작한 사람의 정신도 알지 못한다면, 그는 물론 그 작품이 완성되었는지 완성되지 않았는지를 알지 못할 것이다. 이것이 완전 및 불완전이라는 말의 최초의 의미였던 것처럼 생각된다. 그러나 인간이 일반적 관념들을 형성하여 집, 건물, 탑 등의 형(型)을 안출하고, 사물의 어떤 형을 다른 형보다도 선호하기 시작한 이후에, 각자는 같은 종류의 사물에 대하여 형성해 놓은 일반적 관념과 일치하는 것으로 보이는 것을 완전하다고 하고, 자신이 파악해 놓은 형과 별로 일치하

제4부 인간의 예속 또는 감정의 힘에 대하여

지 않는 것으로 보이는 것을, 설령 제작자의 의견으로는 그것이 충분히 완성된 것이라고 할지라도, 불완전하다고 하게 되었다.

인간의 손으로 만든 것이 아닌 자연물에 대해서조차 사람들이 보통 완전하다거나 불완전하다고 하는 것에는 다른 어떤 이유가 있는 것 같지 않다. 왜냐하면 그들은 인공물에 대해서와 마찬가지로 자연물에 대해서도 일반적 관념을 형성하는 것이 보통이기 때문이다. 그들은 일반적 관념을 사물의 형(型)으로 간주하며, 또 자연(자연은 어떤 목적을 위해서가 아니면 아무것도 행하지 않는다는 것이 그들의 생각이다)이 그 관념에 주의하고 형(型)으로서 자기 앞에 놓는다고 믿는다. 따라서 그들은 같은 종류의 것에 대하여 파악해 놓은 형과 일치하지 않는 것이 자연에서 발생한 것을 볼 때에, 자연 자체가 실패했거나 실수를 범하여 그 사물을 불완전하게 남겨 놓았다고 믿는다.

그러므로 우리는 사람들이 사물에 대한 참된 인식에 의해서보다는 오히려 편견에 의해서 자연물을 완전하다거나 불완전하다고 하는 것을 알 수 있다. 왜냐하면 우리는 제1부의 부록에서 자연은 목적을 위해서 작용하지 않는다는 것을 밝혔기 때문이다. 우리가 신 또는 자연이라고 부르는 저 영원하고 무한한 존재는 자신이 존재하는 것과 동일한 필연성에 의해 작용한다. 왜냐하면 우리는 신이 존재하는 것과 동일한 본성의 필연성에 의하여 작용한다는 것을 증명했기 때문이다(제1부 정리 16). 그러므로 신 또는 자연이 왜 작용하는가에 대한 이유 또는 원인과, 왜 신은 존재하는가에 대한 이유 또는 원인은 동일하다. 그러므로 신은 어떤 목적을 위해 존재하는 것이 아닌 것과 같이, 어떤 목적을 위해서 작용하는 것이 아니다. 오히려 신은 존재함에 있어서와 마찬가지로 작용함에 있어서도 아무런 원칙이나 목적을 갖지 않는다. 목적원인이라고 불리는 것은 인간의 충동이 어떤 사물의 원칙 또는 제1원인으로 생각되는 한에 있어서 인간의 충동에 지나지 않는다.

예를 들어 거주가 이 또는 저 가옥의 목적원인이었다고 우리가 말할 때, 확실히 우리는 인간이 옥내생활의 이점을 표상함으로 인하여 가옥을 건축하려는 충동을 가졌다고 이해한 것에 지나지 않는다. 따라서 거주는, 그것이 목적원인으로 생각되는 한에 있어서, 이러한 특정한 충동에 지나지 않고, 이 충동은 실제로 작용원인이며, 제1원인으로 여겨진다. 왜냐하면 인간은 보통 자기의 충동의 원인을 알지 못하기 때문이다. 왜냐하면 내가 전에 종종 말한 것처럼, 인간은 자기의 행동과 충동을 의식하고 있지만, 자신으로 하여금 어떤 것을 원하도록 결정하는 원인에 대해서는 알지 못하기 때문이다. 자연이 때때로 실패하거나 실수를 저지르며, 불완전한 사물을 산출한다고 하는 일반 대중의 의견에 관해 말하자면, 나는 이것을 제1부의 부록에서 다루었던 허구들 중의 하나로 간주한다.

그러므로 완전과 불완전은 실제로 사유의 양태에 지나지 않는다. 즉 우리가 동일한 종(種) 또는 유(類)에 속하는 개체를 서로 비교함으로써 보통으로 지어내는 개념일 뿐이다. 이러한 이유로 나는 앞에서 (제2부 정의 6) 실재성과 완전성을 동일한 것으로 이해한다고 말하였다. 왜냐하면 우리는 자연에 있는 모든 개체를 가장 보편적이라고 일컬어지는 하나의 유(類)에, 말하자면 자연에 있는 모든 개체에 예외 없이 관계하는 유(有)의 개념에 귀속시키는 것이 보통이기 때문이다. 그러므로 우리가 자연에 있는 모든 개체를 이 유(類)에 귀속시켜 서로 비교하고, 또 어떤 것이 다른 것보다 더 많은 유성(有性)이나 실재성을 가지고 있다는 것을 아는 한에 있어서, 우리는 어떤 것이 다른 것보다도 완전하다고 말한다. 그리고 우리가 그것들에 대해 한계, 종말, 무능력 등과 같은 부정을 포함하는 어떤 것을 인정하는 한에 있어서, 우리는 그것들을 불완전하다고 한다. 그 이유는 그것들은 우리가 완전하다고 하는 것들만큼 우리의 정신을 감동시키지 않기 때문이며, 본래 그것들에 속하는 어떤 것이 결여되어 있다거나, 자연이 실수를 저질렀기 때문이 아니다. 왜냐하면 사물의 본성에는 작용원인의 본성의 필연성에서 생기는 것 이외의 어떤 것도 속하지 않으며, 작용원인의 본성의 필연성에서 생기는 것은 모두 필연적으로 발생하기 때문이다.

선과 악에 관하여 말하자면, 이것들도 역시 우리가 사물을 그 자체로 고찰하는 한, 사물에 있어서의 아무런 적극적인 것도 나타내지 않으며, 사유의 양태 또는 우리가 사물들을 서로 비교함으로써

제4부 인간의 예속 또는 감정의 힘에 대하여

형성하는 개념일 뿐이다. 왜냐하면 동일한 사물이 동시에 선이 될 수도 있고 악이 될 수도 있으며, 선과 악에 무관한 것이 될 수도 있기 때문이다. 예컨대, 음악은 우울한 사람에게는 좋고, 슬퍼하는 사람에게는 나쁘며, 귀머거리에게는 좋지도 나쁘지도 않다.

그러나 사정이 그러할지라도, 우리는 이러한 말들을 보존해야만 한다. 왜냐하면 우리는 인간본성의 전형으로 볼 수 있는 인간의 관념을 형성하고자 하기 때문에, 이러한 말들을 앞에서 언급한 의미 속에서 보존하는 것이 우리에게 유익할 것이기 때문이다. 그러므로 나는 다음에서, 선이란 우리가 우리 앞에 설정해 놓은 인간 본성의 전형에 더욱 가까이 다가갈 수 있는 수단이 되는 것을 우리가 확실히 알고 있는 것이라고 해석할 것이다. 또 악이란 우리가 그 전형처럼 되는 것을 방해하는 것임을 우리가 확실히 알고 있는 것이라고 해석할 것이다. 다음으로, 우리는 인간이 이 전형에 더 가까이 또는 덜 가까이 다가가는 한에 있어서 그 인간을 더 완전하다거나 더 불완전하다고 말할 것이다. 그러나 특히 주의해야 할 것은, 내가 어떤 사람이 보다 작은 완전성에서 보다 큰 완전성으로 이행한다거나, 보다 큰 완전성에서 보다 작은 완전성으로 이행한다고 말할 때, 그것은 그가 하나의 본질 또는 형상에서 다른 본질 또는 형상으로 변화한다는 것을 의미하지 않는다는 것이다. 왜냐하면 예를 들어 말이 사람으로 변한다면, 그것이 곤충으로 변하는 경우처럼 말이 아닌 것이 되기 때문이다. 오히려, 우리는 그의 활동능력이, 그의 본성에 의하여 이해되는 한에 있어서, 증대하거나 감소한다고 생각한다.

마지막으로, 나는 이미 말한 것과 같이 일반적으로 완전성을 실재성으로 이해할 것이다. 즉 완전성을 각각의 사물이 일정한 방식으로 존재하고 작용하는 한에 있어서 그 사물의 본질로 이해할 것이다. 그렇지만 그 사물의 지속을 고려하지는 않을 것이다. 왜냐하면 어떠한 개물에 대해서도 그것이 보다 오랜 시간 동안 존재를 지속했다는 이유로 보다 완전하다고 말할 수 없기 때문이다. 진실로 사물의 지속은 그것의 본질에 의하여 결정될 수 없다. 왜냐하면 사물의 본질은 일정하고 결정적인 존재의 시간을 포함하고 있지 않기 때문이다. 오히려 모든 사물은 더 완전하든 덜 완전하든, 그것이 존재하기 시작한 것과 동일한 힘을 가지고 언제나 존재를 지속할 수 있을 것이다. 따라서 이 점에서는 모든 것이 동등하다.

정의

1. 선이란 우리에게 유익한 것임을 우리가 확실히 알고 있는 것이라고 나는 이해한다.
2. 반대로, 악이란 우리가 어떤 선을 소유하는 데에 방해가 되는 것임을 우리가 확실히 알고 있는 것이라고 나는 이해한다.
이 두 정의에 관해서는 앞의 서론의 끝부분을 참조하시라.
3. 우리가 오로지 개물들의 본질에만 주의하는 동안, 그것들의 존재를 필연적으로 정립하거나 필연적으로 배제하는 것을 아무것도 발견하지 않는 한에 있어서, 그 개물들을 나는 우연적이라고 한다.
4. 개물을 반드시 생기게 하는 원인에 우리가 주의하는 동안, 그 원인이 그것을 산출하도록 결정되어 있는지 어떤지를 우리가 알지 못하는 한에 있어서, 나는 그 같은 개물을 가능적이라고 한다. 제1부 정리 33의 주석에서 나는 가능적과 우연적 사이에 아무런 차별을 두지 않았다, 왜냐하면 거기에서는 그것들을 정확히 구별할 필요가 없었기 때문이다.
5. 다음에서 나는 인간을 서로 다른 방향으로 이끄는 감정을 반대되는 감정으로 이해할 것이다. 사랑의 종류인 미식욕과 탐욕처럼 설사 같은 유(類)에 속하는 것일지라도 그리할 것이다. 이 경우에는 본성에 있어서가 아니라 우연히 반대된다.
6. 제3부 정리 18의 주석 1과 2에서 나는 미래, 현재 및 과거의 사물에 대한 감정을 어떻게 이해할 것인지 설명했다. 그러나 여기서 추가로 주의해야 할 것이 있다. 즉 우리는 일정한 한계를 넘어서는 공간적 거리를 분명히 표상할 수 없는 것과 같이, 시간적 거리를 일정한 한계까지만 분명하게 표상할 수 있다. 다시 말해서, 우리로부터 200피트 이상 떨어져 있는 모든 대상, 또는 우리의 위치로부터의 대상의 거리가 우리가 어떤 것을 분명하게 표상하는 거리를

제4부 인간의 예속 또는 감정의 힘에 대하여

넘는 그런 모든 대상을 우리는, 우리로부터 같은 거리에 떨어져 있으며 동일한 평면에 있는 것처럼 표상한다. 똑같은 방식으로, 대상의 존재하는 시간이 우리가 보통 분명하게 표상하는 간격보다 훨씬 긴 간격으로 현재로부터 떨어져 있다고 표상되는 그런 모든 대상을 우리는, 현재로부터 동일하게 떨어져 있는 것처럼 표상하며 그것들을, 말하자면, 하나의 시점에 귀착시킨다.

7. 우리로 하여금 어떤 것을 행하게 하는 목적을 나는 충동으로 이해한다.

8. 덕과 능력을 나는 동일한 것으로 이해한다. 즉 (제3부 정리 7에 의해) 인간에 관계되는 한에 있어서의 덕은, 인간이 자기의 본성의 법칙에 의해서만 이해될 수 있는 어떤 것을 해내는 능력을 가진 한에 있어서, 인간의 본질 또는 본성 자체이다.

공리

자연에는 보다 더 강하고 더욱 힘센 다른 것이 존재하지 않는 그러한 어떠한 개물도 없다. 어떤 것이 주어져 있더라도, 주어진 그것을 파괴할 수 있는 보다 더 강력한 다른 것이 존재한다.

정리 1. 그릇된 관념이 가지고 있는 어떠한 적극적인 것도 참된 것이 참인 한에 있어서 참된 것의 현재에 의해 제거되지는 않는다.

증명: 오류[허위]는 단지 타당하지 못한 관념이 포함하는 인식의 결핍에만 있다(제2부 정리 35에 의해). 또한 타당하지 못한 관념은 오류라고 불릴 만한 아무런 적극적인 것도 가지고 있지 않다(제2부 정리 33에 의해). 오히려 반대로 그 관념은 신에 관계되어 있는 한에 있어서 참이다(제2부 정리 32에 의해). 그러므로 만일 그릇된 관념이 지니는 적극적인 것이 참된 것이 참인 한에 있어서 참된 것의 현재에 의하여 제거된다면, 참된 관념이 자기 자신에 의하여 제거될 것이며, 이것은 (제3부 정리 4에 의해) 부조리하다. 그러므로 그

롯된 관념이 가지고 있는 어떠한 적극적인 것도 …. Q.E.D

주석: 이 정리는 제2부 정리 16의 계 2에 의해 더욱 명백하게 이해된다. 왜냐하면 표상은 외부 물체의 본성보다 인간신체의 현재 상태를, 명확하지 않고 혼란스럽게, 나타내는 관념이기 때문이다. 이것으로부터, 정신이 오류를 범한다고 이야기되는 일이 일어난다. 예를 들어, 우리가 태양을 볼 때, 우리는 그것이 우리로부터 약 200피트 떨어져 있다고 표상한다. 이 점에서 우리는 태양의 참다운 거리를 알지 못하는 동안 잘못 생각하고 있다. 그러나 태양의 거리를 알게 되면 오류는 제거되지만, 표상은, 즉 신체가 태양으로부터 자극받아 변화되는 한에 있어서만 태양의 본성을 나타내는 태양의 관념은 제거되지 않는다. 따라서 설령 우리가 태양의 참다운 거리를 알게 되더라도, 우리는 태양이 우리들 가까이에 있는 것처럼 표상할 것이다. 왜냐하면 제2부 정리 35의 주석에서 말한 것과 같이, 우리가 태양을 그처럼 가깝게 표상하는 것은 태양의 참다운 거리를 알지 못하기 때문이 아니라, 정신은 신체가 태양으로부터 자극받아 변화되는 한에 있어서 태양의 크기를 파악하기 때문이다.

마찬가지로 수면에 부딪친 태양의 광선이 우리의 눈에 반사될 때, 우리는 태양의 올바른 위치를 알고 있을지라도 그것이 마치 물속에 있는 것처럼 표상한다. 정신을 그릇되게 하는 다른 표상들도 마찬가지인데, 이 표상들은 신체의 자연적 상태를 나타내든, 신체의 활동능력의 증대나 감소를 나타내든 간에, 참된 것에 반대되지 않으며, 참된 것의 현재에 의하여 소실하지 않는다. 정말로 우리가 잘못 알고 어떤 해악을 두려워할 때, 올바른 정보를 듣고 공포가 사라지는 일이 일어난다. 그러나 반대로, 우리가 확실히 닥쳐올 어떤 해악을 두려워할 때, 잘못된 정보를 듣고 공포가 사라지는 일도 일어난다. 따라서 표상은 참된 것이 참인 한에 있어서 참된 것의 현재에 의해 소실하는 것이 아니라, 제2부 정리 17에서 밝힌 것처럼, 우리가 표상하는 사물의 현재의 존재를 배제하는 보다 강력한 다른 표상이 나타남으로써 소실하는 것이다.

정리 2. 우리는 다른 것 없이 자신에 의해서만 파악될 수 있는 것이 아닌 자연의 일부인 한에 있어서 작용을 받는다.

증명: 우리가 단지 부분적 원인에 불과한 어떤 일이 우리에게 생길 때 (제3부 정의 2에 의해), 즉 (제3부 정의 1에 의해) 우리의 본성의 법칙에서만 이끌어낼 수 있는 것이 아닌 어떤 일이 우리에게 생길 때 우리는 작용을 받는다고 말한다. 그러므로 우리는 다른 것 없이 자신에 의해서만 파악될 수 있는 것이 아닌 자연의 일부인 한에 있어서 작용을 받는다. Q.E.D

정리 3. 인간이 존재를 지속하는 힘은 제한되어 있으며, 외부의 원인의 힘에 의하여 무한히 능가된다.

증명: 이것은 이 부의 공리에 의하여 명백하다. 왜냐하면 한 인간이 존재하면 그보다 더 강력한 다른 어떤 것, 예컨대 A가 존재하고, 또 A가 존재하자마자 A보다 더 강력한 다른 것, 예컨대 B가 존재한다. 이런 식으로 무한히 이어진다. 따라서 인간의 능력은 다른 것의 능력에 의하여 한정되며, 외부의 원인의 능력에 의하여 무한히 능가된다. Q.E.D

정리 4. 인간이 자연의 일부가 아니라는 것은 불가능하며, 또한 인간이 오로지 자기의 본성에 의해서만 이해될 수 있는 변화만을 경험한다는 것은 불가능하다.

증명: 개물이, 따라서 인간이 자신의 존재를 보존하는 능력은 신 또는 자연의 능력이 아닐 수 없지만 (제1부 정리 24의 계에 의해), 이는 신 또는 자연의 능력이 무한한 한에 있어서가 아니라 인간의 현실적 본질에 의하여 설명될 수 있는 한에 있어서이다(제3부 정리 7에 의해). 그러므로 인간의 능력은 인간의 현실적 본질에 의하여 설명되는 한에 있어서 신 또는 자연의 무한한 능력, 즉 (제1부 정리 34에 의해) 신 또는 자연의 본질의 일부이다. 이것이 첫 번째 점이었다.

다음으로, 만일 인간이 오로지 자기의 본성에 의해서만 이해될 수 있는 변화만을 경험하는 것이 가능하다면, (제3부 정리 4와 6에 의해) 인간은 멸망할 수 없고 필연적으로 항상 존재할 것이라는 결론이 나온다. 그리고 이러한 일은 유한한 능력을 가진 원인에서 또는 무한한 능력을 가진 원인에서 발생하지 않으면 안 된다. 즉, 이러한 일은 외부의 원인에서 생길 수 있는 다른 변화들을 자신에게서 제거할 수 있는 인간의 능력에만 근거하거나, 인간이 단지 자기보존에 도움이 되는 변화만을 경험할 수 있도록 자연이 모든 개물을 지휘하는 경우의 자연의 무한한 능력에 근거하지 않으면 안 된다. 그러나 처음의 경우는 불합리하다(정리 3에 의해, 그것의 증명은 보편적이며 모든 개물에 대해 적용될 수 있다). 그러므로 인간이 오로지 자기의 본성에 의해서만 이해될 수 있는 변화만을 경험하고, 따라서 (이미 밝힌 것처럼) 필연적으로 항상 존재하는 것이 가능하다면, 그것은 신의 무한한 능력에서 발생하지 않으면 안 될 것이다. 따라서 (제1부 정리 16에 의해) 어떤 인간의 관념으로 변용해 있다고 고찰되는 한에 있어서의 신적 본성의 필연성으로부터 연장 및 사유의 속성 아래에서 파악된 전체 자연의 질서가 도출되지 않으면 안 될 것이다. 그러므로 (제1부 정리 21에 의해) 인간은 무한하다는 결론이 내려질 것이다. 그러나 이것은 (이 증명의 처음 부분에 의해) 부조리하다. 그러므로 자신이 타당한 원인이 되는 변화만을 인간이 경험한다는 것은 불가능하다. Q.E.D

계: 이것으로부터 나오는 결론은 이러하다. 즉 인간은 필연적으로 항상 수동적 감정[수동]에 예속하며, 또한 자연의 공통적 질서에 따르고 복종하며, 사물의 본성이 요구하는 만큼 자연의 공통적 질서에 적응한다.

정리 5. 각각의 수동적 감정의 힘과 성장, 그리고 그것의 존재의 지속은 우리가 존재를 지속하려고 노력하는 능력에 의해서 한정되지 않고 우리의 능력과 비교되는 외적 원인의 힘에 의하여 한정된다.

증명: 수동적 감정의 본질은 우리의 본질에 의해서만 설명될 수 있

제4부 인간의 예속 또는 감정의 힘에 대하여

는 것이 아니다(제3부 정의 1과 2에 의해), 즉 (제3부 정리 7에 의해) 수동적 감정의 힘은 우리가 존재를 지속하려고 노력하는 능력에 의해 한정될 수 없고, 오히려 (제2부 정리 16에서 밝힌 것처럼) 필연적으로 우리의 능력과 비교되는 외적 원인의 힘에 의해 한정되지 않으면 안 된다. Q.E.D

정리 6. 어떤 수동 또는 감정의 힘은 인간의 기타의 작용이나 능력을 능가할 수 있으므로, 그러한 감정은 인간에게 끈질기게 달라붙는다.

증명: 각각의 수동의 힘과 성장, 그리고 그것의 존재의 지속은 우리의 능력과 비교되는 외적 원인의 힘에 의하여 한정된다(정리 5에 의해). 그러므로 (정리 3에 의해) 그 힘은 인간의 능력을 능가할 수가 있으며…. Q.E.D

정리 7. 감정은 그것과 반대되는, 그리고 억제되어야 할 그 감정보다 더 강력한 어떤 감정에 의해서가 아니면, 억제될 수도 없고, 제거될 수도 없다.

증명: 감정은, 정신에 관계되는 한에 있어서, 어떤 관념인데, 정신은 그것에 의하여 자기의 신체에 대하여 이전보다 더 크거나 더 작은 존재력을 긍정한다(제3부의 끝부분에 있는 감정의 일반적인 정의에 의하여). 그러므로 정신이 어떤 감정에 사로잡힐 때, 동시에 신체는 자신의 활동능력을 증대시키거나 감소시키는 변용으로 자극받아 변화된다. 더욱이 신체의 이 변용은 (정리 5에 의해) 자신의 존재를 지속하기 위한 힘을 자신의 원인에서 받는다. 그러므로 이 변용은 그것과 반대되고 (제3부 정리 5에 의해), 그것보다 더 강력한 (이 부의 공리에 의하여) 변용으로 신체를 자극하여 변화시키는 물체적 원인(제2부 정리 6에 의해)에 의해서가 아니면 억제될 수도 제거될 수도 없다. 그리고 그에 따라서 (제2부 정리 12에 의해) 정신은 전보다 강력하고 전과 반대되는 변용의 관념으로 자극받아 변화될 것

이다. 즉 (감정의 일반적 정의에 의하여) 정신은 전보다 강력하고 전과 반대되는 어떤 감정으로, 즉 이전 감정의 존재를 배제하거나 제거하는 감정으로 자극받아 변화될 것이다. 그러므로 감정은 그것과 반대되는, 그리고 그것보다 더 강력한 어떤 감정에 의해서가 아니면 제거될 수도 없고 억제될 수도 없다. Q.E.D.

계: 감정은, 정신에 관계되는 한에 있어서, 우리가 경험하고 있는 변용과 반대되며 그것보다 더 강력한 신체적 변용의 관념에 의해서가 아니면 억제될 수도 제거될 수도 없다. 왜냐하면 우리가 경험하고 있는 감정은 그것보다 더 강력하고 그것과 반대되는 어떤 감정에 의해서가 아니면 (정리 7에 의해), 즉 (감정의 일반적 정의에 의하여) 우리가 경험하고 있는 변용보다 더 강력하고 그것과 반대되는 신체적 변용의 관념에 의해서가 아니면, 억제될 수도 없고 제거될 수도 없기 때문이다.

정리 8. 선과 악의 인식은, 우리에게 의식된 한에 있어서의 기쁨 또는 슬픔의 감정일 뿐이다.

증명: 우리는 우리의 존재의 보존에 도움이 되거나 방해가 되는 것을 (정의 1과 2에 의해), 즉 (제3부 정리 7에 의해) 우리의 활동능력을 증대시키거나 감소시키고, 촉진하거나 억제하는 것을 선 또는 악이라고 부른다. 그러므로 (제3부 정리 11의 주석에 있는 기쁨 및 슬픔의 정의에 의해) 어떤 것이 우리를 기쁨 또는 슬픔으로 자극하여 변화시키는 것을 우리가 지각하는 한에 있어서, 우리는 그것을 선 또는 악이라고 부른다. 따라서 선과 악의 인식은 기쁨 또는 슬픔의 감정에서 필연적으로 생기는 기쁨 또는 슬픔의 관념일 뿐이다 (제2부 정리 22에 의해). 그러나 이 관념은 정신이 신체와 합일되어 있는 것과 같은 방식으로 감정과 합일되어 있다(제2부 정리 21에 의해). 즉 (같은 정리의 주석에서 내가 밝힌 것처럼) 이 관념은 감정 자체와, 즉 (감정의 일반적 정의에 의해) 신체적 변용의 관념과 오직 개념상으로만 구별된다. 그러므로 선과 악의 인식은 우리에게 의식된 한에 있어서의 감정 자체일 뿐이다. Q.E.D

정리 9. 감정은 그것의 원인이 현재 우리와 함께 있다고 표상되는 경우 그것이 우리와 함께 있지 않다고 표상되는 경우보다 더 강력하다.

증명: 표상은 어떤 관념인데, 정신은 그것에 의하여 사물을 현존하는 것으로 고찰한다(제2부 정리 17의 주석에 있는 그것의 정의 참조). 그러나 이 관념은 외부 사물의 본성보다 인간의 신체 상태를 더 많이 나타낸다(제2부 정리 16의 계 2에 의해). 그러므로 감정은 (감정의 일반적 정의에 의해) 신체의 상태를 나타내는 한에 있어서의 표상이다. 그러나 표상은 (제2부 정리 17에 의해) 외부 사물의 현재적 존재를 배제하는 그 어떤 것도 우리가 표상하지 않는 동안에는 더욱 강렬하다. 그런고로 감정도 역시 그것의 원인이 현재 우리와 함께 있다고 표상되는 경우 그것이 우리와 함께 있지 않다고 표상되는 경우보다 더 강렬하거나, 또는 강력하다. Q.E.D

주석: 내가 이전에 제3부 정리 18에서, 미래 또는 과거의 사물의 심상에 의해서 우리는 마치 우리가 표상하고 있는 사물이 현존하고 있는 것과 같은 감정으로 자극받아 변화된다고 말했을 때, 나는 우리가 단지 그 사물의 심상에만 주의하는 한에 있어서 그것이 진실임을 분명하게 주의했다. 왜냐하면 심상은 우리가 그 사물을 현존하는 것으로 표상했든 표상하지 않았든 간에 동일한 본성을 가지기 때문이다. 그러나 나는 미래 사물의 현재적 존재를 배제하는 다른 것이 우리에게 현존한다고 고찰될 때 그 심상이 보다 약해진다는 것을 부정하지 않았다. 내가 그때에 이것을 주의하지 않았던 것은 이 부에서 감정의 힘에 대하여 다루기로 정했기 때문이다.

계: 미래 또는 과거의 사물의 심상, 즉 현재의 시간을 배제하고 미래 또는 과거의 시간에 관련시켜서 고찰하는 사물의 심상은, 다른 사정이 같다면, 현재의 사물의 심상보다 약하다. 따라서 미래나 과거의 사물에 대한 감정은, 다른 사정이 같다면, 현재의 사물에 대한 감정보다 약하다.

정리 10. 우리는 빨리 나타나리라고 표상하는 미래의 사물에 대해서는, 그것의 출현시간이 현재로부터 더 멀리 떨어져 있다고 표상하는 경우보다 더 강하게 자극받아 변화된다. 또 우리는 아직 멀리 사라지지 않았다고 표상하는 사물의 기억에 의해서는, 그것이 이미 멀리 사라졌다고 표상하는 경우보다 더 강하게 자극받아 변화된다.

증명: 사물이 빨리 나타날 것이라거나, 혹은 아직 멀리 사라지지 않았다고 우리가 표상하는 한, 우리는 그것에 의하여 사물의 미래의 출현시간이 현재로부터 더 멀리 떨어져 있다거나, 혹은 그것이 멀리 사라졌다고 표상하는 경우보다, 그 사물의 존재를 더 적게 배제하는 어떤 것을 표상한다(그 자체로 명백한 것처럼). 그러므로 (정리 9에 의해) 그러한 한에 있어서 우리는 그것에 대하여 더 강하게 자극받아 변화된다.

주석: 정의 6에서 주의한 것으로부터, 우리는 표상에 의해 결정할 수 있는 것보다 더 오랜 시간 간격으로 현재로부터 떨어져 있는 대상들에 대해서는, 우리가 설령 그것들이 서로 시간상 아주 멀리 떨어져 있음을 알고 있을지라도, 똑같은 정도로 약하게 자극받아 변화된다는 결론이 내려진다.

정리 11. 우리가 필연적인 것으로 표상하는 사물에 대한 감정은, 다른 사정이 같다면, 가능적인 것 또는 우연적인 것, 즉 필연적이지 않은 것에 대한 감정보다 강하다.

증명: 우리는 어떤 것을 필연적이라고 표상하는 한, 그것의 존재를 긍정한다. 이에 반하여 우리는 어떤 것을 필연적이지 않다고 표상하는 한 그것의 존재를 부정한다(제1부 정리 33의 주석 1에 의해). 그러므로 (정리 9에 의해) 필연적인 것에 대한 감정은, 다른 사정이 같다면, 필연적이지 않은 것에 대한 감정보다 강하다. Q.E.D

정리 12. 현재 존재하지 않는 것으로 우리가 알고 있지만, 그래

제4부 인간의 예속 또는 감정의 힘에 대하여

도 가능한 것으로 우리가 표상하는 사물에 대한 감정은, 다른 사정이 같다면, 우연적인 것에 대한 감정보다 강하다.

증명: 우리가 어떤 사물을 우연적인 것으로 표상하는 한, 우리는 그것의 존재를 정립하는 다른 것의 심상에 의해 자극받아 변화되는 수가 없다(정의 3에 의해). 오히려 반대로 (가정에 의해), 우리는 그것의 현재적 존재를 배제하는 어떤 것을 표상한다. 그러나 우리가 어떤 사물을 미래에 가능한 것으로 표상하는 한, 우리는 그것의 존재를 정립하는 어떤 것을 (정의 4에 의해), 즉 (제3부 정리 18에 의해) 희망이나 공포를 조장하는 어떤 것을 표상한다. 따라서 가능적인 것에 대한 감정은 보다 격렬하다. Q.E.D.

계: 현재 존재하지 않는 것으로 우리가 알고 있지만, 그래도 우연적인 것으로 우리가 표상하는 사물에 대한 감정은, 우리가 그 사물을 현재 우리와 함께 있다고 표상하는 경우보다 훨씬 약하다.

증명: 현재 존재하는 것으로 우리가 표상하는 사물에 대한 감정은, 우리가 그것을 미래의 것으로 표상하는 경우보다 강하며 (정리 9의 계에 의해), 또 우리가 그 미래의 시간을 현재로부터 더욱 멀리 떨어져 있다고 표상하는 경우보다 훨씬 더 격렬하다(정리 10에 의해). 그러므로 현재로부터 멀리 떨어진 시간에 존재할 것이라고 우리가 표상하는 사물에 대한 감정은, 우리가 그것을 현재적인 것으로 표상하는 경우보다 훨씬 약하지만, 그럼에도 불구하고 (정리 12에 의해) 그 감정은 우리가 그것을 우연적인 것으로 표상하는 경우보다 한층 강하다. 그러므로 우연적인 사물에 대한 감정은, 우리가 그 사물을 현재 우리와 함께 있다고 표상하는 경우보다 훨씬 약하다. Q.E.D

정리 13. 현재 존재하지 않는 것으로 우리가 알고 있는 우연적인 것에 대한 감정은, 다른 사정이 같다면, 과거의 것에 대한 감정보다 약하다.

증명: 우리가 어떤 사물을 우연적인 것으로 표상하는 한, 우리는 그

것의 존재를 정립하는 다른 것의 심상에 의해 자극받아 변화되는 수가 없다(정의 3에 의해). 오히려 반대로 (가정에 의해), 우리는 그것의 현재적 존재를 배제하는 어떤 것을 표상한다. 그런데 우리가 어떤 사물을 과거의 시간과 관련시켜서 표상하는 한에 있어서, 우리는 그것을 상기시키는 어떤 것, 즉 그것의 심상을 환기시키는 어떤 것(제2부 정리 18 및 그것의 주석 참조)을 표상한다고 상정된다. 따라서 그러한 한에 있어서 우리는 그것을 마치 현재적인 것처럼 고찰하게 된다(제2부 정리 17의 계에 의해). 그러므로 (정리 9에 의해) 현재 존재하지 않는 것으로 우리가 알고 있는 우연적인 것에 대한 감정은, 다른 사정이 같다면, 과거의 것에 대한 감정보다 약할 것이다. Q.E.D

정리 14. 선과 악의 참된 인식은 그것이 참인 한에 있어서는 어떠한 감정도 억제할 수 없고, 단지 그것이 감정으로 간주되는 한에 있어서만 감정을 억제할 수 있다.

증명: 감정은 어떤 관념인데, 정신은 그것에 의하여 자기의 신체에 대하여 이전보다 더 크거나 더 작은 존재력을 긍정한다(감정의 일반적 정의에 의하여). 그러므로 (정리 1에 의해) 감정은 참된 것의 현재에 의하여 제거될 수 있는 어떠한 적극적인 것도 갖지 않는다. 따라서 선과 악의 인식은, 그것이 참인 한에 있어서는 어떠한 감정도 억제할 수 없다. 그러나 그것이 감정인 한에 있어서(정리 8 참조)는, 만일 그것이 억제되어야 할 감정보다 강력하다면(정리 7에 의해), 그러한 한에 있어서만 그것은 감정을 억제할 수 있다. Q.E.D

정리 15. 선과 악의 인식에서 생기는 욕망은, 우리를 사로잡는 감정들에서 생기는 다른 많은 욕망들에 의하여 압도되거나 억제될 수 있다.

증명: 선과 악의 참된 인식이 감정인 한에 있어서 (정리 8에 의해), 그것에서 필연적으로 욕망이 생기는데 (감정의 정의 1에 의해), 이

제4부 인간의 예속 또는 감정의 힘에 대하여

욕망은 그것을 생기게 하는 감정이 크면 클수록 그만큼 더 크다(제3부 정리 37에 의해). 그러나 이 욕망은 (가정에 의해) 우리가 어떤 것을 정확하게 인식하는 데에서 생기기 때문에, 그것은 우리가 작용하는 한에 있어서 우리 안에 발생한다(제3부 정리 3에 의해). 그러므로 그것은 오로지 우리의 본질을 통해서만 이해되지 않으면 안 된다(제3부 정의 2에 의해). 따라서 (제3부 정리 7에 의해) 그것의 힘과 성장은 오직 인간의 능력에 의해서만 한정되지 않으면 안 된다.

다음으로, 우리를 사로잡는 감정들에서 생기는 욕망들도 역시 그 감정들이 거세면 거셀수록 그만큼 더 크다. 그러므로 그것들의 힘과 성장은 (정리 5에 의해) 외적 원인들의 힘에 의하여 한정되지 않으면 안 되는데, 이 외적 원인들의 힘은, 우리의 능력과 비교하면, 우리의 능력을 무한히 능가한다(정리 3에 의해). 그런고로 그러한 감정들에서 생기는 욕망은 선과 악의 참된 인식에서 생기는 욕망보다 강렬할 수가 있으며, 따라서 (정리 7에 의해) 그것을 억제하거나 압도할 수 있다. Q.E.D

정리 16. 선과 악의 인식이 미래에 관계되는 한, 그 인식에서 생기는 욕망은 현재 매혹적인 것에 대한 욕망에 의하여 더욱더 쉽게 억제되거나 압도될 수 있다.

증명: 우리가 미래의 것으로 표상하는 사물에 대한 감정은 현재의 사물에 대한 감정보다 약하다(정리 9의 계에 의해). 그러나 선과 악의 참된 인식에서 생기는 욕망은, 설령 그 인식이 현재 선한 사물에 관한 것일지라도, 어떤 성급한 욕망에 의하여 억제되거나 압도될 수가 있다(정리 15에 의해, 그것의 증명은 보편적이다). 그러므로 이러한 인식이 미래에 관계되는 한, 그 인식에서 생기는 욕망은 더욱더 쉽게 억제되거나 압도될 수 있다. Q.E.D

정리 17. 선과 악의 참된 인식이 우연적인 것에 관계하는 한, 그 인식에서 생기는 욕망은 현재 존재하는 사물에 대한 욕망에 의해 더욱더 쉽사리 억제될 수 있다.

증명: 이 정리는, 정리 12의 계에 의해, 앞의 정리와 같은 방식으로 증명된다.

주석: 이것으로써 나는 어찌하여 인간이 참된 이성에 의해서보다 의견에 의해서 더 많이 움직여지는지, 또한 어찌하여 선과 악의 참된 인식이 마음의 갈등을 일으키며, 또 자주 온갖 종류의 수동에 굴복하는지에 대한 원인을 밝혔다고 생각한다. 그런 까닭에 시인의 이런 말이 나온 것이다.: 4)"나는 더 좋은 것을 보고 그것을 시인한다. 그렇지만 나는 더 나쁜 것에 따른다." 전도자가 5)"지식을 늘리는 자는 슬픔[고뇌]을 늘린다."라고 말했을 때 그도 역시 같은 것을 염두에 둔 것으로 생각된다. 그러나 내가 이런 말을 하는 것은, 무지가 지식보다 낫다거나, 또는 감정의 제어에 있어서 어리석은 자와 지자 사이에 아무런 차이가 없다고 결론짓기 위해서가 아니다. 오히려 그것은 이성이 감정의 제어에 있어서 무엇을 할 수 있고 또 무엇을 할 수 없는지를 결정할 수 있기 위해서는 우리의 본성의 능력과 무능력을 모두 알아두는 것이 필요하기 때문이다. 그리고 내가 말했듯이 이 부에서는 오직 인간의 무능력에 대해서만 다룰 것이다. 왜냐하면 감정에 대한 이성의 능력에 대해서는 따로 다룰 작정이기 때문이다.

정리 18. 기쁨에서 생기는 욕망은, 다른 사정이 같다면, 슬픔에서 생기는 욕망보다 강력하다.

증명: 욕망은 인간의 본질 자체이다(감정의 정의 1에 의해). 즉 그것은 (제3부 정리 7에 의해) 인간이 자신의 존재를 끈질기게 지속하려는 노력[코나투스]이다. 그러므로 기쁨에서 생기는 욕망은 기쁨의 감정 자체에 의해 촉진되거나 증대된다(제3부 정리 11의 주석에 있는 기쁨의 정의에 의하여). 이에 반하여 슬픔에서 생기는 욕망은

---

4) Ovid, Metamorphoses Ⅶ, 20—21.
5) 구약성서의 전도서 1장 18절.

제4부 인간의 예속 또는 감정의 힘에 대하여

슬픔의 감정 자체에 의하여 감소되거나 억제된다(같은 주석에 의함). 따라서 기쁨에서 생기는 욕망의 힘은 인간의 힘과 동시에 외적 원인의 힘에 의하여 한정되지 않으면 안 되며, 이에 반하여 슬픔에서 생기는 욕망의 힘은 오직 인간의 능력에 의해서만 한정되지 않으면 안 된다. 그러므로 전자는 후자보다 강력하다. Q.E.D

주석: 이와 같이 나는 인간의 무능력과 변덕의 원인들, 그리고 인간이 이성의 명령에 따르지 않는 이유를 간단히 설명하였다. 이제 나에게 남은 것은, 이성이 우리에게 명하는 것이 무엇인지, 그리고 어떤 감정이 인간 이성의 규칙들과 일치하고, 또 반대로 어떤 감정이 그것들과 반대되는지를 밝히는 일이다. 그러나 이것들을 상세한 기하학적 질서에 따라서 증명하기 전에, 나는 내가 생각하는 것을 누구나 한층 쉽게 이해할 수 있도록 이성의 지령 자체를 여기에서 미리 간단히 제시하고자 한다.

이성은 본성에 반대되는 것을 아무것도 요구하지 않으므로, 이성은 각자가 모두 자기 자신을 사랑하며, 자기의 이익(진실로 자기에게 유익한 것)을 추구하고, 진실로 인간을 보다 큰 완전성으로 인도하는 모든 것을 욕구할 것을, 그리고 절대적으로, 각자가 가능한 한 자신의 존재를 보존하기 위해 노력할 것을 요구한다. 이것은 참으로 전체가 그것의 부분보다 더 크다는 것과 같이 필연적으로 참이다(제3부 정리 4를 참조).

또, 덕은(정의 8에 의해) 자기 고유의 본성의 법칙에 따라서 작용하는 것에 지나지 않으며, 누구나 자기 고유의 본성의 법칙에 따라서만 자신의 존재를 보존하려고 노력하므로 (제3부 정리 7에 의해), 이로부터 첫째로, 덕의 기초는 자기 고유의 존재를 보존하려는 노력 자체이며, 행복은 인간이 자신의 존재를 보존할 수 있는 것에 있다는 결론이 나온다. 둘째로, 덕은 그 자체를 위해서 추구되어야 하며, 덕보다 더 가치 있는 것, 또는 우리에게 덕보다 더 유익한 것, 그것을 위하여 덕이 추구되어야 하는 그런 것은 결코 존재하지 않는다는 결론이 나온다. 마지막 셋째로, 자살하는 사람들은 무력한 정신을 가지고 있으며, 자기의 본성과 반대되는 외적 원인들에 의해 완전히 정복되는 사람들이라는 결론이 나온다.

또, 제2부 요청 4로부터, 우리가 우리의 존재를 유지하기 위해서 우리의 외부에 있는 것을 아무것도 필요로 하지 않는다는 것은 있을 수 없으며, 또한 우리가 우리의 외부에 있는 사물들과 아무런 관계를 맺지 않고 살아간다는 것도 있을 수 없다는 결론이 나온다. 그리고 또 우리의 정신을 고찰해 볼 때, 만일 정신이 단독으로 존재하고 자기 이외의 아무것도 인식하지 않는다면, 확실히 우리의 지성은 보다 불완전할 것이다. 그러므로 우리의 외부에는 우리에게 유익한 것이며, 그렇기 때문에 우리가 추구할 만한 것이 많이 있다. 그 중에서 우리의 본성과 전적으로 일치하는 것보다 더 가치 있는 것은 생각될 수 없다. 왜냐하면 예를 들어, 전적으로 동일한 본성을 지닌 두 개체가 서로 결합한다면, 단독의 개체보다 두 배의 능력을 가진 한 개체가 구성되기 때문이다. 그러므로 인간에게는 인간만큼 유익한 것이 없다. 말하건대, 인간이 자신의 존재를 보존하기 위해서는 모든 사람이 모든 점에서 일치하여 모든 사람의 정신과 신체가, 말하자면, 하나의 정신과 하나의 신체를 구성하고, 모든 사람이 다함께 가능한 한 자신의 존재를 보존하기 위해 노력하며, 모든 사람이 다함께 모든 사람에게 공통된 이익을 추구하는 것보다 더 가치 있는 어떠한 것도 바랄 수 없다.

이로부터 다음과 같은 결론이 내려진다. 이성(理性)에 의해 지배되는 사람들, 즉 이성의 지도에 따라서 자신들의 이익을 추구하는 사람들은 자신들이 다른 사람들을 위해서 바라지 않는 어떠한 것도 자신들을 위해 추구하지 않는다. 그러므로 그들은 공정하고 성실하며, 염치를 아는 사람들이다.

이상은 내가 보다 상세한 질서로 증명하기에 앞서 여기에 간단히 제시하려고 한 이성의 지령이다. 내가 이것을 제시한 이유는 '각자는 모두 자기의 이익을 추구해야 마땅하다'고 하는 이 원칙이 덕과 도덕의 기초가 아니고 부도덕의 기초라고 믿는 사람들의 주의를 가능하다면 끌기 위해서이다. 실정은 그와 반대라는 것을 간단히 밝혔으므로, 이것을 지금까지 따르던 것과 같은 방법으로 증명해 나가려 한다.

정리 19. 각자는 모두 자기가 선이나 악이라고 판단하는 것을 자신의 본성의 법칙에 따라서 필연적으로 추구하거나 피한다.

증명: 선과 악의 인식은 (정리 8에 의해) 우리에게 의식된 한에 있어서의 기쁨 또는 슬픔의 감정 자체이다. 그러므로 (제3부 정리 28에 의해) 각자는 모두 자기가 선이라고 판단하는 것을 필연적으로 추구하고, 반대로 자기가 악이라고 판단하는 것을 필연적으로 피한다. 그러나 이 욕구는 인간의 본질 또는 본성일 뿐이다(충동의 정의에 의해, 제3부 정리 9의 주석과 감정의 정의를 참조하시라). 그러므로 각자는 모두 본성의 법칙에 따라서 필연적으로 추구하거나 피한다. … Q.E.D

정리 20. 각자가 자기의 이익을 추구하기 위하여, 즉 자신의 존재를 보존하기 위하여 더 많이 노력하고 그것을 더 많이 달성할수록 그만큼 더 유덕하다. 반대로 각자는 자기의 이익을, 즉 자신의 존재를 보존하기를 태만히 하는 한에 있어서 무력하다.

증명: 덕은 인간의 본질에 의해서만 정의되는 인간의 능력 자체이다(정의 8에 의해). 즉 (제3부 정리 7에 의해) 그것은 인간이 자신의 존재를 끈질기게 지속하려고 애쓰는 노력[코나투스]에 의해서만 정의된다. 그러므로 각자가 자신의 존재를 보존하기 위하여 더 많이 노력하고, 그것을 더 많이 달성할수록 그만큼 더 유덕하며, 따라서 (제3부 정리 4와 6에 의해) 사람은 자신의 존재를 보존하기를 태만히 하는 한에 있어서 무력하다. Q.E.D

주석: 그러므로 사람은 누구나 자기의 본성에 반대되는 외적 원인에 의해 압도되지 않는다면, 자기의 이익의 추구를, 즉 자신의 존재를 보존하기를 태만히 하지 않는다. 말하건대, 누구든지 음식을 거부하거나 자살하는 것은 자기의 본성의 필연성에 의해서가 아니라, 외적 원인의 강제에 의해서이다. 이 자살은 여러 가지 방식으로 일어날 수 있다. 어떤 사람은 우연히 칼을 든 자신의 오른손을 다른 사람이 비틀어 자신의 심장에 칼을 찔러 넣도록 강제되어 자살한

다. 혹은 세네카처럼 폭군의 명령에 의해 자신의 혈관을 절단하도록 강제되어, 즉 보다 큰 해악을 보다 작은 해악으로써 피하려다가 자살한다. 또는 마지막으로 숨겨진 외적 원인이 그의 표상을 좌우하고, 그의 신체를 자극하여 변화시켜서 그 신체가 이전과는 반대되는 다른 본성을, 즉 그것의 관념이 정신 안에 있을 수 없는 (제3부 정리 10에 의해) 그런 본성을 갖게 됨으로써 자살한다. 그러나 인간이 자기의 본성의 필연성에 의하여 자신이 존재하지 않도록 노력한다거나, 다른 형상으로 변하도록 노력하는 것은 무에서 유가 나오는 것과 같이 불가능하다. 이것은 누구나 조금만 생각해보면 알 수 있는 것이다.

정리 21. 어떤 사람도 존재하고 행동하며 생활하는 것, 즉 현실적으로 존재하는 것을 욕구하지 않고서는 행복하게 존재하고 선량하게 행동하며, 또한 선량하게 생활하기를 욕구할 수 없다.

증명: 이 정리의 증명, 또는 오히려 사실 자체는 그 자체로 명백하며, 또 욕망의 정의에 의해서도 명백하다. 왜냐하면 행복하게 살고, 선량하게 행동하는 등에 관한 욕망은 (감정의 정의 1에 의해) 인간의 본질 자체, 즉 (제3부 정리 7에 의해) 각자가 자신의 존재를 보존하려고 애쓰는 노력[코나투스]이기 때문이다. 그러므로 그 누구도 존재하고 행동하며 … 욕구할 수 없다. Q.E.D

정리 22. 어떠한 덕도 이것(즉, 자기를 보존하려는 노력)보다 먼저 생각될 수 없다.

증명: 자기를 보존하려는 노력[코나투스]은 사물의 본질 자체이다 (제3부 정리 7에 의해). 그러므로 만일 어떤 덕이 이것, 즉 이 노력보다 먼저 생각될 수 있다면 사물의 본질이 그것 자체보다 먼저 생각될 수 있을 것이다(정의 8에 의해). 이것은 (그 자체로 명백한 것처럼) 부조리하다. 그러므로 어떠한 덕도 …. Q.E.D
계: 자기를 보존하려는 노력[코나투스]은 덕의 제일의 유일한 기초

이다. 왜냐하면 이 원리보다 앞서 다른 어떠한 원리도 생각될 수 없으며 (정리 22에 의해), 이 원리 없이는 어떠한 덕도 생각될 수 없기 때문이다(정리 21에 의해).

정리 23. 인간이 타당하지 못한 관념을 가짐으로써 어떤 것을 행하도록 결정되는 한에 있어서는 그가 덕에 의하여 행동한다고 절대적으로 말할 수 없다. 그러나 그가 인식하는 것에 근거하여 그렇게 결정되는 한에 있어서만은 그렇다고 말할 수 있다.

증명: 인간이 타당하지 못한 관념을 가짐으로써 행동하도록 결정되는 한에 있어서, 그는 작용을 받는다(제3부 정리 1에 의해). 즉 (제3부 정의 1과 2에 의해) 그리한 한에 있어서 그는 자기의 본질에만 의해서는 지각될 수 없는 어떤 것, 다시 말해서 (정의 8에 의해) 자신의 덕에서 나오지 않는 어떤 것을 행한다. 그러나 그가 인식하는 것에 근거하여 어떤 것을 행하도록 결정되는 한에 있어서, 그는 작용한다(제3부 정리 1에 의해). 즉 (제3부 정의 2에 의해) 그는 자기의 본질에만 의해서 지각되는 어떤 것, 혹은 (정의 8에 의해) 자신의 덕에서 타당하게 나오는 어떤 것을 행한다. Q.E.D.

정리 24. 참으로 유덕하게 행동하는 것은, 우리에게 있어서는 — 자기의 이익을 추구하는 것을 기초로 하여—이성의 지도에 따라서 행동하고, 생활하고, 자신의 존재를 보존하는 것(이 세 가지는 같은 것을 의미한다)일 뿐이다.

증명: 참으로 유덕하게 행동하는 것은 자기 고유의 본성의 법칙에 따라서 행동하는 것일 뿐이다(정의 8에 의해). 그런데 우리는 인식하는 한에 있어서만 작용한다(제3부 정리 3에 의해). 그러므로 유덕하게 행동하는 것은 우리에게는 —(정리 22의 계에 의해) 자기의 이익을 추구하는 것을 기초로 하여— 이성의 지도에 따라서 행동하고, 생활하고, 자신의 존재를 보존하는 것일 뿐이다. Q.E.D

정리 25. 어떤 사람도 다른 것을 위해서 자신의 존재를 보존하려고 애쓰지는 않는다.

증명: 각각의 사물이 자신의 존재를 끈질기게 지속하려고 애쓰는 노력[코나투스]은 오직 그 사물 자체의 본질에 의하여 정의된다(제3부 정리 7에 의해).; 오로지 주어진 이 본질에서 각자가 자신의 존재를 보존하기 위해 노력한다는 결론이 필연적으로 나오며, 다른 어떤 것의 본질에서 그러한 결론이 나오는 것은 아니다(제3부 정리 6에 의해). 더욱이 이 정리는 정리 22의 계에 의해 명백하다. 왜냐하면 만일 인간이 다른 것을 위하여 자신의 존재를 보존하려고 애쓴다면, 그것이 덕의 제일의 기초가 될 것이다(그 자체로 명백한 것처럼). 그러나 (정리 22의 계에 의해) 이것은 부조리하다. 그러므로 그 누구라도 다른 것을 위해서 …. Q.E.D

정리 26. 우리가 이성에 근거하여 노력하는 것은 모두 인식하는 것일 뿐이다. 정신은, 이성을 사용하는 한, 인식에 도움이 되는 것 이외의 다른 어떤 것도 자기에게 유익하다고 판단하지 않는다.

증명: 자기를 보존하려는 노력[코나투스]은 사물 자체의 본질일 뿐이다(제3부 정리 7에 의해). 그리고 그 사물은 그러한 것으로서 존재하는 한, 존재를 지속하기 위한 힘(제3부 정리 6에 의해)과 그것의 주어진 본성에서 필연적으로 나오는 것들을 행하기 위한 힘을 가진 것으로 생각된다(제3부 정리 9의 주석에 있는 충동의 정의를 참조). 그런데 이성의 본질은 뚜렷하고 명확하게 인식하는 한에 있어서의 우리의 정신일 따름이다(제2부 정리 40의 주석 2에 있는 그것의 정의를 참조). 그러므로 (제2부 정리 40에 의해) 우리가 이성에 근거하여 노력하는 것은 모두 인식하는 것일 뿐이다. 다음으로, 이성적으로 사유하는 한에 있어서의 정신이 자신의 존재를 보존하려고 애쓰는 이 노력[코나투스]은 인식하는 것일 따름이므로 (이 증명의 처음 부분에 의해), 인식하려는 이 노력은 (정리 22의 계에 의

해) 덕의 제일의 유일한 기초이며, 우리는 어떤 다른 목적을 위해서 사물을 인식하려고 노력하지는 않는다(정리 25에 의해). 오히려 반대로 정신은, 이성적으로 사유하는 한, 인식에 도움이 되는 것 이외의 어떤 것을 자기에게 선이라고 생각할 수가 없다(정의 1에 의해). Q.E.D.

정리 27. 우리는 실제로 인식에 도움이 되는 것 또는 인식을 방해할 수 있는 것만이 확실히 선 또는 악이라는 것을 안다.

증명: 정신은 이성적으로 사유하는 한 인식하는 것 이외의 다른 것을 추구하지 않고, 인식에 도움이 되는 것 이외의 다른 어떤 것도 자기에게 유익하다고 판단하지 않는다(정리 26에 의해). 그런데 정신은 (제2부 정리 41과 43 및 43의 주석에 의해) 타당한 관념을 가지고 있는 한에 있어서만, 또는 (제2부 정리 40의 주석에 의하여 같은 것이지만) 이성적으로 사유하는 한에 있어서만 사물에 대하여 확실성을 가진다. 그러므로 우리는 진실로 인식에 도움이 되는 것만이 확실히 선이라는 것을 알며, 또 반대로 우리의 인식을 방해할 수 있는 것만이 확실히 악이라는 것을 안다. Q.E.D

정리 28. 정신의 최고의 선은 신의 인식이며, 정신의 최고의 덕은 신을 인식하는 것이다.

증명: 정신이 인식할 수 있는 최고의 것은 신, 즉 (제1부 정의 6에 의해) 그것 없이는 (제1부 정리 15에 의해) 아무것도 존재할 수 없고 또 파악될 수도 없는 절대적으로 무한한 절대자이다. 그러므로 (정리 26 및 27에 의해) 정신의 최대의 이익, 즉 (정의 1에 의해) 최고의 선은 신의 인식이다. 다음으로, 정신은 인식하는 한에 있어서만 작용을 하며 (제3부 정리 1과 3에 의해), 또 그러한 한에 있어서만 유덕하게 작용한다고 확실히 말할 수 있다(정리 23에 의해). 따라서 정신의 확실한 덕은 인식하는 것이다. 그런데 정신이 인식할 수 있는 최고의 것은 신이다(우리가 방금 증명한 것처럼). 그러

므로 정신의 최고의 덕은 신을 이해하는 것 혹은 인식하는 것이다. Q.E.D

정리 29. 자체의 본성이 우리의 본성과 전혀 다른 개물은 우리의 활동능력을 촉진할 수도 억제할 수도 없다. 또 절대적으로 어떠한 것도 만일 그것이 우리와 어떤 공통점을 갖지 않는다면 우리에게 선도 악도 될 수 없다.

증명: 각각의 개물의 능력, 따라서 (제2부 정리 10의 계에 의해) 인간이 존재하고 작용하는 능력은 다른 개물에 의해서만 결정되며 (제1부 정리 28에 의해), 그 개물의 본성은 인간의 본성이 파악되는 것과 동일한 속성을 통하여 인식되지 않으면 안 된다(제2부 정리 6에 의해). 그러므로 우리의 활동능력은 그것이 어떤 식으로 파악되든 우리와 어떤 공통점을 갖는 다른 개물의 능력에 의해 결정될 수 있으며, 따라서 촉진되거나 억제될 수 있고, 자체의 본성이 우리의 본성과 전적으로 다른 것의 능력에 의해서는 촉진되거나 억제될 수 없다. 그리고 우리가 선 또는 악이라고 부르는 것은 기쁨 또는 슬픔의 원인이 되는 것 (정리 8에 의해), 즉 (제3부 정리 11의 주석에 의해) 우리의 활동능력을 증대시키거나 감소시키며, 촉진하거나 억제하는 것이기 때문에, 자체의 본성이 우리의 본성과 전적으로 다른 것은 우리에게 선도 악도 될 수 없다. Q.E.D

정리 30. 어떤 것도 그것이 우리의 본성과 공통적으로 가지는 것으로 말미암아 악이 될 수는 없다. 그것이 우리에게 악이 되는 한에 있어서, 그것은 우리와는 반대된다.

증명: 슬픔의 원인이 되는 것 (정리 8에 의해), 즉 (슬픔의 정의에 의해, 제3부 정리 11의 주석 참조) 우리의 활동능력을 감소시키거나 억제하는 것을 우리는 악이라고 부른다. 그러므로 만일 어떤 것이 우리와 공통적으로 가지는 것으로 말미암아 우리에게 악이 된다면, 그것은 바로 우리와 공통적으로 가지는 것을 감소시키거나 억제할

수 있다. 그러나 (제3부 정리 4에 의해) 이것은 불합리하다. 그러므로 어떤 것도 그것이 우리와 공통적으로 가지는 것으로 인하여 우리에게 악이 될 수 없다. 오히려 반대로 그것이 악인 한에 있어서, 즉 (우리가 이미 밝힌 것처럼) 그것이 우리의 활동능력을 감소시키거나 억제할 수 있는 한에 있어서, 그것은 우리와는 반대된다(제3부 정리 5에 의해). Q.E.D

정리 31. 사물은 우리의 본성과 일치하는 한에 있어서 필연적으로 선이다.

증명: 사물은 우리의 본성과 일치하는 한에 있어서 악이 될 수 없다(정리 30에 의해). 그러므로 그것은 필연적으로 선이거나 아니면 선이나 악과 무관한 것이어야만 한다. 만일 후자, 즉 그것이 선도 악도 아닌 경우라면, (공리 3에 의해) 그것의 본성에서 우리의 본성 보존에 도움이 되는 것이, 즉 (가정에 의해) 그것 자체의 본성 보존에 도움이 되는 것이 아무것도 나오지 않을 것이다. 그러나 이것은 부조리하다(제3부 정리 6에 의해). 그런고로 사물은 우리의 본성과 일치하는 한에 있어서 필연적으로 선이다. Q.E.D

계: 이로부터 나오는 결론은 이러하다. 즉 사물은 우리의 본성과 보다 많이 일치할수록 우리에게 더욱더 유익하거나 그만큼 선이며, 반대로 사물은 우리에게 보다 유익할수록 우리의 본성과 보다 많이 일치한다. 왜냐하면 사물은 우리의 본성과 일치하지 않는 한에 있어서, 필연적으로 우리의 본성과 다르거나 우리의 본성에 반대될 것이기 때문이다. 만일 사물이 우리의 본성과 다르다면, (정리 29에 의해) 그것은 선도 악도 될 수 없다. 그러나 만일 반대된다면, 그것은 우리의 본성과 일치하는 것에도 반대될 것이며, 다시 말해서 (정리 31에 의해) 선에 반대될 것이며, 곧 악일 것이다. 그러므로 무엇이든 우리의 본성과 일치하는 한에 있어서가 아니면 선이 될 수 없다. 따라서 사물은 우리의 본성과 보다 많이 일치할수록 더욱더 유익하며, 그 역도 성립한다. Q.E.D.

정리 32. 사람들이 수동적 감정의 지배를 받는 한, 그들은 본성상 일치한다고 이야기될 수 없다.

증명: 본성상 일치한다고 이야기되는 사물들은 능력에 있어서 일치한다고 해석되지만 (제3부 정리 7에 의해), 무능력 또는 부정, 따라서 (제3부 정리 3의 주석 참조) 수동[수동적 감정]에 있어서 일치한다고 해석되지는 않는다. 그러므로 사람들이 수동적 감정의 지배를 받는 한, 그들은 본성상 일치한다고 이야기될 수 없다. Q.E.D

주석: 이것은 그 자체로도 명백하다. 왜냐하면 어떤 사람이 흑과 백 양자가 모두 빨강이 아니라는 점에서만 일치한다고 말한다면, 그는 흑과 백이 어떤 점에서도 일치하지 않는다는 것을 절대적으로 긍정하기 때문이다. 마찬가지로 어떤 사람이 돌과 인간은 둘 다 유한하고 무력하거나, 자기 본성의 필연성에 의하여 존재하지 않거나, 또는 마지막으로 외부의 원인들의 능력에 의하여 무한히 능가된다는 점에서만 일치한다고 말한다면, 그는 돌과 인간이 어떠한 점에서도 일치하지 않는다는 것을 전적으로 긍정하게 된다. 왜냐하면 오직 부정에 있어서만, 즉 각각이 가지고 있지 않은 것에 있어서만 일치하는 사물들은 실제로는 어떠한 점에 있어서도 일치하지 않기 때문이다.

정리 33. 사람들은 수동적 감정에 의해 휘둘리는[침범당하는] 한에 있어서 본성상 서로 다를 수 있으며, 또 그러한 한에 있어서는 동일한 인간조차도 변하기 쉽고 변덕스럽다.

증명: 감정의 본성이나 본질은 우리의 본질이나 본성만에 의해서는 설명될 수 없고 (제3부 정의 1과 2에 의해), 오히려 우리의 능력과 비교된 외부 원인들의 힘에 의하여, 즉 (제3부 정리 7에 의해) 외부 원인들의 본성에 의하여 정의되지 않으면 안 된다. 이러한 이유로, 감정에는 우리를 자극하여 변화시키는 대상의 종류만큼 많은 종류가 있으며 (제3부 정리 56 참조), 또 사람들은 동일한 대상으로부터 다양한 방식으로 자극받아 변화되고 (제3부 정리 51 참조), 그러한

한에 있어서 본성상 서로 다르다. 그리고 마지막으로 동일한 인간이 같은 대상으로부터 상이한 방식으로 자극받아 변화되고 (제3부 정리 51에 의해), 그러한 한에 있어서 변하기 쉽고 변덕스럽게 된다. Q.E.D

정리 34. 사람들은 수동적 감정에 의해 휘둘리는[침범당하는] 한에 있어서 서로 반대될 수 있다.

증명: 어떤 인간, 예를 들어 베드로는 바울이 슬픔을 느끼는 원인이 될 수 있는데, 이는 베드로가 바울이 미워하는 것과 유사한 점을 가지고 있기 때문이거나 (제3부 정리 16에 의해), 혹은 바울 역시 사랑하는 어떤 것을 베드로가 혼자서 소유하고 있기 때문이거나 (제3부 정리 32와 그것의 주석 참조), 또는 다른 원인들 (그 주요 원인들에 대해서는 제3부 정리 55의 주석 참조) 때문이다. 그 결과 (감정의 정의 7에 의해) 바울은 베드로를 미워하게 될 것이다. 따라서 (제3부 정리 40과 그것의 주석에 의해) 베드로가 반응하여 바울을 미워하는 일이 쉽게 일어날 것이며, 결국 (제3부 정리 39에 의해) 두 사람은 서로 해악을 가하려고 노력할 것이다. 즉 (정리 30에 의해) 두 사람은 서로 반대될 것이다. 그런데 슬픔의 감정은 항상 수동적 감정이다(제3부 정리 59에 의해). 그러므로 사람들은 수동적 감정에 의해 휘둘리는[침범당하는] 한에 있어서 서로 반대될 수 있다. Q.E.D

주석: 바울 역시 사랑하는 것을 베드로가 소유하고 있다고 바울이 표상하기 때문에 바울이 베드로를 미워한다고 나는 말했다. 이것으로부터 언뜻 보아 이 두 사람은 같은 것을 사랑한다는 이유로, 따라서 본성상 일치한다는 이유로 서로 유해하다는 결론이 나오는 것처럼 보인다. 만일 이것이 참이라면, 정리 30과 31은 허위가 될 것이다. 그러나 우리가 이 문제를 공정하게 고찰한다면, 우리는 이 모든 것이 완전히 일치한다는 것을 알 것이다. 왜냐하면 이 두 사람은 본성상 일치하는 한에 있어서, 즉 양자가 같은 것을 사랑하는 한에 있어서 서로 불쾌한 것이 아니라, 양자가 서로 다른 한에 있

어서 서로 불쾌하기 때문이다. 그 이유는 두 사람이 같은 것을 사랑하는 한, 그로 인해서 각자의 사랑이 촉진되기 때문이다(제3부 정리 31에 의해). 다시 말해서 (감정의 정의 6에 의해) 그로 인해서 각자의 기쁨이 촉진되기 때문이다. 그러므로 두 사람이 같은 것을 사랑하고 본성상 일치하는 한에 있어서 서로 불쾌하다는 것은 결코 참이 아니다. 오히려 그것의 원인은 내가 말한 것처럼 두 사람이 본성상 다르다는 것이 가정되어 있기 때문일 뿐이다. 왜냐하면 베드로는 자신이 이미 소유하고 있는 것이 된 사랑하는 것의 관념을 가진 반면, 바울은 상실한 것이 된 사랑하는 것의 관념을 가지고 있다고 우리가 가정하기 때문이다. 그런 이유로 바울은 슬픔으로 자극받아 변화되는 반면, 베드로는 기쁨으로 자극받아 변화되고, 또 그러한 한에 있어서 서로 반대된다. 이런 식으로 우리는 미움의 다른 원인들도 사람들이 본성상 다르다는 것에만 의존하고, 서로 일치하는 점에는 의존하지 않는다는 것을 쉽게 밝힐 수 있다.

정리 35. 사람들은 이성의 지도에 따라 생활하는 한에 있어서만 본성상 언제나 필연적으로 일치한다.

증명: 사람들은 수동적 감정에 의해 휘둘리는[침범당하는] 한에 있어서, 본성상 서로 다를 수 있으며 (정리 33에 의해), 또 서로 반대될 수 있다(정리 34에 의해). 그러나 인간은 이성의 지도에 따라 생활하는 한에 있어서만 작용한다고 일러진다(제3부 정리 3에 의해). 그런고로 이성에 의하여 정의되는 한에 있어서의 인간의 본성에서 생기는 모든 것은 그것의 가장 가까운 원인으로서의 인간 본성에 의해서만 이해되지 않으면 안 된다(제3부 정의 2에 의해). 그러나 각자는 자기의 본성의 법칙에 따라 자기가 선이라고 판단하는 것을 추구하며, 자기가 악이라고 판단하는 것을 피하려고 하기 때문에 (정리 19에 의해), 더욱이 우리가 이성의 지령에 따라 선 또는 악이라고 판단하는 것은 필연적으로 선 또는 악이기 때문에 (제2부 정리 41에 의해), 사람들은 이성의 지도에 따라 생활하는 한에 있어서만 인간의 본성에, 따라서 모든 개인에게 필연적으로 선인 것들을,

제4부 인간의 예속 또는 감정의 힘에 대하여

즉 (정리 31의 계에 의해) 각 인간의 본성과 일치하는 것들을 필연적으로 행한다는 결론이 나온다. 그러므로 사람들은 이성의 지도에 따라 생활하는 한에 있어서 서로 간에 필연적으로 항상 일치한다.

계 1: 인간에게는 이성의 지도에 따라서 생활하는 인간보다 더 유익한 어떠한 개체도 자연 안에 있지 않다. 왜냐하면 인간에게 가장 유익한 것은 인간의 본성과 가장 많이 일치하는 것 (정리 31의 계에 의해), 즉 (그 자체로 명백한 것처럼) 인간이기 때문이다. 그런데 인간은 이성의 지도에 따라 생활할 때 전적으로 자기 본성의 법칙에 따라 행동하며 (제3부 정의 2에 의해), 또 그러한 한에 있어서만 다른 인간의 본성과 항상 필연적으로 일치한다(정리 35에 의해). 그러므로 개체들 중에서 이성의 지도에 따라 생활하는 인간보다 더 인간에게 유익한 것은 없다. Q.E.D

계 2: 각 인간이 자신에게 유익한 것을 가장 많이 추구할 때 사람들은 서로에게 가장 유익하다. 왜냐하면 각자가 자기의 이익을 보다 많이 추구하고, 자기를 보존하기 위해 보다 많이 노력하면 할수록 더욱더 많은 덕을 가지게 되며 (정리 20에 의해), 또는 같은 것이지만 (정의 8에 의해), 자기 본성의 법칙에 따라 행동하는 능력, 즉 (제3부 정리 3에 의해) 이성의 지도에 따라 생활하는 능력이 그만큼 더 크다. 그런데 사람들은 이성의 지도에 따라서 생활할 때, 본성상 가장 많이 일치한다(정리 35에 의해). 그러므로 (앞의 계 1에 의해) 각자가 자신에게 유익한 것을 가장 많이 추구할 때 사람들은 서로에게 가장 유익할 것이다. Q.E.D

주석: 우리가 방금 증명한 것은 매일의 경험에 의해서도 확증되는 것인데, 경험은 워낙 많고도 명백한 증거를 제공하므로 '인간은 인간에게 있어 신이다'라는 말이 거의 모든 사람들의 입에 오르내리고 있을 정도이다. 그렇지만 사람들이 이성의 지도에 따라 생활하는 것은 드문 일이다. 반대로 그들은 대개 질투적이며 서로에게 불쾌감을 주면서 살아가고 있다. 그럼에도 불구하고 그들은 고독한 생활을 거의 견딜 수가 없다. 그래서 '인간은 사회적 동물이다'라고 하는 저 정의가 많은 사람들의 찬성을 얻는다. 그리고 인간의 사회 조직에서는 손해보다 훨씬 더 많은 이익이 생기는 것이 사실이다.

그러므로 풍자가들로 하여금 인간사를 마음껏 비웃도록 하고, 신학자들로 하여금 그것을 저주하도록 하자. 또, 우울증에 걸린 사람들로 하여금 미개하고 야만적인 생활을 찬미하며, 인간을 경멸하고 짐승들을 숭배하도록 하자. 그럼에도 불구하고 사람들은 서로 도움으로써 필요한 것들을 훨씬 더 쉽게 조달할 수 있다는 것, 또 연합된 힘에 의해서만 사방에서 위협하는 위험들을 피할 수 있다는 것을 경험하게 된다, 인간의 행위를 고찰하는 것이 짐승의 행동을 고찰하는 것보다 훨씬 더 소중한 일이며, 우리의 인식에 한층 가치가 있다는 것에 대해서는 말하지 않더라도. 그러나 이 문제에 대해서는 다른 곳에서 더욱 상세히 다룰 것이다.

정리 36. 덕을 따르는 사람들의 최고의 선은 모든 사람에게 공통적이며, 모든 사람이 똑같이 그것을 향유할 수 있다.

증명: 유덕하게 행동하는 것은 이성의 지도에 따라 행동하는 것이며 (정리 24에 의해), 우리가 이성에 근거하여 노력하는 모든 것은 인식하는 것이다(정리 26에 의해). 그러므로 (정리 28에 의해) 덕을 따르는 사람들의 최고의 선은 신을 인식하는 것이다. 즉 (제2부 정리 47과 그것의 주석에 의해) 이 선은 모든 사람에게 공통적이며, 모든 인간이 본성을 같이하는 한 똑같이 소유할 수 있는 것이다. Q.E.D

주석: 그러나 다음과 같이 질문하는 사람이 있을지 모른다.: 만일 덕을 따르는 사람들의 최고의 선이 모든 사람들에게 공통적이지 않다면 어찌될 것인가? 그것으로부터 앞에서처럼 (정리 34 참조), 이성의 지도에 따라서 생활하는 사람들, 즉 (정리 35에 의해) 본성상 일치하는 한에 있어서의 사람들이 서로 반대된다는 결과가 생기지 않겠는가? 이에 대해서는 다음과 같은 말이 대답이 될 것이다. 인간의 최고의 선이 모든 사람에게 공통적이라는 것은 우연이 아니라 이성의 본성 자체에서 발생한다. 왜냐하면 이 최고의 선은 이성에 의하여 정의되는 한에 있어서의 인간의 본질 자체에서 도출되기 때문이며, 또한 인간은 이 최고의 선을 즐기는 능력을 가지고 있지

않다면 존재할 수도 없고 생각될 수도 없기 때문이다. 그 이유는 신의 영원하고 무한한 본질에 대해 타당한 인식을 가지는 것은 인간 정신의 본질에 속하기 때문이다(제2부 정리 47에 의해).

정리 37. 덕을 따르는 사람은 누구나 자기를 위하여 추구하는 선을 다른 사람들을 위해서도 욕구할 것이며, 신에 대한 그의 인식이 크면 클수록 그만큼 많이 욕구할 것이다.

증명: 인간은 이성의 지도에 따라 생활하는 한, 인간에게 가장 유익하다(정리 35의 계 1에 의해). 그러므로 (정리 19에 의해) 이성의 지도에 따라 우리는 필연적으로 인간으로 하여금 이성의 지도에 따라 생활하도록 노력할 것이다. 그런데 이성의 지령에 따라 생활하는 각자, 즉 (정리 24에 의해) 덕을 따르는 각자가 자기를 위하여 추구하는 선은 인식하는 것이다(정리 26에 의해). 그러므로 덕을 따르는 각자는 자기를 위해서 욕구하는 선을 다른 사람들을 위해서도 욕구할 것이다. 다음으로, 욕망은 정신에 관계하는 한 정신의 본질 자체이다(감정의 정의 1에 의해). 그런데 정신의 본질은 인식에 있고 (제2부 정리 11에 의해), 이 인식은 신에 대한 인식을 포함하며 (제2부 정리 47에 의해), 또한 신에 대한 인식 없이는 정신은 존재할 수도 없고 생각될 수도 없다(제1부 정리 15에 의해). 그러므로 정신의 본질이 포함하는 신에 대한 인식이 크면 클수록 덕을 따르는 사람이 자기를 위하여 추구하는 선을 다른 사람을 위해서 욕구하는 욕망도 역시 그만큼 클 것이다. Q.E.D

또 다른 증명: 인간은 자기를 위하여 욕구하고 사랑하는 선을 다른 사람도 사랑하는 것을 보게 되면 그것을 더욱 강하게 사랑할 것이다(제3부 정리 31에 의해). 그러므로 (제3부 정리 31의 계에 의해) 그는 다른 사람도 그것을 사랑하게 하려고 노력할 것이다. 그리고 이 선은 (정리 36에 의해) 모든 사람에게 공통적이며, 모든 사람이 그것을 향유할 수 있기 때문에, 그는 (같은 이유에 의해) 모든 사람이 그것을 즐기도록 노력할 것이다. 그리고 (제3부 정리 37에 의해) 그가 이 선을 보다 많이 향유하면 할수록 그 일에 더욱 노력할 것

이다. Q.E.D

주석 1: 자기가 사랑하는 것을 다른 사람들이 사랑하도록, 또 자기의 의향대로 다른 사람들이 생활하도록 단지 감정에 근거하여 노력하는 사람은 충동적으로만 행동하므로 미움을 받는다. 특히 색다른 기호(嗜好)를 가지고 그런 까닭에 역시 자신들의 의향에 따라서 다른 사람들을 생활하게 하려고 똑같이 충동적으로 애써 노력하는 사람들에게서 미움을 받는다. 또, 인간이 감정에 근거하여 추구하는 최고의 선은 종종 한 사람만 향수할 수 있는 그런 것이기 때문에, 그것을 사랑하는 사람의 마음은 불안정하고, 자기가 사랑하는 것에 대한 칭찬을 늘어놓는 것을 기뻐하면서도 동시에 사람들이 그것을 믿는 것을 두려워하게 된다. 그러나 이성에 근거하여 다른 사람들을 이끌려고 노력하는 사람은 충동적으로가 아니라 인애적으로 및 선의적으로 행동하며, 그의 마음은 지극히 확고하다.

또, 우리가 신의 관념을 가지고 있는 한에 있어서, 즉 우리가 신을 인식하고 있는 한에 있어서 그러한 우리가 원인이 되어 욕구하고 행하는 모든 것을 나는 종교에 돌린다. 우리가 이성의 지도에 따라 생활함으로 인해 생기는, 선행을 하려고 하는 욕망을 나는 도의심이라고 부른다. 다음으로 이성의 지도에 따라 생활하는 사람이 다른 사람들과 친교를 맺는 데 근거가 되는 욕망을 나는 단정심이라고 부르며, 또 이성의 지도에 따라 생활하는 사람들이 칭찬하는 것을 단정하다고 한다. 이에 반하여 친교를 맺는 데 상충되는 것을 나는 비열하다고 한다. 그 밖에 또 나는 국가의 기초가 무엇인지도 밝혔다.

또, 참된 덕과 무능력의 차이는 앞에서 말한 것에 의하여 쉽게 파악될 수 있다. 말하자면, 참다운 덕은 이성의 지도에 따라 생활하는 것 이외의 다른 어떤 것도 아니다. 그러므로 무능력은 인간이 자기의 외부에 있는 사물에 의해 휘둘리며, 그 자체만으로 고찰된 자기의 본성이 요구하는 것이 아니라 외부 상황의 일반적 상태가 요구하는 것을 행하도록 외부의 사물에 의하여 결정되는 데에만 있다.

이것들은 내가 이 부의 정리 18의 주석에서 증명하기로 약속했던 것들이다. 이것으로부터 동물의 도살을 금하는 그 규정이 건전한

제4부 인간의 예속 또는 감정의 힘에 대하여

이성에보다 오히려 근거 없는 미신과 여성적인 동정에 기초를 두고 있음이 명백하다. 우리의 이익을 추구하는 이성적 원리는 인간과 결합할 필요성을 가르치지만, 동물 혹은 인간의 본성과 다른 본성을 가진 것과 결합하도록 가르치지는 않는다. 우리는 동물이 우리에 대하여 가지는 것과 동일한 권리를 동물에 대하여 가지고 있다. 진실로, 각자의 권리는 각자의 덕 또는 능력에 의해 한정되기 때문에, 인간은 동물이 인간에 대하여 가지는 권리보다 훨씬 큰 권리를 동물에 대해서 가지고 있다. 나는 동물에게 감각이 있다는 것을 부정하지 않는다. 그러나 나는 그 때문에 우리가 우리의 이익을 고려하고, 동물을 마음대로 이용하며, 또한 우리에게 가장 편리하도록 그것들을 다루는 것이 허용되지 않는다는 것을 부정한다. 왜냐하면 그것들은 본성상 우리와 일치하지 않으며, 그것들의 감정은 본성상 인간의 감정과 다르기 때문이다(제3부 정리 57의 주석 참조). 이제 나에게는 정의는 무엇이고 불의는 무엇이며, 죄는 무엇인지, 그리고 마지막으로 공적이 무엇인지를 설명하는 일이 남아 있다. 이것에 대해서는 다음의 주석을 참조하시라.

주석 2: 제1부의 부록에서 나는 칭찬과 비난이 무엇이며, 공적과 죄가 무엇이고, 정의와 불의가 무엇인지를 설명하기로 약속했다. 칭찬과 비난에 관해서는, 제3부의 정리 29의 주석에서 설명했다. 다른 것에 대해 이야기하기에는 여기가 적당할 것 같다. 그러나 먼저 인간의 자연상태와 시민상태에 관하여 간단히 논술해야 할 것이 있다. 인간은 모두 최고의 자연권에 의하여 존재하며, 따라서 각자는 자기의 본성의 필연성에서 나오는 것들을 최고의 자연권에 의하여 행한다. 그러므로 각자는, 최고의 자연권에 의하여, 무엇이 선이고 무엇이 악인지를 판단하며, 자기의 뜻에 따라 자기의 이익을 꾀하고 (정리 19와 20 참조), 복수하며 (제3부 정리 40의 계 2 참조), 또한 자기가 사랑하는 것을 보존하고 자기가 미워하는 것을 파괴하려고 노력한다(제3부 정리 28 참조).

 만일 인간이 이성의 지도에 따라서 생활했다면, 각자는 타인을 조금도 해치지 않고 자기의 이 권리를 향수했을 것이다(정리 35의 계 1에 의해). 그러나 인간은 감정에 예속되어 있으며 (정리 4의 계에 의해), 이 감정은 인간의 능력 또는 덕을 훨씬 능가하기 때문에 (정리 6에 의해), 사람들은 종종 서로 다른 방향으로 이끌리며 (정리 33에 의해), 서로의 도움을 필요로 하는 동안에 (정리 35의 주석에 의해), 서로 대립한다(정리 34에 의해). 그러므로 사람들이 화합하여 생활하고 서로 원조할 수 있기 위해서는, 그들이 자기의 자연권을 포기하고 다른 사람에게 피해를 줄 수 있는 어떠한 것도 하지 않을 것이라고 서로를 확신시키는 것이 필요하다.

여러 감정에 필연적으로 예속되어 있으며 (정리 4의 계에 의해), 변덕스럽고 변하기 쉬운 (정리 33에 의해) 사람들이 서로를 확신시키고 서로 신뢰할 수 있는 일이 어떻게 일어날 수 있는가 하는 것은, 정리 7과 제3부의 정리 39에 의해 명백하다. 거기에서 증명한 것처럼, 어떠한 감정도 그것보다 더 강력하며 그것과 반대되는 감정에 의해서가 아니면 억제될 수 없고, 각자는 보다 큰 해악에 대한 두려움 때문에 해악을 행하는 것을 그만두게 된다.

그러므로 이 법칙에 의하여, 사회가 자체를 위하여 각자가 갖는 복수할 권리 및 선과 악에 대해 판단할 권리를 요구한다면, 사회는 유지될 수 있다. 이런 식으로 사회는 공통적인 생활규칙을 규정하며, 법률을 제정하고 유지할 힘을 가지고 있는데, 법률을 유지하는 것은 감정을 억제할 수 없는 이성(정리 17의 주석에 의해)에 의해서가 아니라 형벌의 위협에 의해서이다. 법률과 자기보존의 역량에 의해 확립된 이 사회를 국가라고 부르며, 국가의 법률에 의해 보호되는 자를 시민이라고 한다.

이것으로부터 자연상태에서는 모든 사람의 동의에 의하여 선 또는 악이 되는 것이 아무것도 없음을 우리는 쉽게 이해할 수 있다. 왜냐하면 자연상태에 있는 각자는 오직 자기의 이익만을 꾀하고, 자기의 뜻대로 그리고 단지 자기의 이익을 고려하는 한에 있어서만 무엇이 선이고 무엇이 악인지를 결정하며, 어떠한 법률에 의해서도 자기 이외의 누군가에게 복종하도록 구속되지 않기 때문이다. 그러므로 자연상태에서는 죄가 생각될 수 없다. 그러나 일반적 동의에 근거하여 무엇이 선이고 무엇이 악인지가 결정되어 각자가 국가에 복종해야 할 의무가 있는 시민상태에서는 죄가 정해진다. 그러므로 죄는 불복종일 뿐이며, 그런 까닭에 그것은 오직 국가의 법에 의해서만 처벌된다. 이에 반하여 복종은 시민의 공적으로 간주된다. 왜냐하면 그 때문에 시민은 국가의 편익을 향유할 만한 가치가 있다고 판단되기 때문이다.

또, 자연상태에서는 그 누구도 일반적 동의에 의하여 어떤 것의 주인이 될 수 없으며, 또한 자연에는 이 사람에게 속하고 저 사람에게는 속하지 않는다고 말할 수 있는 것이 아무것도 없다. 오히려 모든 것이 모든 사람의 것이다. 따라서 자연상태에서는 각자에게 각자의 것을 주려고 하거나, 어떤 사람에게서 그의 것을 빼앗으려고 하는 의지는 생각될 수 없다. 즉 자연상태에서는 정의 또는 불의라고 말할 수 있는 것이 아무것도 없다. 그러나 일반적 동의에 근거하여 무엇이 이 사람의 것이고 무엇이 저 사람의 것인지가 결정되는 시민상태에서는 그것이 존재한다. 이것으로부터 정의와 불의, 죄와 공적은 외면적인 개념이고, 정신의 본성을 설명하는 속성이 아니라는 것이 명백하다. 그러나 이 문제에 대해서는 이것으로 충분하다.

정리 38. 인간의 신체를 매우 많은 방식으로 자극받아 변화될 수 있는 상태로 만드는 것, 또는 인간의 신체로 하여금 외부의 물체들을 매우 많은 방식으로 자극하여 변화시키는 데에 유능하게 만드는 것은 인간에게 유익하다. 그리고 그것은 신체를 매우 많은 방식으로 자극받아 변화되는 것과 다른 물체들을 자극하여 변화시키는 데에 보다 유능하게 하면 할수록 그만큼 더 유익하다. 이에 반하여, 신체를 이러한 일에 덜 유능하게 만드는 것은 해롭다.

증명: 신체가 이러한 일에 보다 유능하게 되면 될수록 정신은 지각하는 데에 그만큼 더 유능하게 된다(제2부 정리 14에 의해). 따라서 신체를 이런 방식으로, 이러한 일에 유능하게 만드는 것은 필연적으로 선이거나 유익하다(정리 26과 27에 의해). 그리고 그것은 신체를 이런 일에 보다 유능하게 만들수록 그만큼 더 유익하다. 반대로

(제2부 정리 14의 역과 이 부의 정리 26 및 27에 의해) 만일 그것이 신체를 이러한 일에 덜 유능하게 만든다면 그것은 해롭다. Q.E.D

정리 39. 인간 신체의 부분들이 서로에 대해 갖고 있는 운동과 정지의 비율이 유지되도록 하는 것은 선이다. 이에 반하여, 인간 신체의 부분들이 서로에 대해 운동과 정지의 다른 비율을 갖도록 하는 것은 악이다.

증명: 인간의 신체는 자신을 유지하기 위해 극히 많은 다른 물체들을 필요로 한다(제2부 요청 4에 의해). 그러나 인간 신체의 형상을 구성하는 것은, 신체의 부분들이 그것들의 운동을 서로 어떤 일정한 비율로 전달하는 데 있다(제2부 정리 13의 뒤의 보조정리 4의 앞에 있는 정의에 의해). 그러므로 신체의 부분들이 서로에 대해 갖고 있는 운동과 정지의 비율이 유지되도록 하는 것은, 인간 신체의 형상을 유지하는 것이며, 따라서 (제2부 요청 3과 6에 의해) 인간의 신체가 많은 방식으로 자극받아 변화될 수 있게 하며, 또한 그것이 외부의 물체들을 많은 방식으로 자극하여 변화시킬 수 있게 하는 것이다. 그러므로 그러한 것은 선이다(정리 38에 의해).
 다음으로, 인간 신체의 부분들이 서로에 대해 운동과 정지의 다른 비율을 갖도록 하는 것은 인간의 신체가 다른 형상을 취하도록 하는 것이며 (제2부의 같은 정의에 의해), 다시 말해서 (그 자체로 명백하며, 이 부의 서론의 끝에서 우리가 주의한 것처럼) 인간의 신체가 파괴되도록 하는 것이며, 따라서 그것이 많은 방식으로 자극받아 변화될 수 없게 만드는 것이다. 그러므로 (정리 38에 의해) 그것은 악이다. Q.E.D
주석: 이것이 정신에 얼마나 해로울 수 있는지 또는 이로울 수 있는지에 대해서는 제5부에서 설명할 것이다. 그러나 여기에서 주의해해야 할 것은, 신체의 부분들이 서로에 대해 운동과 정지의 다른 비율을 갖게 되었을 때 나는 신체를 죽은 것으로 이해한다는 것이다. 왜냐하면 혈액순환과, 신체를 살아 있다고 생각할 수 있게 해주

는 다른 것들이 유지되고 있을지라도, 인간의 신체가 그것의 본성과 아주 다른 본성으로 변화할 수 있다는 것을 나는 감히 부정하지 않기 때문이다. 왜냐하면 인간의 신체가 시체로 변하는 경우에만 그것이 죽었다고 생각해야 할 어떠한 이유도 없기 때문이다. 진실로, 경험은 다른 결론을 주장하는 것 같다. 때때로 인간은 똑같은 사람이라고 거의 말할 수 없을 정도로 심한 변화를 겪는다. 나는 병에 걸렸던 어떤 스페인 시인의 이야기를 들은 적이 있다. 그는 병에서 회복되기는 했지만, 이전에 자기가 썼던 이야기와 비극을 자기의 것이라고 믿지 않을 정도로 자신의 과거를 깡그리 잊어버리게 되었다. 그가 만일 모국어조차도 잊어 버렸다면, 그는 확실히 커다란 소아로 여겨졌을 것이다. 만일 이것이 믿을 수 없는 것으로 생각된다면 소아에 대해 우리는 어떻게 말해야 하는가? 성인이 된 사람은 다른 사람의 예에서 자신에 관하여 추측하지 않는다면, 자신이 예전에 소아였다는 것을 믿지 않을 만큼 소아의 본성이 자기의 본성과 매우 다르다고 믿는다. 그러나 미신적인 사람들에게 새로운 문제를 제기할 재료를 제공하지 않기 위해서, 나는 이 문제를 이 정도로 그치려고 한다.

정리 40. 인간의 공동사회에 도움이 되는 것, 또는 인간을 서로 화합하여 생활하게 하는 것은 유익하다. 이에 반하여 국가에 불화를 가져오는 것은 악이다.

증명: 왜냐하면 인간을 화합하여 생활하게 하는 것은, 동시에 인간을 이성의 지도에 따라 살게 하기 때문이다(정리 35에 의해). 그러므로 (정리 26과 27에 의해) 그것은 선이다. 이에 반하여 (같은 논법에 의하여) 불화를 일으키는 것은 악이다. Q.E.D

정리 41. 기쁨은 직접적으로 악이 아니고 선이다. 이에 반하여 슬픔은 직접적으로 악이다.

증명: 기쁨은 (제3부 정리 11과 그것의 주석에 의해) 신체의 활동

능력을 증대시키거나 촉진하는 감정이다. 이에 반하여 슬픔은 신체의 활동능력을 감소시키거나 억제하는 감정이다. 그러므로 (정리 38에 의해) 기쁨은 직접적으로 선이며 …. Q.E.D

정리 42. 유쾌는 과도할 수 없고, 항상 선이다. 반대로 우울은 항상 악이다.

증명: 유쾌는 (제3부 정리 11의 주석에 있는 정의 참조) 기쁨인데, 이 기쁨은, 신체에 관한 한, 신체의 모든 부분이 균등하게 자극받아 변화되는 데에 있다. 즉 (제3부 정리 11에 의해) 이 기쁨은 신체의 모든 부분이 서로에 대하여 운동과 정지의 같은 비율을 유지하는 방식으로 신체의 활동능력이 증대하거나 촉진되는 데에 있다. 따라서 (정리 39에 의해) 유쾌는 항상 선이며 과도할 수가 없다. 그러나 우울은 (마찬가지로 제3부 정리 11의 주석에 있는 정의를 참조) 슬픔이며, 이 슬픔은, 신체에 관한 한, 신체의 활동능력이 절대적으로 감소하거나 억제되는 데에 있다. 그러므로 (정리 38에 의해) 우울은 항상 악이다. Q.E.D

정리 43. 쾌감은 과도할 수가 있으며 악일 수도 있다. 그러나 고통은 쾌감이나 기쁨이 악인 한에 있어서 선일 수가 있다.

증명: 쾌감은 기쁨이며, 이 기쁨은, 신체에 관한 한, 신체의 한 부분 혹은 몇몇 부분이 나머지 부분보다 더 많이 자극받아 변화되는 데에 있다(제3부 정리 11의 주석에 있는 정의 참조). 그러한 감정의 힘은 신체의 나머지의 작용을 능가하며 (정리 6에 의해), 신체에 끈질기게 달라붙어서 신체가 매우 많은 다른 방식으로 자극받아 변화될 수 없도록 방해할 정도로 매우 클 수가 있다. 따라서 (정리 38에 의해) 쾌감은 악일 수가 있다.
  이와 반대로, 슬픔의 일종인 고통은 그 자체로만 보면 선일 수가 없다(정리 41에 의해). 그러나 그것의 힘과 성장은 우리의 능력과 비교된 외부의 원인의 힘에 의하여 한정되기 때문에 (정리 5에 의

제4부 인간의 예속 또는 감정의 힘에 대하여

해), 따라서 우리는 이 감정에 대하여 무한히 많은 강도(强度)와 양식(樣式)을 생각할 수 있다(정리 3에 의해). 그러므로 우리는 쾌감이 과도하게 되는 것을 저지할 수 있고, 그러한 한에 있어서 (이 정리의 처음 부분에 의하여) 신체가 덜 유능하게 되는 것을 막을 수 있는 그러한 고통을 생각할 수가 있다. 그러므로 그러한 한에 있어서 고통은 선일 것이다. Q.E.D

정리 44. 사랑과 욕망은 과도할 수가 있다.

증명: 사랑은 외적 원인의 관념을 수반하는 기쁨이다(감정의 정의 6에 의해). 그러므로 (제3부 정리 11의 주석에 의해) 외적 원인의 관념을 수반하는 쾌감은 사랑이다. 따라서 사랑은 (정리 43에 의해) 과도할 수가 있다. 다음으로, 욕망은 그것을 생기게 하는 감정이 크면 클수록 그만큼 더 크다(제3부 정리 37에 의해). 그런고로 감정이 (정리 6에 의해) 인간의 나머지의 작용을 능가할 수 있는 것과 같이, 그와 같은 감정에서 생기는 욕망도 역시 나머지의 욕망을 능가할 수 있고, 따라서 그것은 앞의 정리에서 쾌감에 대해 밝힌 것처럼 과도할 수가 있다. Q.E.D

주석: 내가 선이라고 말한 유쾌에 대해서는 관찰하는 것보다 생각하는 것이 한층 쉽다. 왜냐하면 우리가 날마다 사로잡히는 감정들은 일반적으로 신체의 나머지 부분보다 많이 자극받아 변화된 신체의 어떤 부분에 관계하기 때문이다. 따라서 그러한 감정들은 일반적으로 과도하게 되고, 정신을 오직 한 대상의 고찰에 머물게 하여 정신이 다른 것에 대해 생각할 수 없게 한다. 인간은 수많은 감정에 종속되어 있어서 항상 동일한 감정에 사로잡혀 있는 인간은 아주 드물지만, 그래도 동일한 감정에 끈질기게 사로잡혀 있는 인간이 없는 것은 아니다. 왜냐하면 인간이 하나의 대상으로부터 강하게 자극받아 변화됨으로써, 그것이 비록 현존하지 않을지라도, 그것을 자기와 함께 있는 것처럼 믿는 것을 우리는 이따금 보기 때문이다. 만일 이러한 일이 잠들어 있지 않은 사람에게 일어난다면, 우리는 그 사람을 미쳤다고 하거나 정신이상이라고 말한다. 또 사랑에

빠져 밤이나 낮이나 연인 또는 창녀만을 꿈꾸는 자도 마찬가지로 미쳤다고 여겨진다. 왜냐하면 그러한 자들은 웃음거리가 되는 것이 보통이기 때문이다. 그러나 탐욕스러운 자가 이득이나 돈 이외에 아무것도 생각하지 않을 때, 또 야심적인 자가 영광만을 생각할 때 등에는 그런 사람들이 미쳤다고 여겨지지 않는다. 왜냐하면 그들은 보통 불쾌한 대상이며 혐오를 불러일으키기 때문이다. 그러나 탐욕, 야심, 음욕 등은 병으로 간주되지는 않을지라도 실제로는 광증의 일종이다.

정리 45. 증오는 결코 선일 수가 없다.

증명: 우리는 우리가 미워하는 사람을 없애려고 노력한다(제3부 정리 39에 의해). 즉 (정리 37에 의해) 우리는 악인 어떤 것을 행하려고 노력한다. 그러므로 …. Q.E.D

주석: 여기와 이하에서 나는 미움을 인간에 대한 미움으로만 이해한다는 것에 주의하시라.

계 1: 질투, 조소, 경멸, 분노, 복수 및 기타 미움에 관련되어 있거나 미움에서 생기는 감정은 악이다. 이것은 정리 37과 제3부 정리 39에 의해서도 명백하다.

계 2: 우리가 미움으로 자극받아 변화됨으로 인해 욕구하는 모든 것은 배덕이며, 국가에 있어서는 불의이다. 이것은 제3부 정리 39에 의해, 그리고 악덕과 불의의 정의에 의해서도 명백하다(정리 37의 주석 참조).

주석: 나는 조소(이것이 악이라는 것을 나는 계 1에서 말했다)와 웃음 사이의 커다란 차이를 인정한다. 왜냐하면 웃음과 익살은 순수한 기쁨이기 때문이다. 그러므로 지나치지만 않는다면, 그것들은 그 자체로 선이다(정리 41에 의해). 즐거워하는 것을 금지하는 것은 살벌하고 슬픈 미신뿐이다. 어찌하여 우울에서 벗어나는 것보다 배고픔과 갈증을 면하는 것이 더 적당하다는 말인가?

나의 이유와 명심하고 있는 원칙은 다음과 같다. 어떠한 신도, 또 질투심이 강한 사람 이외의 어떠한 인간도 나의 무능력과 불행을 기뻐하지 않으며, 또한 우리의 눈물, 탄식, 두려움, 그리고 그 외의 무력한 정신의 표지인 이런 종류의 것들을 덕으로 여기지 않는다. 오히려 반대로, 우리는 보다 큰 기쁨으로 자극받아 변화될수록 그만큼 더 큰 완전성으로 이행한다. 즉 우리는 그만큼 더 큰 신적 본성을 필연적으로 나누어 갖는다. 그러므로 사물들을 이용하여 그것들을 가능한 한 즐기는 것은(물론 넌더리가 날 정도까지는 아니다. 왜냐하면 그것은 즐기는 것이 아니기 때문이다) 현자에게 어울린다. 말하건대, 알맞게 요리된 맛좋은 음식과 음료, 향기, 녹색 식물의 아름다움, 장식, 음악, 스포츠, 연극, 그리고 다른 사람을 해치지 않고 누구라도 이용할 수 있는 이런 종류의 다른 것으로 자신을 상쾌하게 하고 원기를 북돋우는 것은 현자에게 어울린다. 왜냐하면 인간의 신체는 본성을 달리하는 매우 많은 부분들로 구성되어 있으며, 이 부분들은, 몸 전체가 그것의 본성에서 나올 수 있는 모든 것에 대하여 똑같이 유능하게 될 수 있도록, 따라서 정신도 많은 것을 동시에 인식하는 일에 똑같이 유능하게 될 수 있도록, 여러 가지의 새로운 영양분을 끊임없이 필요로 하기 때문이다. 그러므로 이 생활방식은 우리의 원칙과 그리고 일반적인 풍습과도 가장 잘 일치한다. 따라서 모든 생활방식 중에서, 이것이 가장 좋은 것이며, 모든 점에서 권장할 만하다. 이것에 대해서 이보다 더 명료하게 또는 더 자세하게 다룰 필요는 없다.

정리 46. 이성의 지도에 따라서 생활하는 사람은, 가능한 한, 자기에 대한 타인의 미움, 분노, 경멸 등을 사랑이나 아량을 가지고 대응하려고 노력한다.

증명: 모든 미움의 감정은 악이다(정리 45의 계 1에 의해). 그러므로 이성의 지도에 따라 생활하는 사람은, 가능한 한, 미움의 감정 때문에 고뇌하는 일이 일어나지 않도록 노력할 것이며 (정리 19에 의해), 따라서 (정리 37에 의해) 타인도 그러한 감정으로 인해 번민하지 않게 하려고 노력할 것이다. 그런데 미움은 미움의 앙갚음에 의하여 증대하고, 반대로 사랑에 의하여 소멸될 수 있으며 (제3부

정리 43에 의해), 그에 따라 미움은 사랑으로 이행한다(제3부 정리 44에 의해). 그러므로 이성의 지도에 따라 생활하는 사람은 타인의 미움 등을 사랑으로써, 즉 아량(제3부 정리 59의 주석에 있는 정의 참조)으로써 대응하려고 노력할 것이다. Q.E.D

주석: 불법행위에 대하여 되받아쳐 미워함으로써 복수하려고 하는 사람은 확실히 비참하게 생활한다. 반면에, 미움을 사랑으로 극복하려고 노력하는 사람은 기쁘게 그리고 확신을 가지고서 대응하며, 많은 사람에 대해서도 한 사람을 대하듯이 의연히 대항하고, 운명의 도움을 거의 필요로 하지 않는다. 그에게 정복된 사람들은 기꺼이 그를 따르는데, 그것은 힘의 결핍 때문이 아니라 힘의 증대 때문이다. 이 모든 것은 단지 사랑과 지성의 정의로부터 아주 명백하게 귀결되는 것이므로, 이것들을 낱낱이 증명할 필요는 없다.

정리 47. 희망과 공포의 감정은 그 자체로는 선일 수 없다.

증명: 희망과 공포의 감정은 슬픔 없이는 있을 수 없다. 왜냐하면 공포는 (감정의 정의 13에 의해) 슬픔이며. 또 희망은 공포 없이는 있을 수 없기 때문이다(감정의 정의 12와 13의 해명 참조). 그러므로 (정리 41에 의해), 이러한 감정들은 그 자체로는 선일 수 없고, 단지 기쁨의 과도함을 억제할 수 있는 한에 있어서만 선일 수 있다 (정리 43에 의해). Q.E.D

주석: 이러한 감정들은 인식의 결핍과 정신의 무력함을 나타낸다는 것을 우리는 여기에 부가할 수 있다. 이러한 이유 때문에 안도감과 절망감, 환희와 실망도 역시 무력한 정신의 표시이다. 왜냐하면 안도감과 환희는 기쁨의 감정이기는 하지만, 선행하는 슬픔, 즉 희망과 공포를 전제하기 때문이다. 그러므로 우리가 이성의 지도에 따라 생활하기 위해 보다 많이 노력하면 할수록, 우리는 희망에 덜 의존하도록, 우리 자신을 공포에서 해방하도록, 가능한 한 운명을 지배하고 우리의 행동을 이성(理性)의 확실한 권고에 따라 관리하도록 더욱더 노력하게 된다.

제4부 인간의 예속 또는 감정의 힘에 대하여

정리 48. 과대평가와 경멸의 감정은 항상 악이다.

증명: 이러한 감정들은 이성에 반대된다(감정의 정의 21과 22에 의해). 그러므로 (정리 26과 27에 의해) 그것들은 악이다. Q.E.D

정리 49. 과대평가는 과대평가되는 사람을 쉽게 거만하게 만든다.

증명: 만일 어떤 사람이, 사랑 때문에, 우리에 대해 적정 이상으로 대단하게 여기는 것을 우리가 안다면, 우리는 쉽게 의기양양해질 것이다(제3부 정리 41의 주석에 의해). 즉 우리는 기쁨으로 자극받아 변화될 것이다(감정의 정의 30에 의해). 우리는 또 우리가 들은 우리에 대해 이야기되는 선을 쉽게 믿을 것이다(제3부 정리 25에 의해). 그러므로 우리는 자신에 대한 사랑 때문에 자신에 대해 적정 이상으로 대단하게 여길 것이다. 즉 (감정의 정의 28에 의해) 우리는 쉽게 거만하게 될 것이다. Q.E.D

정리 50. 이성의 지도에 따라서 생활하는 사람에게 있어서, 연민은 그 자체로 악이며, 무용하다.

증명: 왜냐하면 연민은 (감정의 정의 18에 의해) 슬픔이고, 따라서 (정리 41에 의해) 그 자체로 악이기 때문이다. 그런데 연민에서 나오는 선, 즉 우리가 애처롭게 여기는 사람을 불행에서 구하려고 애쓰는 것을 (제3부 정리 27의 계 3에 의해), 우리는 오직 이성의 지령에 의해서만 행하기를 바란다(정리 37에 의해). 또한 우리는 선이라고 우리가 확실히 인식하는 것을 오직 이성의 지령에 의해서만 행할 수 있다(정리 27에 의해). 그러므로 이성의 지도에 따라서 생활하는 사람에게 있어서, 연민은 그 자체로 악이며, 무용하다. Q.E.D
계: 이것으로부터 이성의 지령에 따라서 생활하는 사람은 가능한 한 연민에 의해 움직여지지 않으려고 노력한다는 결론이 내려진다.

주석: 모든 것이 신의 본성의 필연성에서 발생하며, 자연의 영원한 법칙과 규칙에 따라 일어나는 것을 올바르게 인식하는 사람은 확실히 미움, 비웃음 또는 경멸의 대상이 될 만한 것을 아무것도 찾아보지 못할 것이며, 그 누구에 대해서도 애처롭게 여기지 않을 것이다. 오히려 그는 인간의 덕이 미치는 한, 흔히 말하듯이, 올바르게 행하고 즐기기 위해 노력할 것이다. 연민의 감정에 의해 쉽게 움직여지고, 타인의 불행이나 눈물에 의해 동요되는 자는 나중에 스스로 후회할 어떤 일을 종종 행한다는 것을 여기에 덧붙여야 한다. 왜냐하면 우리는 감정에 근거해서는 선이라고 우리가 확실히 알고 있는 것을 아무것도 행하지 못하고, 또 우리는 위장된 눈물에 쉽게 속아 넘어가기 때문이다.

그렇지만 여기에서 나는 분명히 이성의 지도에 따라서 생활하는 사람에 대해서 이야기하고 있다. 왜냐하면 이성에 의해서든 연민에 의해서든 타인을 돕도록 움직여지지 않는 자는 비인간적이라고 일컫는 것이 옳기 때문이다. 그 이유는 (제3부 정리 27에 의해) 그러한 자는 인간과는 다른 어떤 것처럼 보이기 때문이다.

정리 51. 호의는 이성과 모순되지 않고, 오히려 그것과 일치할 수 있으며 또한 그것에서 생길 수 있다.

증명: 왜냐하면 호의는 타인에게 은혜를 베푼 사람에 대한 사랑이기 때문이다(감정의 정의 19에 의해). 따라서 그것은 작용한다고 일러지는 한에 있어서의 정신에 관계될 수가 있다(제3부 정리 59에 의해). 다시 말해서 (제3부 정리 3에 의해) 그것은 인식하는 한에 있어서의 정신에 관계될 수가 있다. 그러므로 호의는 이성과 일치하며 …. Q.E.D

또 다른 증명: 이성의 지도에 따라서 생활하는 사람은 자기를 위하여 추구하는 선을 타인을 위해서도 욕구한다(정리 37에 의해). 따라서 선을 행하려고 하는 그의 노력은 어떤 사람이 타인에게 은혜를 베푸는 것을 그가 봄으로 인해 촉진된다. 즉 (제3부 정리 11의 주석에 의해) 그는 기쁨을 느낄 것이다. 그리고 그 기쁨은 (가정에 의

해) 타인에게 은혜를 베푼 사람의 관념을 수반할 것이다. 그러므로 (감정의 정의 19에 의해) 그는 그 사람에 대해 호의를 느낄 것이다. Q.E.D

주석: 분개는, 우리가 정의한 것(감정의 정의 20 참조)과 같이, 필연적으로 악이다(정리 45에 의해). 그러나 주의해야 할 것은, 최고권력이 평화를 유지하려는 소원에 의해 타인에게 불법행위를 한 시민을 벌할 때, 나는 최고권력이 그 시민에 대해 분개한다고 말하지 않는다는 것이다. 왜냐하면 최고권력은 증오심에 사로잡혀 그를 해치려고 처벌하는 것이 아니라, 도의심에 입각하여 벌하기 때문이다.

52. 자기만족은 이성에서 생길 수 있으며, 이성에서 생기는 이 만족만이 존재할 수 있는 최고의 만족이다.

증명: 자기만족은 인간이 자기 자신 및 자신의 활동능력을 고찰하는 것에서 생기는 기쁨이다(감정의 정의 25에 의해). 그러나 인간의 참다운 활동능력 또는 덕은 이성 그 자체이며 (제3부 정리 3에 의해), 인간은 이 이성을 뚜렷하고 명확하게 고찰한다(제2부 정리 40과 43에 의해). 그러므로 자기만족은 이성에서 생긴다. 다음으로, 인간은 자기 자신을 고찰하는 동안 자신의 활동능력에서 생기는 것 이외의 어떠한 것도 뚜렷하고 명확하게, 즉 타당하게 지각하지 않는다(제3부 정의 2에 의해). 다시 말해서 (제3부 정리 3에 의해) 인간은 자기의 인식능력에서 생기는 것만을 타당하게 지각한다. 그러므로 오직 이러한 고찰에서만 존재할 수 있는 최고의 자기만족이 생긴다. Q.E.D

주석: 진실로 자기만족은 우리가 바랄 수 있는 최고의 것이다. 왜냐하면 (정리 25에서 우리가 밝힌 것처럼) 아무도 다른 어떤 것을 위하여 자신의 존재를 보존하려고 노력하지 않기 때문이다. 그리고 이 자기만족은 칭찬에 의해 점점더 조장되고 강화되며 (제3부 정리 53의 계에 의해), 또 반대로 비난에 의해 점점더 교란되므로 (제3부 정리 55의 계에 의해), 우리는 명예에 가장 많이 이끌리며, 치욕스러운 생활을 거의 견딜 수가 없다.

53. 겸손[위축감]은 덕이 아니다. 다시 말해서, 그것은 이성에서 생기지 않는다.

증명: 겸손은 인간이 자신의 무능력을 고찰하는 것에서 생기는 슬픔이다(감정의 정의 26에 의해). 그런데 인간이 참된 이성에 의해 자기 자신을 인식하는 한, 자기의 본질을, 즉 (제3부 정리 7에 의해) 자기의 능력을 인식한다는 것이 상정된다. 그러므로 만일 인간이 자기 자신을 고찰하는 중에 자신의 어떤 무능력을 지각한다면, 이는 그가 자기 자신을 인식하기 때문이 아니라, 그의 활동능력이 억제되기 때문이다(제3부 정리 55에서 우리가 밝힌 것처럼). 그러나 만일 인간이 자신보다 더 유력한 어떤 것을 인식하고 그 인식에 의하여 자기의 활동능력을 한정함으로써 자기의 무능력을 파악하는 경우를 우리가 가정한다면, 우리는 단지 인간이 자기 자신을 명확하게 인식하는 것을, 즉 (정리 26에 의해) 그의 활동능력이 촉진되는 것을 생각하고 있는 것일 뿐이다. 그러므로 겸손[위축감], 즉 인간이 자신의 무능력을 고찰하는 것에서 생기는 슬픔은 참된 고찰이나 이성에서는 생기지 않으며, 또한 덕이 아니고 수동적 감정이다. Q.E.D

정리 54. 후회는 덕이 아니다. 다시 말해서 그것은 이성에서 생기지 않는다. 오히려 자신이 행한 것을 후회하는 자는 이중으로 불행하거나 무력하다.

증명: 이 정리의 처음의 부분은 정리 53과 같은 방식으로 증명된다. 두 번째 부분은 단지 이 감정의 정의에 의해서 명백하다(감정의 정의 27 참조). 왜냐하면 후회하는 사람은 처음에는 사악한 욕망에 의해, 그 다음에는 슬픔에 의해 정복되기 때문이다.
주석: 인간은 이성의 지령에 따라서 생활하는 일이 드물기 때문에, 이 두 감정, 즉 겸손과 후회, 그리고 희망과 공포도 역시 손해보다 더 많은 이익을 가져온다. 따라서 만일 사람들이 과실을 범해야만

한다면, 이 방면에서 과실을 범하는 것이 좋다. 왜냐하면 정신이 무능한 사람들이 모두 똑같이 거만하며 아무것도 부끄럽게 여기지 않고, 또 어떤 것도 두려워하지 않는다면, 어떤 유대[속박]에 의해 그들이 통합되고 억제될 수 있겠는가?

 대중은 두려움이 없을 때 무서운 존재가 된다. 그러므로 소수의 이익이 아니라 전체 공동체의 이익을 고려한 예언자들이 겸손과 후회와 공손을 그토록 열성적으로 권장한 것은 조금도 이상한 일이 아니다. 실제로 이러한 감정들에 지배되는 사람들은 다른 사람들보다 훨씬 더 쉽게 결국에 가서 이성의 지도에 따라 생활하도록, 즉 자유로운 사람이 되어 축복받은 자의 생활을 향유하도록 인도될 수가 있다.

정리 55. 극심한 거만이나 극심한 자기비하는 자신에 대한 극심한 무지이다.

증명: 이것은 감정의 정의 28과 29에 의해 명백하다.

정리 56. 극심한 거만이나 극심한 자기비하는 정신의 극심한 무능력을 나타낸다.

증명: 덕의 제일의 기초는 자기의 존재를 보존하는 것 (정리 22의 계에 의해), 더구나 이것을 이성의 지도에 따라서 하는 것이다(정리 24에 의해). 그러므로 자기 자신을 모르는 자는 모든 덕의 기초를 모르는 자이며, 따라서 모든 덕을 모르는 자이다. 다음으로, 유덕하게 행동하는 것은 이성의 지도에 따라서 행동하는 것일 뿐이며 (정리 24에 의해), 또한 이성의 지도에 따라서 행동하는 자는 자신이 이성의 지도에 따라서 행동한다는 것을 알고 있어야만 한다(제2부 정리 43에 의해). 그러므로 자기 자신에 대한 무지가, 따라서(우리가 방금 밝힌 것처럼) 모든 덕에 대한 무지가 극심한 자는 유덕하게 행동하는 것이 가장 적다. 다시 말해서 (정의 8에 의해 명백한 것처럼) 그런 자는 정신적으로 가장 무능력하다. 따라서 (정리 55에

의해) 극심한 거만이나 극심한 자기비하는 정신의 극심한 무능력을 나타낸다. Q.E.D

계: 이것으로부터 아주 명백하게 내려지는 결론은, 거만한 자와 자기를 비하하는 자는 여러 감정에 가장 많이 종속된다는 것이다.

주석: 그러나, 자기비하는 거만보다 쉽게 고쳐질 수 있다. 왜냐하면 거만은 기쁨의 감정인 반면, 자기비하는 슬픔의 감정이기 때문이다. 따라서 (정리 18에 의해) 거만은 자기비하보다 강력하다.

정리 57. 거만한 인간은 추종하는 자들 또는 아첨하는 자들의 현존을 사랑하며, 고상한 자의 현존을 미워한다.

증명: 거만은 인간이 자신에 대하여 적정 이상으로 대단하게 여기는 것에서 생기는 기쁨이다(감정의 정의 28과 6에 의해). 이 오견을 거만한 인간은 가능한 한 소중히 간직하려고 노력할 것이다(제3부 정리 13의 주석 참조). 그러므로 거만한 자들은 추종하는 자들 또는 아첨하는 자들(이들에 대한 정의는 생략했다, 왜냐하면 그것은 지극히 명백하기 때문에)의 현존을 사랑할 것이며, 또한 자신들을 적정하게 평가하는 고상한 자들의 현존을 멀리할 것이다. Q.E.D.

주석: 여기에서 거만의 모든 해악을 열거한다면 너무 길어질 것이다. 왜냐하면 거만한 자들은 모든 감정에 종속되면서도, 사랑과 동정의 감정에는 가장 적게 관계되기 때문이다. 그러나 여기서 말하지 않을 수 없는 것은, 타인에 대하여 적정 이하로 하찮게 여기는 자도 역시 거만하다고 일컬어진다는 것이다. 그러므로 이러한 의미에서 거만은 인간이 자기를 남들보다 우월하다고 생각하는 오견에서 생기는 기쁨이라고 정의되어야 한다. 그리고 이 거만의 반대인 자기비하는 인간이 자기를 남들보다 열등하다고 보는 오견에서 생기는 슬픔이라고 정의되어야 한다.

이러한 인식에 근거하여, 우리가 쉽게 파악할 수 있는 것은 이러하다. 즉 거만한 인간은 필연적으로 질투적이며 (제3부 정리 55의 주석 참조), 덕으로 인하여 가장 많이 칭찬받는 사람들을 가장 많이 미워하고, 그들에 대한 그의 미움은 사랑이나 친절에 의하여 쉽게

제4부 인간의 예속 또는 감정의 힘에 대하여

정복되지 않으며 (제3부 정리 41의 주석 참조), 또한 그의 무능한 정신에 영합하여 그의 어리석음을 광기(狂氣)로 변화시키는 그런 사람들의 현존만을 기뻐한다.

 자기비하는 거만의 반대이지만, 자기를 비하하는 자는 거만한 자와 매우 유사하다. 왜냐하면 그의 슬픔은 그가 자신의 무능력을 다른 사람들의 능력 또는 덕에 견주어 판단하는 것에서 생기므로, 만일 그의 표상력이 다른 사람들의 결점을 고찰하는 것에 쏠린다면, 그의 슬픔이 경감될 것이기 때문이다(즉, 그가 기쁨을 느낄 것이기 때문이다). 여기에서, "불행한 자의 위안은 불운한 동료를 갖는 것이다"라는 격언이 나온 것이다. 반대로, 그는 자기가 남들보다 열등하다고 믿으면 믿을수록 더욱 많은 슬픔을 느낄 것이다. 이러한 이유로, 자기를 비하하는 자보다 질투가 심한 사람은 없으며, 또한 그들은 바로잡아주기 위해서보다 오히려 흠잡기 위해 특별히 사람들의 행동을 관찰하려고 애쓰며, 마지막으로, 그들은 자기비하만을 칭찬하고 그것을 자랑삼지만 여전히 자기를 비하하는 것처럼 보이는 방식으로 그것을 행한다.

 이러한 것들은 이 감정에서 필연적으로 나오는데, 이는 삼각형의 본성에서 그것의 세 각의 합이 2직각과 같다는 것이 나오는 것과 같다. 내가 이미 말했듯이 내가 이들 감정과 이와 유사한 감정들을 악이라고 일컫는 것은 내가 오직 인간의 이익에만 주의하는 한에 있어서이다. 그러나 자연의 법칙은 인간이 그것의 일부분에 불과한 자연의 공통적 질서에 관계하고 있다. 이 점을 나는 여기서 말이 난 김에 주의하고 싶다. 이는 여기서의 나의 의도가 사물의 본성과 특성들을 증명하는 것보다는 오히려 인간의 결점과 부조리한 행위에 관하여 말하는 것이라고 사람들에게서 오해받지 않기 위해서이다. 제3부의 서론에서 말한 것처럼, 나는 인간의 여러 감정과 특성들을 다른 자연물과 마찬가지로 고찰한다. 확실히 인간의 여러 감정은, 인간의 능력을 나타내지는 않을지라도, 적어도 자연의 능력과 기교를 나타내며, 이 점은 우리가 경탄하며 고찰하기를 즐기는 다른 많은 것들과 다를 것이 없다. 그러나 나는 계속하여, 여러 감정에 관하여, 어떤 점이 인간에게 이익을 가져오고 또 어떤 점이 인간에게 해악을 가져오는지를 주의하려 한다.

정리 58. 명예는 이성과 상충되지 않고, 오히려 이성에서 생길 수가 있다.

증명: 이것은 감정의 정의 30과 단정함의 정의에 의하여 명백하다. 단정함의 정의에 대해서는 정리 37의 주석 1을 참조하시라.

주석: 소위 헛된 명예란 오로지 대중의 의견에 의해서만 키워지는 자기만족이다. 이러한 의견이 사라지면 그 만족, 즉 (정리 52의 주석에 의해) 각자가 사랑하는 최고의 선도 사라진다. 이런 이유로 대중의 의견 속에서 명예를 구하는 자는 명성을 유지하기 위하여 매일 걱정과 불안 속에서 애쓰고 행동하며 꾀하게 된다. 왜냐하면 대중은 변덕스럽고 일관성이 없어서 명성은 보존되지 않으면 곧 사라지기 때문이다. 진실로, 모든 사람이 대중의 갈채를 받으려고 하는 까닭에, 각자는 기꺼이 타인의 명성을 깎아 내린다. 또한 최고의 선이라고 여겨지는 것을 두고 다투기 때문에 가능한 온갖 방법으로 상대를 압도하려는 격렬한 욕망이 생긴다. 그리고 최후에 승자가 된 사람은 자기를 이롭게 했다는 것보다 상대를 해쳤다는 것을 더 많이 자랑한다. 이러한 명예나 자만은 아무런 명예나 만족이 아니기 때문에 실제로는 공허한 것이다.

치욕에 관하여 주의해야 할 것은, 동정 및 후회에 관하여 이야기한 것에 의하여 쉽게 추론될 수 있다. 내가 덧붙이고자 하는 것은 단지 이것, 즉 치욕은 연민과 마찬가지로 비록 덕은 아닐지라도, 고통이 상처 입은 부분이 아직 부패하지 않았음을 나타내는 한에 있어서 선이라고 일컬어지는 것처럼, 그것은 치욕을 느끼는 사람에게 명예롭게 살고자 하는 욕망이 있다는 증거인 한에 있어서 선이 될 수 있다는 것이다. 그러므로 어떤 행위에 대해 부끄럽게 생각하는 사람은 실제로는 슬픔을 느끼기는 하지만, 명예롭게 살고자 하는 욕망을 갖고 있지 않은 몰염치한 사람보다는 훨씬 더 완전하다.

이상은 기쁨과 슬픔의 감정에 관하여 내가 주의하려고 한 것들이다. 여러 욕망에 관하여 말하자면, 그것들은, 물론, 선한 감정 또는 악한 감정에서 생긴 한에 있어서 선하거나 악하다. 그러나 욕망은, 수동적인 감정 때문에 우리들 안에 생기는 한에 있어서, 사실은 모두 맹목적이다(우리가 정리 44의 주석에서 말한 것에 의해 쉽게 추론될 수 있는 것처럼). 그리고 만일 인간이 오직 이성의 지령에 따라서만 생활하도록 쉽게 이끌어질 수 있다면, 그러한 욕망은 전혀 쓸모가 없을 것이다. 이것을 나는 이제 간단히 증명할 것이다.

정리 59. 우리는 수동적인 감정에 의하여 결정되는 모든 활동에 그러한 감정 없이도 이성에 의하여 결정될 수 있다.

증명: 이성에 따라서 활동한다는 것은 (제3부 정리 3과 정의 2에 의해) 그 자체만으로 고찰된 우리의 본성의 필연성에서 나오는 것들을 행하는 것일 뿐이다. 그런데 슬픔은 이 활동능력을 감소시키거나 억제하는 한에 있어서 악이다(정리 41에 의해). 그러므로 우리는 슬픔의 감정에 의하여, 우리가 이성에 의하여 이끌리는 경우에 할 수 없는 어떠한 활동에도 결정될 수 없다. 다음으로, 기쁨은 인간의 활동능력을 방해하는 한에 있어서 악이다(정리 41과 43에 의해). 그러므로 그러한 한에 있어서도 우리는 이성에 의하여 이끌리는 경우에 할 수 없는 어떠한 활동에도 결정될 수 없다.

마지막으로, 선인 한에 있어서의 기쁨은 이성과 일치한다(왜냐하면 그것은 인간의 활동능력이 증대되거나 촉진되는 것에 있기 때문이다). 또한 기쁨은 인간이 자기와 자기의 활동을 타당하게 파악할 정도로 인간의 활동능력이 증대되지 않는 한에 있어서만 수동이다(제3부 정리 3과 그것의 주석에 의해). 그러므로 만일 기쁨으로 자극받아 변화된 인간이 자기와 자기의 활동을 타당하게 파악할 정도의 완전성에까지 도달한다면, 그는 지금 수동인 감정에 의하여 결정되는 것과 똑같은 활동을 할 수 있거니와 한층 많이 할 수 있다. 그런데 모든 감정은 기쁨, 슬픔 또는 욕망에 환원되며 (감정의 정의 4의 해명 참조), 욕망은 (감정의 정의 1에 의해) 활동하려는 노력 자체일 뿐이다. 그러므로 우리는 수동적인 감정에 의하여 결정되는

모든 활동에, 그 감정 없이도 오직 이성에 의해서만 이끌릴 수 있다. Q.E.D

또 다른 증명: 어떠한 활동이든 우리가 미움이나 어떤 악한 감정으로 자극받아 변화되어 있음으로 인하여 그것이 생기는 한에 있어서는 악이라고 일컬어진다(정리 45의 계 1 참조). 그러나 그 자체만으로 고찰된 어떠한 활동도 선 또는 악이 아니다(우리가 이 부의 서론에서 밝힌 것처럼). 오히려 동일한 활동이 때로는 선이며 때로는 악이다. 그러므로 현재 악인 활동, 즉 어떤 악한 감정에서 생기는 활동과 동일한 활동에, 우리는 (정리 19에 의해) 이성에 의하여 이끌릴 수 있다.

주석: 이는 하나의 예를 듦으로써 한층 명료하게 설명된다. 주먹으로 때리는 행동은, 그것이 물리적으로 고찰되는 한에 있어서, 또한 인간이 팔을 들어 주먹을 쥐고 힘차게 팔을 휘두른다는 것에만 우리가 주의하는 한에 있어서, 인간 신체의 구조에서 생각되는 하나의 덕이다. 그러므로 만일 어떤 사람이 분노나 미움 때문에 흥분하여 주먹을 쥐거나 팔을 휘두르도록 결정된다면, 그러한 것은 (우리가 제2부에서 증명한 것처럼) 동일한 행동이 온갖 사물의 심상과 결합될 수 있기 때문에 일어난다. 그런고로 우리가 혼란스럽게 파악하는 사물의 심상에 의해서도, 또한 뚜렷하고 명확하게 파악하는 것의 심상에 의해서도, 우리는 동일한 행동에 결정될 수 있다. 그러므로 만일 인간이 이성(理性)에 의하여 인도될 수 있다면, 수동적인 감정에서 생기는 욕망은 쓸모없다는 것이 명백하다. 이제 우리는 수동적인 감정에서 생기는 욕망이 어찌하여 맹목적이라고 일컬어지는지를 살펴보기로 하자.

정리 60. 신체의 모든 부분이 아니라 신체의 일부 또는 몇몇 부분에 관계되는 기쁨 또는 슬픔에서 생기는 욕망은 인간 전체의 이익을 고려하지 않는다.

증명: 예를 들어 신체의 부분 A가 어떤 외부의 원인의 힘에 의해 강화되어서 다른 부분들보다 우세하다고 가정해보자(정리 6에 의

해). 이 부분은 그렇다고 해서 신체의 나머지 부분들이 그것들의 기능을 수행하도록 자신의 힘을 감축하려고 노력하지는 않을 것이다. 왜냐하면 그런 경우에 그것은 자기의 힘을 감축하는 힘 또는 능력을 가져야만 하는데, 이러한 것은 (제3부 정리 6에 의해) 부조리하기 때문이다. 그러므로 그 부분은, 따라서 (제3부 정리 7과 12에 의해) 정신도 역시 그 상태를 보존하려고 노력할 것이다. 그런고로 그러한 기쁨의 감정에서 생기는 욕망은 전체를 고려하지 않는다.

그런데 반대로, 만일 A라는 부분이 억제되어 나머지 부분들이 그것보다 우세하다고 가정한다면, 슬픔에서 생기는 욕망도 역시 전체를 고려하지 않는다는 것이 동일한 방식으로 증명된다. Q.E.D

주석: 따라서 기쁨은 대체로 신체의 일부분에만 관계되기 때문에 (정리 44의 주석에 의해), 대개의 경우 우리는 우리의 존재를 보존하기를 바라면서 우리의 전체적인 건강을 고려하지 않는다. 게다가 우리를 가장 많이 지배하는 욕망들은 (정리 9의 계에 의해) 현재만을 고려하고 미래를 고려하지 않는다는 사실이 있다.

정리 61. 이성에서 생기는 욕망은 지나칠 수가 없다.

증명: 절대적으로 고찰된 욕망은, 인간의 본질이 어떤 방식으로 어떤 것을 행하도록 결정되어 있다고 파악되는 한에 있어서 인간의 본질 자체이다(감정의 정의 1에 의해). 그러므로 이성에서 생기는 욕망, 즉 (제3부 정리 3에 의해) 작용하는 한에 있어서의 우리들 안에 생기는 욕망은, 인간의 본질이 오로지 인간의 본질에 의해서만 타당하게 파악되는 것들을 행하도록 결정되어 있다고 파악되는 한에 있어서 인간의 본질 또는 본성 자체이다(제3부 정의 2에 의해). 따라서 만일 이 욕망이 지나칠 수가 있다면, 그 자체만으로 고찰된 인간의 본성은 자기 자신을 넘어설 수가 있을 것이다. 즉 그것은 자기가 할 수 있는 것보다 더 많은 것을 할 수 있을 것이다. 이것은 명백한 모순이다. 그러므로 이러한 욕망은 지나칠 수가 없다. Q.E.D.

정리 62. 정신은, 이성의 지령에 따라서 사물을 파악하는 한, 관념이 미래 또는 과거의 사물에 관한 것이든, 혹은 현재의 사물에 관한 것이든 간에 똑같이 자극받아 변화된다.

증명: 정신은 이성의 지도에 따라서 파악하는 모든 것을 똑같이 영원 또는 필연의 상(像) 아래에서 파악하며 (제2부 정리 44의 계 2에 의해), 같은 확실성으로 자극받아 변화된다(제2부 정리 43과 그것의 주석에 의해). 그러므로 관념이 미래 또는 과거의 사물에 관한 것이든, 혹은 현재의 사물에 관한 것이든 간에, 정신은 똑같은 필연성으로써 사물을 파악하며, 똑같은 확실성으로 자극받아 변화된다. 그리고 그 관념은 미래 또는 과거의 사물에 관한 것이든, 혹은 현재의 사물에 관한 것이든 간에 똑같이 참일 것이다(제2부 정리 41에 의해). 즉 (제2부 정의 4에 의해) 그 관념은 하여간에 항상 타당한 관념의 동일한 특성들을 가질 것이다. 그러므로 정신은 이성의 지령에 따라서 사물을 파악하는 한, 관념이 미래 또는 과거의 사물에 관한 것이든, 혹은 현재의 사물에 관한 것이든 간에 동일한 방식으로 자극받아 변화된다. Q.E.D

주석: 만일 우리가 사물의 지속에 대하여 타당한 인식을 가지고, 사물의 존재의 시기를 이성에 의하여 결정할 수 있다면, 우리는 미래의 사물을 현재의 사물과 동일한 감정을 가지고 고찰했을 것이고, 정신은 미래의 것으로 생각하는 선을 현재의 선과 똑같이 추구했을 것이다. 따라서 정신은 보다 큰 미래의 선을 위하여 보다 작은 현재의 선을 필연적으로 무시하고, 우리가 곧 증명하려는 것처럼, 현시점에서는 선이지만 미래의 어떤 악의 원인이 되는 것을 결코 추구하지 않을 것이다.

그러나 우리는 사물의 지속에 대하여 아주 타당하지 못한 인식만을 가질 수밖에 없고 (제2부 정리 31에 의해), 사물의 존재의 시기를 오직 표상력에 의해서만 결정한다(제2부 정리 44의 주석에 의해). 그런데 이 표상력은 현재의 사물의 심상과 미래의 사물의 심상에 의해서 똑같이 자극받아 변화되지 않는다. 이런 이유로, 우리가 갖는 선과 악의 참된 인식은 추상적이거나 일반적인 것에 지나지 않으며, 또 현재 우리에게 무엇이 선 또는 악인지를 결정하기 위하여 사물들의 질서 및 원인들의 연결에 관하여 우리가 내리는 판단은 실재적이라기보다는 오히려 표상적이다. 그러므로 신과 악의 인식이 미래에 관계되는 한, 그 인식에서 생기는 욕망이 현재 매혹적인 것에 대한 욕망에 의하여 쉽게 억제될 수 있다고 해도 이상할 것이 없다. 이것에 대해서는 정리 16을 참조하시라.

정리 63. 공포에 의해 이끌려서, 악을 피하기 위해 선을 행하는 자는 이성에 의해 이끌리지 않고 있다.

증명: 작용하는 한에 있어서의 정신에 관계하는 감정들, 즉 (제3부 정리 3에 의해) 이성에 관계하는 감정들은 기쁨과 욕망의 감정들뿐이다(제3부 정리 59에 의해). 그러므로 (감정의 정의 13에 의해) 공포에 의해 이끌려서 악에 대한 두려움 때문에 선을 행하는 자는 이성에 의해 이끌리지 않고 있다. Q.E.D

주석: 덕을 가르치기보다는 결점을 비난하는 법을 알고 있고, 사람들을 이성에 의하여 이끌지 않고 공포에 의하여 억제해서 사람들이 덕을 사랑하기보다는 오히려 악을 피하도록 애쓰는 미신가들은, 다른 사람들을 자신들처럼 비참하게 만들려는 의도가 있을 뿐이다. 그러므로 그들이 일반적으로 사람들에게 불쾌하고 가증스러운 존재가 된다고 해도 조금도 이상한 일이 아니다.

계: 이성에서 생기는 욕망에 의하여 우리는 직접적으로 선을 추구하며, 간접적으로 악을 피한다.

증명: 왜냐하면 이성에서 생기는 욕망은 수동이 아닌 기쁨의 감정에서만 (제3부 정리 59에 의해), 즉 지나칠 수가 없는 기쁨에서만 (정리 61에 의해) 생길 수 있기 때문이다. 그러나 그것은 슬픔에서는 생길 수 없으므로, 이 욕망은 (정리 8에 의해) 악의 인식이 아니라 선의 인식에서 생긴다. 그러므로 이성의 지도에 따라서 우리는 직접적으로 선을 욕구하고, 또 그러한 한에 있어서만 악을 피한다. Q.E.D

주석: 이 계는 병자와 건강한 사람의 예에 의하여 설명된다. 병자는

죽음에 대한 두려움 때문에 자신이 싫어하는 것을 먹는다. 반면에 건강한 사람은 음식을 즐기며, 죽음을 두려워하여 직접적으로 그것을 피하려 애쓰는 경우보다 삶을 보다 잘 즐긴다. 마찬가지로 미움이나 분노 때문이 아니라 단지 공공의 안녕에 대한 사랑 때문에 죄인에게 사형을 선고하는 재판관은 오직 이성에 의해서만 인도된다.

정리 64. 악의 인식은 타당하지 못한 인식이다.

증명: 악의 인식은 (정리 8에 의해) 우리에게 의식된 한에 있어서의 슬픔 자체이다. 그런데 슬픔은 보다 작은 완전성으로의 이행이며 (감정의 정의 3에 의해), 따라서 슬픔은 인간의 본질 자체에 의해서는 이해될 수 없다(제3부 정리 6과 정리 7에 의해). 그러므로 슬픔은 타당하지 못한 관념에 의존하는(제3부 정리 3에 의해) 수동적 감정이다(제3부 정의 2에 의해). 따라서 (제2부 정리 29에 의해) 슬픔의 인식, 즉 악의 인식은 타당하지 못하다. Q.E.D

계: 이것으로부터 내려지는 결론은 이러하다. 즉 만일 인간의 정신이 타당한 관념만을 가지고 있다면, 그것은 어떠한 악의 개념도 형성하지 않을 것이다.

정리 65. 이성의 지도에 따라서 우리는 두 가지 선 중에 보다 큰 것을, 또한 두 가지 악 중에서 보다 작은 것을 추구할 것이다.

증명: 우리가 보다 큰 선을 향수하는 것을 방해하는 선은 실제로는 악이다. 왜냐하면 선과 악은 (우리가 이 부의 서론에서 밝혔듯이) 우리가 사물들을 서로 비교하는 한에 있어서 사용하는 말이기 때문이다. 같은 논법에 의하여, 보다 작은 악은 실제로는 선이다. 그러므로 (정리 63의 계에 의해) 이성의 지도에 따라서 우리는 보다 큰 선과 보다 작은 악만을 욕구하거나 추구할 것이다. Q.E.D

계: 이성의 지도에 따라서 우리는 보다 큰 선을 위하여 보다 작은 악을 추구할 것이며, 또한 보다 큰 악의 원인인 보다 작은 선을 무시할 것이다. 왜냐하면 여기서 보다 작다고 일컬어지는 악은 실제

로는 선이며, 이에 반하여 보다 작다고 일컬어지는 선은 악이기 때문이다. 그러므로 (정리 63의 계에 의해) 우리는 전자를 욕구하고 후자를 무시할 것이다.

정리 66. 이성의 지도에 따라서 우리는 보다 작은 현재의 선보다는 보다 큰 미래의 선을, 또한 보다 큰 미래의 악보다는 보다 작은 현재의 악을 욕구할 것이다.

증명: 만일 정신이 미래의 사물에 대하여 타당한 인식을 가질 수 있다면, 정신은 미래의 사물에 대해서도 현재의 사물에 대해서와 동일한 감정으로 자극받아 변화될 것이다(정리 62에 의해). 따라서 우리가 이성 그 자체에 주의하는 한 ―이 정리에서 우리는 이러한 경우를 가정하고 있다― 보다 큰 선 또는 악이 미래의 것으로 가정되든 현재의 것으로 가정되든 사정은 동일할 것이다. 그러므로 (정리 65에 의해) 우리는 보다 작은 현재의 선보다는 보다 큰 미래의 선을, 또한 … 욕구할 것이다. Q.E.D

계: 이성의 지도에 따라서 우리는 보다 큰 미래의 선의 원인인 보다 작은 현재의 악을 욕구할 것이며, 또한 보다 큰 미래의 악의 원인인 보다 작은 현재의 선을 무시할 것이다. 이 계는 정리 65의 계가 정리 65에 관계되는 것과 똑같이 정리 66에 관계된다.

주석: 이러한 것들을 우리가 이 부의 정리 18까지 감정의 힘에 관하여 증명한 것들과 비교한다면, 감정이나 의견에 의해서만 인도되는 사람과 이성에 의해 인도되는 사람과의 사이에 어떤 차이가 있는지를 쉽게 알 것이다. 왜냐하면 전자는 자신이 원하든 원하지 않든 간에, 자신이 대부분 모르는 것들을 행하는 반면, 후자는 자기 이외의 아무에게도 따르지 않고, 자신이 인생에서 가장 중요하다고 인식하는 것들이며, 그런 까닭에 가장 많이 욕구하는 것들만을 행하기 때문이다. 그러므로 나는 전자를 노예라고 부르고, 후자를 자유인이라고 일컫는다.

이제는 자유인의 성격과 생활방식에 관하여 약간 주의해 두고자 한다.

정리 67. 자유인은 다른 그 어떤 것에 대해서보다 죽음에 대해서 가장 적게 생각하며, 그의 지혜는 죽음에 대한 관조(觀照)가 아니라 삶에 대한 관조이다.

증명: 자유인, 즉 이성의 지령에 따라서만 생활하는 사람은, 죽음의 공포에 의해 인도되지 않는다(정리 63에 의해). 오히려 그는 직접적으로 선을 욕구한다(정리 63의 계에 의해). 즉 그는 (정리 24에 의해) 자기의 이익을 추구하는 것을 기초로 하여 행동하고, 생활하고, 자신의 존재를 보존한다. 그러므로 그는 다른 그 어떤 것에 대해서보다 죽음에 대해서 가장 적게 생각하며, 그의 지혜는 삶에 대한 관조(觀照)이다. Q.E.D.

정리 68. 만약 사람들이 자유롭게 되어 태어난다면, 그들은 자유로운 동안에는 어떠한 선과 악의 개념도 형성하지 않을 것이다.

증명: 나는 이성에 의해서만 인도되는 사람을 자유롭다고 말한다. 따라서 자유롭게 되어 태어나고, 자유롭게 존속하는 사람은 단지 타당한 관념만을 가지므로, 어떠한 악의 개념도 갖지 않는다(정리 64의 계에 의해). 따라서 선의 개념도 갖지 않는다(왜냐하면 선과 악은 상관적이기 때문에). Q.E.D

주석: 이 정리의 가정이 잘못된 것이거니와, 우리가 인간의 본성에만 주의하는 한에 있어서만, 또는 오히려 무한한 한에 있어서의 신이 아니라 단지 인간의 존재의 원인일 따름인 신에 주의하는 한에 있어서만 생각될 수 있다는 것은 정리 4에 의해 명백하다.

 이것과 우리가 이미 증명한 다른 것들은 모세가 최초의 인간에 관한 그 이야기에서 암시한 것처럼 보인다. 왜냐하면 그 이야기에서 생각되고 있는 신의 능력은 인간을 창조한 그 능력, 즉 인간의 이익만을 고려한 그 능력뿐이기 때문이다. 그래서 우리에게 전해지는 이야기는 이러하다. 즉 신은 자유로운 인간에게 선과 악에 대한 인식의 나무 열매를 먹는 것을 금하였다. 그리고 인간은 그것을 먹자마자, 살기를 바라기보다는 오히려 죽음을 두려워하였다. 또, 인간은 자기의 본성과 완전히 일치하는 여인을 발견했을 때, 자연에서 그녀보다 더 자기에게 유익한 것이 있을 수 없다는 것을 알았다. 그러나 그는 짐승들이 자신과 유사하다고 생각한 이후에는 곧 그것들의 감정을 모방하여 (제3부 정리 27 참조) 자기의 자유를 잃기 시작하였다. 이 자유를 나중에 족장들이 그리스도의 정신에 의해, 즉 신의 관념에 의해 인도되어 회복하였는데, 이 신의 관념은 인간이 자유롭게 되기 위한, 또한 우리가 이전에 증명한 것처럼(정리 37에 의해) 인간이 자기를 위하여 욕구하는 선을 다른 사람들을 위해서도 욕구하도록 하기 위한 유일한 기초이다.

정리 69. 자유로운 인간의 덕은 위험을 회피하는 데 있어서도 위험을 극복하는 데 있어서와 같이 위대한 것으로 나타난다.

증명: 감정은 그것과 반대되는 그리고 억제되어야 할 그 감정보다 더 강력한 어떤 감정에 의해서가 아니면 억제될 수도 없고 제거될 수도 없다(정리 7에 의해). 그런데 맹목적인 대담과 공포는 똑같은 정도의 것으로 생각될 수 있는 감정이다(정리 3과 5에 의해). 그러므로 대담을 억제하기 위해서는 공포를 억제하기 위해 필요한 것과 같은 정도의 정신의 덕 또는 정신의 강함(이것의 정의에 대해서는 제3부 정리 59의 주석을 참조)이 필요하다. 즉 (감정의 정의 40과 41에 의해) 자유로운 인간은 위험을 극복하려고 꾀할 때와 같은 정신의 덕으로써 위험을 회피한다. Q.E.D

계: 그러므로 자유로운 인간에게 있어 적시의 도피는 전투와 같이 큰 용기의 발현이다. 즉 자유로운 인간은 전투를 택할 때와 같은 용기 또는 정신의 결연함으로써 도피를 택한다.

주석: 용기가 무엇인지, 또는 내가 그것을 어떻게 이해하는지를 나는 제3부 정리 59의 주석에서 설명하였다. 그리고 위험이라는 것을 나는 슬픔, 미움, 불화 등과 같은 어떤 해악의 원인이 될 수 있는 온갖 것으로 이해한다.

정리 70. 무지한 사람들 사이에서 생활하는 자유로운 인간은, 가능한 한, 그들의 친절을 피하려고 노력한다.

증명: 각자는 자기의 성향에 따라서 무엇이 선인지를 판단한다(제3부 정리 39의 주석 참조). 그러므로 타인에게 친절을 베푼 무지한 사람은 자기의 성향에 따라 그것을 평가할 것이다. 그리고 그가 만일 친절을 받은 사람이 그것을 더 작게 평가하는 것을 본다면 슬픔을 느낄 것이다(제3부 정리 42 의해). 그러나 자유로운 인간은 다른 사람들과 친교를 맺으려고는 힘쓰지만 (정리 37에 의해), 그들의 관점에서 등가(等價)인 친절로 보답하려고는 애쓰지 않고, 오히려 자신과 다른 사람들을 자유로운 이성의 판단에 의하여 인도하려고 하고, 자신이 가장 중요하다고 인식하는 것들만을 행하려고 애쓴다. 그러므로 자유로운 인간은 무지한 사람들의 미움을 사지 않기 위해서, 또한 그들의 충동이 아니라 오직 이성에만 따르기 위해서, 그들의 친절을 가능한 한 피하려고 노력할 것이다. Q.E.D

주석: 나는 '가능한 한'이라고 말한다. 왜냐하면 사람들이 비록 무지할지라도, 그들 역시 인간이며, 긴급한 상황에서 최선의 인간적 원조를 제공할 수 있기 때문이다. 그러므로 그들로부터 친절을 받아들이고, 그들의 기호에 맞추어 감사의 답례를 하는 것이 필요한 경우가 종종 있는 법이다. 게다가 친절을 피하는 데 있어서도 우리는, 그들을 경멸하는 것처럼 보이지 않도록, 또는 탐욕 때문에 우리가 그들에게 보답하기를 싫어하는 것처럼 보이지 않도록 조심하지 않으면 안 된다. 즉 그들의 미움을 피하려고 꾀하다가 그들을 성나게 해서는 안 된다. 그러므로 친절을 피하는 데 있어서 우리는 무엇이 유익한 것이고 무엇이 명예로운 것인지를 고려하지 않으면 안 된다.

정리 71. 오직 자유로운 사람들만이 서로에게 진실로 감사한다.

증명: 오직 자유로운 사람들만이 서로에게 진실로 유익하며 가장 친밀한 우정의 인연으로 서로 결합하고 (정리 35와 그것의 계 1에

의해), 똑같은 사랑의 열의로써 서로를 이롭게 하려고 노력한다(정리 37에 의해). 그러므로 (감정의 정의 34에 의해) 오직 자유로운 사람들만이 서로에게 진실로 고마워한다. Q.E.D

주석: 맹목적 욕망에 의해 인도되는 사람들이 서로에게 표시하는 감사는 대개 감사라기보다는 오히려 거래 또는 책략이다. 또, 망은은 감정이 아니다. 그렇지만 망은은 사람의 도리가 아니다. 왜냐하면 그것은 대체로 인간이 과도한 미움, 분노, 오만, 탐욕 등으로 자극받아 변화되어 있음을 나타내기 때문이다. 다른 한편으로, 어리석음 때문에 은혜에 보답하는 법을 모르는 자는 배은망덕하지 않다. 하물며 음란한 여자의 선물에 의하여 그녀의 음욕에 봉사하도록 동요되지 않는 사람, 또는 도둑의 선물에 의하여 그의 장물을 은닉하도록 동요되지 않는 사람, 혹은 이와 비슷한 다른 사람의 선물에 의하여 동요되지 않는 사람은 더욱더 배은망덕하지 않다. 반대로, 어떠한 선물에 의해서도 자기 자신이나 사회가 파멸에 이르도록 유혹되지 않는 사람은 확고한 정신을 나타내고 있다.

정리 72. 자유로운 사람은 결코 기만적으로 행동하지 않고 항상 신의를 갖추어 행동한다.

증명: 만일 자유로운 사람이, 자유로운 한에 있어서 기만적으로 행동한다면, 그는 이성의 지령에 따라서 그렇게 했을 것이다(왜냐하면 이성의 지령에 따라서 행동하는 한에 있어서만 사람은 자유롭다고 일컬어지기 때문이다). 그러므로 기만적으로 행동하는 것이 하나의 덕이 될 것이고 (정리 24에 의해), 따라서 (같은 정리에 의해) 자신의 존재를 보존하기 위해서는 각자가 모두 기만적으로 행동하는 것이 더 나을 것이다. 다시 말해서 (그 자체로 명백한 것처럼) 사람들은 단지 말로만 일치하고 실제로는 서로 반대되는 것이 더 나을 것이다. 그러나 이것은 (정리 31에 의해) 부조리하다. 그러므로 자유로운 사람은 …. Q.E.D

주석: 어떤 사람이 다음과 같이 질문할지도 모르겠다. 만일 인간이 배신행위에 의하여 현재의 죽음의 위험에서 벗어날 수 있다면 어떻

게 될 것인가? 자기보존의 원칙이 그에게 배신하는 사람이 될 것을 무조건으로 권하지 않겠는가? 이에 대해서는 위와 같은 방식으로 대답한다. 만일 이성이 그러한 것을 권한다면, 이성은 그것을 모든 사람에게 권한다. 그러므로 이성은 일반적으로 사람들에게 오로지 속임수로써만 계약을 맺고, 힘을 결합하고, 공통의 권리를 가질 것을, 즉 실제로는 그들이 공통의 권리를 갖지 않기를 권한다. 이것은 불합리하다.

정리 73. 이성에 의해 인도되는 사람은, 자기 자신에게만 복종하는 고독 속에서보다는 공동의 결정에 따라서 생활하는 국가 내에서 더욱 자유롭다.

증명: 이성에 의해 인도되는 사람은 공포에 의해 복종하도록 이끌리지 않는다(정리 63에 의해). 오히려 그는 이성의 지령에 따라 자신의 존재를 보존하려고 노력하는 한에 있어서, 즉 (정리 66의 주석에 의해) 자유롭게 생활하려고 노력하는 한에 있어서 공동의 생활과 공동의 이익을 고려하려고 하며 (정리 37에 의해), 따라서 (정리 37의 주석 2에서 밝힌 것처럼) 국가의 공동적 결정에 따라서 생활하기를 욕구한다. 그러므로 이성에 의해 인도되는 사람은, 보다 자유롭게 살기 위해서, 국가의 공통적 법률을 지키기를 바란다. Q.E.D
주석: 이러한 것 및 우리가 인간의 참된 자유에 관하여 밝힌 유사한 것들은 정신의 강함에, 즉 (제3부 정리 59의 주석에 의해) 용기와 아량에 관계된다. 나는 여기서 정신의 강함의 모든 특성들을 일일이 증명하는 것이 그럴 만한 가치가 있다고 생각하지 않는다. 하물며 정신적으로 강한 사람이 아무도 미워하지 않고, 누구에게도 화내지 않고, 질투하지 않고, 성질내지 않고, 누구도 경멸하지 않고 결코 거만하지 않다는 것을 증명하는 것은 더욱 그럴 만한 가치가 없을 것이다. 왜냐하면 이러한 것 및 참된 생활과 종교에 관한 모든 것은 정리 37과 46에 의해 쉽게 증명되기 때문이다. 즉 미움은 사랑에 의하여 정복되어야 한다는 것 및 이성에 의하여 인도되는 각자는 자기를 위하여 추구하는 선을 다른 사람들을 위해서도 욕구

한다는 것에 의하여 쉽게 증명된다.

 게다가 우리는 정리 50의 주석과 다른 여러 곳에서 다음과 같이 주의한 적이 있다. 정신적으로 강한 사람은, 모든 것이 신의 본성의 필연성에서 발생한다는 것을 제일로 명심하고, 따라서 불쾌하고 악하다고 생각되는 온갖 것과 부도덕하고, 혐오스럽고, 부정(不正)하고, 비열하게 보이는 온갖 것은 자신이 사물 자체를 혼란스럽고, 단편적이고, 어지러운 방식으로 생각하는 것에서 생긴다는 것을 유념한다. 이런 이유로, 그는 사물을 있는 그대로 파악하기 위해 제일로 노력하며, 참된 인식에 장애가 되는 것들, 즉 미움, 분노, 질투, 비웃음, 거만 그리고 우리가 주의한 기타의 것들을 제거하기 위해 노력한다.

 그러므로 그는, 우리가 말한 것처럼, 가능한 한 올바르게 행동하고 즐기려고 노력한다. 이러한 것들을 달성하는 일에 인간의 덕은 어느 정도까지 나아갈 수 있으며 무엇을 할 수 있는지에 대해 나는 다음 부에서 증명할 것이다.

부록

올바른 생활방식에 관하여 이 부에서 내가 논술한 것들은 한 눈에 볼 수 있게끔 정리되어 있지는 않다. 오히려 나는 하나를 다른 것에서 보다 쉽게 이끌어낼 수 있음에 따라서 그것들을 여기저기서 증명하였다. 그러므로 나는 그것들을 여기에 취합하여 주요 항목별로 정리해보려고 한다.

1. 우리의 모든 노력 또는 욕망은 우리의 본성의 필연성에서 나오는데, 이는 그것들의 가장 가까운 원인으로서의 우리의 본성에 의해서만 이해될 수 있는 방식으로 나오든가, 아니면 우리가 다른 개체들 없이 그 자체에 의하여 타당하게 파악될 수 없는 자연의 일부분인 한에 있어서 나온다.

2. 우리의 본성에 의해서만 이해될 수 있는 방식으로 우리의 본성에서 나오는 욕망들은, 타당한 관념들로 이루어져 있다고 파악되는

한에 있어서의 정신에 관계되는 것들이다. 여타의 욕망들은 사물을 타당하지 않게 파악하는 한에 있어서의 정신에만 관계되며, 그것들의 힘과 성장은 인간의 능력에 의해서가 아니라 우리의 외부에 있는 사물들의 힘에 의하여 한정되지 않으면 안 된다. 그러므로 전자는 능동이라고 불러야 마땅하고, 후자는 수동이라고 불러야 마땅하다. 왜냐하면 전자는 항상 우리의 능력을 나타내는 반면, 후자는 우리의 무능력과 불완전한 인식을 나타내기 때문이다.

3. 우리의 능동(즉, 인간의 능력 또는 이성에 의하여 결정되는 욕망들)은 항상 선이지만, 그 외의 욕망들은 선일 수도 있고 악일 수도 있다.

4. 그러므로 인생에 있어서 가장 유익한 것은 우리의 지성 또는 이성을 가능한 한 완전하게 하는 것이며, 오로지 이것에만 인간의 최고의 행복 또는 지복이 있다. 왜냐하면 지복은 신에 대한 직관적 인식에서 생기는 정신의 만족일 뿐이기 때문이다. 그런데 지성을 완전하게 하는 것은 신 및 신의 속성들 그리고 신의 본성의 필연성에서 나오는 활동들을 인식하는 것에 지나지 않는다. 그러므로 이성에 의하여 인도되는 사람의 궁극적 목적, 즉 그로 하여금 다른 모든 욕망들을 제어하려고 애쓰도록 하는 최고의 욕망은 그 자신 및 그의 인식의 범위 안에 들어올 수 있는 모든 것을 타당하게 파악하도록 그를 이끄는 욕망이다.

5. 그러므로 인식 없이는 어떠한 이성적 생활도 있을 수 없다. 그리고 사물들은 인간이 인식에 의해 정의되는 정신적 삶을 향수하도록 돕는 한에 있어서만 선이다. 이에 반하여 인간이 이성을 완전하게 하여 이성적 삶을 향수하는 데 방해가 되는 것들만을 우리는 악이라고 부른다.

6. 그러나 인간이 작용원인인 것은 모두 필연적으로 선이기 때문에, 악은 오직 외부의 원인에 의해서만 인간에게 일어날 수 있다. 즉 인간이 전체 자연의 일부이며, 인간의 본성은 전체 자연의 법칙에

복종하도록 강제되고, 또 인간의 본성이 거의 무한히 많은 방식으로 전체 자연에 순응하도록 강요되는 한에 있어서 악은 인간에게 일어날 수 있다.

7. 인간이 자연의 일부분이 아니며 자연의 공통적 질서를 따르지 않는다는 것은 불가능하다. 그러나 만일 인간이 자기의 본성과 일치하는 개체들 사이에서 생활한다면, 그것에 의해서 그의 활동능력은 촉진되고 고무될 것이다. 반대로, 만일 그가 자기의 본성과 전혀 일치하지 않는 개체들 사이에 있다면, 그는 자기 자신을 크게 변화시키지 않고는 그들에게 거의 순응할 수 없을 것이다.

8. 자연에 존재하는 것 중에서 악이라고 판단되는 온갖 것, 즉 우리가 존재하고 이성적 삶을 향수할 수 있는 것을 방해할 수 있는 온갖 것을 우리는 가장 안전하다고 생각되는 방법으로 제거해도 좋다. 반면에, 선이라고 판단되는 온갖 것, 즉 우리의 존재를 보존하고 이성적 삶을 향수하는 데 유익하다고 판단되는 온갖 것을 우리는 사용을 위해 취하고 적당한 방법으로 그것을 이용해도 좋다. 그리고 절대적으로, 각자는 자기의 이익에 기여할 것이라고 판단되는 것을 최고의 자연권에 의해 행하는 것이 허용된다.

9. 어떤 것의 본성과 가장 많이 일치할 수 있는 것은 그것과 같은 종류의 다른 개체들이다. 그러므로 (7번 참조) 인간이 자신의 존재를 보존하고 이성적 삶을 향수하는 데에 이성에 의해 인도되는 인간보다 더 유익한 것은 없다. 또, 개물들 중에서 이성에 의해 인도되는 인간보다 더 훌륭한 것을 우리는 알지 못하기 때문에, 우리는 사람들을 교육시켜 마침내 그들이 자기의 이성의 명령에 따라서 생활하도록 함으로써 우리의 기량과 재능이 어느 정도인지를 가장 잘 증명할 수 있다.

10. 사람들은 서로에 대하여 질투나 다른 어떤 미움의 감정을 느끼는 한에 있어서 서로 대립한다. 따라서 그들은 자연의 다른 개체들보다 더 많은 것을 할 수 있으므로 그만큼 더 서로를 두렵게 한다.

11. 그럼에도 불구하고 정신은 무기에 의해서가 아니라 사랑과 아량에 의하여 정복된다.

12. 인간에게는 연합을 형성하고, 하나의 조직체를 만들기에 가장 적당한 유대에 의해 서로 뭉치는 것이, 그리고 절대적으로는 우정을 강화하는 데 도움이 되는 일을 행하는 것이 무엇보다도 유익하다.

13. 그러나 이것을 위해서는 기량과 주의가 필요하다. 왜냐하면 사람들은 변하기 쉬우며(이성의 지도에 따라 생활하는 자는 매우 드물기 때문에) 대체로 질투가 심하고, 동정보다는 복수에 기울어져 있기 때문이다. 그러므로 각자의 성정을 용인하면서도 그들의 감정을 모방하지 않도록 자제하는 데에는 비범한 정신의 능력이 필요하다. 그러나 인간을 비난하며, 덕을 가르치기보다는 결점을 책망하고, 인간의 마음을 강화하기보다는 오히려 허물어뜨리는 법을 알고 있는 사람들은 자신에게도 남들에게도 해악을 끼친다. 이런 이유로 많은 사람들은 지나치게 조급한 마음과 그릇된 종교열로 인해서 사람들 사이에서보다 오히려 짐승들 사이에서 사는 것을 택한다. 이것은 부모의 질책을 냉정하게 참을 수가 없는 소년이나 청년이 군대에 달려 들어가고, 가정의 안락함과 아버지의 훈계보다 오히려 전쟁의 고난과 폭군의 명령을 택하여 부모에게 복수하는 동안, 자신에게 부과되는 온갖 종류의 부담을 떠맡는 것과 같다.

14. 그러므로 인간은 대개 자기의 욕망에 따라 만사를 결정하지만, 그럼에도 불구하고 인간의 공동사회에서는 손해보다 훨씬 더 많은 이점이 생긴다. 그러므로 그들의 불법행위를 의연히 참아내고, 화합과 우정을 가져오는 데에 도움이 되는 일에 열의를 쏟는 것이 더 낫다.

15. 화합을 가져오는 것들은 정의, 공평, 도의적 행동에 합치하는 것들이다. 왜냐하면 사람들은 부당한 것과 불공평한 것뿐만 아니라,

제4부 인간의 예속 또는 감정의 힘에 대하여

도의에 어긋난다고 생각되는 것, 또는 누군가 국가의 널리 인정된 풍습을 경시하는 것도 용납하기 어렵기 때문이다. 그러나 사람들의 사랑을 얻기 위해서는 종교와 도의심에 합치하는 것들이 무엇보다 필요하다. 이것에 대해서는 정리 37의 주석 1과 2, 정리 46의 주석 및 정리 73의 주석을 참조하시라.

16. 화합은 종종 공포에 의해서도 생기지만, 그것은 신뢰가 없는 것이다. 게다가 공포는 정신의 무력함에서 생기며, 따라서 이성의 사용에 속하지 않는다. 이것은 연민이 도의심의 외관을 가지고 있음에도 불구하고 이성의 사용에 속하지 않는 것과 같다.

17. 인간은 시혜(施惠)에 의해서도 정복되는데, 특히 생활을 유지하기 위해 필요한 것들을 획득할 방도가 없는 사람들이 그러하다. 그러나 곤궁한 모든 사람에게 원조를 제공하는 것은 한 개인의 능력과 자산을 훨씬 능가한다. 왜냐하면 한 개인의 부(富)는 그러한 일을 도저히 감당하지 못하기 때문이다. 게다가 한 사람의 능력은 모든 사람과 친교를 맺기에는 너무나 제한되어 있다. 그러므로 가난한 사람들에 대한 배려는 사회 전체의 책임이며, 오로지 공공복지에 해당된다.

18. 친절을 받아들이고 감사의 답례를 하는 데에는 전혀 다른 조심성이 있어야만 한다. 이것에 관해서는 정리 70의 주석과 정리 71의 주석을 참조하시라.

19. 그 외에, 전적으로 관능적인 사랑, 즉 단지 외모 때문에 생기는 성적 욕망, 그리고 일반적으로, 정신의 자유 이외의 다른 원인을 갖는 모든 사랑은 쉽게 미움으로 변화한다. 그렇지 않은 경우에 그 사랑은 광기(狂氣)의 일종이 되는데, 이것은 더 나쁘다. 그리고 이런 경우에는 화합보다는 불화가 더 많이 조장된다. 제3부 정리 31의 계를 참조하시라.

20. 결혼에 관해서는, 만일 육체적 결합에 대한 욕망이 단지 외모에 의해서만이 아니라 자녀를 낳아서 현명하게 교육시키려고 하는 사

랑에 의해서도 생긴다면, 게다가 만일 남자와 여자 두 사람의 사랑이 단지 외모만이 아니라 주로 정신의 자유를 원인으로 가진다면, 그것은 확실히 이성과 일치한다.

21. 아첨도 역시 화합을 생기게 하지만, 그것은 노예적인 추잡한 짓이나 배신을 통해서이다. 아첨에 가장 많이 사로잡히는 사람은 제1인자 되길 바라면서도 그렇지 못한 오만한 사람이다.

22. 자기비하에는 도의심 및 종교심인 듯한 가짜의 외관이 있다. 그리고 자기비하는 오만의 반대이지만, 자기를 비하하는 사람은 오만한 인간에 가장 가깝다. 정리 57의 주석을 참조하시라.

23. 치욕도 화합에 기여하기는 하지만, 숨길 수 없는 것들에 관련해서만 그러하다. 또, 치욕 그 자체는 슬픔의 일종이기 때문에, 이성의 사용에는 속하지 않는다.

24. 타인에 대해 남아있는 슬픔의 감정은 정의, 공평, 도의심, 경건, 종교심에 직접적으로 상충된다. 분개가 공평의 외관을 가지고 있는 것처럼 보일지라도, 각자가 타인의 행위에 대해 심판을 하여 자기 자신이나 타인의 권리를 옹호하도록 허용되는 곳은 무법천지인 것이다.

25. 정중, 즉 이성에 의해 결정되어 사람들의 마음에 들려는 욕망은 도의심에 속한다(정리 37의 주석 1에서 우리가 말한 것처럼). 그러나 만일 그것이 감정에서 생긴다면, 그것은 야심, 즉 인간이 도의심의 가면 아래 숨어서 흔히 불화와 싸움을 야기하는 욕망이 된다. 왜냐하면 다른 사람들이 자기와 함께 최고의 선을 향수하도록 조언이나 행동으로 그들을 돕고자 하는 사람은 주로 그들의 사랑을 얻으려고 애쓸 터이지만, 그들의 경탄을 불러일으켜 자기의 가르침이 자기의 이름을 따서 불리도록 노력하지는 않을 것이며, 질투에 쓰일 어떠한 근거도 제공하지 않을 것이기 때문이다. 또, 보통의 대화에서도 인간의 결점에 대해 이야기하는 것을 피하고, 인간의 무능

제4부 인간의 예속 또는 감정의 힘에 대하여

력에 대해서는 조금만 말하려고 주의하며, 인간의 덕 또는 능력에 대하여, 그리고 그것을 완성하는 방법에 대해서는 많이 말할 것이다. 이렇게 하여 그는 사람들이 공포나 혐오에 의해서가 아니라 오로지 기쁨의 감정에 의해서만 움직여져서 가능한 한 이성의 명령에 따라 생활하기 위해 노력하도록 이끌 것이다.

26. 인간 이외에는 자연에 있는 개물 중에 우리가 그것의 정신을 즐길 수 있는 어떤 것도, 또 우리가 그것과 우정 또는 어떤 종류의 교제를 맺을 수 있는 어떤 것도, 우리는 알지 못한다. 그러므로 우리의 이익을 추구하는 원리는 인간 이외에 자연에 있는 모든 것을 보존하기를 요구하지 않는다. 오히려, 그 원리는 그것들을 그것들의 여러 가지 용도에 따라 보존하거나 파괴할 것을, 또는 그것들을 온갖 방법으로 우리의 이용에 적응시킬 것을 우리에게 가르친다.

27. 우리가 우리의 외부에 있는 사물들에서 이끌어내는 주요 이익은, 우리가 그것들을 관찰하고 그것들의 형태를 변화시킴으로써 얻는 경험과 인식 이외에는, 우리의 신체의 보존에 있다. 이러한 이유로 신체의 모든 부분들이 각각의 기능을 적절히 수행할 수 있도록 신체를 기르고 유지하는 것이 무엇보다도 유익하다. 왜냐하면 신체가 외부의 물체들을 많은 방식으로 자극하여 변화시키는 데, 또한 외부의 물체들로부터 많은 방식으로 자극받아 변화되는 데 유능하면 할수록, 정신은 사유하는 데 더욱더 유능하기 때문이다(정리 38과 39 참조). 그러나 자연에는 이런 종류의 것들이 아주 조금밖에 없어 보인다. 그러므로 신체를 필요한 만큼 기르기 위해서는 다양한 종류의 양분을 섭취하는 것이 필요하다. 왜냐하면 인간의 신체는 본성을 달리하는 매우 많은 부분들로 구성되어 있으며, 이 부분들은, 전신이 그것의 본성에서 나올 수 있는 모든 것에 대해 똑같이 유능하기 위해서, 따라서 정신도 역시 많은 것들을 파악하는 데 똑같이 유능하기 위해서 끊임없이 다양한 양분을 필요로 하기 때문이다.

28. 그러나 이러한 것들을 달성하는 데에는, 만일 사람들이 서로 돕

지 않는다면, 개개인의 힘만으로는 거의 충분하지 못할 것이다. 확실히 돈이 모든 것의 편리한 획득수단이 된 결과로, 돈의 심상이 평소에 대중의 정신을 가장 많이 차지하게 되었다. 왜냐하면 사람들은 돈의 관념을 원인으로 수반하지 않는 어떠한 종류의 기쁨도 거의 표상할 수 없기 때문이다.

29. 그러나 이것은 결핍이나 필요에 의해서 돈을 추구하는 사람들에게 있어서는 악덕이 아니고, 돈을 불리는 기술을 배워서 그것을 자랑삼기 때문에 돈을 추구하는 사람들에게 있어서만 악덕이다. 그들은 습관에 따라 신체를 기르고는 있지만, 신체의 유지에 소비하는 것을 자기 재산의 손실이라고 믿기 때문에 인색하게 신체를 육성한다. 그러나 돈의 참된 용도를 알고 필요에 맞추어 부의 한도를 조절하는 사람들은 적은 것으로도 만족하여 생활한다.

30. 신체의 부분들이 제 기능을 수행하도록 촉진하는 것들은 선이며, 기쁨은 인간이 정신과 신체로 이루어져 있는 한에 있어서 인간의 능력이 촉진되거나 증대되는 데 있기 때문에, 기쁨을 가져오는 모든 것은 선이다. 그렇지만 사물은 우리를 기쁨으로 자극하여 변화시키려는 목적으로 활동하지 않으며, 사물의 활동능력은 우리의 이익에 맞추어 조정되지 않기 때문에, 그리고 마지막으로, 기쁨은 대개 신체의 한 부분에 주로 관계되기 때문에 기쁨의 감정은 대개 (이성과 주의가 결핍된 경우라면) 과도하게 되고, 따라서 그것에서 생기는 욕망도 역시 과도하게 된다. 게다가 우리는 현재에 매혹적인 것을 감정에 의하여 가장 좋은 것으로 판단하며, 미래의 것들을 정신의 같은 감정으로써 평가할 수가 없다. 정리 44의 주석과 정리 60의 주석을 참조하시라.

31. 이에 반하여 미신은 슬픔을 가져오는 것을 선이라고, 그리고 기쁨을 가져오는 것을 악이라고 주장하는 것처럼 보인다. 그러나 우리가 이미 말했듯이 (정리 45의 주석 참조), 질투가 심한 사람 이외의 그 누구도 나의 무능력이나 불행을 기뻐하지 않는다. 왜냐하면 우리는 보다 큰 기쁨으로 자극받아 변화되면 될수록, 그만큼 더 큰

완전성으로 이행하고, 따라서 그만큼 더 많이 신적 본성을 나누어 갖기 때문이다. 또한 기쁨은 우리의 이익에 대한 정확한 고려에 의해 통제되는 한 결코 악일 수가 없다. 이에 반하여, 공포에 의해 이끌려 악을 피하기 위해 선을 행하는 자는 이성에 의해 인도되고 있지 않다.

32. 그러나 인간의 능력은 매우 제한되어 있으며 외적 원인의 힘에 의하여 무한히 능가된다. 그러므로 우리는 우리의 외부에 있는 사물을 우리의 사용에 적합하게 하는 절대적인 능력을 가지고 있지 않다. 그렇지만 우리의 이익에 대한 고려가 요구하는 것에 상충되는 일들이 우리에게 일어나도, 만일 우리가 우리의 의무를 다했다는 것, 우리가 가진 능력은 우리가 그러한 일들을 피할 수 있는 데까지 미치지 못했다는 것, 그리고 우리는 전체 자연의 일부분이며 자연의 질서에 따르고 있다는 것 등을 의식한다면, 우리는 침착하게 그러한 일들을 견딜 것이다. 만일 우리가 이러한 것을 뚜렷하고 명확하게 인식한다면, 지성에 의해 정의되는 우리의 그 부분, 즉 우리의 더 좋은 부분은 그것에 전적으로 만족하고, 그 만족을 보존하려고 노력할 것이다. 왜냐하면 우리는, 인식하는 한에 있어서, 필연적인 것 이외의 어떠한 것도 욕구할 수 없고, 절대적으로, 참된 것 이외의 어떠한 것에도 만족할 수 없기 때문이다. 그러므로 우리가 이러한 것들을 올바르게 인식하는 한에 있어서, 우리의 더 좋은 부분의 노력은 전체 자연의 질서와 일치한다.

제5부
지성의 능력 또는 인간의 자유에 대하여

서론

　마침내 나는 자유에 이르는 방법 또는 길에 관한 윤리학의 다른 부분으로 옮겨간다. 이 부에서 나는 이성의 능력에 대하여 다루면서, 이성 자체가 감정에 대하여 무엇을 할 수 있는지를 밝히고, 정신의 자유 또는 지복[축복]이 무엇인지를 설명할 것이다. 이것에 의해 우리는 현명한 사람이 무지한 자보다 얼마나 더 유능한지를 알게 될 것이다. 그러나 지성은 어떻게 완성되어야 하는지, 또한 신체는 자체의 기능을 올바르게 수행하기 위해서 어떠한 방식으로 돌봐져야 하는지 등에 대해서는 여기서는 관계하지 않는다. 왜냐하면 전자는 논리학에 속하고, 후자는 의학의 영역이기 때문이다. 그러므로 여기서는 내가 말한 것처럼, 정신 또는 이성의 능력에 대해서만 다룰 것이고, 무엇보다 먼저 이성이 감정을 억제하고 통제하는 데 있어서 감정에 대하여 어느 정도의 그리고 어떤 종류의 지배력을 가지는지를 밝힐 것이다. 왜냐하면 우리는 감정에 대하여 절대적인 지배력을 가지고 있지 않다는 것을 이미 앞에서 증명했기 때문이다.
　그런데 스토아학파의 철학자들은 감정이 전적으로 우리의 의지에 의존하고, 우리는 감정을 절대적으로 지배할 수 있다고 믿었다. 그러나 경험의 항의에 의하여 그들은 자신들의 원리에도 불구하고 감정을 억제하고 통제하기 위해서는 적지 않은 훈련과 노력이 필요하다는 것을 인정하지 않을 수 없었다. 어떤 사람은 이것을(나의 기억에 틀림이 없다면) 두 마리의 개, 즉 집 지키는 개와 사냥개의 예로써 설명하려고 했다. 왜냐하면 그 사람은 훈련을 통해서 마침내 집 지키는 개를 사냥하도록 하고, 사냥개가 산토끼를 뒤쫓아 가는 것을 그만두도록 길들일 수가 있었기 때문이다. 데카르트도 이 의견에 적지 않게 기울었다. 왜냐하면 그는 영혼 또는 정신이 송과선(松果腺)이라고 불리는 뇌의 특정 부분과 특별히 결합되어 있다는 것,

제5부 지성의 능력, 또는 인간의 자유에 대하여

이 선(腺)을 통하여 정신은 신체 안에서 발생하는 모든 운동과 외부의 대상들을 지각한다는 것, 그리고 정신은 단지 의도하는 것만으로 이 선(腺)을 여러 가지 방식으로 움직이게 할 수 있다는 것 등을 주장했기 때문이다. 그는 이 선이 뇌의 중앙에 위치해 있어서 동물정기의 미세한 운동에 의해서도 움직여질 수 있도록 되어 있다고 주장했다. 그는 또 동물정기가 이 선에 부딪치는 다양한 방식에 따라서 이 선은 뇌의 중앙에서 그만큼의 다양한 상태를 나타낸다는 것, 그리고 동물정기를 이 선을 향하여 추진시키는 외부의 대상들이 다양함에 따라서 그만큼의 다양한 흔적들이 이 선에 새겨진다는 것 등을 주장했다. 그러므로 만일 정신의 의지가 나중에 그 선이 언젠가 동물정기의 운동으로 말미암아 나타낸 적이 있는 상태를 나타내도록 그 선을 움직이면, 그 다음에는 그 선이 이전에 이와 유사한 선(腺)의 상태에서 동물정기를 되몰았던 것과 동일한 방식으로 동물정기를 추진시키고 결정하게 된다.

게다가 그는 정신의 각각의 의지가 자연적으로 이 선의 특정한 운동과 결합되어 있다고 주장했다. 예를 들어, 어떤 사람이 멀리 떨어진 대상을 주시하려는 의지를 갖는다면, 이 의지는 동공의 팽창을 야기할 것이다. 그러나 만일 그가 단지 동공을 팽창시키려고만 생각한다면, 그러한 의지를 갖는 것으로도 아무 소용이 없을 것이다. 왜냐하면 자연은 동공의 팽창 또는 수축에 적합한 방식으로 동물정기를 시신경에 추진시키는 역할을 하는 선의 운동을, 동공을 팽창시키거나 수축시키려고 하는 의지와는 연결하지 않고, 멀거나 가까운 대상을 주시하려는 의지에만 연결했기 때문이다. 마지막으로 그는 이 선의 각각의 운동이 우리가 날 때부터 자연적으로 우리의 개개의 생각과 연결되어 있는 듯이 보이지만, 그럼에도 불구하고 이 운동들은 훈련을 통해 다른 생각들과 연결될 수 있다고 주장했다. 그는 이것을 <정신의 감정에 대하여>, 제1부, 50절에서 증명하려고 했다.

이것으로부터 그는 어떠한 정신이라도, 적당히 인도된다면, 자신의 수동적 감정에 대하여 절대권을 얻지 못할 정도로 박약하지 않다고 결론을 내린다. 왜냐하면 그는 감정을, '지각 또는 감각, 혹은 정신의 격동이며, 이것들은 특히 정신의 영역에 속하며, 또한 이것들은 (여기에 주의하시라) 정기의 어떤 운동에 의해 산출되고, 보존되고, 강화된다.'라고 정의하기 때문이다(<정신의 감정에 대하여> 제1부 27절 참조). 그러나 우리는 송과선(松果腺)의 각각의 운동을, 따라서 정기의 각각의 운동을 임의의 의지와 결합할 수 있기 때문에, 또한 의지의 결정은 오로지 우리의 힘에만 의존하기 때문에, 만일 우리가 자기의 삶의 활동지침으로 정한 확고한 판단에 의해 의지를 결정하고, 우리가 갖고자 하는 감정의 운동을 이러한 판단들과 결합한다면, 우리는 우리의 감정에 대하여 절대적인 지배력을 획득할 것이다. 이것이 그 유명한 사람의 견해이다(내가 그의 말에서 추단할 수 있는 한). 만약 이 견해가 이처럼 교묘하지 않았다면, 나는 그것을 그토록 대단한 사람이 제출한 것이라고 거의 믿지 않았을 것이다. 그 자체로 명백한 원리들에서가 아니면 아무것도 도출하지 않을 것을, 또 뚜렷하고 명확하게 지각하지 않은 것은 아무것도 긍정하지 않을 것을 단호히 결의하고, 스콜라 학파 철학자들이 불명료한 것을 은폐된 성질로 설명하려고 한 것을 그토록 자주 비난한 철학자가 그 어떤 은폐된 성질보다 더 은폐된 가설을 채택한 것은 실로 이상한 일이 아닐 수 없다. 묻건대, 그는 정신과 신체의 결합을 무엇으로 이해하고 있는가? 그는 양[물질]의 어떤 작은 부분과 그처럼 밀접하게 결합된 사유에 대하여 어떠한 뚜렷하고 명확한 개념을 가지고 있는가? 진실로, 나는 그가 이 결합을 그것의 가장 가까운 원인에 의하여 설명하기를 바랐다. 그러나 그는 정신을 신체와는 아주 구별하여 생각하고 있었기 때문에, 이 결합에 대해서도 그리고 정신 자체에 대해서도 아무런 특수한 원인을 제시하지 못하고, 전체 우주의 원인, 즉 신에 의지하지 않을 수 없었다. 또, 나는 정신이 어느 정도의 운동을 그 송과선에 줄 수 있는지, 그리고 송과선을 어떤 상태로 유지하기 위해서는 얼마만큼의 힘이 필요한지 알고 싶다. 왜냐하면 이 선이 정신에 의해서 움직여질 경우, 동물정기에 의해서 움직여지는 경우보다 더 느리게 움직이는지 아니면 더 빨리 움직이는지, 그리고 우리가 확고한 판단과 밀접하게 결합시킨 감정의 운동이 물질적 원인에 의하여 다시 이들 판단에서 분리될 수 있는지 어떤지 나는 알지 못하기 때문이다.
 만일 그렇게 될 수 있다면, 설사 정신이 결연히 위험에 직면하려고 결심하여, 이 결심에 대담한 운동을 결합시킨다고 할지라도, 위험을 목도하는 순간 송과선은 정신이 도망치는 것만을 생각할 수 있는 그런 상태를 나타낼 것이다. 확실히, 의지와 운동 사이에는 어떠한 관계도 없기 때문에, 정신의 능력 또는 힘과 신체의 능력 또는 힘 사이에는 아무런 비교도 있을 수 없다. 따라서 신체의 힘은 결코 정신의 힘에 의하여 결정될 수 없다. 게다가 이 선이 뇌의 중앙에 위치해 있어서 그처럼 쉽게 그리고 그처럼 많은 방식으로 움직여질 수 있는 것은 아니며, 모든 신경이 뇌와(腦窩)에까지 뻗어 있는 것도 아니다. 마지막으로 나는 그가 의지와 의지의 자유에 관하여 주장한 모든 것을 생략한다. 왜냐하면 그것들이 오류라는 것을 내가 이미 풍부하게 밝혔기 때문이다. 따라서 정신의 능력은, 앞에서 증명한 것처럼, 오로지 지성에 의해서만 한정되기 때문에, 우리는 감정에 대한 치료법을 오직 정신의 인식에 의해서만 결정할 것이다. 내가 믿기에는 모든 사람들이 이 치료법을 경험하지만, 그것을 정확히 관찰하지 않고 명확하게 이해하고 있지 않을 뿐이다. 이 인식으로부터 우리는 정신의 지복[축복]에 관한 모든 것을 이끌어낼 것이다.

공리

1. 만일 같은 주체 안에 두 가지의 반대되는 활동이 불러일으켜진다면, 양자가 반대인 것을 중지할 때까지는, 양자에서 또는 한쪽에서만 어떤 변화가 일어나지 않을 수 없을 것이다.
2. 결과의 본질이 그것의 원인의 본질에 의하여 설명되고 한정되는 한에 있어서, 결과의 힘은 그것의 원인의 힘에 의하여 한정된다. 이 공리는 제3부의 정리 7에 의해 명백하다.

정리 1. 사상(思想)들과 사물의 관념들이 정신 안에서 정리되고 연결되는 것과 똑같이 신체의 변용들 또는 사물의 심상들도 신체 안에서 정리되고 연결된다.

증명: 관념들의 질서 및 연결은 사물들의 질서 및 연결과 동일하며(제2부 정리 7에 의해), 또 역으로 사물들의 질서 및 연결은 관념들의 질서 및 연결과 동일하다(제2부 정리 6의 계와 정리 7에 의해). 그러므로 관념들의 질서 및 연결이 정신 안에서 신체의 변용들의 질서 및 연결에 따라서 생기는 것과 똑같이 (제2부 정리 18에 의해), 역으로 (제3부 정리 2에 의해) 신체의 변용들의 질서 및 연결은 사상(思想)들 및 사물의 관념들이 정신 안에서 정리되고 연결되는 것과 같은 방식으로 생긴다. Q.E.D

정리 2. 만일 우리가 정신의 격동 또는 감정을 외부 원인의 사상(思想)으로부터 분리하여 다른 사상들과 결합한다면, 외부의 원인에 대한 사랑 또는 미움은 이러한 감정들에서 생기는 정신의 동요와 더불어 소멸될 것이다.

증명: 왜냐하면 사랑 또는 미움의 형상을 구성하는 것은 외적 원인의 관념을 수반하는 기쁨 또는 슬픔이기 때문이다(감정의 정의 6과 7에 의해). 그러므로 이 관념이 제거되면, 사랑 또는 미움의 형상도 동시에 제거된다. 따라서 이러한 감정들과 그것들에서 생기는 다른 감정들은 소멸된다. Q.E.D

정리 3. 수동적인 감정은 우리가 그것에 대하여 뚜렷하고 명확한 관념을 형성하자마자 수동적이기를 멈춘다.

증명: 수동적인 감정은 혼란된 관념이다(감정의 일반적 정의에 의해). 그러므로 만일 우리가 그 감정에 대하여 뚜렷하고 명확한 관념을 형성한다면, 이 관념은 오직 정신에만 관계되는 한에 있어서의 감정과 개념상으로만 구별될 것이다(제2부 정리 21과 그것의 주석에 의해). 따라서 (제3부 정리 3에 의해) 그 감정은 수동적이기를 멈출 것이다.

계: 그러므로 우리가 감정을 더 많이 인식하면 할수록, 감정은 그만큼 많이 우리의 능력 안에 있으며, 또한 정신은 감정으로부터 그만큼 적게 작용받는다.

정리 4. 어떠한 신체적 변용이든지 그것에 대하여 우리가 어떤 뚜렷하고 명확한 개념을 형성할 수 없는 것은 아무것도 없다.

증명: 모든 사물에 공통된 것은 타당하게 파악될 수밖에 없다(제2부 정리 38에 의해). 따라서 (제2부 정리 12와 정리 13의 주석 뒤에 있는 보조정리 2에 의하여) 어떠한 신체적 변용이든지 그것에 대하여 우리가 어떤 뚜렷하고 명확한 개념을 형성할 수 없는 것은 아무것도 없다. Q.E.D

계: 이것으로부터 어떠한 감정이든지 그것에 대하여 우리가 어떤 뚜렷하고 명확한 개념을 형성할 수 없는 것은 아무것도 없다는 결론이 내려진다. 왜냐하면 감정은 신체의 변용의 관념이며 (감정의 일반적 정의에 의해), 따라서 (정리 4에 의해) 이 관념은 어떤 뚜렷하고 명확한 개념을 포함해야만 하기 때문이다.

주석: 어떤 것이든 그것에서 어떤 결과가 나오지 않는 것은 아무것도 존재하지 않으며 (제1부 정리 36에 의해), 또한 우리는 우리들 안에 있는 타당한 관념으로부터 나오는 모든 것을 뚜렷하고 명확하게 인식한다(제2부 정리 40에 의해). 그러므로 각자는 자기 자신과 자기의 감정들을, 절대적으로는 아닐지라도 적어도 부분적으로 뚜렷하고 명확하게 인식하는 능력을, 따라서 자신이 그것들로부터 보다 적게 작용받도록 하는 능력을 가진다. 그러므로 우리가 특히 주의해야 할 것은, 각각의 감정을 가능한 한 뚜렷하고 명확하게 인식하는 것인데, 이렇게 함으로써 정신은 감정을 떠나서 자기가 뚜렷하고 명확하게 지각하며 전적으로 만족하는 것들을 사유하도록 결정될 수 있다. 또한 감정 자체는 외부의 원인의 사상(思想)에서 분리되어 참다운 사상과 결합될 수 있게 된다. 그 결과 단지 사랑, 미움 등이 소멸될 뿐만 아니라 (정리 2에 의해), 그러한 감정에서 보통 생기는 충동이나 욕망도 지나치게 될 수 없을 것이다(제4부 정

리 61에 의해). 왜냐하면 인간이 작용한다[능동적이다]고 일러지는 것과 작용받는다[수동적이다]고 일러지는 것은 동일한 충동에 의한 것이라는 것을 우리는 특히 주의해야만 하기 때문이다. 예컨대, 인간은, 우리가 밝혔듯이, 본성적으로 다른 사람들이 자기의 의향에 따라 살아가기를 원한다(제3부 정리31의 주석 참조). 그러나 이 충동은 이성에 의하여 인도되지 않는 인간에게 있어서는 수동이고, 이것은 야심이라고 불리며, 오만과 별반 다르지 않다. 이에 반하여, 이성의 지령에 따라 생활하는 인간에게 있어서 그것은 능동 또는 덕이며, 도의심이라고 불린다(제4부 정리 37의 주석 1과 그 정리의 또 다른 증명 참조).

이런 식으로, 모든 충동 또는 욕망은 타당하지 못한 관념에서 생기는 한에 있어서만 수동이고, 그것들이 타당한 관념에 의해서 환기되거나 생길 때는 덕으로 간주된다. 왜냐하면 우리로 하여금 어떤 것을 행하도록 결정하는 욕망은, 타당한 관념에서도 타당하지 못한 관념에서도 생길 수 있기 때문이다(제4부 정리 59에 의해).

다시 본론으로 되돌아가서, 감정에 대해서는 감정을 참되게 인식하는 데에 존재하는 이 요법 이외에 우리의 능력 안에 있는 이것보다 더 탁월한 다른 요법은 생각될 수 없다. 왜냐하면 우리가 앞에서 밝힌 것처럼 (제3부 정리 3에 의해), 사유하고 타당한 관념을 형성하는 능력 이외의 다른 어떠한 정신의 능력도 존재하지 않기 때문이다.

정리 5. 우리가 단순하게 표상하며, 필연적으로도 가능적으로도 우연적으로도 표상하지 않는 것에 대한 감정은, 다른 사정이 같다면 모든 감정 중에서 최대의 것이다.

증명: 우리가 자유로운 것으로 표상하는 것에 대한 감정은 필연적인 것에 대한 감정보다 더 크며 (제3부 정리 49에 의해), 따라서 우리가 가능적 또는 우연적이라고 표상하는 것에 대한 감정보다 훨씬 더 크다(제4부 정리 11에 의해). 그러나 어떤 것을 자유로운 것으로 표상하는 것은, 그것이 행동으로 결정된 원인들을 우리가 모르는

제5부 지성의 능력, 또는 인간의 자유에 대하여

채로 그것을 단순하게 표상하는 것 이외의 다른 어떤 것도 될 수 없다(제2부 정리 35의 주석에서 우리가 밝힌 것에 의해). 그러므로 우리가 단순하게 표상하는 것에 대한 감정은, 다른 사정이 같다면, 필연적, 가능적 또는 우연적인 것에 대한 감정보다 더 크다. 따라서 그것은 모든 감정 중에서 최대의 것이다. Q.E.D

정리 6. 정신은 모든 것을 필연적인 것으로 인식하는 한에 있어서, 감정에 대하여 보다 큰 능력을 갖거나 또는 감정으로부터 보다 적게 작용받는다.

증명: 정신은 모든 것을 필연적이라고 인식하며 (제1부 정리 29에 의해), 또한 모든 것이 원인들의 무한한 연쇄에 의하여 존재하고 작용하도록 결정된다는 것을 인식한다(제1부 정리 28에 의해). 그러므로 (정리 5에 의해) 그러한 한에 있어서 정신은 그러한 사물들에서 생기는 감정으로부터 보다 적게 작용받도록, 또한 (제3부 정리 48에 의해) 그러한 것들에 대하여 보다 적게 자극받아 변화되도록[감정을 품도록] 할 수가 있다. Q.E.D

주석: 사물들이 필연적이라는 이 인식이 우리가 보다 명료하고 생생하게 표상하는 개물들에 보다 많이 적용되면 될수록, 감정에 대한 정신의 이 능력은 더욱더 크며, 이것은 경험에 의해서도 입증된다. 왜냐하면 잃어버린 어떤 선에 대한 슬픔은 그 선을 잃어버린 사람이 어떠한 방식으로도 그 선을 보존할 수 없었음을 깨닫는 순간 감소된다는 것을 우리는 알고 있기 때문이다. 마찬가지로, 유아가 말하는 것이나 걷는 것, 또는 추리하는 것을 하지 못하고, 몇 년 동안, 말하자면, 자기 자신을 의식하지 못한 채로 살아간다는 이유로 유아를 불쌍히 여기는 사람은 아무도 없다는 것을 우리는 알고 있다. 그러나 만약 대부분의 사람들이 장성하여 태어나고 단지 소수의 사람들만이 유아로 태어난다면, 모든 사람들은 그 유아들을 불쌍히 여길 것이다. 왜냐하면 그런 경우에 사람들은 유아 시절 자체를 자연적이고 필연적인 것으로 생각하지 않고, 자연의 과실이나 결점으로 생각할 것이기 때문이다. 이와 비슷한 다른 많은 예들을

우리는 지적할 수 있다.

정리 7. 이성에서 생기거나 이성에 의하여 환기되는 감정들은, 시간과 관련지어서 본다면, 부재(不在)라고 생각되는 개물들에 관한 감정들보다 강력하다.

증명: 우리가 어떤 사물을 부재(不在)라고 생각하는 것은 우리로 하여금 그것을 표상하게 하는 변용 때문이 아니라, 그 사물의 존재를 배제하는 다른 변용으로부터 신체가 자극받아 변화되기 때문이다(제2부 정리 17에 의해). 그러므로 우리가 부재라고 생각하는 어떤 사물에 관한 감정은 본성적으로 인간의 다른 활동과 능력을 능가하는 것이 아니고 (제4부 정리 6 참조), 오히려 반대로 그것의 외부 원인의 존재를 배제하는 변용들에 의하여 어느 정도 억제될 수 있는 것이다(제4부 정리 9에 의해). 그러나 이성에서 생긴 감정은 필연적으로 사물들의 공통된 특성들에 관계되며 (제2부 정리 40의 주석 2에 있는 이성의 정의 참조), 이 공통된 특성들을 우리는 항상 현존하는 것으로 생각하고(왜냐하면 그것들의 현재적 존재를 배제하는 것은 아무것도 있을 수 없기 때문에), 또한 우리는 이것들을 항상 동일한 방식으로 표상한다(제2부 정리 38에 의해). 그러므로 이러한 감정은 항상 동일한 것으로 존속할 것이다. 따라서 (공리 1에 의해) 그것에 반대되고 외부의 원인에 의해 지지되지 못하는 감정들은, 점점 더 그것에 순응하여 결국에는 그것과 반대되지 않게 될 수밖에 없을 것이다. 그러한 한에 있어서 이성에서 생기는 감정이 보다 강력하다. Q.E.D.

정리 8. 감정은 함께 공동작용하는 보다 많은 원인에 의해 환기될수록 그만큼 더 크다.

증명: 함께 작용하는 많은 원인은 소수의 원인보다 더 많은 것을 할 수 있다(제3부 정리 7에 의해). 그러므로 (제4부 정리 5에 의해) 감정은 함께 작용하는 보다 많은 원인에 의해 환기될수록 그만큼

제5부 지성의 능력 또는 인간의 자유에 대하여

더 강력하다. Q.E.D

주석: 이 정리는 공리 2에 의해서도 명백하다.

정리 9. 정신이 감정 자체와 함께 고찰하는 다양한 원인에 관련되는 감정은 단지 하나의 원인 또는 소수의 원인에 관련되는 똑같은 크기의 다른 감정의 경우보다 덜 해로우며, 우리는 그것으로부터 보다 적게 작용받고, 각각의 원인에 대하여 보다 적게 자극받아 변화된다[감정을 품는다].

증명: 감정은 정신으로 하여금 사유할 수 없도록 방해하는 한에 있어서만 악이거나 해롭다(제4부 정리 26과 27에 의해). 따라서 정신으로 하여금 동시에 많은 대상을 고찰하도록 결정하는 감정은, 정신을 단지 하나 또는 소수의 대상만을 고찰하는 일에 잡아두고 다른 것들을 사유하지 못하도록 하는 똑같은 크기의 다른 감정보다 덜 해롭다. 이것이 증명되어야 할 첫 번째 사항이었다. 다음으로, 정신의 본질, 즉 능력은 (제3부 정리 7에 의해) 오로지 사유에만 존재하기 때문에 (제2부 정리 11에 의해), 정신은 자기를 단지 하나 또는 소수의 대상만을 고찰하는 일에 빠져들게 하는 똑같은 크기의 감정에 의해서보다 많은 것을 동시에 고찰하도록 자기를 결정하는 감정에 의해서 더 적게 작용받는다. 이것이 증명되어야 할 두 번째 사항이었다. 마지막으로(제3부 정리 48에 의해), 이러한 감정은 외부의 많은 원인에 관련되는 한에 있어서, 각각의 원인에 대해서도 역시 보다 약소하다. Q.E.D

정리 10. 우리는 우리의 본성과 반대되는 감정에 의해 교란되지 않는 동안은 지성의 질서에 따라서 신체의 변용들을 정리하고 연결하는 능력을 가진다.

증명: 우리의 본성과 반대되는 감정들, 즉 (제4부 정리 30에 의해) 나쁜 감정들은 정신으로 하여금 인식하지 못하도록 방해하는 한에 있어서 악이다(제4부 정리 27에 의해). 그러므로 우리가 우리의 본

성과 반대되는 감정에 의해 교란되지 않는 동안은, 사물을 인식하려고 노력하는 정신의 능력(제4부 정리 26에 의해)이 방해받지 않는다. 따라서 그 동안에 정신은 뚜렷하고 명확한 관념들을 형성하고 어떤 관념을 다른 관념에서 도출하는 능력을 갖는다(제2부 정리 40의 주석 2와 정리 47의 주석 참조). 그런고로 그 동안에 우리는 (정리 1에 의해) 지성의 질서에 따라 신체의 변용들을 정리하고 연결하는 능력을 갖는다. Q.E.D

주석: 신체의 변용들을 바르게 정리하고 연결하는 이 능력에 의해, 우리는 쉽게 나쁜 감정으로부터 자극받아 변화되지 않을 수가 있다. 왜냐하면 (정리 7에 의해) 지성적 질서에 따라서 정리되고 연결된 감정들을 억제하는 데는 불확실하고 어지러운 감정들을 억제하는 데보다 더 큰 힘이 필요하기 때문이다. 그러므로 우리가 우리의 감정에 대하여 완전한 인식을 갖고 있지 않은 동안에 우리가 할 수 있는 최선의 것은, 올바른 생활규칙이나 일정한 생활지침을 구상하고 이것을 기억에 남겨 인생에서 흔히 마주치는 개개의 경우에 끊임없이 그것을 적용하는 것이다. 이리하여 우리의 표상력은 그러한 생활규칙으로부터 광범위하게 영향을 받고, 그 생활규칙은 언제나 우리와 함께 있을 것이다. 예컨대 우리는 미움을 사랑이나 아량으로 정복해야지 미움으로 앙갚음해서는 안 된다는 것을 생활규칙으로 정했다(제4부 정리 46과 그것의 주석 참조). 그러나 이성의 이 규정이 필요할 때마다 항상 우리와 함께 있기 위해서는 인간이 보통 가하는 불법행위들을, 그리고 아량으로써 그것들을 가장 잘 떨쳐낼 수 있는 과정과 방법을 생각하고 자주 숙고해야 한다. 왜냐하면 이렇게 우리가 불법행위의 심상을 이 행동규칙의 표상과 결합하면, 우리에게 불법행위가 가해질 때 (제2부 정리 18에 의해) 그것이 언제나 우리와 함께 있게 될 것이기 때문이다. 또, 우리가 우리의 참다운 이익에 대하여, 또한 상호우정과 공동사회에서 생기는 선에 대해서도 부단히 고려한다면, 그에 더하여 올바른 생활원리에서 정신의 최고의 만족이 생긴다는 것을 (제4부 정리 52에 의해), 또한 인간은 다른 모든 것처럼 자연의 필연성에 따라 행동한다는 것을 유념한다면, 불법행위 또는 불법행위에서 보통 생기는 미움은 우리

제5부 지성의 능력, 또는 인간의 자유에 대하여

의 표상력의 최소부분을 차지하여 쉽사리 정복될 것이다. 또는 극심한 불법행위 때문에 보통 생기는 분노는 그다지 쉽게 정복되지는 않을지라도, 그것은 그래도—약간의 동요는 있겠지만— 우리가 이러한 것을 미리 이런 식으로 숙고하지 않았을 경우보다 훨씬 짧은 시간 안에 정복될 것이다(정리 6, 7 및 8에 의해 명백하다). 공포에서 벗어나기 위해서 우리는 같은 방식으로 용기에 대하여 생각해야 한다. 즉 흔히 발생하는 삶의 위험들을 헤아리고 자주 표상하여, 침착함과 정신의 강함으로써 그것들을 가장 잘 회피하고 극복할 수 있는 방법을 생각해 두어야 한다.

 그러나 주의해야 할 것은, 우리의 사상과 심상들을 정리함에 있어서 우리는 항상 각 사물의 좋은 점들에 주의해야 하며(제4부 정리 63의 계와 제3부 정리 59에 의해), 이렇게 함으로써 우리는 언제나 기쁨의 감정에 근거하여 행동하도록 결정된다는 것이다. 예를 들어 어떤 사람이 자기가 지나치게 명예를 추구한다는 것을 알고 있다면, 그는 명예의 올바른 이용에 대하여 생각하고, 어떤 목적을 위하여 그것을 추구해야하는지, 또한 어떤 수단으로 그것을 획득할 수 있는지에 대해 생각해야 한다. 그러나 명예의 악용과 허망함과, 인간의 변덕, 또는 이런 종류의 다른 것들에 대해서는 생각하지 않는 게 좋다. 이런 것들은 병적인 정신에 의해서가 아니면 아무도 생각하지 않는 것들이다. 왜냐하면 가장 야심적인 자들은 자신들이 탐내는 명예를 획득하는 것에 대하여 절망할 때 그러한 생각으로써 자신들을 가장 많이 괴롭히기 때문이다. 그들은 분노를 쏟아내면서도 자신들이 현명한 것처럼 보이기를 바란다. 그러므로 명예의 악용과 세상의 허망함에 대하여 가장 많이 부르짖는 자들은 심하게 명예를 열망한다는 것이 확실하다. 이것은 야심적인 자들에게만 특유한 것이 아니라, 뒤틀린 운명에 처하고 정신적으로 무력한 모든 자들에게 공통된다. 왜냐하면 가난하면서도 탐욕스러운 자도 역시 금전의 악용과 부자의 악덕에 대하여 쉬지 않고 말하지만, 이렇게 함으로써 그는 자기 자신을 괴롭히고, 자신의 가난뿐만 아니라 다른 사람들의 부(富)도 평온하게 견뎌낼 수 없다는 것을 다른 사람들에게 보여줄 뿐이기 때문이다. 이와 다르지 않게, 연인에게서 푸

대접받은 자도 역시 여자의 변덕과 미덥지 못함, 그리고 흔히 이야기되는 결점들만을 생각하지만, 자기의 연인이 자신을 다시 받아들이면 곧바로 이 모든 것을 잊어버린다. 그러므로 자유에 대한 사랑에 의해서만 자기의 감정과 충동을 제어하려고 하는 사람은, 가능한 한, 덕과 덕의 원인을 인식하고, 덕에 대한 참다운 인식에서 생기는 기쁨으로 마음을 채우려고 노력할 것이다. 그러나 그는 인간의 결점들을 고찰하여 인간을 헐뜯거나, 거짓된 자유의 외관을 즐기려고는 결코 하지 않을 것이다. 그리고 이러한 것들을 세심하게 준수하고 (왜냐하면 그것들은 어렵지 않기 때문에) 실행하는 사람은, 확실히 짧은 시간 안에 자기의 활동의 대부분을 이성의 명령에 따라서 관리할 수 있을 것이다.

정리 11. 심상은 보다 많은 사물에 관련됨에 따라서 그만큼 더 빈발한다. 다시 말해서 그것은 그만큼 더 자주 활성화된다. 또한 그것은 정신을 그만큼 더 차지한다.

증명: 왜냐하면 심상 또는 감정이 보다 많은 사물에 관련됨에 따라서 그것을 환기하고 육성할 수 있는 원인이 그만큼 더 많으며, 이 모든 원인을 정신은 (가정에 의해) 그 감정과 동시에 고찰하기 때문이다. 그러므로 그 감정은 그만큼 더 빈발한다. 다시 말해서 그것은 그만큼 더 자주 활성화된다. 또한 (정리 8에 의해) 그것은 그만큼 더 많이 정신을 차지한다. Q.E.D

정리 12. 사물의 심상은 다른 어떤 심상보다 우리가 뚜렷하고 명확하게 인식하는 것에 관한 심상과 보다 쉽게 결합된다.

증명: 우리가 뚜렷하고 명확하게 인식하는 것은 사물들의 공통된 특성이거나 혹은 그 공통된 특성에서 도출된 것이다(제2부 정리 40의 주석 2에 있는 이성의 정의 참조). 따라서 (정리 11에 의해) 그것은 보다 자주 우리들 안에 환기된다. 그러므로 우리가 이러한 것과 다른 사물들을 함께 고찰하는 일이 다른 것과 함께 고찰하는 일

제5부 지성의 능력 또는 인간의 자유에 대하여

보다 더 쉽게 일어날 수 있다. 따라서 (제2부 정리 18에 의해) 사물의 심상은 다른 어떤 심상보다 우리가 뚜렷하고 명확하게 인식하는 것과 보다 쉽게 결합된다. Q.E.D

정리 13. 심상은 보다 많은 다른 심상들과 결합되어 있음에 따라서 그만큼 더 자주 활성화된다.

증명: 왜냐하면 심상이 보다 많은 다른 심상들과 결합되어 있음에 따라서 그것을 환기할 수 있는 원인들이 그만큼 더 많기 때문이다(제2부 정리 18에 의해). Q.E.D

정리 14. 정신은 신체의 모든 변용 또는 사물의 심상들을 신의 관념에 관련시킬 수가 있다.

증명: 어떠한 신체적 변용이든지 그것에 대하여 정신이 어떤 뚜렷하고 명확한 개념을 형성할 수 없는 것은 아무것도 없다(정리 4에 의해). 그러므로 정신은 모든 신체적 변용을 신의 관념에 관련시킬 수가 있다(제1부 정리 15에 의해). Q.E.D.

정리 15. 자기 자신과 자기의 감정을 뚜렷하고 명확하게 인식하는 사람은 신을 사랑하며, 자기 자신과 자기의 감정을 더 많이 인식하면 할수록 더욱더 신을 사랑한다.

증명: 자기 자신과 자기의 감정을 뚜렷하고 명확하게 인식하는 사람은 기쁨을 느끼며(제3부 정리 53에 의해), 이 기쁨은 신의 관념을 수반한다(정리 14에 의해). 그러므로 (감정의 정의 6에 의해) 그는 신을 사랑한다. 그리고 그는 (같은 논법에 의해) 자기 자신과 자기의 감정을 더 많이 인식하면 할수록 신을 더욱더 사랑한다. Q.E.D

정리 16. 신에 대한 이 사랑은 정신을 가장 많이 차지하지 않으면 안 된다.

증명: 왜냐하면 이 사랑은 신체의 모든 변용과 결합되어 있으며 (정리 14에 의해), 그 모든 것들에 의해 육성되기 때문이다(정리 15에 의해). 따라서 (정리 11에 의해) 이 사랑은 정신을 가장 많이 차지하지 않으면 안 된다. Q.E.D

정리 17. 신은 어떠한 수동과도 관련이 없으며, 어떠한 기쁨 또는 슬픔의 감정으로도 자극받아 변화되지 않는다[감정도 품지 않는다].

증명: 모든 관념은, 신에 관계되어 있는 한에 있어서, 참이다(제2부 정리 32에 의해). 즉 (제2부 정의 4에 의해) 그것들은 타당하다. 그러므로 (감정의 일반적 정의에 의해) 신은 어떠한 수동과도 관련이 없다. 다음으로, 신이 보다 큰 완전성으로 또는 보다 작은 완전성으로 이행하는 것은 있을 수 없다(제1부 정리 20의 계 2에 의해). 따라서 (감정의 정의 2, 3에 의해) 신은 어떠한 기쁨 또는 슬픔의 감정으로도 자극받아 변화되지 않는다[감정도 품지 않는다]. Q.E.D

계: 엄밀히 말해서, 신은 아무도 사랑하지 않고, 아무도 미워하지 않는다. 왜냐하면 신은 (정리 17에 의해) 어떠한 기쁨 또는 슬픔의 감정으로도 자극받아 변화되지 않기 때문이다. 따라서 (감정의 정의 6과 7에 의해) 신은 아무도 사랑하지 않고 아무도 미워하지 않는다.

정리 18. 아무도 신을 미워할 수 없다.

증명: 우리들 안에 있는 신의 관념은 타당하면서도 완전하다(제2부 정리 46과 47에 의해). 그러므로 우리는 신을 고찰하는 한에 있어서 작용한다(제3부 정리 3에 의해). 따라서 (제3부 정리 59에 의해) 신의 관념을 수반하는 어떠한 슬픔도 있을 수 없다. 다시 말해서 (감정의 정의 7에 의해) 아무도 신을 미워할 수 없다. Q.E.D.
계: 신에 대한 사랑은 미움으로 변할 수가 없다.
주석: 그러나, 다음과 같은 반박이 있을 수 있다. 우리가 신을 모든

제5부 지성의 능력 또는 인간의 자유에 대하여

것의 원인으로 인식하는 한, 바로 이것으로 인해서 우리는 신을 슬픔의 원인으로 여기게 된다. 이에 대해서 나는 다음과 같이 대답한다. 우리가 슬픔의 원인을 인식하는 한에 있어서, 슬픔은 수동이기를 그친다(정리 3에 의해). 즉 (제3부 정리 59에 의해) 그러한 한에 있어서 그것은 슬픔이기를 그친다. 그러므로 우리가 신을 슬픔의 원인으로 인식하는 한에 있어서, 우리는 기쁨을 느낀다.

정리 19. 신을 사랑하는 사람은 신이 반응하여 자기를 사랑하도록 노력할 수가 없다.

증명: 만약 인간이 이런 식으로 노력한다면, 그는 (정리 17의 계에 의해) 자기가 사랑하는 신이 '신이 아니기'를 바라는 것이 된다. 따라서 (제3부 정리 19에 의해) 그는 슬픔을 느끼기를 바라는 것이 된다. 이것은 부조리하다(제3부 정리 28에 의해). 그러므로 신을 사랑하는 사람은 …. Q.E.D

정리 20. 신에 대한 이 사랑은 질투나 시기의 감정에 의하여 더럽혀질 수 없다. 오히려 보다 많은 사람들이 이와 같은 사랑의 유대에 의하여 신과 결합되는 것을 우리가 표상함에 따라서, 이 사랑은 그만큼 많이 육성된다.

증명: 신에 대한 이 사랑은 우리가 이성의 지령에 따라서 추구할 수 있는 최고의 선이고 (제4부 정리 28에 의해), 모든 사람에게 공통되며(제4부 정리 36에 의해), 우리는 모든 사람이 그것을 향수하기를 바란다(제4부 정리 37에 의해). 그러므로 (감정의 정의 23에 의해) 그것은 질투의 감정에 의해 더럽혀질 수 없으며, 또한 (정리 18과 시기의 정의에 의해, 제3부 정리 35의 주석 참조) 시기의 감정에 의해서도 더럽혀질 수 없다. 반대로 (제3부 정리 31에 의해) 보다 많은 사람들이 그것을 향수하는 것을 우리가 표상함에 따라서, 그것은 그만큼 많이 육성되지 않을 수 없다. Q.E.D

주석: 이 사랑에 직접적으로 반대되며 이 사랑을 파괴할 수 있는

감정은 결코 없다는 것을 우리는 같은 방식으로 증명할 수 있다. 그러므로 우리가 결론지을 수 있는 것은 이러하다. 즉 이 사랑은 모든 감정 중에서 가장 항구적이며, 그것이 신체에 관계되어 있는 한에 있어서는 신체 자체와 함께가 아니라면 파괴될 수 없다. 그것이 오직 정신에만 관계되어 있는 한에 있어서 그것의 본성이 어떠한지에 대해서는 나중에 알게 될 것이다.

 이것으로써 나는 감정에 대한 모든 요법, 즉, 그 자체로만 고찰된 정신이 감정에 대하여 할 수 있는 모든 것을 총괄적으로 다루었다. 이것으로부터 감정에 대한 정신의 능력은 다음의 점에 있다는 것이 명백하다.

1. 감정의 인식 그 자체에(정리 4의 주석 참조).
2. 우리가 혼란하게 표상하는 외부의 원인의 사상(思想)에서 감정을 분리하는 것에(정리 2와 정리 4의 주석 참조).
3. 우리가 [타당하게] 인식하는 사물에 관계되어 있는 변용[감정]은 우리가 혼란하게 또는 단편적으로 파악하는 사물에 관계되어 있는 변용[감정]보다 시간적으로 우위에 있다는 것에(정리 7 참조).
4. 사물의 공통적 특성 또는 신에 관계되어 있는 변용[감정]을 육성하는 원인이 다수라는 것에(정리 9와 11참조).
5. 마지막으로, 정신이 자기의 감정들을 질서 있게 정리하고, 그것들을 서로 연결할 수 있는 그 질서에(정리 10의 주석과 정리 12, 13 및 14도 참조).

 그러나 감정에 대한 정신의 이러한 능력을 더 잘 이해하기 위해서는 다음을 주의하는 것이 아주 중요하다. 우리가 한 사람의 감정을 다른 사람의 그것과 비교하여 같은 감정에 한 사람이 다른 사람보다 더 많이 사로잡히는 것을 볼 때, 또는 우리가 동일한 사람의 감정들을 서로 비교하여 그 사람이 하나의 감정으로 인해 다른 감정으로 인해서보다 더 많이 자극받아 변화되고 감동되는 것을 알 때 그 감정을 강렬하다고 말한다. 왜냐하면 (제4부 정리 5에 의해) 각각의 감정의 힘은 우리의 능력과 비교된 외부 원인의 힘에 의하여 한정되기 때문이다. 그러나 정신의 능력은 인식에 의해서만 한정되는 반면, 정신의 무능력 또는 수동은 오로지 인식의 결핍에 의해서,

제5부 지성의 능력 또는 인간의 자유에 대하여

즉 타당하지 못한 관념이 타당하지 못하다고 일컬어지는 것에 의해서 판정된다.

 이것으로부터 나오는 결론은 이러하다. 즉 자체의 가장 큰 부분이 타당하지 못한 관념들로 구성되어 있는 정신은 가장 수동적이어서, 그것이 작용하는 것보다 그것이 작용받는 것에 의해서 더 많이 식별된다. 이에 반하여 자체의 가장 큰 부분이 타당한 관념들로 구성되어 있는 정신은 가장 능동적이어서, 그것이 비록 다른 정신과 같이 많은 타당하지 못한 관념들을 가지고 있을지라도, 인간의 무능력을 나타내는 타당하지 못한 관념들에 의해서보다 인간의 덕에 속하는 타당한 관념에 의해서 더 많이 식별된다. 또, 주의해야 할 다음의 것이 있다. 마음의 병과 불행은 특히, '많은 변화에 종속되는 것이며 우리가 결코 완전히 소유할 수 없는 것'에 대한 과도한 사랑에서 생긴다. 왜냐하면 아무도 자기가 사랑하지 않는 어떤 대상에 대해서 불안해하거나 걱정하지는 않으며, 또한 불법, 의심, 적의 등은 아무도 완전히 소유할 수 없는 대상에 대한 사랑에서만 생기기 때문이다.

 이것으로부터 우리는 뚜렷하고 명확한 인식이, 특히 신에 대한 인식 자체를 기초로 하는 제3종의 인식(제2부 정리 47의 주석 참조)이 감정에 대하여 무엇을 할 수 있는지를 쉽게 파악한다. 이러한 인식은 수동적인 한에 있어서의 감정들을 절대적으로 제거하지는 않을지라도(정리 3과 정리 4의 주석 참조), 적어도 그 감정들이 정신의 최소부분을 구성하게끔 한다. 또, 그것은 우리가 온전히 소유할 수 있는(제2부 정리 45 참조), 불변하며 영원한 것(정리 15 참조)에 대한 사랑이 생기게 한다. 그러므로 이 사랑은 보통의 사랑에서 발견되는 어떠한 결점에 의해서도 더럽혀질 수 없고, 오히려 항상 점점 더 커질 수 있으며(정리 15에 의해), 정신의 최대부분을 차지하여 (정리 16에 의해), 광범위하게 영향을 미칠 수 있다. 이것으로써 나는 현재의 생활에 관한 모든 것을 완료하였다. 왜냐하면 내가 이 주석의 첫머리에서 말한 것처럼, 이러한 간결한 설명 안에서 나는 감정에 대한 모든 요법을 총괄적으로 다루었기 때문이다. 이것을 이 주석의 내용에, 동시에 정신 및 그것의 감정들의 정의에,

그리고 마지막으로 제3부의 정리 1과 3에 주의하는 사람은 누구라도 쉽게 알 수 있을 것이다. 그러므로 이제는 신체에 관계없이 정신의 지속에 관한 문제들로 옮겨갈 때이다.

정리 21. 정신은 신체가 지속하는 동안이 아니면, 아무것도 표상할 수 없으며, 과거의 사물을 기억할 수도 없다.

증명: 정신은 신체가 지속하는 동안이 아니면 자기의 신체의 현실적 존재를 표현하지 않으며, 또한 신체의 변용들을 현실적인 것으로 파악하지 않는다(제2부 정리 8의 계에 의해). 따라서 (제2부 정리 26에 의해) 정신은 자기의 신체가 지속하는 동안이 아니면 어떠한 물체도 현실에 존재하는 것으로 파악하지 않는다. 그러므로 정신은 신체가 지속하는 동안이 아니면 아무것도 표상할 수 없으며(제2부 정리 17의 주석에 있는 표상의 정의 참조), 과거의 사물을 기억할 수도 없다(제2부 정리 18의 주석에 있는 기억의 정의 참조). Q.E.D

정리 22. 그럼에도 불구하고, 신 안에는 이 또는 저 인간신체의 본질을 영원의 상 아래에 표현하는 관념이 필연적으로 존재한다.

증명: 신은 이 또는 저 인간신체의 존재의 원인일 뿐만 아니라, 그것의 본질의 원인이기도 하다(제1부 정리 25에 의해). 그러므로 그 본질은 필연적으로 신의 본질 자체를 통해서 (제1부 공리 4에 의해), 또한 어떤 영원한 필연성에 의하여 (제1부 정리 16에 의해) 파악되지 않으면 안 된다. 그리고 이 개념은 필연적으로 신 안에 있지 않으면 안 된다(제2부 정리 3에 의해). Q.E.D

정리 23. 인간의 정신은 신체와 함께 완전히 파괴될 수 없고, 오히려 그 중의 영원한 어떤 것이 존속한다.

증명: 신 안에는 인간신체의 본질을 표현하는 개념 또는 관념이 필

제5부 지성의 능력, 또는 인간의 자유에 대하여

연적으로 존재한다(정리 22에 의해). 그러므로 이 개념 또는 관념은 필연적으로 인간정신의 본질에 속하는 '어떤 것'이다(제2부 정리 13에 의해). 그러나 우리는 인간의 정신에 대하여 그것이 '지속에 의하여 설명되고, 시간에 의하여 한정될 수 있는 신체의 현실적 존재'를 표현하는 한에 있어서가 아니면 시간에 의하여 한정될 수 있는 지속을 부여하지 않는다. 즉 (제2부 정리 8의 계에 의해) 우리는 인간의 정신에 대하여 신체가 지속하는 동안이 아니면 지속을 부여하지 않는다. 그러나 그럼에도 불구하고 이 '어떤 것'은 신의 본질 자체를 통해서 어떤 영원한 필연성에 의하여 파악되는 것이기 때문에 (정리 22에 의해), 정신의 본질에 속하는 이 어떤 것은 필연적으로 영원할 것이다. Q.E.D

주석: 우리가 말했듯이, 신체의 본질을 영원의 상(像) 아래에 표현하는 이 관념은 일정한 사유의 양태인데, 이것은 정신의 본질에 속하는 것이며, 필연적으로 영원한 것이다. 그렇기는 하지만 우리가 신체 이전에 존재했다는 것을 기억하는 것은 불가능하다. 왜냐하면 신체 안에 그것에 대한 어떠한 흔적도 있을 수 없고, 영원성은 시간에 의해 정의될 수 없으며 시간과는 어떠한 관련도 없기 때문이다. 그럼에도 불구하고, 우리는 우리가 영원하다는 것을 느끼고 경험한다. 왜냐하면 정신은 지성에 의해 파악한 것들을 기억 속에 가지고 있는 것들과 똑같이 느끼기 때문이다. 그 이유는 사물을 보고 관찰하는 정신의 눈이 증명자체이기 때문이다.

 그러므로 우리가 신체 이전에 존재했다는 것을 기억하지는 않지만, 그럼에도 불구하고 우리의 정신이 신체의 본질을 영원의 상 아래에 포함하는 한에 있어서 우리의 정신은 영원하다는 것, 그리고 정신의 이러한 존재는 시간에 의해 정의되거나 지속에 의하여 설명될 수 없다는 것을 우리는 느낀다. 그러므로 우리의 정신은 신체의 현실적 존재를 포함하는 한에 있어서만 지속한다고 일러질 수 있으며, 그러한 한에 있어서만 그것의 존재가 일정한 시간에 의하여 한정될 수 있다. 또한 그러한 한에 있어서만 그것은 사물의 존재를 시간에 의하여 결정하고, 사물을 지속 아래에서 파악하는 능력을 가진다.

정리 24. 우리는 개물들을 보다 많이 인식하면 할수록, 신을 더 많이 인식한다.

증명: 이것은 제1부 정리 25의 계에 의해 명백하다.

정리 25. 정신의 최고의 노력[코나투스] 및 최고의 덕은 제3종의 인식을 써서 사물을 인식하는 것이다.

증명: 제3종의 인식은 신의 약간의 속성에 대한 타당한 관념에서 사물의 본질에 대한 타당한 인식으로 진전한다(제2부 정리 40의 주석 2에 있는 정의 참조). 그리고 우리가 이러한 방식으로 사물을 보다 많이 인식하면 할수록 우리는 신을 더 많이 인식한다(정리 24에 의해). 그러므로 (제4부 정리 28에 의해) 정신의 최고의 덕, 즉 (제4부 정의 8에 의해) 정신의 능력 또는 본성, 또는 정신의 최고의 노력은 제3종의 인식을 써서 사물을 인식하는 것이다. Q.E.D

정리 26. 정신은, 제3종의 인식을 써서 사물을 인식하는 일에 보다 더 유능하면 할수록, 이런 종류의 인식을 써서 사물을 인식하는 것을 더 많이 바란다.

증명: 이것은 명백하다. 왜냐하면 우리는, 정신이 이런 종류의 인식을 써서 사물을 인식하는 일에 유능하다고 파악하는 한에 있어서, 그 정신이 이런 종류의 인식을 써서 사물을 인식하도록 결정되어 있다고 파악하기 때문이다. 따라서 (감정의 정의 1에 의하여) 정신은 이 일에 보다 더 유능하면 할수록 이것을 더 많이 바란다. Q.E.D

정리 27. 이 제3종의 인식에서 존재할 수 있는 최고의 정신의 만족이 생긴다.
증명: 정신의 최고의 덕은 신을 인식하는 것(제4부 정리 28에 의해), 또는 제3종의 인식을 써서 사물을 인식하는 것이다(정리 25에 의해).

그리고 이 덕은 정신이 이러한 종류의 인식을 써서 사물을 보다 많이 인식하면 할수록 그만큼 더 크다(정리 24에 의해). 그러므로 이러한 종류의 인식을 써서 사물을 인식하는 사람은 인간의 최고의 완전성에 이르며, 따라서 (감정의 정의 2에 의해) 최고의 기쁨으로 자극받아 변화된다. 또한 이 기쁨은 (제2부 정리 43에 의해) 자기 및 자기의 덕의 관념을 수반하고 있다. 따라서 (감정의 정의 25에 의해) 이러한 종류의 인식에서 존재할 수 있는 최고의 만족이 생긴다. Q.E.D

정리 28. 제3종의 인식을 써서 사물을 인식하려는 노력[코나투스] 또는 욕망은 제1종의 인식에서는 생길 수 없지만, 제2종의 인식에서는 생길 수 있다.

증명: 이 정리는 그 자체로 명백하다. 왜냐하면 우리가 뚜렷하고 명확하게 인식하는 모든 것을, 우리는 그 자체에 의하여 또는 그 자체로 파악되는 다른 것을 통해서 인식하기 때문이다. 즉 우리들 안에서 뚜렷하고 명확한 관념들 또는 제3종의 인식에 속하는 관념들(제2부 정리 40의 주석 2 참조)은, 제1종의 인식에 속하는 단편적이고 혼란된 관념들(제2부 정리 40의 주석 2에 의해)에서는 나올 수 없고, 타당한 관념들에서, 즉 (제2부 정리 40의 주석 2에 의해) 제2종 및 제3종의 인식에서만 나올 수 있다. 따라서 (감정의 정의 1에 의해) 제3종의 인식을 써서 사물을 인식하려는 욕망은, 제1종의 인식에서는 생길 수 없지만, 제2종의 인식에서는 생길 수 있다. Q.E.D

정리 29. 정신은 영원의 상[관점] 아래에 인식하는 모든 것을 신체의 현재의 현실적 존재를 파악함으로써가 아니라, 신체의 본질을 영원의 상 아래에 파악함으로써 인식한다.

증명: 정신은 자기의 신체의 현재적 존재를 파악하는 한에 있어서, 시간에 의하여 결정될 수 있는 지속을 파악하며, 또한 그러한 한에 있어서만 사물을 시간과 관련지어 파악하는 능력을 갖는다(정리 21

과 제2부 정리 26에 의해). 그러나 영원성은 지속에 의하여 설명될 수 없다(제1부 정의 8 및 그것의 해명에 의해). 그러므로 그러한 한에 있어서 정신은 사물을 영원의 상 아래에서 파악하는 능력을 갖지 않는다. 그러나 사물을 영원의 상 아래에서 파악하는 것이 이성의 본성이기 때문에 (제2부 정리 44의 계 2에 의해), 또한 신체의 본질을 영원의 상 아래에서 파악하는 것도 역시 정신의 본성에 속하기 때문에 (정리 23에 의해), 그리고 이들 두 가지 이외에는 다른 어떤 것도 정신의 본질에 속하지 않기 때문에 (제2부 정리 13에 의해), 사물을 영원의 상 아래에서 파악하는 이 능력은, 정신이 신체의 본질을 영원의 상 아래에서 파악하는 한에 있어서만 정신에 속한다. Q.E.D

주석: 우리가 사물들을 현실적인 것으로 파악하는 데는 두 가지 방식이 있다. 즉 우리가 그것들을 일정한 시간과 장소에 관련지어 존재한다고 파악하는 한에 있어서이거나 아니면 우리가 그것들을 신 안에 포함되어 있으며 신적 본성의 필연성에서 발생한다고 파악하는 한에 있어서이다. 그런데 이 두 번째 방식으로 참된 것 또는 실재적인 것으로 파악되는 사물들을 우리는 영원의 상 아래에서 파악하며, 또한 그것들의 관념들은 신의 영원하고 무한한 본질을 포함한다. 이것을 우리는 제2부 정리 45와 그것의 주석에서 밝혔다.

정리 30. 우리의 정신은, 그 자신과 신체를 영원의 상 아래에 인식하는 한, 필연적으로 신에 대한 인식을 가지며, 또한 자신이 신 안에 있으며 신을 통해서 파악된다는 것을 안다.

증명: 영원성은, 신의 본질이 필연적으로 존재를 포함하는 한에 있어서, 신의 본질 자체이다(제1부 정의 8에 의해). 그러므로 사물을 영원의 상 아래에서 파악하는 것은, 사물이 신의 본질을 통하여 실재적 존재들로 파악되는 한에 있어서, 즉 사물이 신의 본질을 통하여 존재를 포함하는 한에 있어서 사물을 파악하는 것이다. 따라서 우리의 정신은, 그 자신과 신체를 영원의 상 아래에 파악하는 한에 있어서, 필연적으로 신에 대한 인식을 가지며, 또한 자신이 신 안에 있으며 …. Q.E.D

제5부 지성의 능력 또는 인간의 자유에 대하여

정리 31. 제3종의 인식은, 정신 자체가 영원한 한에 있어서, 형상적 원인으로서의 정신에 의존한다.

증명: 정신은 자기 신체의 본질을 영원의 상 아래에 파악하는 한에 있어서만, 사물을 영원의 상 아래에서 파악한다(정리 29에 의해). 즉 (정리 21과 23에 의해) 정신은 영원한 한에 있어서만 사물을 영원의 상 아래에서 파악한다. 그러므로 (정리 30에 의해) 정신은 영원한 한에 있어서 신에 대한 인식을 가지는데, 이 인식은 필연적으로 타당하다(제2부 정리 46에 의해). 따라서 정신은, 영원한 한에 있어서, 주어진 신에 대한 이 인식에서 나올 수 있는 모든 것을 인식할 수 있다(제2부 정리 40에 의해). 즉 정신은 제3종의 인식을 써서 사물을 인식할 수 있다(제2부 정리 40의 주석 2에 있는 이에 대한 정의 참조). 그러므로 정신은, 영원한 한에 있어서, 이러한 인식의 타당한 원인 또는 형상적 원인이다(제3부 정의 1에 의해). Q.E.D

주석: 그러므로 각자가 이러한 종류의 인식에서 더 많은 것을 성취할 수 있음에 따라서 그만큼 많이 자기와 신을 의식한다. 즉 그는 그만큼 더 완전하고 행복하다. 이것은 다음에서 더욱더 명백하게 될 것이다. 그러나 여기서 주의해야 할 다음의 것이 있다. 즉 정신이 사물을 영원의 상 아래에서 파악하는 한에 있어서 그것이 영원하다는 것을 우리가 이미 확실히 알고 있기는 하지만, 그럼에도 불구하고, 우리가 증명하고자 하는 것을 더 쉽게 설명하고 더 잘 이해하기 위해서, 우리는 지금까지 해온 것처럼, 정신이 마치 지금 사물을 영원의 상 아래에서 인식하기 시작한 것처럼 그것을 고찰할 것이다. 이것을 우리는 명백한 전제에서만 우리의 결론을 끌어내도록 주의하기만 하면, 오류의 위험 없이 해낼 수 있다.

정리 32. 우리는 제3종의 인식을 써서 인식하는 모든 것을 즐기며, 우리의 기쁨은 원인으로서의 신의 관념을 수반하고 있다.

증명: 이런 종류의 인식에서 존재할 수 있는 최고의 정신의 만족이

생긴다(정리 27에 의해). 즉 (감정의 정의 25에 의해) 존재할 수 있는 최고의 기쁨이, 그리고 이 기쁨은 자기 자신의 관념을 수반하고 있다. 따라서 (정리 30에 의해) 그것은 그것의 원인으로서의 신의 관념도 또한 수반하고 있다. Q.E.D

계: 제3종의 인식에서 필연적으로 신에 대한 지적 사랑(amor Dei intellectualis)이 생긴다. 왜냐하면 이런 종류의 인식에서 (정리 32에 의해) 원인으로서의 신의 관념을 수반하는 기쁨, 즉 (감정의 정의 6에 의해) 신에 대한 사랑이 생기는데, 이 사랑은 우리가 신을 현재적인 것으로 표상하는 한에 있어서 신에 대한 사랑이 아니라 (정리 29에 의해), 우리가 신을 영원하다고 인식하는 한에 있어서 신에 대한 사랑이기 때문이다. 그리고 이것이야말로 내가 신에 대한 지적 사랑이라고 부르는 것이다.

정리 33. 제3종의 인식에서 생기는 신에 대한 지적 사랑은 영원하다.

증명: 왜냐하면 제3종의 인식은 (정리 31과 제1부의 공리 3에 의해) 영원하기 때문이다. 그러므로 (제1부의 공리 3에 의해) 그것에서 생기는 사랑도 역시 영원하다. Q.E.D.

주석: 신에 대한 이 사랑은 시작을 갖지 않지만 (정리 33에 의해), 그것은 마치 우리가 정리 32의 계에서 가정한 것과 같이 생겼던 것처럼, 사랑의 모든 완전성을 가지고 있다. 차이점이라면, 정신은 그 때에 획득했다고 우리가 가정한 그 완전성을 영원에서부터 소유하고 있으며, 또 영원한 원인으로서의 신의 관념을 수반하고 있다는 것뿐이다. 그리고 만일 기쁨이 보다 큰 완전성으로의 이행에 있다면, 지복은 확실히 정신이 완전성 자체를 소유하는 것에 있어야만 한다.

정리 34. 신체가 지속하는 동안에만 정신은 수동에 속하는 감정들에 종속된다.

증명: 표상은 어떤 관념인데, 정신은 그것에 의하여 사물을 현존하는

제5부 지성의 능력 또는 인간의 자유에 대하여

것으로 고찰한다(제2부 정리 17의 주석에 있는 그것의 정의 참조). 그럼에도 불구하고 그 관념은 외부 사물의 본성보다 인간 신체의 현재 상태를 더 많이 나타낸다(제2부 정리 16의 계 2에 의해). 그러므로 감정은 (감정의 일반적 정의에 의해), 신체의 현재 상태를 나타내는 한에 있어서, 표상이다. 따라서 (정리 21에 의해) 신체가 지속하는 동안에만 정신은 수동에 속하는 감정들에 종속된다. Q.E.D

계: 이것으로부터 지적 사랑 이외의 어떠한 사랑도 영원하지 않다는 결론이 내려진다.

주석: 만일 우리가 사람들의 공통된 의견에 주의한다면, 그들은 진실로 자기의 정신의 영원성을 의식하고는 있으나, 영원성을 지속과 혼동하고, 표상 또는 기억에 영원성을 부여하며, 그것들이 사후에도 존속한다고 믿는 것을 우리는 알 수 있을 것이다.

정리 35. 신은 무한한 지적 사랑으로써 자기 자신을 사랑한다.

증명: 신은 절대적으로 무한하다(제1부 정의 6에 의해). 즉 (제2부 정의 6에 의해) 신의 본성은 무한한 완전성을 즐긴다. 그런데 그것은 (제2부 정리 3에 의해) 자기 자신의 관념을 수반하고 있다. 다시 말해서 그것은 (제1부 정리 11과 정의 1에 의해) 원인으로서의 자기 자신의 관념을 수반하고 있다. 그리고 이것이, 우리가 정리 32의 계에서 지적 사랑이라고 말한 것이다.

정리 36. 신에 대한 정신의 지적 사랑은, 신이 무한한 한에 있어서가 아니라, 영원의 상 아래에서 고찰된 인간정신의 본질을 통하여 설명될 수 있는 한에 있어서 신이 자기 자신을 사랑하는 신의 사랑 자체이다. 즉 신에 대한 정신의 지적 사랑은 신이 자기 자신을 사랑하는 무한한 사랑의 일부이다.

증명: 정신의 이 사랑은 정신의 활동에 속하지 않으면 안 된다(정리 32의 계와 제3부 정리 3에 의해). 따라서 그것은 정신이 원인으로서의 신의 관념을 수반하면서 자기 자신을 고찰하는 활동이다(정리 32

와 그것의 계에 의해). 즉 그것은 (제1부 정리 25의 계와 제2부 정리 11의 계에 의해) 인간의 정신을 통하여 설명될 수 있는 한에 있어서의 신이 자기의 관념을 수반하면서 자기 자신을 고찰하는 활동이다. 그러므로 (정리 35에 의해) 정신의 이 사랑은 신이 자기 자신을 사랑하는 무한한 사랑의 일부이다. Q.E.D

계: 이것으로부터 나오는 결론은 이러하다. 즉 신은 자기 자신을 사랑하는 한에 있어서 인간을 사랑하며, 따라서 인간에 대한 신의 사랑과 신에 대한 정신의 지적 사랑은 동일하다.

주석: 이것으로부터 우리는, 우리의 구원 또는 지복, 또는 자유가 무엇에 있는지를, 즉 그것이 신에 대한 변함없고 영원한 사랑 또는 인간에 대한 신의 사랑에 있다는 것을 명백히 이해한다. 그리고 이 사랑 또는 지복이 성서에서는 명예라고 불리는데, 그것은 부당하지 않다. 왜냐하면 이 사랑은 신에 관해서든 정신에 관해서든 간에, 바로 정신의 만족이라고 일컬어질 수 있으며, 이 만족은 실제로 명예와 다르지 않기 때문이다(감정의 정의 25와 30에 의해). 왜냐하면 그것은 신에 관계되는 한에 있어서 (정리 35에 의해), 신 자신의 관념을 수반하는 기쁨(여전히 이 말을 사용하는 것이 허용된다면)이며, 이는 그것이 정신에 관계되는 한에 있어서의 경우와 마찬가지이기 때문이다(정리 27에 의해). 또, 우리의 정신의 본질은 인식에만 있고, 신은 이 인식의 시초 및 기초이기 때문에 (제1부 정리 15와 제2부 정리 47의 주석에 의해), 우리의 정신이 본질과 존재에 관해서 어떻게 그리고 어떤 방식으로 신적 본성에서 생겨나고, 또 끊임없이 신에 의존하는지가 우리에게 명백하다. 나는 이러한 점을 여기서—이러한 예에 의하여 내가 직관적 또는 제3종의 인식이라고 불러온 개물에 대한 인식이 (제2부 정리 40의 주석 2 참조) 얼마나 많은 것을 성취할 수 있는지, 그리고 그것이 내가 제2종의 인식이라고 불러온 보편적 인식보다 얼마나 더 유력한지를 밝히기 위하여— 주의하는 것이 가치가 있다고 생각했다. 왜냐하면 나는 제1부에서 모든 것이 (따라서 인간의 정신도 역시) 본질과 존재에 관해서 신에게 의존한다는 것을 일반적으로 증명했지만, 그 증명은, 설사 정당하고 의심할 여지가 없을지라도, 신에게 의존한다고 우리가 말한 각 개물의 본질 자체에서 이

러한 것이 결론 내려질 때처럼 우리의 정신에 감명을 주지 않기 때문이다.

정리 37. 자연에는 이 지적 사랑에 반대되거나 이 사랑을 소멸시킬 수 있는 어떠한 것도 존재하지 않는다.

증명: 이 지적 사랑은, 정신이 신의 본성을 통하여 영원한 진리로 고찰되는 한에 있어서, 정신의 본성에서 필연적으로 생긴다(정리 33과 29에 의해). 그러므로 만약 이 사랑에 반대되는 어떤 것이 있다면, 그것은 참다운 것에 반대될 것이다. 따라서 이 사랑을 소멸시킬 수 있는 것은 참된 것을 허위가 되도록 할 것이다. 이것은 (그 자체로 명백한 것처럼) 부조리하다. 그러므로 자연에는 …. Q.E.D

주석: 제4부의 공리는 일정한 시간과 장소에 관련하여 고찰되는 한에 있어서의 개물들에 해당되며, 이에 대해서는 아무도 의심하지 않으리라고 믿는다.

정리 38. 정신은 보다 많은 것을 제2종 및 제3종의 인식을 써서 인식함에 따라서, 그만큼 나쁜 감정으로부터 작용을 받는 것이 덜하며, 또 그만큼 죽음을 덜 두려워한다.

증명: 정신의 본질은 인식에 있다(제2부 정리 11에 의해). 그러므로 정신이 보다 많은 것을 제2종 및 제3종의 인식을 써서 인식함에 따라서 정신의 그만큼 많은 부분이 존속하고 (정리 23과 29에 의해), 따라서 (정리 37에 의해) 정신의 그만큼 큰 부분이 우리의 본성과 반대되는 감정으로부터, 즉 (제4부 정리 30에 의해) 나쁜 감정으로부터 침해받지 않는다. 그런고로 정신이 보다 많은 것을 제2종 및 제3종의 인식을 써서 인식함에 따라서 정신의 그만큼 큰 부분이 침해받지 않은 채로 남으며, 따라서 정신은 그만큼 나쁜 감정으로부터 작용을 받는 것이 덜하다. Q.E.D

주석: 이것으로부터 우리는 제4부 정리 39의 주석에서 언급하고 이 부에서 설명하기로 약속했던 다음의 것을 이해한다. 즉 정신의 뚜렷

하고 명확한 인식이 크면 클수록, 따라서 정신이 신을 더 많이 인식하면 할수록, 그만큼 죽음이 우리에게 덜 해롭다는 것을 우리는 이해한다. 또, 제3종의 인식에서 존재할 수 있는 최고의 만족이 생기기 때문에 (정리 27에 의해), 이로부터 나오는 결론은 이러하다. 즉 인간의 정신은 신체와 함께 사라지는 것을 우리가 밝힌 그 부분이 (정리 21 참조) 그 존속하는 부분에 비해서 대수롭지 않은 본성을 가질 수 있다. 그러나 이것에 대해서는 곧 더욱 자세하게 논할 것이다.

정리 39. 대단히 많은 것에 유능한 신체를 가진 사람은 정신의 가장 큰 부분이 영원한 그런 정신을 가진다.

증명: 대단히 많은 것을 하는 데 유능한 신체를 가진 사람은 나쁜 감정에 거의 사로잡히지 않는다(제4부 정리 38에 의해). 즉 (제4부 정리 30에 의해) 그런 사람은 우리의 본성과 반대되는 감정에 의해 거의 침범당하지 않는다. 그러므로 (정리 10에 의해) 그는 신체의 변용들을 지성의 질서에 따라 정리하고 연결하는 능력을, 따라서 (정리 14에 의해) 신체의 모든 변용을 신의 관념에 관련시키는 능력을 가진다. 그 결과 그는 (정리 15에 의해) 신에 대한 사랑으로 자극받아 변화된다[사랑을 품는다]. 그리고 이 사랑은 (정리 16에 의해) 정신의 가장 큰 부분을 차지하거나 구성하지 않으면 안 된다. 그러므로 (정리 33에 의해) 그는 정신의 가장 큰 부분이 영원한 그런 정신을 가진다. Q.E.D

주석: 인간의 신체는 매우 많은 것에 유능하기 때문에, 정신이 자기와 신에 대해서 커다란 인식을 가지고, 자체의 가장 큰 부분 또는 주요 부분이 영원하며, 따라서 죽음을 거의 두려워하지 않는 그런 정신에 관계되는 본성을 가질 수 있다. 그러나 이것을 더욱 명백하게 이해하기 위해서 우리가 여기서 주의해야 하는 것은, 우리는 끊임없는 변화 속에서 살고 있으며, 우리가 더 좋은 것 또는 더 나쁜 것으로 변화함에 따라서 우리는 행복하다거나 불행하다고 일컬어진다는 것이다. 왜냐하면 유아나 소년이었다가 주검으로 변한 사람은 불행하다고 일컬어지는 반면, 건강한 신체에 건전한 정신을 가지고

제5부 지성의 능력 또는 인간의 자유에 대하여

한평생을 보낼 수 있게 되는 것은 행복이라고 여겨지기 때문이다. 그리고 실제로, 어린아이나 소년처럼 극히 적은 것에 유능한 신체, 외부의 원인에 가장 많이 의존하는 신체를 가진 자는 그 자체만으로 고찰된 정신이 자기에 대해서나 신에 대해서나 사물에 대해서 거의 의식하지 않는 그런 정신을 가진다. 이에 반하여 극히 많은 것에 유능한 신체를 가진 사람은 그 자체만으로 고찰된 정신이 자기와 신과 사물에 대해서 매우 많은 것을 의식하는 그런 정신을 가지고 있다.

그러므로 이 인생에서 우리는 특히 아동기의 신체를, 그것의 본성이 허락하고 거드는 한, 다른 것으로 변화시키려고 노력한다. 즉 우리는 그것을 극히 많은 것에 유능한 신체, 그리고 자기와 신과 사물에 대해서 아주 많이 의식하는 정신에 관계되는 신체로 변화시키려고 노력한다. 그처럼 변화하면, 내가 정리 38의 주석에서 이미 말한 것처럼, 정신의 기억이나 표상에 속하는 모든 것은 지성에 비해서 거의 중요하지 않게 될 것이다.

정리 40 각 사물이 보다 많은 완전성을 가지면 가질수록, 그것은 더 많이 작용하며, 더 적게 작용받는다. 역으로, 각 사물이 더 많이 작용하면 할수록, 그것은 그만큼 더 완전하다.

증명: 각 사물이 완전하면 할수록, 그것은 더 많은 실재성을 갖고 있으며(제2부 정의 6에 의해), 따라서 (제3부 정리 3과 그것의 주석에 의해) 더 많이 작용하고, 더 적게 작용받는다. 이 증명은 순서를 역으로 해도 같은 방식으로 나아가며, 이것으로부터 사물이 더 많이 작용하면 할수록, 그것은 그만큼 더 완전하다는 결론이 내려진다. Q.E.D

계: 이것으로부터 정신의 존속하는 부분은, 그것의 크기가 어떠하든 간에, 나머지의 부분보다 더 완전하다는 결론이 나온다. 왜냐하면 정신의 영원한 부분은 (정리 23과 29에 의해) 지성이며, 오로지 이 지성을 통해서만 우리는 작용한다고 일컬어지기 때문이다(제3부 정리 3에 의해). 그러나 소멸하는 것을 우리가 밝힌 그 부분은 표상력이며 (정리 21에 의해), 오로지 이 표상력을 통해서만 우리는 작용을

받는다고 일컬어진다(제3부 정리 3과 감정의 일반적 정의에 의해). 그러므로 (정리 40에 의해) 지성은, 그것의 크기가 어떠하든 간에, 표상력보다 더 완전하다. Q.E.D

주석: 이것들은 신체의 존재와 무관하게 고찰되는 한에 있어서의 정신에 관하여 내가 밝히려고 마음먹었던 것들이다. 이것들로부터 그리고 동시에 제1부 정리 21과 다른 정리들로부터 우리의 정신은 인식하는 한에 있어서 사유의 영원한 양태이며, 이것은 사유의 다른 영원한 양태에 의해 결정되고, 이것은 다시 다른 것에 의하여 결정되며, 이런 식으로 무한히 이어져서, 그 모든 양태는 신의 영원하고 무한한 지성을 구성한다는 것이 명백하다.

정리 41. 설사 우리가 우리의 정신이 영원하다는 것을 알지 못할지라도, 우리는 여전히 도의심과 종교심을, 그리고 절대적으로 우리가 제4부에서 용기와 아량에 속한다고 밝혔던 모든 것을 가장 중요한 것으로 여길 것이다.

증명: 덕의, 즉 올바른 생활방식의 첫째이자 유일한 기초는 (제4부 정리 22의 계와 정리 24에 의해) 자신의 이익을 추구하는 것이다. 그러나 이성이 무엇을 유익하다고 명하는지를 결정하는 데에 우리는 정신의 영원성을 전혀 고려하지 않았는데, 제5부에 이르러서야 그것을 알게 되었다. 그러므로 우리가 그 때에는 정신이 영원하다는 것을 알지 못했지만, 우리는 그래도 용기와 아량에 속한다고 우리가 밝혔던 것들을 가장 중요한 것으로 여겼다. 그런고로 설사 우리가 지금도 그것을 알지 못한다고 하여도, 우리는 여전히 이성의 그러한 가르침을 가장 중요한 것으로 여길 것이다. Q.E.D.

주석: 민중의 일반적인 신념은 이것과 다른 것처럼 보인다. 왜냐하면 대부분의 사람들은 자신들의 욕심[음욕]에 복종하도록 허용되는 한에 있어서 자신들이 자유롭다고 믿으며, 신적[신성한] 법칙의 명령에 따라 생활하도록 구속되는 한에 있어서 자신들의 권리를 포기한다고 생각하는 것처럼 보이기 때문이다. 그러므로 그들은 도의심과 종교심, 그리고 절대적으로 정신의 힘에 속하는 모든 것을 부담이라

제5부 지성의 능력, 또는 인간의 자유에 대하여

고 믿고, 사후(死後)에는 그것들에서 벗어나서, 자신들의 예속에 대하여, 즉, 자신들의 도의심과 종교심에 대하여 보상받기를 희망한다. 이 희망에 의해서 뿐만 아니라, 특히 사후에 무시무시한 형벌을 받는 것에 대한 공포에 의해서도, 그들은 자신들의 무력함과 무능한 정신이 허용하는 한, 신적[신성한] 법칙의 명령에 따라 생활하도록 인도되고 있다. 만일 사람들이 이러한 희망과 공포를 가지고 있지 않다면, 그리고 그들이 만일 반대로 정신은 신체와 함께 소멸하고, 도의심[경건]의 부담 때문에 지쳐버린 불행한 자신들에게 미래의 삶에 대한 가망이 없다고 믿는다면, 그들은 자신들의 타고난 성정으로 되돌아가서, 자신들의 모든 활동을 욕심[음욕]에 따라 처리하고, 자기 자신보다 오히려 운명에 복종하려고 할 것이다.

이러한 것은, 사람이 좋은 음식으로도 자신의 신체를 영원히 지속할 수 있다고는 믿지 않으므로 독이나 다른 치명적인 음식을 배부르게 먹기를 바라거나, 정신을 영원하지 않다거나 불사가 아니라고 보기 때문에 어지러운 마음으로 이성 없이 생활하기를 바라는 것에 못지않게 부조리한 것이라고 나에게는 생각된다. 이러한 자세는 거의 언급할 가치가 없을 정도로 부조리한 것이다.

정리 42. 지복[축복]은 덕의 보수가 아니라 덕 그 자체이다. 우리는 욕심[음욕]을 억제하기 때문에 지복을 향수하는 것이 아니라, 반대로 지복을 향수하기 때문에 욕심을 억제할 수 있다.

증명: 지복은 신에 대한 사랑에 있는데 (정리 36과 그것의 주석에 의해), 이 사랑은 제3종의 인식에서 생긴다(정리 32의 계에 의해). 그러므로 이 사랑은 (제3부 정리 59와 정리 3에 의해) 작용하는 한에 있어서의 정신에 돌려져야만 한다. 따라서 (제4부 정의 8에 의해) 그것은 덕 그 자체이다. 이것이 첫 번째 점이었다.

다음으로, 정신은 이 신적 사랑 또는 지복을 보다 많이 향수함에 따라서 그만큼 더 많이 인식한다(정리 32에 의해). 다시 말해서 (정리 3의 계에 의해) 정신은 감정에 대하여 그만큼 더 큰 능력을 가지며, 또한 (정리 38에 의해) 나쁜 감정으로부터 작용을 받는 것이 그만큼 덜하다. 그러므로 정신은 이 신적 사랑 또는 지복을 향수하는 것에 의하여 욕심[음욕]을 억제하는 능력을 가지는 것이다. 그리고 감정을 억제하는 인간의 능력은 오직 지성에만 있기 때문에, 누구나 감정을 억제했기 때문에 지복을 향수하는 것이 아니라, 오히려 반대로 욕심을 억제하는 능력은 지복 그 자체에서 생긴다. Q.E.D

주석: 이것으로써 나는 감정에 대한 정신의 능력과 정신의 자유에 관하여 증명하려고 한 모든 것을 완료했다. 이것들에 의하여, 현자가 얼마나 많은 것을 해낼 수 있는지 그리고 현자는 오직 욕심[음욕]에 의해서만 휘둘리는 무지한 자보다 얼마나 더 뛰어난지가 명백해진다. 왜냐하면 무지한 자는 외부의 원인들에 의하여 여러 가지 방식으로 교란되어 결코 정신의 참다운 만족을 향유하지 못할 뿐만 아니라, 마치 자신과 신과 사물을 의식하지 못하는 것처럼 생활하고, 작용받는 것을 멈추자마자 동시에 존재하는 것도 멈추기 때문이다. 이에 반하여, 현자는 현자로서 고찰되는 한에 있어서 정신이 거의 동요되지 않고, 자기와 신과 사물을 어떤 영원한 필연성에 의하여 의식하며, 결코 존재하는 것을 멈추지 않고 언제나 정신의 참다운 만족을 향유하고 있다.

지금 이러한 목적지에 인도하는 것으로서 내가 제시한 길은 몹시 험준하게 보이기는 하지만, 그래도, 발견될 수는 있다. 진실로, 이와 같이 드물게 발견되는 것은 곤란한 일임에 틀림없다. 만일 구원[행복]이 눈앞에 있어서 큰 노력 없이도 발견될 수 있다면, 어떻게 거의 모든 사람이 그것을 등한시할 수가 있겠는가? 그러나 모든 고귀한 것은 어려울 뿐만 아니라 드물다.